同济文化

同济大学国际学生感悟中国丛书　孙宜学　宗骞　陈毅立　主编

上海一流研究生教育引领计划项目"汉语国际
教育专业人才培养'一带一路'模式建构"
（项目号2020YL07）

主编　孙宜学

中华文化经典选读

同济大学出版社

图书在版编目(CIP)数据

中华文化经典选读 / 孙宜学主编. —上海:同济大学出版社,2021.4
(同济大学国际学生感悟中国丛书 / 孙宜学,宗骞,陈毅立主编)
ISBN 978-7-5608-8427-1

Ⅰ.①中… Ⅱ.①孙… Ⅲ.①中华文化—通俗读物 Ⅳ.①K203-49

中国版本图书馆 CIP 数据核字(2021)第 058912 号

中华文化经典选读

孙宜学　主编

| 责任编辑 | 丁会欣 | 责任校对 | 徐春莲 | 封面设计 | 陈益平 |

出版发行	同济大学出版社　www.TongjiPress.com.cn
	(地址:上海市四平路 1239 号　邮编:200092　电话:021-65985622)
经　　销	全国各地新华书店
排　　版	南京文脉图文设计制作有限公司
印　　刷	常熟市华顺印刷有限公司
开　　本	710 mm×1000 mm　1/16
印　　张	26
字　　数	520 000
版　　次	2021 年 4 月第 1 版　　2021 年 4 月第 1 次印刷
书　　号	ISBN 978-7-5608-8427-1
定　　价	78.00 元

本书若有印装质量问题,请向本社发行部调换　　版权所有　侵权必究

总序　向世界讲好社会主义核心价值观的内涵

2012年11月,中国共产党十八大召开,明确提出了"建设优秀传统文化传承体系,弘扬中华优秀传统文化"的重大任务。随后,习近平总书记就传承、弘扬中华传统文化发表了一系列重要讲话,深刻阐述了中华优秀传统文化的地位作用、价值意义、基本内涵和传承弘扬的原则要求,提出了一系列新思想、新观点、新论断。他指出,优秀传统文化博大精深,是中华民族永远不能离别的精神家园,要学习和掌握其中的各种思想精华,对历史文化特别是先人传承下来的道德规范,要坚持古为今用、推陈出新,有鉴别地加以对待,有扬弃地予以继承。这些重要论断立意高远,内涵丰富,思想深刻,脉络清晰,标志着中国共产党人对传统文化的认识提升到新的境界,为新形势下传承弘扬中华优秀传统文化提供了重要的遵循线索。

面对五千年博大精深的中国传统文化,如何发掘、学习和掌握其中的精华,并坚持古为今用、推陈出新,以文化人,以文育人,从而帮助中国人树立正确的世界观、人生观、价值观,并且以中华民族创造的精神财富推动世界文明的发展,营造良好的文化生态环境,这是我们继承并发展民族文化血脉的目的,也是中华文化生生不息的根本原因。

中华文化国际传播是中国需要也是世界需要

中华文化的国际传播是党的十八届三中全会提出的一项战略任务,即"扩大对外文化交流,加强国际传播能力和对外话语体系建设,推动中华文化走向世界"。要实现这一任务,必须加强从跨文化角度阐释中华文化国际传播的内涵,同时从传播学的角度阐释中华文化的传播手段,并借鉴世界文化国际传播的经验推动中华文化的国际传播。

中华文化的国际传播事关中国未来发展战略全局，具有深远的历史价值和现实意义，既顺应了扎根中国大地坚持改革开放的战略诉求，又切实符合中外文化交流的传统，具有延伸历史、创造历史的经典意义，对构建中国全方位开放格局、促进中国与世界形成优势互补、平等合作、互利共赢的世界新格局，也具有直接的理论引领和实践借鉴价值。

中华文化的国际传播是一项战略工程，综合性强，涉及面广，问题复杂。政府、学界和全社会应密切合作，资源共享，从学术、技术、机构等层面逐步推进，实现与中国形象建构的积极协调，使中华文化软实力顺利落地生根。要实现这一目标，还有许多迫切需要解决的问题，如内涵建设、传播机制、财政支撑体系、质量评估标准、中华文化在目前世界文化生态系统中的地位和定位等。

中华文化具有鲜明的时代特色，要向世界传播的中华文化必须具有马克思主义先进文化的思想根基，同时又有中华优秀传统文化的深厚底蕴。只有以马克思主义为指导的社会主义核心价值观，才能保证中华文化的顺利传播，并走出一条植根中国文化沃土、"和而不同"的价值观传播之路。

中华文化内涵丰富，博大精深，多元共生，传统中包孕着创新，创新中创造着传统，而国际局势波诡起伏，文化环境复杂多变，如何基于中国需要和世界需要提炼出新时代中国特色社会主义核心价值观中既具有深厚的历史传统积韵、同时能与世界不同文化和谐互动的文化要素，是保证中华文化国际传播的质量和效率的前提。为了保证这一目标的顺利实现，我们迫切需要整合马克思主义、政治学、计算机科学与技术、传播学、语言学、社会学、教育学、经济学、生物学等学科的力量，基于中华文化国际传播的经验，创新研究方法，形成创新理论成果，集中精力发掘出中华文化的新时代内涵，探索创建中国国际话语体系，最终实现中华文化与世界各国文化的和谐共生。

社会主义核心价值观代表中国共产党对中国传统文化的新认识

中国共产党是中国优秀传统文化的最优秀的传承者和创新者,也是最能科学地在中外文化相互参照中不断汲取世界文化、实现中华文化不断优化的先进文化力量的代表。实际上,中国特色的社会主义核心价值观所体现的中华民族的世界观、文化观、人生观等,都是基于中华文化的优秀传统和独特基因的具有典型中华民族特色的价值体系,是中国之所以成为中国的独特身份标记,是具有悠久文明史的中国始终能坚持走自己独具特色的发展之路的根本原因,中国特色社会主义则是这种民族道路传统的自然选择,这也是中华民族能始终独立于世界民族之林的根本原因。因此,中国特色的社会主义核心价值观,也是全体中国人精神合一的独特模式,是值得骄傲和自豪的民族独立的象征。

中国共产党作为中国先进文化的代表,在马克思主义中国化、中国特色社会主义建设、实现中华民族伟大复兴的历史进程中,都始终在从中华优秀传统文化中汲取变革的信心和力量,甚至方法与途径。"中国优秀传统文化的丰富哲学思想、人文精神、教化思想、道德理念等,可以为人们认识和改造世界提供有益启迪,可以为治国理政提供有益启示,也可以为道德建设提供有益启发。"中华文化是"建设优秀传统文化传承体系,弘扬中华优秀传统文化"的核心工程,是实现中华民族伟大复兴的基础工程和信心工程,深得人心,也凝聚了民心。十八大以来,习近平总书记就传承、弘扬中华传统文化发表了一系列重要讲话,深刻阐述了中华优秀传统文化的地位作用、价值意义、基本内涵和传承弘扬的原则要求,提出了一系列新思想、新观点、新论断,并指出要学习和掌握其中的各种思想精华,对历史文化特别是先人传承下来的道德规范,要坚持古为今用、推陈出新,有鉴别地加以对待,有扬弃地予以继承。这些论断立意高远,内涵丰富,思想深刻,脉络清晰,标志着中国共产党人对传统文化的认识提升到新的境界,也是中华文化在新形势下的新形态，也是要在世界不同文化环境下要传播的中华文化的新形态。

实际上，中国特色的社会主义新文化包孕着中国传统文化的基因，仁、义、礼、智、信、恕、孝、悌、恭、宽、敏等都融入了新时代的民主、自由、法治等文化体系之中，而一些封建文化的糟粕，如三纲五常则彻底得到了扬弃。

以民本思想为例。中国新时代的文化价值体系与中国传统的民本思想一脉相承，而民本思想是中国传统文化的根本。孟子明确提出"民为贵，社稷次之，君为轻。"奠定了中国民本思想的基础，但其本意，是为了统治者以"得民心"而"得天下"。"得天下有道：得其民，斯得天下矣。得其民有道：得其心，斯得民矣。得其心有道：所欲与之聚之，所恶勿施尔也。"孟子以降，一代代士大夫、封建君王都明白"得民心者得天下，失民心者失天下"，所以推崇以民为本的根本目的是为了江山永固，这与中国共产党领导下出现的新时代的民本思想有实质性区别，因为新时代的以民为本本质是固邦为民，是以人民利益为根本，并且是作为中国共产党执政的根本，是把人民赋予的权力服务于人民，从而得到了人民的衷心拥护，立党立国也就获得了牢固根基，这也是中国共产党与世界上其他一切政党区别的根本标志。习近平就汲取了中国传统文化中民本思想的积极方面，要求中国共产党员牢记民为父母："古人云：'善为国者，爱民如父母之爱子、兄之爱弟，闻其饥寒为之哀，见其劳苦为之悲。'古人尚知如此，何况我们共产党人？""民心是最大的政治，正义是最强的力量。正所谓'天下何以治？得民心而已！天下何以乱，失民心而已！'"

当今世界，和平与发展是主流，区域矛盾和冲突不断，中华民族要实现伟大复兴，就必须由中国共产党带领所有中国人立足中国历史和现实，挖掘中国传统思想文化中与当代中国和未来中国相一致的道德观、价值观和世界观，"明镜所以照形，古事所以知今"。将历史中国、当代中国和未来中国以中国文化连成一线，从而保证使中华民族之路永远走在中国的土地上，并

保证随着时代的发展而择其善而从,择其不善者而弃,日新日日新,这也是保证中国共产党始终走在正确道路的前提和保证。

社会主义核心价值观是中华文化国际传播的根基

文化具动态性,文化的形成就是一个动态的过程,而文化永远处于形成过程中,处于不断发生发展的过程中,其共时性与历时性具有同一性和统一性。因此,不断汲取与不断释放是文化的常态。而中华文化的生命力,也是因为它始终处于创造性转化、创造性发展之中。这是中华文化优秀的根基,也是文化传承的基本原则。

中华文化具有历史性和阶段性特征,中华民族历经数千年发展至今仍焕发出勃勃生机,就是因为形成了恒定的可以作为中华民族独特身份特征的中华文化,而社会主义核心价值观,则是中华文化在新的历史时期形成的最具有典型性和代表性的成果,"充分体现了对中华优秀传统文化的传承和升华",是中华文化的新的历史形态和民族精神的具体体现。

源远流长的中华文化历经岁月沉淀,已经融入一代代中国人的心血,成为中华民族灵魂,代表着中国人的精神追求,是中国之所以成为中国的胎记标识,为中华民族的繁衍生息提供了生生不息的力量,与中华民族的历史沧桑荣辱与共。因此,源自中华优秀传统文化并代表了中国时代创新要求的中国社会主义核心价值观就是承前启后、推陈出新的自然结果,是中华优秀传统文化在新时代的最集中表现形式,得到中国社会、中国人和世界广泛认同,是新时代新中国新力量的高度凝练和集中表现。中国是一个社会主义国家,社会主义核心价值观是中华文化在新的历史发展阶段的先进性体现,是最先进的民族文化和精神的代表。我们所追求的世界和平、国家独立、政治民主、社会平等、人民富裕、司法公正、机会均等,以及人的生存权、发展权,也是人类的共同目标。

"中华优秀传统文化是中华民族的精神命脉,是涵养社会主义核心价值观的重要源泉，也是我们在世界文化激荡中站稳脚跟的坚实根基。"2014年10月，习近平总书记在文艺工作座谈会上说。

社会主义核心价值观，实际上是中国传统文化精华与当代中国、未来中国的发展相结合的产物，是对国家、社会、个人提出的新要求和新目标，既体现了中华传统文化的创新发展需要，也是中国特色社会主义的本质要求，同时也是世界文明与中华文明融合的结果，是中国新时代精神的集中体现，向中国，也向世界说清了中国要成为什么样的国家，要有什么样的社会基础，要靠什么样的人来建设等根本性问题。

文化是软实力，而中国特色社会主义核心价值观则是文化软实力的灵魂，是决定着文化软实力的表现形式和精神面貌的民族基因，因此理应成为组织和发展文化软实力的重点。也就是说，文化软实力建设要以社会主义核心价值观的建设为重心和中心。任何一种文化的软实力，都是在硬实力的基础上所形成的一个国家和民族核心价值观的生命力、凝聚力、感召力，也即习近平总书记所概括的，培育和弘扬社会主义核心价值观是一项"凝魂聚气、强基固本的基础工程"；"如果一个民族、一个国家没有共同的核心价值观，莫衷一是，行无依归，那这个民族、这个国家就无法前进。"这也是文化软实力的精气神和民族精神的经脉。没有核心价值观，将民族无根，国家无魂，民无所依，还谈何民族强大，国家富强？

新时代中国特色社会主义核心价值观首先要入耳入脑入心，要滋养中国人的精神和灵魂，成为中国人自身的血液，"日用而不觉"，化为肌体组织，形成民族实力。因此，要从日常生活中、从一举一动、一言一行中感知、感悟、实践核心价值观，并且要通过教育、制度和法律等引导和规范，使中国特色社会主义核心价值观内化为神，外化为行，形成国民素质、国家品质，并融为世界特质，使中国芬芳，播散于世界。

中华文化崇尚和平、平等，强调尊重主权。中国发展道路基于中国特殊

国情,但其所代表的价值理念具有世界性。因此,我们必须旗帜鲜明地向世界说明社会主义核心价值观的历史渊源,从中华文化的深厚积淀中确立中国道路与世界各国发展道路在价值理念方面的共同性和普遍性,并尊重彼此的差异性和特殊性。这是我们基于世界需求要传播的中华文化的基本内涵,也是基本原则。

当一个强大起来的中国走在21世纪的圆梦之路上时,中国不可避免地将通过改变自己影响世界,也不可避免地引发世界范围的关注、揣度和怀疑。因此,只有客观地向世界说清楚社会主义核心价值观与中华文化的内涵,才会让中华民族的复兴之路得到世界范围内更多的理解和支持。

(原载《对外传播》,2020年第1期)

前言

  2016年春,我给同济大学汉语国际教育专业中外研究生开了一门课"中华文化经典",课程计划很丰富,诸子百家,世界风云,甚至想编一本以孔子思想为核心的书,名字都想好了,就叫《孔子的世界与世界的孔子》,即把孔子思想本身的世界性以及如何以世界方式走向世界等做一些实践性的研究,为中国古典文化走向世界提供如何"世界表达"方面的经验。但一学期结束,除了几首《诗经》中的诗和唐诗,就只讲《论语》了,而且《论语》也只讲到"里仁"篇。在课堂上,我采取了精读法,而且要求中外学生同堂讨论。我本来还担心国际学生能不能有效参与讨论,但从第一堂课开始,我对国际学生的担心就没有了,每堂课结束反而有种意犹未尽之感。国际学生对中华文化的热情、热爱、理解深深触动了我,也启发了我。课程结束后,课堂上中外学生同用汉语交流学习中华经典作品心得的场景在我眼前一遍遍重播。我由此想到,中国国内的国际学生是否都有这样的机会,课堂上的中国老师是否都意识到了学生们渴望的眼神,于是我决定编一本适合中外学生同时使用的"中华文化经典选读"一类的书,而且一定要弃繁就简,弃全宁"偏",就把最朴实的中国智慧,直接送到中外读者面前,任由选读。在我看来,作为有世界担当的中国,其文化的精神滋养不但应培育中华民族子孙的天下情怀,在建设"人类命运共同体"的今天,还应主动去培育世界人民的"中国情怀",在促使世界更深刻理解中国的历史和当代的同时,实现不同民族文化的和谐相处、共生共进。

  因为工作关系,我更多关注的是将中国文化精神实践于"立德树人",既

"树"中国的孩子,也"树"外国的孩子。站在国际学生课堂上,看着来自不同国籍、出于不同动机来到中国的年轻国际学生,我眼前仿佛出现他们毕业后说着流利的汉语、带着对中国文化发自内心的热爱搭建中外文化沟通之桥的情景。因为有爱,一座座这样的桥梁不但材质优良,结构完善,基础扎实,而且会焕发出由内而外的美。每当这时,我都有一种"汉传天下"的自豪感和责任感。为了实现这样的目标,我和同事们提出了将中国价值观有效融入国际学生教育的基本思路,在课程设计、文化活动的安排上,以"细无声"的方式,将中华经典作品的文化精神,融入国际学生培养的每一个环节。这个过程很艰难,但每一次细小的收获,我们都有会"燎原"的成就感。

来华国际学生将来是向世界讲中国故事的生力军,所以,除了让他们了解中国文化的精髓,还需帮助他们掌握向世界讲中国故事的方法,这样才能真正成为沟通中国与世界的桥梁,客观真实地推动世界塑造正面的中国形象。支持国际学生研读中华文化原典,则可推动国际学生基于自身的文化,共同研究、讨论中华经典文化的独特性及世界性。

子曰:"不患人之不己知,患不知人也。"文化交流的动因和结果,都是人与人之间交流的愿望,而文化交流成功与否的关键,则取决于彼此相知。国际学生教育作为实现"人类命运共同体"的途径之一,应以"感悟和理解中国"教育为入口,创造条件推动国际学生研读中华文化经典作品,以打通中国故事国际化的多元途径。但鉴于来华国际学生普遍对中华文化了解不深,甚至会抱有一些偏见,在学习中华文化经典时难以深入,我们在课堂上采取了一些针对性的教育措施,以克服国际学生的心理障碍,如让国际学生联系自己国家的经典作品对比诵读理解《论语》等,通过学习中国经典加深对本国经典的理解,通过研读中国文化也加深了对本国文化的理解,从而实现文化的双重认同,在增加本民族文化自豪感的同时,加深对中华文化的认知,甚至帮助国际学生实现自身文化身份的转化。这样既加深了国际学生对

中国传统文化的深厚韵味和无穷哲理的理解,了解中外文化如何"异中求和",也在对比分析中掌握了向自己国家的汉语学习者传播中国文化的科学方式。

当前,中国的大学无不把国际化作为学校发展的重要目标,国际化程度也越来越高。但现实是,来华国际学生教育还基本上被视为一种"特殊教育",学习和生活环境都相对特殊:由专门的机构单独组织教学,并住在专门的国际学生公寓,各种校园文化活动,也常常忽略了国际学生。这种做法将国际学生隔绝于最适宜其学习汉语和了解中国文化的语言文化环境之外,形成来华国际学生教育的"象牙塔模式",不利于培养既理解中国,更能从感情上亲近中华文化的国际学生。文化在民间。要培养出真正理解中国、会讲中国故事的国际学生,就要千方百计推动他们走出"象牙塔",走进最真实的中国生活语境和社会环境,像盐一样融入中国当代生活的土壤,最终能"像中国人一样思考",奠定一生都热爱中国的基础。这是中国国际学生教育之"本"与"道"。

习近平总书记强调:要教育引导学生多读中华优秀传统文化典籍。要让学生正确理解经典著作,感知中华文化魅力。我们从"立德树人"角度编写这本书,就是希望中外青年学生能在新时代中国的日常生活中,感受到中华优秀传统文化日用而不觉的影响,并将自己感悟中国的心灵律动,与世界上更多的人分享。

孙宜学

2020 年 10 月 8 日

目 录

总序
前言

B

1　一　白香山集·荔枝图序
3　二　北齐书·陈元康传
7　三　博物志·五方人民

C

10　四　曹子建集·洛神赋
19　五　茶经·茶之源
22　六　陈书·周弘正传
26　七　初刻拍案惊奇·转运汉巧遇洞庭红

D

32　八　大唐西域记·烈士池及传说
36　九　大学
39　十　道德经
44　十一　典论·论文
49　十二　东京梦华录·序
53　十三　东坡全集·黠鼠赋
56　十四　东周列国志·晏平仲二桃杀三士

F

| 63 | 十五　范文正公集·岳阳楼记 |
| 67 | 十六　焚书·童心说 |

G

| 72 | 十七　公孙龙子·白马论 |
| 76 | 十八　管子·牧民 |

H

80	十九　韩昌黎集·师说
84	二十　韩非子·和氏
88	二十一　汉书·陈胜传
92	二十二　鹤林玉露·山静日长
95	二十三　后汉书·班固传
99	二十四　淮南子·人间训
102	二十五　黄帝内经·灵兰秘典论

J

106	二十六　集异记·旗亭画壁
110	二十七　嘉祐集·六国
114	二十八　旧唐书·褚亮传
117	二十九　旧五代史·李愚传

L

| 121 | 三十　兰亭集·序 |
| 125 | 三十一　李太白全集·春夜宴从弟桃花源序 |

128	三十二	梁书·柳庆远传
131	三十三	聊斋志异·山市
135	三十四	列子·偃师造人
138	三十五	林泉高致·山水训
143	三十六	临川先生集·游褒禅山记
147	三十七	柳河东集·至小丘西小石潭记
150	三十八	六如居士集·菊隐记
153	三十九	六祖坛经·悟法传衣
157	四十	录鬼簿·序
160	四十一	论衡·说日
164	四十二	论语·学而
168	四十三	洛阳伽蓝记·法云寺
174	四十四	吕氏春秋·察今
179	四十五	履园丛话·水学

M

181	四十六	孟子·寡人之于国也
185	四十七	梦溪笔谈·雁荡山
189	四十八	墨子·公输
193	四十九	牡丹亭·题词

O

196	五十	欧阳文忠公文集·卖油翁

Q

198	五十一	七录斋集·五人墓碑记

204	五十二　全唐文·陋室铭

R

206	五十三　人间词话
210	五十四　容斋随笔·虫鸟之智

S

212	五十五　三国演义·草船借箭
216	五十六　三国志·邓哀王冲
219	五十七　尚书·尧典
223	五十八　史记·孔子世家
227	五十九　史记·孟尝君列传
231	六十　世说新语
234	六十一　水浒传·武松打虎
237	六十二　水经注·江水
241	六十三　说文解字·叙
244	六十四　说苑
247	六十五　宋史·王安石传
251	六十六　搜神记·李寄斩蛇
254	六十七　孙子兵法·谋攻

T

258	六十八　太平广记·墨子
262	六十九　唐才子传·王维传
265	七十　唐人小说·三梦记
269	七十一　陶庵梦忆·湖心亭看雪

271	七十二	陶渊明集·桃花源记
276	七十三	滕王阁·序
280	七十四	天工开物·序

W

284	七十五	文心雕龙·神思
290	七十六	吴越春秋·吴太伯传

X

293	七十七	西京杂记·画工弃市
296	七十八	惜抱轩全集·登泰山记
300	七十九	闲情偶寄·芙蕖
304	八十	小窗幽记
309	八十一	笑林广记
313	八十二	续齐谐记·阳羡书生
316	八十三	荀子·劝学

Y

320	八十四	颜氏家训·慕贤
323	八十五	酉阳杂俎·叶限
327	八十六	虞初新志·核舟记
331	八十七	郁离子·智力
333	八十八	元史·欧阳玄传
337	八十九	元杂剧公案卷·灰阑记
342	九十	乐府诗集·木兰诗

Z

346	九十一	战国策·苏秦始将连横
351	九十二	湛然居士文集·贫乐庵记
354	九十三	贞观政要·任贤
358	九十四	正蒙·西铭
362	九十五	指南录·后序
369	九十六	中庸
374	九十七	诸葛亮集·前出师表
380	九十八	庄子·逍遥游
386	九十九	资治通鉴·柳宗元
390	一〇〇	左传·烛之武退秦师
394	后记	

一　白香山集·荔枝图序

【导读】

白居易(772—846),字乐天,号香山居士,又号醉吟先生。祖籍太原,生于新郑(今河南省新郑市)(仅见于清代县志,存疑),是中国文学史上负有盛名且影响深远的唐代诗人和文学家。他的诗歌题材广泛,形式多样,语言平易通俗,有"诗魔"和"诗王"之称。官至翰林学士、左赞善大夫。有《白氏长庆集》传世,代表诗作有《长恨歌》《卖炭翁》《琵琶行》等。其闲适诗在后代有很大影响,其浅切平易的语言风格、淡泊悠闲的意绪情调,都曾屡屡为人称道。但相比之下,这些诗中所表现的那种退避政治、知足保和的"闲适"思想,以及归趋佛老、效法陶渊明的生活态度,因与后世文人的心理较为吻合,所以影响更为深远。

《白香山集》共3册,《荔枝图序》是其中一篇。这是一篇说明文,不到130字,不仅写出了荔枝的出处、外形、味道,而且还写出了摘下后短期内的变化情况。它是白居易为画工所绘的荔枝图写的一篇序。据《新唐书·杨贵妃传》记载:"妃嗜荔枝,必欲生致之,乃置转传送,走数千里,味未变,已至京师。"但在当时,一般北方人是很难一睹荔枝芳容的。白居易于元和十四年(819)任忠州刺史,第二年命画工绘了一幅荔枝图,并亲自为之作序。

　　荔枝生巴峡[1]间,树形团团[2]如帷盖[3]。叶如桂,冬青[4]华如橘,春荣实如丹,夏熟朵如葡萄,核如枇杷,壳如红缯[5],膜如紫绡,瓤肉莹白如冰雪,浆液甘酸如醴酪[6]。大略如彼,其实过之。若离本枝,一日而色变,二日而香变,三日而味变,四五日外,色香味尽去[7]矣。元和十五年[8]夏,南宾守[9]乐天,命工吏[10]图而书之[11],盖为不识者与识而不及一、二、三日者云。

——选自《白香山集》,白居易著,文学古籍刊行社,1954年

注释

[1] 巴峡:指唐代的巴州和峡州,在今四川省东部和湖北省西部。

[2] 团团:圆圆的。

[3] 帷盖:周围带有帷帐的伞盖,围在四周的部分叫"帷",盖在上面的部分叫"盖"。

[4] 冬青:冬天是绿的。

[5] 红缯(zēng):红色的丝绸。缯,丝织品的总称,相当于现在的绸。

[6] 醴(lǐ):甜酒。酪:奶酪。

[7] 去:消失。

[8] 元和十五年:820 年。元和,唐宪宗年号(806—820)。

[9] 南宾守:南宾郡太守。南宾,又名忠州(今重庆忠县)。

[10] 工吏:在官府当差的工匠,这里指画工。

[11] 图而书之:画好画,题上字。

译文

荔枝生长在巴州和峡州一带地方。它的树形很圆,就像古代用来遮蔽东西的"帷盖"。叶像桂树的叶,冬季还是绿色的;花像橘树的花,在春天开放;果实的颜色像丹砂那样红,夏季成熟。果实聚成簇,像葡萄,核像枇杷的核,壳像红绸,膜像紫绸,瓤肉像冰雪一样晶莹、洁白,浆液像醴那样甜,像酪那样酸。(关于荔枝的情况),大概也就如同前面所说的情形,那实际的情况比介绍的这些还要好。假如果实离开了枝体,一天颜色就变了,两天香味就变了,三天味道就变了,四五天以后,色香味就全消失了。元和十五年的夏天,南宾郡的太守乐天(白居易),让官画工画成一幅荔枝图,并写上这篇序,这是为了让不了解(荔枝)的人以及虽然了解荔枝的样子但不知道摘下后过了一天、两天、三天后荔枝会起变化的人看的。

二 北齐书·陈元康传

【导读】

李百药(564—648),字重规,定州安平(今河北省定州市)人,唐朝史学家。其父李德林曾任隋内史令,预修国史,撰有《齐史》。隋文帝时百药仕太子舍人、东宫学士。隋炀帝时贬任桂州司马,迁建安郡丞。后归唐,拜中书舍人、礼部侍郎、散骑常侍。人品耿直,曾直言上谏唐太宗取消诸侯,为太宗采纳。曾受命修订五礼、律令。贞观元年(627)奉诏撰《齐书》,据父旧稿,兼采他书,经过10年,成50卷,后宋朝人为区别萧子显的《南齐书》改为《北齐书》。

《北齐书》,主要记载了从东魏孝静帝天平元年至北齐幼主高恒承光元年间44年的历史,属纪传体断代史。全书共50卷,包括纪8卷,列传42卷。

陈元康,字长猷,广宗人也。父终德,魏济阴内史,终于镇南将军、金紫光禄大夫。元康贵,赠冀州刺史,谥曰贞。元康颇涉[1]文史,机敏有干用[2]。魏正光五年,从尚书令李崇北伐,以军功赐爵临清县男。普泰中,除主书,加威烈将军。天平元年,修起居注。二年,迁司徒府记室参军,尤为府公高昂所信待。出为瀛州开府司马,加辅国将军。所历皆为称职,高祖闻而征焉。稍被任使,以为相府功曹参军,内掌机密。

高祖经纶大业,军务烦广[3],元康承受意旨,甚济速用[4]。性又柔谨,通解世事。高祖尝怒世宗,于内亲加殴蹋,极口骂之,出以告元康。元康谏曰:"王教训世子,自有礼法,仪刑式瞻,岂宜至是。"言辞恳恳,至于流涕。高祖从此为之惩忿。时或恚挞[5],辄曰:"勿使元康知之。"其敬惮如此。高仲密之叛,高祖知其由崔暹故也,将杀暹。世宗匿而为之谏请。高祖曰:"我为舍其命,须与苦手。"世宗乃出暹而谓元康曰:"卿若使崔得杖,无相见也。"暹在廷,解衣将受罚。元康趋入,历阶而升,且言曰:"王方以天下付大将军,有一崔暹不能容忍耶?"高祖从而宥焉。世宗入辅京室,崔暹、崔季舒、崔昂等并被任使,张亮、张徽纂并高祖所待遇,然委任皆出元康之下。尚书仆射范阳卢道虔女为右卫将军郭琼子妇,琼以死罪没官,高祖启以赐元康为妻,元康乃弃故妇李氏,识者非之[6]。元康便辟善事人,希颜候意,多有进举,而不能平心处物,溺于财利,受纳金帛,不可胜纪,放责交易,遍于州郡,为清论所讥。

从高祖破周文帝于邙山,大会诸将,议进退之策。咸以为野无青草,人马疲瘦,不可远追。元康曰:"两雄交战,岁月已久,今得大捷,便是天授[7],时不可失,必须乘胜追之。"高祖曰:"若遇伏兵,孤何以济?"元康曰:"王前沙苑还军,彼尚无伏,今奔败若此,何能远谋。若舍而不追,必成后患。"高祖竟不从。以功封安平县子,邑三百户。寻除平南将军、通直常待,转大行至郎中,徙右丞。及高祖疾笃,谓世宗曰:"邙山之战,不用元康之言,方[8]贻汝患,以此为恨,死不瞑目。"高祖崩,秘不发丧,唯元康知之。

属世宗将受魏禅,元康与杨愔、崔季舒并在世宗坐,将大迁除朝士,共品藻之。世宗家苍头奴兰固成先掌厨膳,甚被宠昵。先是,世宗杖之数十,吴人性躁,又恃旧恩,遂大忿恚,与其同事阿改谋害世宗。阿改时事显祖,常执刀随从,云"若闻东斋叫声",即以加刃于显祖。是日,值魏帝初建东宫,群官拜表[9]。事罢,显祖出东止车门,别有所之,未还而难作。固成因进食,置刀于盘下而杀世宗。元康以身扞蔽,被刺伤重,至夜而终,时年四十三。……赠使持节,都督冀定瀛殷沧五州诸军事、骠骑大将军、司空公、冀州刺史,追封武邑县一千户,旧封并如故,谥曰文穆。赙物一千二百段。大鸿胪监丧事。凶礼所须,随由公给[10]。元康母李氏,元康卒后,哀感发病而终,赠广宗郡君,谥曰贞昭。

——选自《北齐书》(有删节),李百药撰,中华书局,1972年

注释

[1] 涉:涉猎。

[2] 干用:才干。

[3] 烦广:繁重。

[4] 甚济速用:理事又快又好。

[5]恚挞(huì tà):愤怒鞭打。
[6]非之:议论纷纷。
[7]天授:天意。
[8]方:才。
[9]拜表:祝贺。
[10]随由公给:一律从国库开支。

译文

陈元康,字长猷,广宗人氏。父终德,魏济阴内史,终于镇南将军、金紫光禄大夫位上。元康贵盛,赠冀州刺史,谥号贞。元康广涉文史,机敏有才干。北魏正光五年(524),跟随尚书令李崇北伐,凭军功受赐临清县男爵位。东魏天平元年(534),撰修起居注。第二年,迁司徒府记室参军,尤受府公高昂信任和礼遇。出朝为瀛州开府司马,加辅国将军。所任之官都很称职,高祖知道后就把他征召了去。慢慢地受到重用,让他做相府功曹参军,便掌管了机密。

高祖谋划国家大业,所以军务繁剧,元康承受高祖的意旨后,理事又快又好。元康性情柔顺谨慎,通晓世事。高祖有次对世宗不满,当着家里人的面殴打他,还破口大骂,事完后到外面告诉了元康。元康进谏说:"大王教训世子,自有礼法规定,您应该依照仪刑办事,而不必动手动脚。"言辞恳切,甚至流了眼泪。从此之后,高祖再也不对世宗非礼了。即使忍无可忍,动了手脚,就要说:"千万不要让陈元康知道。"高祖对他敬重畏惮,即可见一斑。高仲密反叛,高祖晓得是因为崔暹的缘故,想杀掉崔暹。世宗隐匿好崔暹后,接着去求情。高祖说:"看在你的面上,我饶他一命,但要狠揍一顿才好。"世宗就放出崔暹,对元康说:"你若让暹挨打,我就再也不同你见面了。"崔暹在朝堂上,脱下衣服准备接受惩罚。元康快步走了进来,沿着台阶边上边说:"大王正要把天下托付给大将军,难道连一崔暹也不能原谅?"高祖听从建议宽免了崔暹。世宗入朝辅政,崔暹、崔季舒、崔昂等同受信任,虽然张亮、张徽纂等得到高祖礼遇,但其职位都在元康之下。魏尚书仆射范阳卢道虔之女是右卫将军郭琼儿子的媳妇,琼因死罪没官,高祖启奏朝廷,请将其儿媳赐给元康为妻,元康便休掉了发妻李氏,对此人们议论纷纷。元康逢迎谄媚善事人,而且会看脸色、能揣摩心思,举荐之人很多,但他不能平心待物,喜好财货,收受的金钱绸缎,难以计数,放债交易,遍于州郡,所以受到了清议的讽讥。

跟从高祖在邙山打败了周文帝,之后大会诸将,讨论进退的计划。各位将领认为野无青草,人马疲瘦,不能乘胜追击。元康说:"两雄交战,岁月已久,今天大胜,便是天意,时不可失,应该乘胜追击。"高祖说:"如果碰上了周的伏兵,我怎么处理?"元康说:"前些日子大王从沙苑撤军,他们都没有设伏,今天他们败到如此地步,哪能制定出周密计划?假若舍弃而不追击,一定会成为大王的心腹之患。"高祖始终没有听从。以功封安平县子,食邑三百户。不久除平南将军、通直常待,转大行台郎中,徙右丞。到高祖病重时,对世宗说:"邙山之战,我没采纳元康的建言,才给你留下现在的祸患,我也为此深感悔恨,死也难以瞑目。"高祖死,秘不发丧,只有元康一个人知道。

世宗将受魏禅,元康与杨愔、崔季舒都坐在世宗的身边,计划对朝士分别品藻,然后进行大规模地升迁除授。世宗家中的苍头奴兰固成掌管厨房膳食,极受宠幸。早些时候,世宗杖打了他几十下,他是吴地人,性情急躁,又依仗着旧恩,因而极为恚愤,与其同事阿改企图谋害世宗。这时阿改服侍显祖,常常带着刀剑侍从左右,说"如果听到东斋高声喊叫",就马上砍下显祖的脑袋。这天,正好东宫建成,群官向魏帝祝贺。贺礼结束,显祖出东止车门,想到别的地方去,没有返回来,祸难就开始了。兰固成趁献食之机,拿出事先藏在食盘中的刀向世宗刺去。元康以身阻挡,也被刺成重伤,到晚上就咽了气,时年四十三岁。……赠使持节,都督冀、定、瀛、殷、沧五州诸军事,骠骑大将军,司空公,冀州刺史,追封给武邑县一千户,旧封全部保存,谥号文穆。赙物一千二百段。大鸿胪卿监护丧事。凶礼所需要支出的钱财物品,一律从国库开支。元康母李氏,在其子死后,因悲伤过度暴病而亡,朝廷赠其广宗郡君,谥号贞昭。

三 博物志·五方人民

【导读】

张华(232—300),字茂先。范阳方城(今河北省固安县)人。西晋时期政治家、文学家、藏书家,西汉留侯张良的十六世孙、唐朝名相张九龄的十四世祖。张华工于诗赋,辞藻华丽。《隋书·经籍志》有《张华集》10卷,已佚。明人张溥辑有《张茂先集》。张华雅爱书籍,精通目录学,曾与荀勖等人依照刘向《别录》整理典籍。永康元年(300),赵王司马伦发动政变,张华被杀害,享年69岁。

《博物志》,中国古代神话志怪小说集,为中国第一部博物学著作,分类记载了异境奇物、古代琐闻杂事及神仙方术等。内容多取材于古籍,包罗万象,有山川地理的知识,有历史人物的传说,有奇异的草木鱼虫、飞禽走兽的描述,也有怪诞不经的神仙方术的故事,其中还保存了不少古代神话材料,是继《山海经》后,中国又一部包罗万象的奇书。

东方少阳,日月所出,山谷清,其人佼好。

西方少阴,日月所入,其土窈冥[1],其人高鼻、深目、多毛。

南方太阳,土下水浅,其人大口多傲。

北方太阴,土平广深,其人广面缩颈。

中央四析,风雨交,山谷峻,其人端正。

南越巢居,北朔穴居,避寒暑也。

东南之人食水产,西北之人食陆畜。食水产者,龟蛤螺蚌以为珍味,不觉其腥臊也;食陆畜者,狸兔鼠雀以为珍味,不觉其膻[2]也。

有山者采,有水者渔。山气多男,泽气多女。平衍气仁[3],高凌气犯,丛林气躄,故择其所居。居在高中之平,下中之高,则产好人。

居无近绝溪,群冢狐虫之所近,此则死气阴匿之处也。

山居之民多瘿[4]肿疾,由于饮泉之不流者。今荆南诸山郡东多此疾瘇[5]。由践土之无卤者,今江外诸山县偏多此病也。

——选自《博物志》,张华等撰,王根林等校点上海古籍出版社,2012年

注释

[1] 窈冥:幽远昏暗。
[2] 膻(shān):臊腥。
[3] 平衍气仁:仁慈宽厚。
[4] 瘿(yǐng):颈瘤,俗称大脖子。
[5] 瘇(zhǒng):足肿病。

译文

东方是阳气发动、日月升起的地方,东方的山谷清秀明朗,这里的人长得俊美。

西方是阴气发动、日月下落的地方,这里土地幽远昏暗,这里的人高鼻子,眼窝深陷,面上多毛。

南方是阳气旺盛之地,土地低下水流浅,这里的人口大眼也大。

中央是四方没有屏障易受攻击之地,风雨在这里汇聚,山峦险峻,这里的人容貌整齐。

南方人筑巢而居,北方人挖洞穴而居,为的是避寒暑。

东南方的人吃水产品,西北方的人吃陆上的禽兽。吃水产的,把乌龟、蛤蜊、海螺、河蚌当作美味,却不觉得腥臭;吃禽兽的,把狐狸、兔子、老鼠、鸟雀当作美味,却不觉得臊腥。

有山的在山中采伐,有水的在水中捕捞。沐浴山气的多生男,沐浴水泽气的多生女。沐浴平原之气的人多仁慈宽厚,沐浴高原之气的人多冲撞冒犯,沐浴丛林气的人多瘸腿,所以对住处要有所选择。住在高原中的平坦处,或平原中的高地,就能生下身心健康的人。

住地不要挨近溪流断绝的地方，那儿坟墓众多，是狐狸、虫豸所接近的地方，所以是死气隐藏之处。

居住在山区的人多有颈部长瘤的疾病，这是因为喝了不流动的泉水，现在荆南群山的州郡东有不少人患这种病。脚肿，是因为踩踏了没有碱性的土地，现在江南山区县患这种病的人特别多。

四　曹子建集·洛神赋

【导读】

曹植(192—232)，字子建，沛国谯(今安徽省亳州市)人。三国曹魏著名文学家，建安文学代表人物。魏武帝曹操之子，魏文帝曹丕之弟，生前曾为陈王，去世后谥号"思"，因此又称陈思王。后人因他文学上的造诣而将他与曹操、曹丕合称为"三曹"，南朝宋文学家谢灵运更有"天下才有一石，曹子建独占八斗"的评价。

《曹子建集》收录了曹植的诗文辞赋，取材广泛，感情强烈。《洛神赋》是其中的名篇。一般认为《洛神赋》是因曹植被封鄄城所作，亦作《感甄赋》，"甄"通"鄄"。唐代李善则认为其为甄皇后所作，此说亦博得后世多人的认同。此赋以幻觉形式，叙写人神相恋，终因人神道殊，含情痛别。或以为假托洛神，寄心文帝，抒发衷情不能相通的政治苦闷。

黄初[1]三年，余朝京师[2]，还济[3]洛川[4]。古人有言，斯[5]水之神名曰宓妃[6]。感宋玉对楚王神女之事，遂作斯赋，其词曰：

余从京域，言[7]归东藩[8]，背伊阙[9]，越轘辕[10]，经通谷[11]，陵[12]景山[13]。日既西倾，车殆[14]马烦。尔乃[15]税驾乎蘅皋，秣驷[16]乎芝田[17]，容与[18]乎阳林，流眄[19]乎洛川。于是精移神骇[20]，忽焉[21]思散[22]，俯则未察，仰以殊观[23]。睹一丽人，于岩之畔。乃援[24]御者而告之曰："尔有觌[25]于彼者乎？彼何人斯，若此之艳也！"御者对曰："臣闻河洛之神，名曰宓妃。然则君王所见，无乃是乎？其状若何，臣愿闻之。"余告之曰：其形也，翩若惊鸿，婉若游龙。荣曜秋菊，华茂春松。髣髴兮若轻云之蔽月，飘飖兮若流风之回雪。远而望之，皎[26]若太阳升朝霞。迫[27]而察之，灼若芙蕖出渌[28]波。秾[29]纤[30]得衷，修短[31]合度。肩若削成，腰如约素。延颈秀项，皓[32]质呈露，芳泽无加，铅华弗御。云髻[33]峨峨[34]，修眉联娟[35]，丹唇外朗[36]，皓齿内鲜[37]。明眸[38]善睐[39]，靥[40]辅[41]承权[42]，瓌[43]姿艳逸[44]，仪[45]静体闲。柔情绰[46]态，媚于语言。奇服[47]旷世[48],骨像[49]应图[50]。披罗衣之璀粲[51]兮,珥[52]瑶碧[53]之华琚[54]。戴金翠[55]之首饰[56],缀明珠以耀躯。践[57]远游[58]之文履[59],曳[60]雾绡[61]之轻裾[62]。微[63]幽兰之芳蔼[64]兮,步踟蹰[65]于山隅。于是忽焉纵体,以遨以嬉。左倚采旄[66],右荫桂旗[67]。攘[68]皓腕于神浒[69]兮,采湍濑[70]之玄芝。余情悦其淑美兮,心振荡而不怡。无良媒以接欢兮,托微波而通辞。愿诚素[71]之先达兮,解玉佩以要[72]之。嗟佳人之信修兮[73],羌[74]习礼[75]而明诗[76]。抗[77]琼珶[78]以和予兮,指潜渊而为期。执眷眷[79]之款实[80]兮,惧斯灵[81]之我欺[82]!感交甫[83]之弃言兮,怅犹豫而狐疑[84]。收和颜[85]而静志兮,申礼防[86]以自持。于是洛灵感焉,徙倚[87]彷徨。神光离合,乍阴乍阳[88]。竦轻躯以鹤立[89],若将飞而未翔。践椒涂[90]之郁烈,步蘅薄[91]而流芳[92]。超长吟以永慕兮,声哀厉而弥长[93]。尔乃众灵杂遝[94],命俦啸侣[95],或戏清流,或翔神渚[96],或采明珠,或拾翠羽。从南湘之二妃[97],携汉滨之游女[98]。叹匏瓜之无匹兮,咏牵牛之独处[99]。扬轻袿[100]之猗靡[101]兮,翳[102]修袖以延伫[103]。体迅飞凫[104],飘忽若神。凌波微步,罗袜生尘[105]。动无常则,若危若安。进止难期,若往若还。转眄流精,光润玉颜[106]。含辞未吐,气若幽兰[107]。华容婀娜,令我忘餐。于是屏翳[108]收风,川后[109]静波。冯夷[110]鸣鼓,女娲[111]清歌。腾文鱼以警乘,鸣玉鸾以偕逝[112]。六龙[113]俨其齐首,载云车[114]之容裔[115]。鲸鲵[116]踊而夹毂[117],水禽翔而为卫。于是越北沚[118],过南冈,纡素领[119],回清阳。动朱唇以徐言,陈交接之大纲。恨人神之道殊兮,怨盛年之莫当[120]。抗罗袂以掩涕兮,泪流襟之浪浪[121]。悼良会之永绝兮,哀一逝而异乡[122]。无微情以效爱[123]兮,献江南之明珰[124]。虽潜处于太阴,长寄心于君王[125]。忽不悟其所舍,怅神宵而蔽光[126]。于是背下[127]陵高[128],足往神留。遗情[129]想象,顾望怀愁。冀灵体之复形,御轻舟而上溯[130]。浮长川[131]而忘反,思绵绵而增慕。夜耿耿[132]而不寐,沾繁霜而至曙。命仆夫而就驾,吾将归乎东路。揽騑辔以抗策,怅盘桓而不能去[133]。

——选自《曹植集校注》,曹植撰,赵幼文校注,中华书局,2016年

注释

[1] 黄初:魏文帝曹丕年号(220—226)。

[2] 京师:京城,指魏都洛阳。

[3] 济:渡。

[4] 洛川:即洛水。

[5] 斯:此水,指洛川。

[6] 宓(fú)妃:传说古帝宓羲氏之女溺死洛水而为神,故名洛神,又名宓妃。

[7] 言:语助词。

[8] 东藩:东方藩国,指曹植的封地。

[9] 伊阙:山名,又称阙塞山、龙门山,在河南洛阳南。

[10] 镮(huán)辕:山名,在今河南偃师县东南。

[11] 通谷:山谷名,在今洛阳城南。

[12] 陵:登。

[13] 景山:山名,在今偃师县南。

[14] 殆:通"怠",懈怠。一说指危险。烦:疲乏。

[15] 尔乃:承接连词,于是就。税驾:停车。税,舍、置。驾,车乘总称。蘅皋:生着杜蘅的河岸。蘅,杜蘅,香草名。皋,岸。

[16] 秣驷:喂马。驷,一车四马,此泛指驾车之马。

[17] 芝田:种着灵芝草的田地,此处指野草繁茂之地。一说为地名,指河南巩县(今巩义市)西南的芝田镇。

[18] 容与:悠然安闲貌。阳林:地名。

[19] 流眄:纵目四望。眄,斜视。一作"流盼",目光流转顾盼。

[20] 精移神骇:神情恍惚。骇,散。

[21] 忽焉:急速貌。

[22] 思散:思绪分散,精神不集中。

[23] 殊观:少见的异常现象。

[24] 援:以手牵引。

[25] 觌(dí):看见。

[26] 皎:洁白光亮。太阳升朝霞:太阳升起于朝霞之中。

[27] 迫:靠近。灼:鲜明,鲜艳。

[28] 渌(lù):水清貌。

[29] 秾:花木繁盛。此指人体丰腴。

[30] 纤:细小。此指人体苗条。

[31] 修短:长短,高矮。以上两句是说洛神的高矮肥瘦都恰到好处。

[32] 皓:洁白。呈露:显现,外露。

[33] 云髻:发髻如云。

[34] 峨峨:高耸貌。

[35] 联娟:微曲貌。

[36] 朗:明润。

[37] 鲜:光洁。

[38] 眸:目中瞳子。

[36] 睐(lài):顾盼。

[40] 靥(yè):酒窝。

[41] 辅:面颊。

[42] 承权:在颧骨之下。权,颧骨。

[43] 瓌:同"瑰",奇妙。

[44] 艳逸:艳丽飘逸。

[45] 仪:仪态。闲:娴雅。

[46] 绰:绰约,美好。

[47] 奇服:奇丽的服饰。

[48] 旷世:举世唯有。旷,空。

[49] 骨像:骨骼形貌。

[50] 应图:指与画中人相当。

[51] 璀粲:鲜明貌。一说为衣动的声音。

[52] 珥:珠玉耳饰。此用作动词,作佩戴解。

[53] 瑶碧:瑶、碧均为美玉。

[54] 华琚:刻有花纹的佩玉。琚,佩玉名。

[55] 翠:翡翠。

[56] 首饰:指钗簪一类饰物。

[57] 践:穿,着。

[58] 远游:鞋名。

[59] 文履:饰有花纹图案的鞋。

[60] 曳:拖。

[61] 雾绡:轻薄如雾的绡。绡,生丝。

[62] 裾:裙边。

[63] 微:轻微。

[64] 芳蔼:香气。

[65] 踟蹰:徘徊。隅:角。

[66] 采旄(máo):彩旗。采,同"彩"。旄,旗杆上旄牛尾饰物,此处指旗。

[67] 桂旗:以桂木做旗杆的旗,形容旗的华美。

[68] 攘:此指挽袖伸出。

[69] 神浒:为神所游之水边地。浒,水边泽畔。

[70] 湍濑:石上急流。

[71] 诚素:真诚的情意。素,同"愫",情愫。

[72] 要:同"邀",约请。

[73] 信修:确实美好。修,美好。

[74] 羌:发语词。

[75] 习礼:懂得礼法。

[76] 明诗:善于言辞。

[77] 抗:举起。

[78] 琼珶(dì):美玉。

[79] 眷眷:依恋貌。

[80] 款实:诚实。

[81] 斯灵:此神,指宓妃。

[82] 我欺:即欺我。

[83] 交甫:郑交甫。《文选》李善注引《神仙传》:"切仙一出,游于江滨,逢郑交甫。交甫不知何人也,目而挑之,女遂解佩与之。交甫行数步,空怀无佩,女亦不见。"

[84] 狐疑:疑虑不定。因为想到郑交甫曾经被仙女遗弃,故此内心产生了疑虑。

[85] 收和颜:收起和悦的容颜。

[86] 申:施展。礼防:礼法,礼能防乱,故称礼防。

[87] 徙倚:流连徘徊。

[88] "神光"二句:洛神身上放出的光彩忽聚忽散,忽明忽暗。

[89] 鹤立:形容身躯轻盈飘举,如鹤之立。

[90] 椒涂:涂有椒泥的道路,一说指长满香椒的道路。椒,花椒,有浓香。

[91] 蘅薄:杜衡丛生地。

[92] 流芳:散发香气。

[93]"超长吟"二句:怅然长吟以表示深沉的思慕,声音哀婉而悠长。超,惆怅。永慕,长久思慕。厉,疾。弥,久。

[94] 杂遝:纷纭,多而乱的样子。

[95] 命俦啸侣:招呼同伴。俦,伙伴、同类。

[96] 渚:水中高地。

[97] 南湘之二妃:指娥皇和女英。据刘向《列女传》载,尧以长女娥皇和次女女英嫁舜,后舜南巡,死于苍梧。二妃往寻,自投湘水而死,为湘水之神。

[98] 汉滨之游女:汉水之女神,即前注中郑交甫所遇之神女。

[99]"叹匏瓜"二句:为匏瓜星的无偶而叹息,为牵牛星的独处而哀咏。匏瓜,星名,又名天鸡,在河鼓星东。无匹,无偶。牵牛,星名,又名天鼓,与织女星各处天河之旁。相传每年七月七日才得一会。

[100] 袿(guī):妇女的上衣。

[101] 猗(yī)靡:随风飘动貌。

[102] 翳(yì):遮蔽。

[103] 延伫:久立。

[104] 凫:野鸭。

[105]"凌波"二句:在水波上细步行走,溅起的水沫附在罗袜上如同尘埃。凌,踏。尘,指细微四散的水沫。

[106]"转眄"句:转眼顾盼之间流露出奕奕神采。流精,形容目光流转而有光彩。

[107]"气若"句:形容气息香馨如兰。

[108] 屏翳:传说中的众神之一,司职说法不一,或以为是云师,或以为是雷师,或以为是雨师,在此篇中被曹植视作风神。

[109] 川后:传说中的河神。

[110] 冯(píng)夷:传说中的水神。

[111] 女娲:女神名,相传笙簧是她所造,所以这里说"女娲清歌"。

[112]"腾文鱼"二句:飞腾的文鱼警卫着洛神的车乘,众神随着叮当作响的玉鸾一齐离去。腾,升。文鱼,神话中一种能飞的鱼。警乘,警卫车乘。玉鸾,鸾鸟形的玉制车铃。偕逝,俱往。

[113] 六龙:相传神出游多驾六龙。

[114] 云车:相传神以云为车。

[115] 容裔:即"容与",舒缓安详貌。

[116] 鲸鲵(ní):即鲸鱼。水栖哺乳动物,雄者称鲸,雌者称鲵。

[117] 毂(gǔ):车轮中用以贯轴的圆木,这里指车。

[118] 沚:水中小块陆地。

[119] "纡素领"二句:洛神不断回首顾盼。纡,回。素领,白皙的颈项。清扬,形容女性清秀的眉目。

[120] 莫当:无匹,无偶,即两人不能结合。

[121] "抗罗袂"二句:举起罗袖掩面而泣,止不住泪水涟涟沾湿了衣襟。抗,举。袂,衣袖。浪浪,水流不断貌。

[122] "悼良会"二句:痛惜这样美好的相会永不再有,哀叹长别从此身处两地。

[123] 效爱:致爱慕之意。

[124] 明珰:以明月珠作的耳珰。

[125] "虽潜"二句:虽然幽居于神仙之所,但将永远怀念着君王。潜处,深处,幽居。太阴,众神所居之处。君王,指曹植。

[126] "忽不悟"二句:洛神说毕忽然不知去处,我为众灵一时消失隐去光彩而深感惆怅。不悟,不见,未察觉。所舍,停留、止息之处。宵,通"消",消失。蔽光,隐去光彩。

[127] 背下:离开低地。

[128] 陵高:登上高处。

[129] 遗情:留情,情思流连。

[130] 上溯:逆流而上。

[131] 长川:指洛水。

[132] 耿耿:心神不安的样子。

[133] "揽騑辔"二句:当手执马缰,举鞭欲策时,却又怅然若失,徘徊依恋,无法离去。騑(fēi),车旁之马。古代驾车称辕外之马为騑或骖,此泛指驾车之马。辔,马缰绳。抗策,犹举鞭。盘桓,徘徊不进貌。

译文

黄初三年,我来到京都朝觐,归渡洛水。古人曾说此水之神名叫宓妃。因有感于宋玉对楚王所说的神女之事,于是作了这篇赋。赋文云:

我从京都洛阳出发,向东回归封地鄄城,背着伊阙,越过轘辕,途经通谷,登上景山。这时日已西下,车困马乏。于是就在长满杜衡草的岸边卸了车,在生着芝草的地里喂马。自己则漫步于阳林,纵目眺望水波浩渺的洛川。于是不觉精神恍惚,思

绪飘散。低头时还没有看见什么,一抬头,却发现了异常的景象,只见一个绝妙佳人,立于山岩之旁。我不禁拉着身边的车夫对他说:"你看见那个人了吗?那是什么人,竟如此艳丽!"车夫回答说:"臣听说河洛之神的名字叫宓妃,然而现在君王所看见的,莫非就是她!她的形状怎样,臣倒很想听听。"我告诉他说:她的形影,翩然若惊飞的鸿雁,婉约若游动的蛟龙。容光焕发如秋日下的菊花,体态丰茂如春风中的青松。她时隐时现像轻云笼月,浮动飘忽似回风旋雪。远而望之,明洁如朝霞中升起的旭日。近而视之,鲜丽如绿波间绽开的新荷。她体态适中,高矮合度,肩窄如削,腰细如束,秀美的颈项露出白皙的皮肤。既不施脂,也不敷粉,发髻高耸如云,长眉弯曲细长,红唇鲜润,牙齿洁白,一双善于顾盼的闪亮的眼睛,两个面颊下甜甜的酒窝。她姿态优雅妩媚,举止温文娴静,情态柔美和顺,语词得体可人。洛神服饰奇艳绝世,风骨体貌与图上画的一样。她身披明丽的罗衣,带着精美的佩玉。头戴金银翡翠首饰,缀以周身闪亮的明珠。她脚着饰有花纹的远游鞋,拖着薄雾般的裙裾,隐隐散发出幽兰的清香,在山边徘徊徜徉。忽然又飘然轻举,且行且戏,左面倚着彩旄,右面有桂旗庇荫,在河滩上伸出素手,采撷水流边的黑色芝草。

我钟情于她的淑美,不觉心旌摇曳而不安。因为没有合适的媒人去说情,只能借助微波来传递话语。但愿自己真诚的心意能先于别人陈达,我解下玉佩向她发出邀请。可叹佳人实在美好,既明礼义又善言辞,她举着琼玉向我做出回答,并指着深深的水流以为期待。我怀着眷眷之诚,又恐受这位神女的欺骗。因有感于郑交甫曾遇神女背弃诺言之事,心中不觉惆怅、犹豫和迟疑,于是敛容定神,以礼义自持。这时洛神深受感动,低回徘徊,神光时离时合,忽明忽暗。她像鹤立般地耸起轻盈的躯体,如将飞而未翔。又踏着充满花椒浓香的小道,走过杜衡草丛而使芳气流动。忽又怅然长吟以表示深沉的思慕,声音哀婉而悠长。于是众神纷至杂沓,呼朋引类。有的嬉戏于清澈的水流,有的飞翔于神异的小渚。有的在采集明珠,有的在俯拾翠鸟的羽毛。洛神身旁跟着娥皇、女英南湘二妃,她手挽汉水之神。为瓠瓜星的无偶而叹息,为牵牛星的独处而哀咏。时而扬起随风飘动的上衣,用长袖蔽光远眺,久久伫立。时而又身体轻捷如飞凫,飘忽游移。她在水波上行走,罗袜溅起的水沫像尘埃。她动止没有规律,像危急又像安闲。进退难以预知,像离开又像回返。她双目流转光亮,容颜焕发泽润。话未出口,却已气香如兰。她的体貌婀娜多姿,令我看了茶饭不思。这时风神屏翳收敛了晚风,水神川后止息了波涛。冯夷击响了神鼓,女娲发出清泠的歌声。飞腾的文鱼警卫着洛神的车乘,众神随着叮当作响的玉鸾一齐离去。六龙齐头并进,驾着云车从容前行。鲸鲵腾跃在车驾两旁,水禽绕翔护卫。车乘走过北面的沙洲,越过南面的山冈。洛神转动白洁的脖颈,回过清秀的眉目。朱唇微启,缓缓地陈诉着往来交接的纲要。只怨恨人神有别,彼此虽然都处在盛年而无法如愿以偿。说着不禁举起罗袖掩面而泣,止不住泪水沾湿了衣襟。哀念欢乐的相会就此永绝,如今一别身处两地。不曾以细微的柔情来表达爱慕之心,只能赠以明珰作为永久的纪念。自己虽然深处太阴,却时时怀念着君王。洛神说毕忽然不知去处,我为众灵一时消失隐去光彩而深感惆怅。于是我舍低登高,脚步虽移,心神却仍留在原地。余情绻缱,不时想象着相会的情景和洛神的容貌,回首顾盼,更是愁绪萦怀。满心希望洛神能再次出现,就不顾一切地驾着轻舟逆流而上。行舟于悠长的洛水以至忘了回归,思恋之情却绵绵不断,越来越强。整夜心绪难平无法入睡,身上沾满了浓霜直至天明。我不得已命仆夫备马就车,踏上向东回返的道路。但当手执马缰,举鞭欲策之时,却又怅然若失,徘徊依恋,无法离去。

五 茶经·茶之源

【导读】

陆羽(733—804),复州竟陵(今湖北省天门市)人。一名疾,字鸿渐,道号竟陵子、桑苎(zhù)翁、东冈子,又号"茶山御史"。唐代著名的茶学家,自幼好学,性淡泊,闭门著书,不愿为官。安史之乱后,尽心于茶的研究。《茶经》对促进我国茶业的发展起了积极的推动作用。后人为了纪念陆羽在茶业上的功绩,称他为"茶仙",尊为"茶圣",祀为"茶神"。

《茶经》是世界上第一部茶叶专著,其中包括茶的本源、制茶器具、茶的采制、煮茶方法、历代茶事、茶叶产地等10章。内容丰富、翔实,系统而全面地介绍了中国古代茶的发展演变,极具史料价值。唐朝北方的回纥国曾以千匹良马换取《茶经》。从那以后,《茶经》传到国外,有多种文字译本。

茶者,南方之嘉木也[1]。一尺、二尺,乃至数十尺。其巴山峡川有两人合抱者[2],伐而掇之[3],其树如瓜芦[4],叶如栀子[5],花如白蔷薇[6],实如栟榈[7],蒂如丁香[8],根如胡桃[9]。

其字,或从草,或从木,或草木并。其名,一曰茶,二曰槚,三曰蔎[10],四曰茗,五曰荈。

其地,上者生烂石,中者生砾壤,下者生黄土。凡艺而不实[11],植而罕茂。法如种瓜,三岁可采。野者上,园者次。阳崖阴林,紫者上[12],绿者次;笋者上,芽者次;叶卷上,叶舒次[13]。阴山坡谷者,不堪采掇,性凝滞,结瘕疾[14]。

茶之为用,味至寒,为饮,最宜精行俭德之人[15]。若热渴、凝闷、脑疼、目涩、四肢烦、百节不舒[16],聊四五啜,与醍醐、甘露抗衡也[17]。采不时,造不精,杂以卉莽[18],饮之成疾。茶为累也。亦犹人参,上者生上党[19],中者生百济、新罗[20],下者生高丽[21]。有生泽州、易州、幽州、檀州者[22],为药无效,况非此者!设服荠苨[23],使六疾不瘳[24]。知人参为累,则茶累尽矣。

——选自《茶经》,陆羽著,浙江古籍出版社,2011年

注释

[1] 嘉木:优良的树种。

[2] 巴山峡川:此处指的是今四川省东部及湖北西部。

[3] 伐而掇之:伐,砍下枝条。掇,采摘。

[4] 瓜芦:又名皋芦,为分布于我国南方的一种叶大而味苦的树木。

[5] 栀(zhī)子:常绿灌木或小乔木,叶子对生,花供观赏,果实可做黄色染料,也可入药。

[6] 白蔷薇:指开白色花的蔷薇。

[7] 栟(bīng)榈:棕榈树。

[8] 丁香:常绿乔木,叶子长椭圆形,花可入药,种子可榨丁香油,用作芳香剂。

[9] 胡桃:即核桃。

[10] 蔎(shè):本为香草名。

[11] 艺而不实:指栽种时不使土壤松实兼备。

[12] 阳崖阴林:指种植在向阳山坡上林荫之中的茶树。

[13] 叶卷上,叶舒次:叶片成卷状者质量好,舒展平直者质量差。

[14] 凝滞:凝结不散。瘕:腹中肿块。

[15] 精行俭德:注意操行和节俭之德。

[16] 烦:疲劳。节:关节。

[17] 醍醐、甘露:皆为古人心中最美妙的供品。醍醐,酥酪上凝聚的油,味甘美。甘露,即露水,古人说它是"天之津液"。

[18] 卉莽:野草。

[19] 上党:唐时郡名,治所在今山西长治市,长子、潞城一带。

[20] 百济、新罗:在今朝鲜半岛南部。

[21] 高丽:唐时周边小国之一,即今朝鲜。

[22] 泽州:在今山西昔城县一带。易州,在今河北易县一带。幽州,在今北京市及所辖通州区、房山、大兴和河北武清、永清、安次等县。檀州,在今北京市密云区一带。

[23] 荠苨(jì nǐ):一种形似人参的野果。根茎部似人参,叶与人参稍有区别,根味甜,可药用,但功效与人参不同。

[24] 六疾不瘳(chōu):六疾,指人遇阴、阳、风、雨、晦、明六气而生的多种疾病。瘳,痊愈。

译文

茶树是中国南方种植的一种优良植物。树有一尺、两尺甚至几十尺高。在巴山和峡川一带,最粗的茶树需两人合抱,只有先砍下枝条后才能采摘茶叶。茶树的形状如同瓜芦木,树叶如同栀子,花如同白蔷薇,种子类似于棕榈树的种子,花蒂像丁香,根类似于胡桃树的根。

茶,当作字,从部首上看,或从属于"草"部,或从属于"木"部,或者"草""木"并从。茶的名称,第一叫茶,第二叫槚,第三叫蔎,第四叫茗,第五叫荈。

茶树生长的土地,以长在乱石缝隙间的品种最好,其次是长在砂石砾壤里,品质最差的生长于黄土平原。凡是种植技术不严密扎实的,尽管种植了也不会长得茂盛。种茶倘若能像种瓜那样精心照顾,三年就可以采摘茶叶。生长在山林野外的茶叶品质比较好,园林栽培的品质比较差。生长在向阳山坡而且有树木遮阴的茶树,芽叶呈现出紫色的品质比较好,呈绿色的则比较差;芽叶如同春笋似的品质较好,芽叶短小的品质较差;芽叶成卷状的品质较好,芽叶舒展平直的品质较差。背阴山谷里生长的茶树,就不能采摘茶叶,因为它有太重的寒性,喝了会凝聚滞留在腹内,使人患腹中长肿块的疾病。

茶的用途,因为它品味寒,最适合人们做饮料。品行优良、德行俭朴的人,如果干热口渴、心胸郁闷、头疼脑痛、眼睛干涩、四肢烦乱、全身骨节不舒服,只要喝上四五口茶,就好像醍醐灌顶、喝了甘露一样清爽甜美。但假如采的时节不对,制造又不精细,而且还掺杂了野荈,喝了就会生病。饮茶也会喝出毛病,就像人们吃人参也会受害一样。品质最好的人参出产于上党,品质中等的出产于百济、新罗。品质差的出产于高丽。而泽州、易州、幽州、檀州出产的人参,就没有什么疗效,更何况用不是人参的冒牌货来充真的人参呢!假如把荠苨假冒的人参喝了,那么人就有可能得多种疾病。知道了人参有时也会对人体有害处这个道理后,那么茶叶使人体受害的道理也就完全清楚了。

六　陈书·周弘正传

【导读】

　　姚思廉(557—637),字简之,一说名简,字思廉,京兆万年(今陕西省西安市长安区)人,唐朝初期史学家。其父为姚察,在陈时任吏部尚书,著陈梁二史,未成,姚思廉在其父的基础上完成了史书的编纂。他自幼习史,后曾任隋朝代王杨侑侍读。唐李渊称帝后,为李世民秦王府文学馆学士。自玄武门之变,进任太子洗马。贞观初年,又任著作郎,为唐初"十八学士"之一。官至散骑常侍,受命与魏征同修梁陈二史。自贞观三年至贞观十年,历时七年最终完成了《梁书》与《陈书》的撰写工作。又著有《文思博要》,现已失传。其文字简洁朴素,力戒追求辞藻的浮泛,继承了司马迁及班固的文风与笔法,在南朝诸史中是难能可贵的。

　　《陈书》是记载南朝陈历史的纪传体断代史,共36卷,由姚思廉及其父相继编纂,成书于唐贞观十年(396),所著记载自陈武帝陈霸先即位至陈后主陈叔宝亡国前后33年间的史实。

　　周弘正字思行,汝南安城人,晋光禄大夫颛之九世孙也。祖颙[1],齐中书侍郎,领[2]著作。父宝始,梁司徒祭酒。

　　弘正幼孤,及弟弘让、弘直,俱为伯父侍中护军舍所养。年十岁,通老子、周易,舍每与谈论,辄异[3]之,曰:"观汝神情颖晤,清理警发,后世知名,当出吾右[4]。"河东裴子野深相赏纳,请以女妻之。十五,召补国子生,仍于国学讲周易,诸生传习其义。以季春入学,孟冬应举,学司以其日浅,弗之许焉。博士到洽议曰:"周郎年未弱冠,便自讲一经,虽曰诸生,实堪师表,无俟[5]策试。"起家梁太学博士。晋安王为丹阳尹,引为主簿。出为鄮令,丁母忧去职。服阕,历曲阿、安吉令。普通中,初置司文义郎,直寿光省,以弘正为司义侍郎。

　　……

弘正博物知玄象,善占候。大同末,尝谓弟弘让曰:"国家厄运,数年当有兵起,吾与汝不知何所逃之。"及梁武帝纳侯景,弘正谓弘让曰:"乱阶此矣。"京城陷,弘直为衡阳内史,元帝在江陵,遗弘直书曰:"适有都信,贤兄博士平安。但京师搢绅,无不附逆,王克已为家臣,陆缅身充卒伍,唯有周生,确乎不拔。言及西军,潺湲掩泪,恒思吾至,如望岁焉,松柏后凋,一人而已。"王僧辩之讨侯景也,弘正与弘让自拔迎军,僧辩得之甚喜,即日启元帝,元帝手书与弘正曰:"獯[6]丑逆乱,寒暑亟离,海内相识,零落略尽。韩非之智,不免秦狱,刘歆之学,犹弊亡新,音尘不嗣,每以耿灼[7]。常欲访山东而寻子云,问关西而求伯起,遇有今信,力附相闻,迟比来邮,慰其延伫。"仍遣使迎之,谓朝士曰:"晋氏平吴,喜获二陆,今我破贼,亦得两周,今古一时,足为连类。"及弘正至,礼数甚优,朝臣无与比者。授黄门侍郎,直侍中省。俄迁左民尚书,寻加散骑常侍。

——选自《陈书》(有删节),姚思廉撰,中华书局,1972年

注释

[1] 颙:读音为 yóng,此处为人名。
[2] 领:领衔,领导。
[3] 异:诧异。
[4] 当出吾右:在我之上,超越我。
[5] 无俟:不必。
[6] 獯:獯鬻(xūn yù),北方少数民族名。
[7] 耿灼:忧思焦虑。

译文

周弘正字思行,汝南安城人,是晋光禄大夫周颛的第九世孙。祖父周颙,是齐的中书侍郎,领著作衔。父亲周宝始是梁的司徒祭酒。

周弘正幼年丧父,与弟弟弘让、周弘直都被伯父侍中护军周舍抚养。周弘正十

岁的时候就懂《老子》《周易》。周舍每次与他谈论总是感到惊异,说:"看你敏捷聪悟,明白事理而又出语惊人,将来必定会名声大震,在我之上。"河东裴子野非常赏识他并与他结交,还表示愿意将女儿嫁给他。十五岁那年,周弘正补召为国子生,就在国学里讲解《周易》,儒生们都学习他的见解。他在三月入学,当年的十月就被推荐参加对策考试,学司认为他的资历太浅,不同意他应试。一个叫洽议的博士议论说:"周郎还不到二十岁,就独自主讲一经,他虽说是国子生,但实际上却可以当老师,他就不必等着参加对策考试了。"于是周弘正就以布衣身份直接出任梁朝的太学博士。晋安王担任丹阳令时,请他为主簿。后来从丹阳调往邺县任县令,因母亲去世服丧而离职。服丧期满后,历任曲阿、安吉县县令。普通年间,朝廷开始设置司文义郎这一官职,在寿光省当值,任命周弘正为司义侍郎。

周弘正知识渊博,能看透一些微妙的迹象,善于根据天象变化预测吉凶祸福。大同末年,周弘正曾经对弟弟周弘让说:"国家将有厄运,数年之内必有战乱,我和你不知逃到哪里才能避开这次灾难。"到梁武帝接纳北朝东魏的降将侯景时,周弘正对周弘让说:"战乱就从这里开始了。"当京城建康被侯景攻陷时,周弘直在衡阳担任内史,梁元帝萧绎在江陵,写信给周弘直说:"刚从都城来了一位使者,从他那里得知你的兄长平安。但京城里的士大夫,几乎没有不变节依附逆贼侯景的,王克已经做了侯景的家臣,陆缅加入了侯景的军队,唯有你兄长周生,坚守大义不变节。他谈到我们西军时,泪水如流,常常盼念我们去解救他们,就像农夫盼望丰收那样心切,岁寒然松柏仍青翠不凋,当前具备这种品格的就只有令兄弘正一人罢了。"王僧辩率领西军讨伐侯景的时候,周弘正与周弘让主动逃出建康奔向西军,王僧辩见了他们,非常欣喜,当天就派人告知了梁元帝,梁元帝亲自写信给周弘正说:"自从外族小丑侯景作乱以来,寒来暑往的几年之中,天下相交的朋友,死亡殆尽。当年富有才智的韩非,尚且不免死在秦国狱中;学识丰富的刘歆,也在王莽新朝失败的混乱中自杀。如今你陷在建康城中音讯全无,我常常忧思焦虑。我常常打算像西汉人访求山东终子云,东汉人寻找关西杨伯那样找你。今天恰恰见了王僧辩派来的人,他把你的信息全说给我听了，我正等待着你的来信，宽慰我对你的期盼。"于是派遣特使去迎接周弘正，又对朝廷官员说："晋氏司马炎平定孙吴，很高兴地得到了陆机陆云，现在我讨伐侯景，也得到了周弘正周弘让，前代的司马炎和今天的我都在相同的时机下得到两位英才异士，足可以互相媲美了。"当周弘正到了江陵，他受到了非常隆重的礼遇，朝中没有可以与之相比的臣僚。他被任命为黄门侍郎，管辖侍中省。不久升任为左民尚书，接着加任散骑常侍。

七　初刻拍案惊奇·转运汉巧遇洞庭红

【导读】

凌濛初(1580—1644),字玄房,号初成,亦名凌波,别号即空观主人,乌程(今浙江省湖州市)人。虽有才学,却与功名无缘,曾作《绝交举子书》以泄愤。晚年曾为优贡接上海县丞,继擢升为徐州通判,颇有政绩,但身处末世,终无展示才干之机。他效忠于明王朝,后为李自成军围困,呕血而死。早年工诗文,后致力于小说、戏曲创作。尤以短篇小说集"二拍"(《初刻拍案惊奇》《二刻拍案惊奇》)闻名于世,后人多以之与"三言"(即冯梦龙的《喻世明言》《警世通言》《醒世恒言》)并举。又撰有杂剧9种、传奇3种,今存杂剧《莽择配》《虬髯翁》《北红拂》3种。另有《潭曲杂札》,编有《南音三籁》等。

《初刻拍案惊奇》为凌濛初编著的拟话本小说集,成书于明朝天启七年(1627),第二年由尚友堂书坊刊行问世。其后凌蒙初又编著《二刻拍案惊奇》,于明朝崇祯五年(1632)刊行。《初刻拍案惊奇》本为40卷40篇,原本已失,今所见最早且最为完整的本子是藏于日本内阁文库的尚友堂刻本,全书存39卷(缺23卷),即实有小说39篇。

　　话说国朝成化年间,苏州府长州县阊门外,有一人,姓文,名实,字若虚,生来心思慧巧,做着便能,学着便会,琴棋书画,吹弹歌舞,件件粗通。幼年间,曾有人相他有巨万之富。他亦自恃才能,不十分去营求生产,坐吃山空,将祖上遗下千金家事,看看消下来。以后晓得家业有限,看见别人经商图利的,时常获利几倍,便也思量做些生意,却又百做百不着。

　　一日,见人说北京扇子好卖,他便合了一个伙计置办扇子起来。上等金面精巧的,先将礼物求了名人诗画,免不得是沈石田、文衡山、祝枝山,拓了几笔,便值上两数银子。中等的,自有一样乔人[1],一只手学写了这几家字画,也就哄得人过,将假

当真的买了,他自家也兀自做得来的。下等的,无金无字画,将就卖几十钱,也有对合利[2]钱,是看得见的。拣个日子,装了箱儿,到了北京。岂知北京那年自交夏来,日日淋雨不晴,并无一毫暑气,发市甚迟。交秋早凉,虽不见及时,幸喜天色却晴,有妆晃子弟要买把苏做的扇子,袖中笼着摇摆。来买时,开箱一看,只叫得苦,——原来北京历沴[3]却在七八月,更加日前雨湿之气,斗着扇上胶墨之性,弄做了个合而言之,揭不开了。用力揭开,东粘一层,西缺一片,但是有字有画值价钱者,一毫无用。止剩下等没字白扇是不坏的,能值几何?将就卖了,做盘费回家,本钱一空。

频年做事,大概如此。不但自己折本,但是搭他做伴,连伙计也弄坏了。故此人起他一个混名,叫做"倒运汉"。不数年,把个家事干圆洁净了,连妻子也不曾娶得,终日间靠着些东涂西抹,东挨西撞,也济不得甚事。但只是嘴头子诌得来,会说会笑,朋友家喜欢他有趣,游耍去处少他不得,也只好趁口[4],不是做家的。况且他是大模大样过来的,帮闲行里又不十分入得队。有怜他的,要荐他坐馆教学,又有诚实人家嫌他是个杂板令[5]。高不凑,低不就。打从帮闲的、处馆的两项人见了他,也就做鬼脸,把"倒运"两字笑他,不在话下。

一日,有几个走海泛货的邻近,做头的无非是张大、李二、赵甲、钱乙一班人,共四十余人,合了伙将行。他晓得了,自家思忖道:"一身落魄,生计皆无,便附了他们航海,看看海外风光,也不枉人生一世。况且他们定是不却我的,省得在家忧柴忧米,也是快活。"正计较间,恰好张大踱将来。原来这个张大,名唤张乘运,专一做海外生意,眼里认得奇珍异宝,又且秉性爽慨,肯扶持好人,所以乡里起他一个混名,叫"张识货"。文若虚见了,便把此意一一与他说了。张大道:"好!好!我们在海船里头不耐烦寂寞,若得兄去,在船中说说笑笑,有甚难过的日子?我们众兄弟,料想多是喜欢的。只是一件,我们多有货物将去,兄并无所有,觉得空了一番往返,也可惜了。待我们大家计较,多少凑些出来助你,将就置些东西去也好。"文若虚便道:"多谢厚情,只怕没人如兄肯周全小弟。"张大道:"且说说看。"一竟自去了。

恰遇一个瞽目先生,敲着"报君知"[6]走将来,文若虚伸手顺袋里摸了一个钱,扯他一卦,问问财气看。先生道:"此卦非凡,有百十分财气,不是小可。"文若虚自想道:"我只要搭去海外耍耍,混过日子罢了,那里是我做得着的生意!要甚么赍助;就赍助得来,能有多少,便直恁地财爻动?这先生也是混帐!"

只见张大气忿忿走来,说道:"说着钱,便无缘。这些人好笑!说道你去,无不喜欢;说到助银,没一个则声。今我同两个好的弟兄,拼凑得一两银子在此,也办不成甚货,凭你买些果子船里吃罢。口食之类,是在我们身上。"若虚称谢不尽,接了银子。张大先行,道:"快些收拾,就要开船了!"若虚道:"我没甚收拾,随后就来。"手中拿了银子,看了又笑,笑了又看,道:"置得甚货么!"信步走去,只见满街上篾篮内盛着卖的:

红如喷火,巨若悬星。皮未皲,尚有余酸;霜未降,不可多得。元殊苏井诸家树,亦非李氏千头奴。较广似曰难兄,比福亦云具体。

乃是太湖中有一洞庭山,地暖土肥,与闽广无异,所以广橘、福橘播名天下,洞庭有一样橘树,绝与他相似,颜色正同,香气亦同。止是初出时味略少酢[7],后来熟了,却也甜美。比福橘之价,十分之一,名曰"洞庭红"。若虚看见了,便思想道:"我一两银子买得百斤有余,在船可以解渴,又可分送一二,答众人助我之意。"买成装上竹篓,雇一闲的,并行李挑了下船。众人都拍手笑道:"文先生宝货来也!"文若虚羞惭无地,只得吞声上船,再也不敢提起买橘的事。

开得船来,渐渐出了海口,只见银涛卷雪,雪浪翻银,湍转则日月似惊,浪动则星河如覆。三五日间,随风漂去,也不觉过了多少路程。忽至一个地方,舟中望去,人烟凑聚,城郭巍峨,晓得是到了甚么国都了。舟人把船撑入藏风避浪的小港内,钉了桩橛,下了铁锚,缆好了。船中人多上岸,打一看,原来是来过的所在,名曰吉零国。原来这边中国货物,拿到那边,一倍就有三倍价;换了那边货物,带到中国,也是如此。一往一回,却不便有八九倍利息!所以人都拼死走这条路。众人多是做过交易的,各有熟识经纪、歇家、通事人等,各自上岸找寻,发货去了。

只留文若虚在船中看船,路径不熟,也无走处。正闷坐间,猛可想起道:"我那一篓红橘,自从到船中不曾开看,莫不人气蒸烂了? 趁着众人不在,看看则个。"叫那水手在舱板底下翻将起来,打开了篓看时,面上多是好好的。放心不下,索性搬将出来,都摆在舻板上面。也是合该发迹,时来福凑,摆得满船红焰焰的,远远望来,就是万点火光,一天星斗。岸上走的人都拢将来,问道:"是甚么好东西呀?"文若虚只不答应。看见中间有个把一点头的,拣了出来,掐破就吃。岸上看的一发多了,惊笑道:"原来是吃得的!"就中有个好事的,便来问价:"多少一个?"文若虚不省得他们说话,船上人却晓得,就扯个谎哄他,竖起一个指头,说:"要一钱一颗。"那问的人揭开长衣,露出那兜罗锦红裹肚来,一手摸出银钱一个来道:"买一个尝尝。"文若虚接了银钱,手中等等看,约有两把重。心下想道:"不知这些银子要买多少,也不见秤秤,且先把一个与他看样。"拣个大些的、红得可爱的,递一个上去。只见那个人接上手,掂了一掂道:"好东西呀!"扑地就劈开来,香气扑鼻,连旁边闻着的许多人,大家喝一声采。那买的不知好歹,看见船上吃法,也学他去了皮,却不分囊,一块塞在口里,甘水满咽喉,连核都不吐,吞下去了。哈哈大笑道:"妙哉! 妙哉!"又伸手到裹肚里,摸出十个银钱来,说:"我要买十个进奉去。"文若虚喜出望外,拣十个与他去了。那看的人见那人如此买去了,也有买一个的,也有买两个三个的,都是一般银钱。买了的,都千欢万喜去了。

原来彼国以银为钱,上有文采。有等龙凤文的最贵重,其次人物,又次禽兽,又次树木,最下通用的是水草,却都是银铸的,分两不异。适才买橘的都是一样水草纹的,他道是把下等钱买了好东西去了,所以欢喜,也只是要小便宜肚肠,与中国人一样。须臾之间,三停里卖了二停。

有的不带钱在身边的,老大懊悔,急忙取了钱转来。文若虚已此剩不多了,拿一个班道:"而今要留着自家用,不卖了。"其人情愿再增一个钱,四个钱买了二颗。口中唶唶说:"晦气! 来得迟了。"旁边人见他增了价,就埋怨道:"我每还要买个,如何把价钱增长了他的?"买的人道:"你不听得他方才说,兀自不卖了。"

正在议论间,只见首先买十颗的那一个人,骑了一匹青骢马,飞也似奔到船边,下了马,分开人丛,对船上大喝道:"不要零卖!不要零卖!是有的俺多要买。俺家头目要买去进克汗哩!"看的人听见这话,便远远走开,站住了看。文若虚是个伶俐的人,看见来势,已此瞧科在眼里,晓得是个好主顾了。连忙把篓里尽数倾出来,止剩五十余颗,数了一数,又拿起班来,说道:"适间讲过,要留着自用,不得卖了。今肯加些价钱,再让几颗去罢!适间已卖出两个钱一颗了。"其人在马背上拖下一大囊,摸出钱来,另是一样树木纹的,说道:"如此钱一个罢了。"文若虚道:"不情愿,只照前样罢了。"那人笑了一笑,又把手去摸出一个龙凤纹的来道:"这样的一个如何?"文若虚又道:"不情愿,只要前样的。"那人又笑道:"此钱一个抵百个,料也没得与你,只是与你耍。你不要俺这一个,却要那等的,是个傻子。你那东西肯都与俺了,俺再加你一个那等的,也不打紧。"文若虚数了一数,有五十二颗,准准的要了他一百五十六个水草银钱。那人连竹篓都要了,又丢了一个钱,把篓拴在马上,笑吟吟地一鞭去了。看的人见没得卖了,一哄而散。

　　文若虚见人散了,到舱里把一个钱秤一秤,有八钱七分多重。秤过数个,都是一般。总数一数,共有一千个差不多。把两个赏了船家,其余收拾在包里了。笑一声道:"那盲子好灵卦也!"欢喜不尽,只等同船人来对他说笑则个。

　　说话的,你说错了!那国里银子这样不值钱,如此做买卖,那久惯漂洋的带去多是绫罗段匹,何不多卖了些银钱回来,一发百倍了?看官有所不知,那国里见了绫罗等物,都是以货交兑。我这里人也只是要他货物,才有利钱。若是卖他银钱时,他都把龙凤人物的来交易,作了好价钱,分两也只得如此,反不便宜。如今是买吃口东西,他只认做把低钱交易,我却只管分两,所以得利了。说话的,你又说错了!依你说来,那航海的何不只买吃口东西,只换他低钱,岂不有利?用着重本钱置他货物怎地?看官,又不是这话。也是此人偶然有此横财,带去着了手。若是有心第二遭再带去,三五日不遇巧,等得稀烂。那文若虚运未通时,卖扇子就是榜样。扇子还放得起的,尚且如此,何况果品?是这样执一论不得的。

闲话休题。且说众人领了经纪主人到船发货,文若虚把上头事说了一遍,众人都惊喜道:"造化!造化!我们同来,到是你没本钱的先得了手也。"张大便拍手道:"人都道他倒运,而今想是运转了。"便对文若虚道:"你这些银钱,此间置货,作价不多。除是转发在伙伴中,回他几百两中国货物,上去打换些土产珍奇,带转去有大利钱,也强如虚藏此银钱在身边,无个用处。"文若虚道:"我是倒运的,将本求财,从无一遭不连本送的。今承诸公挈带,做此无本钱生意,偶然侥幸一番,真是天大造化了,如何还要生钱,妄想甚么?万一如前再做折了,难道再有'洞庭红'这样好卖不成?"众人多道:"我们用得着的是银子,有的是货物,彼此通融,大家有利,有何不可?"文若虚道:"一年吃蛇咬,三年怕草索。说到货物,我就没胆气了。只是守了这些银钱回去罢!"众人齐拍手道:"放着几倍利钱不取,可惜!可惜!"随同众人一齐上去,到了店家,交货明白,彼此兑换。约有半月光景,文若虚眼中看过了若干好东好西,他已自志得意满,不放在心上。

——选自《初刻拍案惊奇》,凌濛初著,天津古籍出版社,2004 年

注释

[1] 乔人:此处指造假之人。

[2] 对合:对本,指利钱与本钱相等。

[3] 历沴(lì):入梅。沴,灾气。

[4] 趁口:蹭酒饭吃白食。

[5] 杂板令:指杂学颇多又都不精通的人。

[6] 报君知:旧时算命先生招徕顾客的一种响器。

[7] 酢(cù):略有酸味。

八 大唐西域记·烈士池及传说

【导读】

玄奘(602—664),唐代著名僧人,法相宗创始人,通称三藏法师。他学识渊博,备考异说,为求佛教教理究竟,于627年只身西行,历经十数年,行程5万里,所至和所闻多达138个国家,游遍西亚和南亚五天竺国,沿途宣讲大乘教义,声名传遍全印度。645年,玄奘返回长安,带回佛典657部。此外,他还将《老子》《大乘起信论》等译为梵文,传入印度。

《大唐西域记》记述范围包括现在的中亚、西亚部分地区,南亚次大陆的大部和中国新疆维吾尔自治区的一部,内容丰富,涉及玄奘亲身经历的110个和传闻得知的28个城邦、地区和国家的山川地形、城邑关防、交通道路、风土习俗、物产气候、语言文字、政治经济、文化宗教等。玄奘虽然在这部书里记录了不少佛教故事传说,但着重叙述的是各地的风俗民情、政治地理等。而这一地带古代历史和地理的文字资料留传甚少,这部书也就显得格外重要,成了研究中亚、南亚历史的基础资料。

施鹿林东行二三里,至窣堵波,傍有洄池,周八十余步,一名救命,又谓烈士。闻诸先志曰:数百年前有一隐士,于此池侧结庐屏迹[1],博习伎术,究极神理,能使瓦砾[2]为宝,人畜易形,但未能驭风云,陪仙驾。阅图考古,更求仙术。其方曰:"夫神仙者,长生之术也。将欲求学,先定其志,筑建坛场,周一丈余[3]。命一烈士,信勇昭著,执长刀,立坛隅,屏息绝言,自昏达旦。求仙者中坛而坐,手按长刀,口诵神咒,收视反听,迟明登仙。所执铦刀变为宝剑,凌虚履空,王诸仙侣,执剑指麾[4],所欲皆从,无衰无老,不病不死。"

是人既得仙方,行访烈士,营求旷岁,未谐心愿。后于城中遇见一人,悲号逐路。隐士睹其相,心甚庆悦,即而慰问:"何至怨伤?"曰:"我以贫窭[5],佣力自济。其主见知,特深信用,期满五岁,当酬重赏。于是忍勤苦,忘艰辛。五年将周,一旦违失,既蒙答辱,又无所得。以此为心,悲悼谁恤?"隐士命与同游,来至草庐,以术力故,化具肴馔[6]。已而令入池浴,服以新衣,又以五百金钱遗之,曰:"尽当来求,幸无外也。"自时厥后,数加重赂,潜行阴德,感激其心。烈士屡求效命,以报知己。隐士曰:"我求烈士,弥历岁时,幸而会遇,奇貌应图,非有他故,愿一夕不声耳。"烈士曰:"死尚不辞,岂徒屏息?"

于是设坛场,受仙法,依方行事,坐待日曛。曛暮[7]之后,各司其务,隐士诵神咒,烈士按铦刀。殆将晓矣,忽发声叫。是时空中火下,烟焰云蒸,隐士疾引此人,入池避难。已而问曰:"诫子无声,何以惊叫?"烈士曰:"受命后,至夜分,昏然若梦,变异更起。见昔事主躬来慰谢,感荷厚恩,忍不报语。彼人震怒,遂见杀害。受中阴身[8],顾尸叹惜,犹愿历世不言,以报厚德。遂见托生南印度大婆罗门家,乃至受胎出胎,备经苦厄,荷恩荷德,尝不出声。洎乎受业、冠婚、丧亲、生子,每念前恩,忍而不语,宗亲戚属咸见怪异。年过六十有五,我妻谓曰:'汝可言矣!若不语者,当杀汝子。'我时惟念,已隔生世,自顾衰老,唯此稚子,因止其妻,令无杀害,遂发此声耳。"隐士曰:"我之过也!此魔娆耳。"烈士感恩,悲事不成,愤恚而死。免火灾难,故曰救命;感恩而死,又谓烈士池。

——选自《大唐西域记》,玄奘、辩机撰,董志翘译,中华书局,2014年

注释

[1] 结庐屏迹:建造房屋并隐居。

[2] 瓦砾:碎石头。

[3] 周一丈余:方圆一丈多。

[4] 指麾:即指挥。麾,本义指古代供指挥用的旌旗。

[5] 贫窭:贫穷。

[6] 肴馔:菜肴。

[7] 曛暮:黄昏。

[8] 中阴身:佛教以为,众生若未得解脱,尚在轮回界域,则死后,其物理的身体腐灭,而灵魂未

灭，成一无主孤魂，需托胎受生，接受新的物理之身。这无主孤魂状态即中阴身，是死后及转生前的一个阶段。

译文

从施鹿林向东行走二三里，到一座佛塔，旁边有一个干涸的池子，周围八十多步，一名救命池，又称烈士池。听老年人说：几百年前，有一个隐士，在这个池旁搭房隐居，广博地学习技巧法术，研究变幻的道理，能使瓦砾成为珍宝，人畜变易形貌，只是不能驾驭风云，陪伴仙人云游。他查阅图册考查古代事迹，进一步寻求成仙之术，方法是："所谓神仙，是长生的法术，想要学习，先要立下志向，建筑一个坛场，方圆一丈多。命令一位烈士，此人要信实勇武，手执长刀，站在坛场旁，屏住呼吸不说话，从晚上一直到早晨。求仙的人则坐在坛场中间，手按长刀，口中诵念神咒，不看不听，天明之前便可成仙。手中锋利的刀变为宝剑，在虚空中行走，在众仙中称王。手执宝剑指挥，所要做的事都能做到。不会体衰不会年老，不会得病不会死亡。"

这个人得到仙方后，出去寻访烈士，找了一年多，未见到如意的。后来在城内遇到一个人，正沿路悲伤地啼哭。隐士看到他的相貌，心中十分喜悦，随即对他慰问："为什么如此悲伤？"那人说："我因为贫穷，靠卖力气活命，主人了解我，特别信任，期限满五年，应当给予厚重的赏赐。我于是忍着辛苦，忘记了艰难，五年将满，忽然有点过失，既受鞭笞之辱，又得不到赏赐，因此心中悲伤，这种苦痛有谁会同情呢？"隐士命那人和自己一同行走，来到草房，以法术变化出饭菜，让那人吃。随后又让那人进池中洗澡，换上新衣服，又拿出五百金钱送给那人说："用完了就再来拿，希望不要见外。"从这时以后，多次给予财货，暗中施予恩德，激发他的感恩之心。烈士屡次请求效命，以报答知遇之恩。隐士说："我访求烈士，已经历若干岁月了，幸而相会，你的相貌与古代图册相应，没有其他的要求，只希望一个晚上不出声而已。"烈士说："死尚让不推辞，何况只是不出声呢？"

于是设立坛场，接受仙法，根据成仙的法术行事，坐等黄昏的到来。黄昏之后，各人干自己的事。隐士诵念神咒,烈士按着锋利的刀。天快亮时,烈士忽然发出声音喊叫。这时空中火团掉下来,火烟滚滚如云彩腾起,隐士赶忙拉着这人入池中避难。随后问他说:"告诫你不要出声,为什么要惊叫?"烈士说:"接受命令后,到了半夜,昏昏沉沉如做梦一般,变异不断发生。看到从前侍奉的主人亲自来慰问道歉,我感念你的厚恩,忍着不回答他。那人大怒,就动手杀了我。我变为中阴身,看着尸体叹息,还是希望世世不说话,来报答你的大德。于是便转生在南印度的一个婆罗门大族,经过受胎出胎,历尽痛苦厄难。想起你的恩德,没有说过话。直到读书、行冠礼、结婚、丧亲、生子,每一念及从前的恩德,都忍着不说话,同宗亲戚看到后都感到奇怪。年纪过了六十五岁,我的妻子对我说:'你可以说话了,如果不说话,我就杀死你的儿子。'我当时思考,事情已经隔代,自己考虑到体衰年老,只有这个幼小的孩子,于是制止我的妻子,让他不要杀害儿子,就发出了声音。"隐士说:"这是我的过错!这是魔鬼在捣乱。"烈士感念恩德,悲叹事情没成功,愤恨而死。这个池子因避免了火灾之难,所以叫救命池;因烈士感恩而死,又叫烈士池。

九　大学

【导读】

曾子(前505—前435),名参(shēn),字子舆,春秋末年鲁国南武城(今山东省嘉祥县)人。中国著名的思想家,孔子的晚期弟子之一,与其父曾点同师孔子,是儒家学派的重要代表人物。曾子主张以孝恕忠信为核心的儒家思想,他的修齐治平的政治观,内省、慎独的修养观,以孝为本的孝道观至今仍具有极其宝贵的社会意义和实用价值。曾子参与编制了《论语》,著有《大学》《孝经》《曾子十篇》等。曾子在儒学发展史上占有重要的地位,被后世尊奉为"宗圣",是配享孔庙的四配之一。

《大学》提出的"三纲领"(明明德、亲民、止于至善)和"八条目"(格物、致知、诚意、正心、修身、齐家、治国、平天下),强调修己是治人的前提,修己的目的是为了治国平天下,说明治国平天下和个人道德修养的一致性。《大学》全文文辞简约,内涵深刻,影响深远,主要概括总结了先秦儒家道德修养理论,以及关于道德修养的基本原则和方法,对儒家政治哲学也有系统的论述,对做人、处事、治国等有深刻的启迪性。本选文为《大学》第一章。

　　大学[1]之道,在明明德[2],在亲民[3],在止于至善[4]。知止[5]而后有定,定而后能静,静而后能安,安而后能虑,虑而后能得[6]。物有本末[7],事有终始。知所先后,则近道矣。

　　古之欲明明德于天下者,先治其国;欲治其国者,先齐其家[8];欲齐其家者,先修其身[9];欲修其身者,先正其心;欲正其心者,先诚其意;欲诚其意者,先致其知[10];致知在格物[11]。

　　物格而后知至,知至而后意诚,意诚而后心正,心正而后身修,身修而后家齐,家齐而后国治,国治而后天下平。

　　自天子以至于庶人[12],壹是皆以修身为本[13]。其本乱,而末治者否矣。其所厚者薄,而其所薄者厚[14],未之有也[15]。

——选自《大学·中庸》,王国轩译注,中华书局,2006 年

注释

[1] 大学:相对于小学而言的"大人之学"。古代八岁入小学,学习"洒扫应对进退、礼乐射御书数"等文化基础知识和礼节;十五岁入大学,学习"穷理正心,修己治人"的学问。

[2] 明明德:前一个"明"字作使动词用,即"使彰明",也就是发扬、弘扬的意思;后一个"明"字是形容词,明德,即光明正大的德行。

[3] 程颐说"亲"当作"新",即革新、自新。新民,使人弃旧图新、去恶从善。

[4] 至善:最完善的境界。

[5] 知止:知道目的地。

[6] 定、静、安、虑、得:讲了心里认识、完善的过程,是儒家心性修养的重要途径,后人对此讨论很多。

[7] 本末:本是根,末是梢,即根本与枝末。这是古代重要的哲学概念。

[8] 齐其家:治理好自己的家庭或家族。

[9] 修其身:修养自身的品性。

[10] 致其知:使自己获得知识。

[11] 格物:认识、研究万事万物的道理。

[12] 庶人:指平民百姓。

[13] 壹是:都是。本:根本。

[14] 其所厚者薄:当重视的不重视。薄者厚:不该重视的反加以重视。

[15] 未之有也:即"未有之也",没有这样的道理。

译文

大学的宗旨,在于弘扬光明正大的品德,在于使人弃旧向新,在于使人的道德达到最完善的境界。知道应达到的境界才能够志向坚定,志向坚定才能够沉静,沉静才能够心神安定,心神安定才能够思虑详审,思虑详审才能够有所收获。每样东西都有根本有枝末,每件事情都有开始有终结。知道了这本末始终的程序,就接近事物发展的规律了。

古代那些想要在天下弘扬光明正大品德的人，先要治理好自己的国家；想要治理好自己的国家，先要管理好自己的家庭和家族；想要管理好自己的家庭和家族，先要修养自身的品性；想要修养自身的品性，先要端正自己的心思；想要端正自己的心思，先要使自己的意念真诚；想要使自己的意念真诚，先要使自己获得知识；获得知识的途径在于认识、研究万事万物的道理。

通过对万事万物道理的认识、研究后，才能获得知识；获得知识后，意念才能真诚；意念真诚后，心思才能端正；心思端正后，才能修养品性；品性修养后，才能管理好家庭和家族；管理好家庭和家族后，才能治理好国家；治理好国家后，天下才能太平。

上自一国君主，下至平民百姓，人人都要以修养品性为根本。若这个根本被扰乱了，家庭、家族、国家、天下要治理好是不可能的。如果不分先后、轻重、缓急，本末倒置，将应该重视的事情忽略了，应忽略的事情却重视起来，想要达到治国、平天下的目的，这也是从来没有的事。

十 道德经

【导读】

老子,姓李名耳,字聃(dān),又称老聃。楚国苦县(今河南省鹿邑县)人。春秋时期伟大的思想家、哲学家,道家学派的创始人。曾做过东周王朝的"守藏室之史"(管理藏书的史官)。晚年辞官隐居。相传孔子曾向他请教,颇多受益。老子第一个提出"道"作为哲学的最高范畴,认为道是世界万物的根本。老子是古代杰出的辩证法大师,认为自然界和人类社会都是变动不居的,观察到万事万物存在着互相矛盾的两个对立面,提出了许多富有辩证法思想的命题。在社会历史观上,老子主张"无为而无不为",回到"小国寡民"的时代。他的思想和学说,在中国哲学史上具有重大的影响。

《道德经》又名《老子》,分上、下两篇,共五千言,是中国历史上首部完整的哲学著作。上篇起首为"道可道,非常道;名可名,非常名",故人称《道经》。下篇起首为"上德不德,是以有德;下德不失德,是以无德",故人称为《德经》,合称《道德经》。上篇《道经》言宇宙本根,含天地变化之机,蕴阴阳变幻之妙;下篇《德经》,言处世之方,含人事进退之术,蕴长生久视之道。它是我国古代道家学派的经典著作,也是一部辞意锤炼的哲学诗。它内容丰富,哲理深邃,文笔优美,在中国古代思想发展史上占有非常重要的地位,对中华民族优秀文化传统的形成和发展产生了深远的影响。

第一章

道可道,非常道[1];名可名,非常名[2]。无名天地之始[3],有名万物之母[4]。故常无欲,以观其妙;常有欲,以观其徼[5]。此两者同出而异名,同谓之玄[6],玄之又玄,众妙之门[7]。

第二章

天下皆知美之为美[8],斯恶已;皆知善之为善,斯不善已。故有无相生[9],难易相成[10]，长短相较，高下相倾[11]，音声相和[12]，前后相随[13]。是以圣人处无为之事[14]，行不言之教[15]，万物作焉而不辞，生而不有，为而不恃，功成而弗居[16]。夫唯弗居，是以不去。

第七十八章

天下莫柔弱于水，而攻坚强者莫之能胜，以其无以易之[17]。弱之胜强，柔之胜刚，天下莫不知，莫能行。是以圣人云，受国之垢[18]，是谓社稷主[19]；受国不祥[20]，是为天下王。正言若反。

第八十章

小国寡民[21]，使有什伯之器而不用[22]，使民重死而不远徙[23]。虽有舟舆[24]，无所乘之；虽有甲兵[25]，无所陈之[26]；使人复结绳而用之[27]。甘其食，美其服，安其居，乐其俗[28]。邻邦相望，鸡犬之声相闻，民至老死不相往来。

第八十一章

信言不美[29]，美言不信；善者不辩[30]，辩者不善；知者不博[31]，博者不知。圣人不积[32]，既以为人，己愈有；既以与人，己愈多[33]。天之道[34]，利而不害。圣人之道，为而不争[35]。

——选自《老子道德经注》，王弼注，楼宇烈校释，中华书局，2011年

注释

[1] 道：第一、第三个"道"是名词，指的是宇宙的本原和实质，引申为原理、原则、真理、规律等。第二个"道"是动词，指解说、表述的意思，犹言"说得出"。

[2] 名：老子学说中的一个专门术语。在这一句中，第一、第三两个"名"字可以理解为称"道"之名，即是对"道"的称呼，实际上它包含有概念的意思，但又不是通常意义上所说的概念，它比概念要高，是名与实的统一。第二个"名"字是一个动词，即称谓、称呼一类的意思。

[3] 无：老子学说中又一个极其重要的专门术语，严格来说，"无"不是虚空，不是空无一切，它是"道"的一种存在形态，具体来说，是指"道"在生成宇宙万物的过程中一种无以名状、混沌一片的形态。名：也是称呼的意思。始：起源、原始、开端等。

[4] 有：在老子学说中，往往形容"道"的存在形态时，包含了"无"与"有"两个方面，它们是老子

学说中两个极其重要的范畴。相对于"无"来说,"有"即是指"道"。具体表现为宇宙万物的生成这样一种特殊形态,它有形有象,具体而实在,但它不是宇宙万物的本身,而又通过宇宙万物表现出来。母:根本、根源。

[5] 徼(jiào):边际、边界等,形容宇宙万物具体形态的终极或范围。

[6] 玄:深黑色,比喻玄妙深远。

[7] 众妙:一切微妙或奥妙。门:门径。

[8] 恶:丑,与美相对。

[9] 有无相生:事物的存在与不存在这两种状态相互对立中产生。"有"与"无"这里具体所指的是在现象界某种事物的存在或不存在。

[10] 成:形成。此句的意思是说难与易是由其相互之间的对立而形成的。

[11] 倾:依、倚。

[12] 和:调和,意即音声的和谐。

[13] 随:相继出现。

[14] 是以:因此,所以。圣人:这是道家最高的理想人物。指任其自然,拓展内在的生命,以虚静、不争为理想生活,鄙弃名教,扬弃一切影响身心自由活动束缚的人。无为:顺其自然,不妄为。

[15] 不言:不发号施令,不用政令。意指非形式条规的督教,而用潜移默化引导。

[16] 弗居:不自居其功,得意忘形。

[17] 以:因为。

[18] 受:承受,承担。垢:耻辱。

[19] 社:土地神。稷:谷神。社稷,后来一般指国家。

[20] 祥:吉凶的预兆,引申为吉祥,吉利。

[21] 小国寡民:使国家变小,使人民稀少。

[22] 什佰之器:各种各样的器具。

[23] 重死:畏死,害怕死亡,重视生命。

[24] 舟舆:舟船和车辆。舆:车厢,此指车辆。

[25] 甲兵:铠甲兵器。

[26] 陈之:陈列兵器。即用它作战。

[27] 复:重新回到。结绳:上古之人在文字产生前所用的一种记事方法,即用绳子打结作为标记,以储存和传递信息。

[28] 甘:甘饴香甜。这是说老百姓吃得好。美:华美亮丽。这是说老百姓穿得好。安:舒适安全。这是指老百姓住得好。乐:满足。

[29] 信言:诚实的话,真话。美:漂亮。

[30]善者:善于言谈的人。辩:辩论。这里指口才好,能说会道,惯于巧辩。

[31]知者:有知识的人。博:广博,杂多。

[32]积:积累,私藏。

[33]与人:给予别人。多:富有。

[34]天之道:天(也即是自然)的运行法则。

[35]为:为了别人、对人有帮助。

译文

第一章

能够言说的道理,就不是恒久不变的道理;能叫出来的名,就不是永恒的名。以"无"来命名天地万物之始,以"有"来命名万物之母。所以从永恒的"无"中可以观察宇宙的微妙之处;从永恒的"有"中可以推知万物的极限。常有和常无同出一源却各有不同的名称,都是玄妙的道理。玄妙啊玄妙,这是探求一切奥妙的门径。

第二章

天下都知道美之所以为美,丑的观念也就产生了;都知道善之所以为善,恶的观念也同时产生了。因此,事物的存在或消失由相互对立而产生,困难和容易由相互对立而形成,长或短通过相互对立而得以体现,高和下由对立而互相包含,乐器的音响和人的声音互相调和,前和后互相依随,这是永远如此的。所以有道的人以无所作为、顺其自然的态度来处理世事,实行潜移默化、不发号施令的教导;听任万物生长变化而不去主动地引导推动,生养万物而不据为己有,推动万物发展而不自恃有恩,功成业就而不自我夸耀。正因其不自居其功,所以他的功绩不会泯灭。

第七十八章

天下没有比水更柔弱的了,冲击坚强的东西没有能胜过它的,因为没有什么可以能代替它。弱之所以能够胜强,柔之所以能够胜刚,天下没有人不知道这个道理,就是没有人去实行。因此圣人说:承担国的屈辱,才配称国家的主人;承受国家的祸患灾难,才配做天下的君王。正面的话听起来好像反话一样。

第八十章

国家狭小而人民很少,即使有各种各样的器械也没有必要使用,让老百姓重视死亡、珍惜生命,也不向远处迁徙。虽然有船与车,也没有乘坐的必要;虽有军队,也不再有战争。使老百姓重新回到用结绳的办法来记事。吃得很好,穿得很美,住得舒适,满足于生活环境与习俗。比邻的国家相互可以看得见,鸡鸣狗叫的声音也能听得到,但老百姓直至老死,相互之间也没有往来。

第八十一章

真实的言词不华美,华美的言词不真实;善于言谈的人并不巧舌如簧,巧舌如簧的人并不真正是善于言谈的人;有专精知识的人不一定懂得很杂很多,了解很多很杂的人并不一定会有专精的知识。圣人不积累身外之物,尽量帮助别人,自己反而更加充足富有;尽量给予别人,自己反而更加丰富盈满。自然的规律,使万物获利而不加伤害;圣人的法则,只为他人做事而不与人相争。

十一　典论·论文

【导读】

曹丕(187—226),字子桓,豫州沛国谯(今安徽省亳州市)人,曹操次子。三国时期著名政治家、文学家,曹魏开国皇帝(220—226)。同时,他也是邺下文人集团的实际领袖,对建安文学的精神架构起到了关键作用,由此形成的"建安风骨"对后世影响深远。

《典论》是曹丕在建安后期为魏太子时所撰的一部政治、社会、道德、文化论集。所谓"典",有"常"或"法"的意思。所谓《典论》,主要是指讨论各种事物的法则,在当时被视为规范文人言行的法典。《典论》一书后来失传,其中的《论文》因被选入《昭明文选》而得以保存下来。

《论文》是中国文学批评史上第一部文学专论,是中国文学批评史上第一篇宏观地多角度地论述文学理论问题的文章。它从批评"文人相轻"入手,强调"审己度人",对建安七子的创作个性及其风格进行了分析,并在此基础上提出了"四科八体"的文体说,"经国之大业,不朽之盛事"的文学价值观和"文以气为主"的作家论,冲击了汉代后期统治文坛的陈腐观念,总结了建安文学的新特点和新经验,开创了盛极一时的魏晋南北朝文学批评之先例。

文人相轻[1],自古而然。傅毅之于班固,伯仲[2]之间耳。而固小[3]之,与弟超[4]书曰:"武仲以能属文[5],为兰台令史,下笔不能自休。"夫[6]人善于自见[7],而文非一体,鲜能备善,是以各以所长,相轻所短。里语[8]曰:"家有弊帚[9],享[10]之千金。"斯不自见之患也。

今之文人,鲁国孔融文举,广陵陈琳孔璋,山阳王粲仲宣,北海徐干伟长,陈留阮瑀元瑜,汝南应玚德琏,东平刘桢公干,斯七子者,于学无所遗,于辞无所假,咸自以骋骥𫘧[11]于千里,仰齐足而并驰。以此相服,亦良难矣。盖君子审己以度人,故能免

于斯累,而作"论文"。

　　王粲长于辞赋,徐干时有齐气[12],然粲之匹也。如粲之《初征》《登楼》《槐赋》《征思》,干之《玄猿》《漏卮》《圆扇》《橘赋》,虽张、蔡不过也。然于他文,未能称是。琳、瑀之章表书记,今之隽[13]也。应玚和而不壮;刘桢壮而不密。孔融体气高妙,有过人者;然不能持论,理不胜辞;于杂以嘲戏;及其所善,扬、班俦[14]也。

　　常人贵[15]远贱[16]近,向声背实,又患闇[17]于自见,谓己为贤。夫文本同而末异,盖奏议宜雅,书论宜[18]理,铭诔尚实[19],诗赋欲丽[20]。此四科不同,故能之者偏也;唯通才能备其体。

　　文以气为主,气之清浊有体,不可力强而致。譬诸音乐,曲度虽均,节奏同检[21],至于引气不齐,巧拙有素,虽在父兄,不能以移子弟。

　　盖文章,经国之大业,不朽之盛事。年寿有时而尽,荣乐止乎其身[22],二者必至之常期,未若文章之无穷。是以古之作者,寄身于翰墨[23],见意[24]于篇籍[25],不假良史之辞,不托飞驰之势,而声名自传于后。故西伯幽[26]而演《易》,周旦显而《礼》,不以隐约[27]而弗务,不以康乐而加思[28]。夫然[29],则古人贱尺璧而重寸阴,惧乎时之过已。而人多不强力,贫贱则慑于饥寒,富贵则流[30]于逸乐,遂营[31]目前之务,而遗千载之功。日月[32]逝于上,体貌衰于下,忽然与万物迁化[33],斯志士之大痛也!融等已逝,唯干著《论》,成一家言。

　　　　——选自《曹丕集校注》(有删节),曹丕撰,魏宏灿校注,安徽大学出版社,2009年

注释

[1] 轻:互相轻视、鄙薄。

[2] 伯仲:指不相上下。排行老大为"伯",老二为"仲"。

[3] 小:轻视。

[4] 超:即班超,字仲升,班固之弟。

[5] 属(zhǔ)文:写文章。

[6] 夫:句首发语词,表示下面要议论或下判断。

[7] 自见:此处指自见其长。

[8] 里语:俗语。

[9] 弊帚:破旧的扫帚,喻指极无价值之物。

[10] 享:把……当作。

[11] 骥騄(jì lù):良马。

[12] 齐气:古代齐国其俗文体舒缓,此言徐干为文亦染有这种地方习气。

[13] 隽(jùn):同"俊",杰出。

[14] 俦(chóu):辈。

[15] 贵:以……为贵。

[16] 贱:以……为贱。

[17] 闇(àn):昏暗、糊涂。

[18] 宜:适宜、应当。

[19] 尚实:崇尚纪实。

[20] 丽:华美。

[21] 检:法度。

[22] 止于其身:只有活着时才能具有。

[23] 翰(hàn)墨:笔墨,指写文章。

[24] 见意:表达思想。

[25] 篇籍(jí):指写成的文章。

[26] 幽:拘禁。

[27] 隐约:困穷。

[28] 加思:指改变著述的想法。加,移。

[29] 夫然:正因为如此。

[30] 流:放纵。

[31] 营:料理。

[32] 日月:比喻时间。

[33] 迁化:迁移变化。

译文

　　文人互相轻视,自古以来就是如此。傅毅和班固两人文才相当,不分高下,然而班固轻视傅毅,他在写给弟弟班超的信中说:"傅武仲因为能写文章担任兰台令史的官职,却下笔千言,不知所止。"人总是善于看到自己的优点,然而文章不是只有一种体裁,很少有人各种体裁都擅长的,因此各人总是以自己所擅长的轻视别人所不擅长的,乡里俗话说:"家中有一把破扫帚,也会看它价值千金。"这是看不清自己的毛病啊。

当今的文人,也只有鲁人孔融孔文举、广陵人陈琳陈孔璋、山阳人王粲王仲宣、北海人徐干徐伟长、陈留人阮瑀阮文瑜、汝南人应玚应德琏、东平人刘桢刘公干等七人。这七子,于学问是没有什么遗漏的,于文辞是没有借用别人的,都各自像骐骥千里奔驰,并驾齐驱,要叫他们互相钦服,也实在是困难了。我审察自己来衡量别人,所以能够免于这种拖累,从而写作这篇"论文"。

王粲擅长于辞赋,徐干不时有齐人的习气,然而也是与王粲相匹敌的。如王粲的《初征赋》《登楼赋》《槐赋》《征思赋》,徐干的《玄猿赋》《漏卮赋》《圆扇赋》《橘赋》,虽是张衡、蔡邕也是超不过的。然而其他的文章,却不能与此相称。陈琳和阮瑀的章、表、书、记是当今特出的。应玚平和但不够雄壮,刘桢雄壮但不够细密。孔融风韵气度高雅超俗,有过人之处,然而不善立论,词采胜过说理,甚至于夹杂着玩笑戏弄之辞。至于说他所擅长的,是可以归入扬雄、班固一类的。

一般人看重古人,轻视今人,崇尚名声,不重实际,又有看不清自己的弊病,总以为自己贤能。大凡文章的本质是共同的,而具体的末节又是不同的,所以奏章、驳议适宜文雅,书信、论说适宜说理,铭文、诔文崇尚事实,诗歌、赋体应该华美。这四种科目文体不同,所以能文之士常常有所偏好;只有全才之人才能擅长各种体裁的文章。

文章是以"气"为主导的,气又有清气和浊气两种,不是可以出力气就能获得的。用音乐来作比喻,音乐的曲调节奏有同一的衡量标准,但是运气行声不会一样整齐,平时的技巧也有优劣之差,虽是父亲和兄长,也不能传授给儿子和弟弟。

文章是关系到治理国家的伟大功业,是可以流传后世而不朽的盛大事业。人的年龄寿夭有时间的限制,荣誉欢乐也只能终于一身,二者都终止于一定的期限,不能像文章那样永久流传，没有穷期。因此，古代的作者，投身于写作，把自己的思想意见表现在文章书籍中，就不必借史家的言辞，也不必托高官的权势，而声名自然能流传后世。所以周文王被囚禁，而推演出了《周易》，周公旦显达而制作了《礼》，文王不因困厄而不做事业，周公不因显达而更改志向。所以古人看轻一尺的碧玉而看重一寸的光阴，这是惧怕时间已经流逝过去罢了。多数人都不愿努力，贫穷的则害怕饥寒之迫，富贵的则沉湎于安逸之乐，于是只知经营眼前的事务，而放弃能流传千载的功业。太阳和月亮在天上流转移动，而人的身体状貌在地下日日衰老，忽然间就与万物一样变迁老死，这是有志之士痛心疾首的事啊！孔融等人已经去世了，只有徐干著有《中论》，成为一家之言。

十二　东京梦华录·序

【导读】

孟元老,号幽兰居士,生卒年待考。从现有存本来看,人们只知其在汴京(今河南省开封市)生活的时间及成书的时间,其生平资料难觅旁证。据《宋会要辑稿》及苏辙等人著作,推测其为北宋保和殿大学士孟昌龄的族人孟钺,曾任开封府仪曹,北宋末叶在东京(今开封)居住二十余年。金灭北宋,孟元老南渡,常忆东京之繁华,于南宋绍兴十七年(1147)撰成《东京梦华录》,自作序。

《东京梦华录》是记述北宋后期京都汴京地理风物的一部重要文献,今存本皆题孟元老撰,因卷前有《梦华录序》,末署"绍兴丁卯岁除日幽兰居士孟元老序",据此可知,此书撰成于南宋高宗绍兴十七年(1147),写序的除夕日是1148年1月22日。《东京梦华录》常见的流行本为十卷,从各个方面记述了北宋都城汴京的详细情况,包括京城的城市布局,河道走向与桥梁,内城宫殿及宫廷内外的机构设置,京城里的主要街巷名称及主要寺院道观,京城里的店铺、酒楼及勾栏瓦肆等场所的经营与活动,京城里的管理、防务、消防、运输等方面的职能与运作,京城里的民众在伎艺表演、娱乐、娶亲、生子等方面的风俗,一年当中各个重大节日的各种习俗,尤其是对皇宫中的元旦朝会、圣驾出行、观戏观射及进行各种祭祀活动的礼仪与过程记述得更为详尽。这些内容,涉及京城地理、礼仪制度、经济状况、商业贸易、社会风习等各个领域,为了解北宋后期的政治、经济、文化提供了大量的第一手资料。

仆从先人宦游南北,崇宁癸未[1]到京师,卜居于州西金梁桥西夹道之南。渐次长立,正当辇毂之下,太平日久,人物繁阜,垂髫之童,但习鼓舞,斑白之老,不识干戈,时节相次,各有观赏。灯宵月夕,雪际花时,乞巧登高,教池游苑[2],举目则青楼画阁,绣户珠帘,雕车竞驻于天街,宝马争驰于御路,金翠耀目,罗绮飘香。新声巧笑于柳陌花衢,按管调弦于茶坊酒肆。八荒争凑,万国咸通。集四海之珍奇,皆归市易;会寰区之异味,悉在庖厨。花光满路,何限春游,箫鼓喧空,几家夜宴。伎巧则惊人耳目,侈奢则长人精神。瞻天表则元夕教池,拜郊孟享[3]。频观公主下降,皇子纳妃。修造则创建明堂,冶铸则立成鼎鼐。观妓籍则府曹衙罢,内省宴回;看变化则举子唱名,武人换授。仆数十年烂赏叠游,莫知厌足。一旦兵火,靖康丙午之明年,出京南来,避地江左,情绪牢落,渐入桑榆。暗想当年,节物风流,人情和美,但成怅恨。近与亲戚会面,谈及曩昔,后生往往妄生不然。仆恐浸久,论其风俗者,失于事实,诚为可惜,谨省记编次成集,庶几开卷得睹当时之盛。古人有梦游华胥之国[4],其乐无涯者,仆今追念,回首怅然,岂非华胥之梦觉哉!目之曰《梦华录》。然以京师之浩穰,及有未尝经从处,得之于人,不无遗阙。倘遇乡党宿德,补缀周备,不胜幸甚。此录语言鄙俚,不以文饰者,盖欲上下通晓尔。观者幸详焉。绍兴丁卯岁除日幽兰居士孟元老序。

——选自《东京梦华录译注》,王莹译注,上海三联书店,2014年

注释

[1] 崇宁癸未:宋徽宗崇宁二年(1103年)。

[2] 教池游苑:指金明池、琼林苑的游赏。

[3] 拜郊孟享:孟,首。指到郊外拜祭天帝。

[4] 梦游华胥之国:《列子·黄帝》:"(黄帝)昼寝,而梦游于华胥氏之国。"后用"梦华"为追忆往事恍如梦境之意。

译文

我小时候跟着在外地做官的父亲周游于南北各地,于徽宗崇宁二年来到了京都,住在城西的金梁桥西边夹道的南侧。我逐渐长大,正赶上生活在天子脚下。太平盛世很长时间了,京城里人口密集,物业繁华。垂着童发的小孩儿,只知道玩耍;两鬓花白的老人,没有经历过战争。节日一个接着一个,我得以观赏到各种好景。华灯齐放的良宵,月光皎洁的夜晚,瑞雪飘飞之际,百花盛开之时,或者是七夕的乞

巧,或者是重九的登高,或者是金明池的禁军操练,或者是琼林苑的皇上游幸,放眼所见,到处是青楼画阁,绣户珠帘。雕饰华丽的轿车争相停靠在大街旁,名贵矫健的宝马纵情奔驰在御街上,镶金叠翠耀人眼目,罗袖绮裳飘送芳香。新歌的旋律与美人的笑语,回荡在柳阴道上与花街巷口;箫管之音与琴弦之调,弹奏于茶坊雅聚与酒楼盛宴。全国各州郡之人都往京都汇集,世界各国的使者都和宋朝往来。调集了四海的珍品奇货,都到京城的集市上进行贸易;荟萃齐九州的美味佳肴,都在京城的宴席上供人享受。花光铺满道路,不阻止任何百姓乘兴春游;音乐震荡长空,又见有几家豪门正开夜宴。奇特精湛的技艺表演使人耳目一新,奢侈享受的生活使人精神放松。能够观瞻到皇上天颜的机会,是在元宵节观灯、金明池观射、郊坛祭天的时候。而且还能够多次看到公主出嫁、皇子纳妃的盛大典礼。皇宫的重要建筑成就是创建了大庆殿,重要的冶铸伟绩是制成了九鼎。你若想看看歌妓们的文艺表演,那么就等主管妓籍事务的官员们下了班或在他们度假的时候,抑或等到宫中宴会结束之后,这时歌妓的演出就要登场了。你若想看看庄严肃穆、气势恢宏的典礼仪式,那就去看看诸如举子唱名那类的仪式,或是武人换授之类的典礼吧。我在几十年当中沉醉于观赏盛典,迷恋于游玩胜地,从来没有感到厌倦和满足。不料忽然间战火燃起,宋钦宗靖康元年的第二年,我离开汴京来到了南方,因躲避战乱而住在江左,情绪郁闷而低落,年岁又逐渐进入老年晚景。暗想当年在汴京城里的生活,每逢佳节时的人物风流倜傥,人情和顺畅美,都已化成惆怅和隐恨。最近同亲戚会面的时候,谈到往昔汴京城里的繁华景象,年轻后生们总是妄加非议,不以为然。我担心时间长久之后,再谈起那时的风俗和景观,更会失去历史的真实,那就的确太可惜了。因此,我非常慎重地把我的记忆写下来,编成一集,这可能会使今后的人们打开此书就能够看到(了解)到当年的盛况。古代传说有梦游华胥之国、其乐无涯的典故,我如今追思往事,回忆起来怅然伤怀,这难道不是和华胥之梦刚刚醒来的情形一样吗?因此我把我所撰作的这本书命名为《梦华录》。但是,汴京城毕竟太大太繁华了,对于那些我没有亲身经历的事件或者没有去过的地方,靠听别人讲述来记录,这就难免

有遗漏或欠缺。如果遇着故乡的朋友或德高望重的前辈,对此书予以补充使它更加完备,那真是不胜欣慰。这本《梦华录》语言通俗浅显,不刻意雕琢修饰,其原因大概是想使文人学士和普通百姓都能看懂而已,希望读者能理解这一点。宋高宗绍兴十七年,岁在丁卯,大年除夕之日,幽兰居士孟元老序。

十三　东坡全集·黠鼠赋

【导读】

苏轼(1037—1101),字子瞻,又字和仲,号东坡居士,眉州眉山(今四川省眉山市)人。与父苏洵,弟苏辙合称三苏。在文学方面,其文汪洋恣肆,明白畅达,与欧阳修并称"欧苏",为唐宋八大家之一;其诗清新豪健,善用夸张比喻,与黄庭坚并称"苏黄";其词开豪放一派,对后代影响深远,与辛弃疾并称"苏辛"。另外,其书法擅长行书、楷书,能自创新意,用笔丰腴跌宕,有天真烂漫之趣,与黄庭坚、米芾、蔡襄并称"宋四家";其画学文同,喜作枯木怪石,论画主张神似。诗文集有《东坡全集》等,词集有《东坡乐府》等。

苏辙在为苏轼所作的《墓志》中称苏轼所著有《东坡集》40卷、《后集》20卷、《奏议》15卷、《内制》10卷、《外制》3卷、《和陶诗》4卷。另有《应诏集》10卷,现无从查考。由于在宋徽宗崇宁二年被下诏禁毁,苏轼的著作集几经变化,增添改换,目前通行为150卷。《黠鼠赋》是苏轼少年时代所写的一篇咏物赋,写一只狡猾的老鼠利用人的疏忽而乘机逃脱的故事,说明了最有智慧的人类,尽管可以"役万物而君之",却难免被狡猾的老鼠所欺骗,原因全在疏忽大意,告诉读者做事应当一心一意,专心致志,才能成功。

苏子夜坐,有鼠方啮,拊[1]床而止之,既止复作。使童子烛之,有橐中空,嘐嘐聱聱[2],声在橐中。曰:"嘻! 此鼠之见闭而不得去者也。"发而视之,寂无所有。举烛而索,中有死鼠。童子惊曰:"是方啮也,而遽死耶? 向为何声,岂其鬼耶?"覆而出之,堕地乃走。虽有敏者,莫措其手。苏子叹曰:"异哉! 是鼠之黠[3]也。闭于橐中,橐[4]坚而不可穴也。故不啮[5]而啮,以声致人;不死而死,以形求脱也。吾闻有生,莫智于人。扰龙、伐蛟、登龟、狩麟,役万物而君之,卒见使于一鼠,堕此虫之计中,惊脱兔于处女。乌在其为智也?"坐而假寐[6],私念其故。若有告余者曰:"汝惟多学而识[7]之，望道而未见也。不一于汝，而二于物，故一鼠之啮而为之变也。人能碎千金之璧，不能无失声于破釜；能搏猛虎，不能无变色于蜂虿[8]。此不一之患也。言出于汝，而忘之耶？"余俯而笑，仰而觉。使童子执笔，记余之作。

——选自《苏东坡全集》，邓立勋编校，黄山书社，1997年

注释

[1] 拊：拍。

[2] 嘐嘐聱聱（áo áo）：象声词，形容鼠啃咬的声音。

[3] 黠（xiá）：狡猾。

[4] 橐（tuó）：箱状的盛衣食的家具。

[5] 啮：咬。

[6] 假寐：闭目打盹。

[7] 识：通"志"，记。

[8] 蜂虿（chài）：蝎类毒虫。

译文

夜里坐起身，听到一只老鼠正在啃咬东西。敲敲床沿吓唬它停了下来，停了一会儿又咬起来。让童子用烛光照照，原来有一只空箱子。老鼠咬东西的声音是从那里传出来的。我说："嘻，这老鼠被封闭在里面跑不出来了。"打开箱子一看，里面静静的什么也没有，举烛找找，发现里面有只死老鼠。童子惊奇地说："刚才还在咬东西，怎么突然死了？刚才的是什么声音，难道有鬼吗？"翻过箱子把死鼠拎了出来，老鼠落地面就跑。即使行动再敏捷的人，对老鼠的突然逃跑也措手不及。我叹息说："奇怪呀！这是老鼠狡猾的地方。被封闭在箱子里时，箱子结实咬不开窟窿，所以老鼠不是真咬箱子，而是要用咬声招来人；不是真的死了，而是借假死脱身。我听说有生命以来，没有比人聪明的了。人能驯服龙，擒住蛟，用龟占卜，猎取麒麟。役使万物而主宰它们的人，却被一只老鼠骗了。中了老鼠的计，狡猾的老鼠看来像处女一

样安稳,却像脱手的兔子一样逃掉了。这怎么还能算是聪明的呢?"我一边坐着闭目打盹,一边私自想其中的原因。仿佛有人告诉我说:"你只不过多读了点书,记住些知识,离道还远着呢。你自己的精神不集中,因而受到外物的干扰,所以才会被一只老鼠的啃咬声弄得坐立不安。人有时砸碎了价值千金的璧玉倒不动声色,却不能做到在摔破锅时不大声惊叫;人有时能与猛虎搏斗,却不能做到不在蜂虿面前吓变了脸色:这就是不专一带来的危害。这些话是从你嘴里讲出来的,如今你忘了吗?"我低下头暗自发笑,后又抬起头来有所醒悟。于是让童子拿笔来,记下自己的这篇作品。

十四　东周列国志·晏平仲二桃杀三士

【导读】

冯梦龙(1574—1644),字犹龙、子犹,号龙子犹、墨憨斋主人、顾曲散人、词奴、绿天馆主人等,长洲(今江苏省苏州市)人。明代著名文学家、戏曲作家和理论家。冯梦龙早年便才华出众,与兄梦桂、弟梦熊被时人称为"吴下三冯"。冯梦龙一生注重戏曲、小说、民歌等通俗文学的创作、编集工作,曾编订话本小说集《喻世明言》《警世通言》《醒世恒言》,通称"三言",还编有民歌集《挂枝儿》《山歌》以及《太平广记钞》《古今谭概》《智囊》《情史》等,增补《新平妖传》《新列国志》。戏曲作品有传奇《双雄记》《万事足》,并改编前人传奇10多种,通称《墨憨斋定本传奇》,另编有《墨憨斋词谱》。诗文有《七乐斋诗稿》《中兴伟略》等。受明人余邵鱼小说《列国志传》启发,冯梦龙从《左传》《战国策》《史记》等古籍中钩稽史实,加以敷演,撰成《东周列国志》的前身《新列国志》一书。

《东周列国志》是中国古代的一部历史演义小说。这部小说由古白话写成,主要描写了从西周宣王时期直到秦始皇统十六国这500多年的历史。《东周列国志》经历了数位名家的改编和整理。明代中期余劭鱼编写的平话《列国志传》是它的雏形,冯梦龙在此基础上改编成了《新列国志》,现在流传的《东周列国志》则是蔡元放(清乾隆年间人)对《新列国志》的再次改编。《东周列国志》前半部反映了春秋时期以"春秋五霸"为主的诸侯争斗,众多大小不一的诸侯国经过战争和兼并,演变成秦、楚、齐、燕、韩、赵、魏"七国",历史上称为"战国七雄",后半部反映了这七个国家之间的兼并战争,最后六国并于秦,中国复归一统。作者按照时间顺序,把一个个曲折动人的历史事件串连起来,进行了颇具匠心的创造与加工,留下了许多可歌可泣、悲壮感人的历史故事。

话说齐景公归自平丘,虽然惧晋兵威,一时受歃,已知其无远大之谋,遂有志复桓公之业,谓相国晏婴曰:"晋霸西北,寡人霸东南,何为不可?"晏婴对曰:"晋劳民于兴筑,是以失诸侯。君欲图霸,莫如恤民。"景公曰:"恤民何如?"晏婴对曰:"省刑罚,则民不怨；薄赋敛，则民知恩。古先王春则省[1]耕，补其不足；夏则省[2]敛，助其不给。君何不法之？"景公乃除去烦刑，发仓廪[3]以贷贫穷，国人感悦。于是征聘于东方诸侯，徐子不从，乃用田开疆为将，帅师伐之，大战于蒲隧，斩其将嬴爽，获甲士五百馀人。徐子大惧，遣使行成于齐。齐侯乃约郯子、莒子同徐子结盟于蒲隧。徐以甲父之鼎赂之。晋君臣虽知，而不敢问。齐自是日强，与晋并霸。

景公录田开疆平徐之功。复嘉古冶子斩鼋之功，乃立"五乘之宾"以旌[4]之。田开疆复举荐公孙捷之勇。那公孙捷生得面如靛染，目睛突出，身长一丈，力举千钧。景公见而异之，遂与之俱猎于桐山。忽然山中赶出一只吊睛白额虎来，那虎咆哮发喊，飞奔前来，径扑景公之马。景公大惊。只见公孙捷从车上跃下，不用刀枪，双拳直取猛虎，左手揪住项皮，右手挥拳，只一顿，将那只大虫打死，救了景公。景公嘉其勇，亦使与"五乘之宾"。公孙捷遂与田开疆、古冶子结为兄弟，自号"齐邦三杰"。挟功恃勇，口出大言，凌[5]铄[6]闾里[7]，简慢公卿。在景公面前，尝以尔我相称，全无礼体。景公惜其才勇，亦姑容之。时朝中有个佞臣，唤做梁丘据，专以先意逢迎取悦于君。景公甚宠爱之。据内则献媚景公，以固其宠；外则结交三杰，以张其党。况其时陈无宇厚施得众，已伏移国之兆，那田开疆与陈氏是一族，异日声势相倚，将为国家之患。婴深以此为忧，每欲除之，但恐其君不听，反结了三人之怨。

忽一日，鲁昭公以不合于晋之故，欲结交于齐，亲自来朝。景公设宴相待。鲁国是叔孙婼相礼，齐国是晏婴相礼。三杰带剑立于阶下，昂昂自若，目中无人。二君酒至半酣，晏子奏曰："园中金桃已熟，可命荐新，为两君寿。"景公准奏，宣园吏取金桃来献。晏子奏曰："金桃难得之物，臣当亲往监摘。"晏子领钥匙去讫。景公曰："此桃自先公时，有东海人以巨核来献，名曰'万寿金桃'，出自海外度索山，亦名'蟠桃'。植之三十馀年，枝叶虽茂，花而不实。今岁结有数颗，寡人惜之，是以封锁园门。今日君侯降临，寡人不敢独享，特取来与贤君臣共之。"鲁昭公拱手称谢。

少顷，晏子引著园吏，将雕盘献上。盘中堆著六枚桃子，其大如碗，其赤如炭[8]，香气扑鼻，真珍异之果也。景公问曰："桃实止此数乎？"晏子曰："尚有三四枚未熟，所以只摘得六枚。"景公命晏子行酒。晏子手捧玉爵，恭进鲁侯之前，左右献上金桃，晏子致词曰："桃实如斗，天下罕有；两君食之，千秋同寿！"鲁侯饮酒毕，取桃一枚食之，甘美非常，夸奖不已。次及景公，亦饮酒一杯，取桃食讫。景公曰："此桃非易得之物，叔孙大夫贤名著于四方，今又有赞礼之功，宜食一桃。"叔孙婼跪奏曰："臣之贤，万不及相国。相国内修国政，外服诸侯，其功不小。此桃宜赐相国食之，臣安敢僭？"景公曰："既叔孙大夫推让相国，可各赐酒一杯，桃一枚。"二臣跪而领之，谢恩而起。晏子奏曰："盘中尚有二桃，主公可传令诸臣中，言其功深劳重者，当食此桃，以彰其贤。"景公曰："此言甚善！"即命左右传谕，使阶下诸臣，有自信功深劳重、堪食此桃者，出班自奏，相国评功赐桃。

公孙捷挺身而出，立于筵上而言曰："昔从主公猎于桐山，力诛猛虎，其功若何？"晏子曰："擎天保驾，功莫大焉！可赐酒一爵，食桃一枚，归于班部。"古冶子奋然便出曰："诛虎不足为奇。吾曾斩妖鼋于黄河，使君危而复安，此功若何？"晏公曰："此时波涛汹涌，非将军斩绝妖鼋，必至覆溺，此盖世奇功也！饮酒食桃，又何疑哉？"晏子慌忙进酒赐桃。只见田开疆撩衣破步而出曰："吾曾奉命伐徐，斩其名将，俘甲首五百馀人，徐君恐惧，致赂乞盟。郯、莒畏威，一时皆集，奉吾君为盟主。此功可以食桃乎？"晏子奏曰："开疆之功，比于二将更自十倍，争奈无桃可赐，赐酒一杯，以待来年。"景公曰："卿功最大，可惜言之太迟，以此无桃，掩其大功。"田开疆按剑而言曰："斩鼋打虎，小可事耳！吾跋涉千里之外，血战成功，反不能食桃，受辱于两国君臣之间，为万代耻笑，何面目立于朝廷之下耶？"言讫，挥剑自刎而死。公孙捷大惊，亦拔剑而言曰："我等微功而食桃，田君功大反不能食。夫取桃不让，非廉也；视人之死而不能从，非勇也。"言讫，亦自刎。古冶子奋气大呼曰："吾三人义均骨肉，誓同生死，二人已亡，吾独苟活，于心何安？"亦自刎而亡，景公急使人止之，已无及矣。鲁昭公离席而起曰："寡人闻三臣，皆天下奇勇，可惜一朝俱尽矣。"景公闻言，嘿然变色，不悦。晏婴从容进曰："此皆吾国一勇之夫，虽有微劳，何足挂齿？"鲁侯曰："上国如此勇将，还有几人？"晏婴对曰："筹策庙堂，威加万里，负将相之才者数十人。若血气之

勇,不过备寡君鞭策之用而已,其生死何足为齐轻重哉!"景公意始释。然晏子更进觞于两君,欢饮而散。三杰墓在荡阴里。后汉诸葛孔明《梁父吟》正咏其事:"步出齐东门,遥望荡阴里。里中有三坟,垒垒正相似。问是谁家冢?田疆古冶子。力能排南山,文能绝地纪[9]。一朝中阴谋,二桃杀三士。谁能为此者?相国齐晏子。"

——选自《东周列国志》,冯梦龙编,蔡元放评,竺少华点校,岳麓书社,1990年

注释

[1] 省:检查。

[2] 省:减少。

[3] 仓廪(cāng lǐn):贮藏米谷的仓库。

[4] 旌(jīng):表彰。

[5] 凌:欺侮。

[6] 铄:削弱。

[7] 闾里:百姓。

[8] 炭:炭火。

[9] 纪:基。

译文

齐景公从平丘回来,虽然因为惧怕晋国的兵威,不得已一时接受了结盟的要求,可是也看出了晋昭公没什么远大的抱负和谋略,于是有心要复兴桓公的霸业。景公对相国晏婴说:"晋侯称霸西北,咱们称霸东南,有什么不可以呢?"晏婴回答说:"晋国大兴土木,修建宫殿,劳民伤财,也使诸侯离心离德。您要想谋求霸业,没有比爱护百姓更重要的了。"景公说:"那怎么才是爱护百姓呢?"晏婴回答说:"减少刑罚,老百姓就不会怨恨;减轻赋税,老百姓就会感恩戴德。您的先祖就是这样做的,您为什么不效法他呢?"于是景公就下令解除多余的刑罚,打开粮仓把粮食借给贫困的百姓,百姓们又高兴又感激。国里边的事安顿好以后,景公就去拉拢征召东方的诸侯。徐子不听景公的召唤,景公就派田开疆为大将,统帅军队去讨伐。两军在蒲隧打了

一仗,田开疆杀了徐国的大将嬴爽,俘虏了五百多名士兵。徐子很害怕,就派使者到齐国去求和。齐景公就约莒子、郯子同徐子在蒲隧结盟。徐子又用"甲父之鼎"贿赂齐国。晋国的君臣虽然知道了这事,可是没敢深究。从此齐国一天比一天强盛,慢慢地可以和晋国并肩称霸了。

蒲隧结盟之后,景公给田开疆记了大功,又嘉奖了古冶子斩鼋鱼的功劳,仍然立了"五乘之宾"的大旗以示表彰。田开疆又向景公举荐了一个叫公孙捷的勇士。这个公孙捷身长一丈,脸上蓝里透紫,紫中透蓝,就像用靛蓝染过似的,两个眼球都突到眼眶外边来了,能够力举千钧。景公见到他的模样挺奇特,就带着他一块到桐山去打猎。忽然,从山里窜出一只吊睛白颜虎,张着大嘴咆哮着飞奔过来,直扑景公的马,把景公吓得魂飞魄散。只见公孙捷一下子从车上跳下来,不用刀枪,攥着两个拳头直奔猛虎,左手揪住猛虎的后脖颈,右手挥拳一顿猛打,竟把那只猛虎活活打死,救了景公。景公赞赏他的勇武,也奖给他一面"五乘之宾"旗帜。公孙捷于是和田开疆、古冶子结为兄弟,号称"齐邦三杰",挟功恃勇,口出狂言,欺压乡里,怠慢公卿,在景公面前,还尝以你我相称,全没有一点礼貌体统。景公因为爱惜他是个勇士,不怪罪他。这时朝中还有个大臣叫梁邱据,专门以逢迎拍马讨景公的喜欢,景公非常宠爱他。梁邱据在朝里献媚取悦景公,以巩固景公对他的宠信;在朝外着意结交三杰,以扩大他们的帮派势力。况且这时候陈无宇用厚赠财物等办法很得众望,已经潜伏着危害国家的征兆。那田开疆和陈氏本是一族,将来互相勾连依赖,恐怕就要成为国家的祸患。晏婴为这事深感忧虑,不止一次想除掉这几个祸根,只是担心景公不乐意,反和这几个人结下仇怨。

忽然有一天,鲁昭公因为和晋昭公不合,想和齐国结交,就亲自到齐国来拜访。景公摆下酒宴热情招待。在迎接宾客的仪式中,鲁国赞礼的是叔孙婼,齐国赞礼的是晏婴。三杰佩戴着宝剑,站在台阶下面,扬着脑袋挺着肚子,一副目中无人的样子。两位国君正喝得高兴,晏子忽然说道:"果园里的金桃已经熟了,可以取来做敬献的礼物,祝二位君王长寿。"景公同意,就叫看果园的官员去取金桃。晏子说:"金

桃可是很难得的物品,我应该亲自去监督采摘。"说着晏子领了钥匙就到果园去了。景公对鲁昭公说:"这桃子还是先父在世的时候,有个从东海来的人,带来个巨大的桃核来敬献,说是叫'万寿金桃',出自海外的度索山,也叫'蟠桃'。到现在种了三十多年,枝叶虽然一直很茂盛,可就是只开花,不结果。碰巧今年结了几个桃子,我挺珍惜,就叫人把果园的门给锁上了。今天君侯降临,我不敢独享,特地取来和您君臣一块享用。"鲁昭公拱着手连声道谢。

过了一会儿,晏子领着看果园的官员回来,献上了一个雕花的盘子。只见盘子里堆着六个桃子,一个个像饭碗那么大,像炭火那么红,香气扑鼻,真是一种珍稀奇异的鲜果。景公问道:"桃子就这么几个吗?"晏子回答说:"还有三四个没熟的,所以只摘了这六个。"景公就命晏子依次斟酒。晏子手捧着玉做的酒器,恭敬地走到鲁侯的面前,让手下人献上金桃,晏子致词说:"桃实如斗,天下罕有;两君食之,千秋同寿!"鲁侯把酒喝完了,拿过一个桃子咬了一口,只觉得又香又甜,不住嘴地夸奖。等鲁侯吃完了桃,晏子又走到景公面前,景公也喝了一杯酒,拿了一个桃子吃了。景公说:"这桃可是稀罕东西,叔孙大夫一向以贤德闻名四方,今天又有赞礼的功劳,理应吃一个桃子。"叔孙婼跪下说道:"臣下的贤德,比起晏婴相国相差何止万倍。相国内修国政,外服诸侯,劳苦功高,这桃子应该赐给相国吃,我怎么敢越位呢?"景公说:"既然叔孙大夫推让相国,干脆赐给你们俩每人一杯酒,一个桃。"二人跪下接受了,谢了恩站起来。晏子说:"盘子里还有两个桃,主公可传令给诸位大臣,谁说出自己立的功劳最大,就应该让谁吃这桃,以作为奖励。"景公说:"这话说得有理!"当即叫手下人传令,让排列在台阶下的大臣们,有自信功劳最大有资格吃金桃的人,自己站出来报功,由相国晏婴评判赐桃。

景公的命令一下,只见公孙捷挺身而出,大声说道:"以前我曾跟主公到桐山去打猎,赤手空拳打死猛虎,这功劳怎么样?"晏子说:"能够擎天保驾,没有比这更大的功劳了!可以喝一杯酒,吃一个桃子。"古冶子愤愤然站出来说:"杀死老虎有什么可稀奇的?我曾经在黄河里斩过鼋鱼精,使主公转危为安,这功劳又怎么样?"景公说:

"当时波涛汹涌,要不是将军斩了那妖怪,我肯定会因为翻船落水而被淹死,这确实算得上是盖世奇功!喝酒吃桃,还有什么疑问吗?"晏子慌忙给古冶子敬酒献桃。这时,只见田开疆撩着衣襟大步站出来说:"我曾奉命讨伐徐国,斩了他们的名将,俘虏了五百多人,徐国的君王闻风丧胆,赶紧派人送来财物乞求结盟。郯、莒两国也因此害怕齐国的兵威,很快联名推举主公当了盟主。凭我这功劳,能不能吃个金桃?"晏子听了这话,转脸对景公说:"开疆的功劳,比起刚才那两位将军,可更强了十倍。只可惜现在已经没桃可赐了,只好先喝一杯酒,等明年再赐桃吧。"景公说:"开疆的功劳最大,可惜说得太晚了,因为没桃可赐,把他的大功都给埋没了。"田开疆按着宝剑说道:"斩鼋鱼打虎,不过是些小事而已!我千里跋涉,血战成功,反倒不能吃上金桃,以致受辱于两国君臣之间,被万代耻笑,我还有什么脸面站在朝廷上呢?"说罢,拔出宝剑自刎而死。公孙捷见此情景,大吃一惊,也拔出宝剑高声说道:"我们仗着一点小功就要吃金桃,田君功劳最大,反倒没有吃到。取桃不知道谦让,就是没有廉耻;看见朋友这样死去而不能相从,就不是勇士。"说完,也挥剑自刎而死。古冶子这时也大声呼喊道:"我们三人情同骨肉,誓同生死,他们两个已经死了,剩我一个苟活在世上,怎么能够安心?"说着也拔剑自刎而亡。景公急忙叫人拦阻,可是已然来不及了。鲁昭公这时候离开席位站起来说:"我听说三位大臣都是天下最神奇的勇士,可惜一天就都死光了。"景公听了这话,心里不高兴,脸色都变了。晏子接过鲁侯的话茬儿说:"这几个人都是我国的一勇之夫,虽然立过一些小功,又何足挂齿?"鲁侯说:"贵国像这样的勇将,还有几位?"晏子回答说:"筹谋划策在朝廷以内,威加于万里之外,能够担当将相重任的人才,我们国里还有几十个。像这样的一勇之夫,他们的生死对我们齐国来说,又有什么分量呢?"景公听了这话,心里才稍感宽慰。晏子于是又依次给两位君王劝酒,直到欢饮而散,那三杰就埋葬在齐都东门外的荡阴里。后汉诸葛亮写的《梁父吟》,说的就是这件事:"步出齐东门,遥望荡阴里。里中有三坟,累累正相似。问是谁家塚?田疆古冶子。力能排南山,文能绝地纪。一朝中阴谋,二桃杀三士!谁能为此者?相国齐晏子。"

十五　范文正公集·岳阳楼记

【导读】

范仲淹(989—1052),字希文,谥文正,史称范文正公,亦称范履霜,祖籍邠州(今陕西彬县),后移居吴县(今江苏苏州)。在文学方面,范仲淹的文章,以政疏和书信居多,陈述时政,逻辑严密、有很强的说服力,具有历史意义和复古精神,对宋初文风的革新具有积极作用。他的诗歌存世305首,内容非常广泛,或抒写政治抱负,或关注民生,或纪游山水、咏物寄兴等。诗意淳语真,以文为诗、议论化的倾向非常明显,与当时的白体、晚唐体及西昆体相比,呈现出迥然不同的面貌,成为宋初诗歌由唐音向宋调转变的重要一环。他的词作存世共五首,首首脍炙人口,在宋词的发展中起着承前启后的重要作用,带有过渡时期的深刻痕迹。据《宋史》载,范仲淹作品有《文集》20卷、《别集》4卷、《尺牍》2卷、《奏议》15卷、《丹阳编》8卷。

《范文正公集》是后代采辑范仲淹的文集、奏议、家书、信帖而成。人们希冀从这些往来书信文字中,获取修身律己做人行事方面的教益。《岳阳楼记》是其中的名篇,借作记之机,规劝友人"不以物喜,不以己悲",全文融记叙、写景、抒情、议论为一体,动静相生,思想境界崇高,成为杂记中的创新,其中"先天下之忧而忧,后天下之乐而乐"为千古名句。

庆历四年[1]春,滕子京谪守巴陵郡[2]。越明年,政通人和,百废具兴[3]。乃重修岳阳楼,增其旧制[4],刻唐贤今人诗赋于其上。属[5]予作文以记之。

予观夫[6]巴陵胜状,在洞庭一湖。衔远山,吞长江,浩浩汤汤[7],横无际涯[8]。朝晖夕阴,气象万千。此则岳阳楼之大观[9]也。前人之述备矣。然则北通巫峡,南极潇湘,迁客骚人[10],多会于此,览物之情,得无异乎[11]?

若夫淫雨霏霏[12],连月不开[13],阴风怒号,浊浪排空,日星隐耀,山岳潜形;商旅不行,樯倾楫摧[14];薄暮冥冥,虎啸猿啼。登斯楼也,则有去国怀乡,忧谗畏讥,满目萧然,感极而悲者矣。

至若春和景明,波澜不惊,上下天光,一碧万顷;沙鸥翔集[15],锦鳞[16]游泳;岸芷[17]汀兰[18],郁郁青青;而或长烟一空,皓月千里,浮光[19]跃金[20],静影[21]沉璧[22];渔歌互答,此乐何极[23]!登斯楼也,则有心旷神怡,宠辱偕忘,把酒临风,其喜洋洋者矣。

嗟夫[24]!予尝求古仁人之心,或异二者之为。何哉?不以物喜,不以己悲[25]。居庙堂之高[26],则忧其民;处江湖之远[27],则忧其君。是进[28]亦忧,退[29]亦忧。然则何时而乐耶?其必曰"先天下之忧而忧,后天下之乐而乐"乎。噫,微[30]斯人[31],吾谁与归!

时六年九月十五日。

——选自《四库全书精编集部》,田晓娜编,国际文化出版公司,1996年

注释

[1] 庆历四年:1044年。庆历,宋仁宗(赵祯)年号。

[2] 滕子京谪守巴陵郡:滕子京,名宗谅,范仲淹的朋友,两人同于大中祥符八年中进士,他原任环庆路都部署并兼知庆州(今甘肃庆阳),在防御西夏方面曾有所贡献,因被人诬告"枉费公用钱"而调任岳州(今湖南岳阳)知州。谪守巴陵郡,降级调守巴陵郡。巴陵郡,岳阳县(宋时岳州)的古称。

[3] 百废具兴:一切已荒废的事情都办起来了。具,同"俱"。

[4] 旧制:旧时的规模(岳阳楼最早建于唐朝初年)。

[5] 属:同"嘱",嘱托。

[6] 夫(fú):语助词。

[7] 浩浩汤汤(shāng shāng):形容水势很大的样子。

[8] 际涯(yá):边际。

[9] 大观:气概壮阔的景象。

[10] 迁客骚人:迁客,被降职调往远地方做官的人。骚人,屈原曾作《离骚》,后世因往往称诗人为"骚人"。

[11] 得无异乎:难道会没有什么不同吗?得无,能不。

[12] 若夫霪雨霏霏：若夫，虚词，用在一句一段的开头以引起下文，意义与"若是"相似。霪雨，连绵的雨。霏霏，纷纷下落。

[13] 开：开朗，晴朗。

[14] 樯倾楫摧：桅杆歪斜，船桨断折。

[15] 沙鸥翔集：沙鸥飞聚在一起。沙鸥，一种水鸟。集，栖止，停下来。

[16] 锦鳞：这里以鱼鳞借代水中美丽的游鱼。

[17] 岸芷（zhǐ）：岸上的香草。

[18] 汀兰：小洲上的兰花。

[19] 浮光：照耀在水波上的月光。

[20] 跃金：金色的波光在闪烁。

[21] 静影：映水中的平静月影。

[22] 沉璧：沉在水中的玉璧似的月影。

[23] 何极：无穷的意思。

[24] 嗟夫：感叹词，相当于现代汉语中的"唉"。

[25] 不以物喜，不以己悲：不以外物的好坏或个人的得失而或喜或悲。物，外物，客观环境。

[26] 居庙堂之高：高高地坐在朝廷上，指做高官。庙堂，朝廷。

[27] 处江湖之远：寄身江湖，指在野。

[28] 进：做官，取得地位。

[29] 退：失去官职。

[30] 微：除了。

[31] 斯人：这样的人。

译文

庆历四年春天，滕子京降职调到巴陵郡作太守。到第二年，政治清明，人民安居乐业，许多荒废的事业都兴办起来，于是重新修岳阳楼，扩充它旧时规模，把唐代名人和现代人的诗赋镌刻在上边。他还嘱托我作文章记述重修岳阳楼这件事。

据我观察，巴陵的胜景都集中在洞庭湖上：它含着远山，吞进长江，浩浩荡荡，宽广得无边无际；早晨清朗，傍晚昏暗，景象千变万化，这就是岳阳楼雄伟壮观的景象，前人描述得很详尽了。它向北通巫峡，向南一直到了潇水和湘江，那些被降职调到

远方做官的人和诗人们,很多在这里相会,看到自然景象,心情能不有所差异吗?

假若遇到阴雨连绵的日子,一连几个月也不放晴,整天刮着阴森森的风,激起很高的污浊的浪头,太阳和星星都隐蔽了光耀,高耸的山峰也隐藏住它们的形体,这时商人旅客无法成行,桅杆会被浪头打断,连桨也会被折断,特别是一到黄昏,更是阴晦异常,再加上虎的长啸,猿的哀鸣,那种凄惨的声音和景色,如果是在这样的时光,"迁客""骚人"登楼远眺,触景伤情,更会引起他思念京城、怀想故乡、担心毁谤、畏惧讥笑的种种思想感情,极度伤感因而悲痛起来。

到了那温暖的春天,阳光和煦地照着,一切都给人一种明朗的感觉,平静的湖水不起波浪,天水相接,一眼望去,真是无边无际的一片碧绿色;一群一群的沙鸥,时而飞翔时而停下来,美丽的鱼在水中穿来穿去;岸边的芷草,小洲上的兰花,青青的散发着一阵阵的清香。夜里,浓雾消散了,皎洁的月光照着大地,水波微微地荡漾着,金光闪闪,月亮的倒影像沉在水里的一块白玉,快乐的渔人互相唱答着,这是多愉快的境界呢!这时候登楼的游客不由得陶醉在这恬静、幽美的景色里,端着酒杯迎风痛饮,甚至忘记了个人的得失、荣辱,充满着欢乐的情绪。

哎!我曾经探讨古代道德高尚的人的思想感情,或许和上述两种思想感情不一样,为什么?这是由于他们不因环境好而高兴,也不因自己的不幸而悲哀;在朝廷做官,就忧虑老百姓的疾苦;退隐江湖远离朝廷,就为国君担忧。这就是当了官也忧愁,不当官也忧愁。那么什么时候能高兴呢?他一定会说"先天下之忧而忧,后天下之乐而乐"吧!哦!除了这样的人,我能同谁在一起呢?

庆历六年九月十五日作。

十六　焚书·童心说

【导读】

李贽(1527—1602),初姓林,名载贽,后改姓李,名贽,字宏甫,号卓吾,别号温陵居士、百泉居士等。福建泉州人。明代官员、思想家、文学家,泰州学派的一代宗师。他针对正统理学家"存天理,灭人欲"的命题,提出"穿衣吃饭,即是人伦物理"的主张。李贽在社会价值导向方面,批判重农抑商,扬商贾功绩,倡导功利价值,符合明中后期资本主义萌芽的发展要求。他以孔孟传统儒学的"异端"而自居,对封建社会的男尊女卑、重农抑商、假道学、社会腐败、贪官污吏大加痛斥批判,主张"革故鼎新",反对思想禁锢。李贽一生著述颇丰,其重要著作有《藏书》《续藏书》《焚书》《续焚书》《史纲评委》,诗词《独坐》《系中八绝·老病初苏》《石潭即事其四》等。

《焚书》,又称《李氏焚书》,六卷。是李贽反对封建传统思想的力作。包括《书答》《杂述》《读史》及诗歌几个部分,多方面反映作者的政治、哲学及社会思想,是了解李贽思想学说的基本资料。李贽对程朱理学及卫道士们的揭露可谓一针见血,句句中的。

龙洞山农[1]叙《西厢》[2]末语云:"知者勿谓我尚有童心可也。"夫童心者,真心也。若以童心为不可,是以真心为不可也。夫童心者,绝假纯真,最初一念之本心也。若失却童心,便失却真心;失却真心,便失却真人。人而非真,全不复有初矣。

童子者,人之初也;童心者,心之初也。夫心之初,曷可失也!然童心胡然而遽失也?盖方其始也,有闻见从耳目而入,而以为主于其内而童心失。其长也,有道理从闻见而入,而以为主于其内而童心失。其久也,道理闻见日以益多,则所知所觉日以益广,于是焉又知美名之可好也,而务欲以扬之而童心失;知不美之名之可丑也,而务欲以掩之而童心失。夫道理闻见,皆自多读书识义理而来也。古之圣人,曷尝不读书哉！然纵不读书，童心固自在也。纵多读书，亦以护此童心而使之勿失焉耳，非若学者反以多读书识义理而反障之也。夫学者既以多读书识义理障其童心矣，圣人又何用多著书立言以障学人为邪？童心既障，于是发而为言语，则言语不由衷；见[3]而为政事，则政事无根柢；著而为文辞，则文辞不能达。非内含以章美也，非笃实生辉光也，欲求一句有德之言，卒不可得。所以者何？以童心既障，而以从外入者闻见道理为之心也。

夫既以闻见道理为心矣，则所言者皆闻见道理之言，非童心自出之言也。言虽工，于我何与，岂非以假人言假言，而事假事、文假文乎？盖其人既假，则无所不假矣。由是而以假言与假人言，则假人喜；以假事与假人道，则假人喜；以假文与假人谈，则假人喜。无所不假，则无所不喜。满场是假，矮人何辩也？[4]然则虽有天下之至文，其湮灭于假人而不尽见于后世者，又岂少哉！何也？天下之至文，未有不出于童心焉者也。苟童心常存，则道理不行，闻见不立，无时不文，无人不文，无一样创制体格文字而非文者。诗何必古选[5]，文何必先秦。降而为六朝，变而为近体[6]；又变而为传奇[7]，变而为院本[8]，为杂剧，为《西厢曲》，为《水浒传》，为今之举子业[9]，大贤言圣人之道，皆古今至文，不可得而时势先后论也。故吾因是而有感于童心者之自文也，更说甚么《六经》[10]，更说甚么《语》《孟》[11]乎？

夫《六经》《语》《孟》非其史官过为褒崇之词，则其臣子极为赞美之语。又不然，则其迂阔门徒，懵懂弟子，记忆师说，有头无尾，得后遗前，随其所见，笔之于书。后学不察，便谓出自圣人之口也，决定目之为经矣，孰知其大半非圣人之言乎？纵出自圣人，要亦有为而发，不过因病发药，随时处方，以救此一等懵懂弟子、迂阔门徒云耳。药医假病，方难定执，是岂可遽以为万世之至论乎？然则《六经》《语》《孟》，乃道学[12]之口实，假人之渊薮也，断断乎其不可以语于童心之言明矣。呜呼！吾又安得真正大圣人童心未曾失者而与之一言文哉！

——选自《焚书·续焚书》，李贽著，夏剑钦校点，岳麓书社，1990年

注释

［1］龙洞山农：或认为是李贽别号，或认为颜钧，字山农。
［2］《西厢》：指元代王实甫的《西厢记》。
［3］见：通"现"。
［4］矮人何辩：这里以演戏为喻，矮人根本看不到，就无法分辨了。
［5］《选》：指萧统编的《文选》，又称《昭明文选》。
［6］近体：指近体诗，包括律诗和绝句。
［7］传奇：指唐人的传奇小说。
［8］院本：金代行院演出的戏剧脚本。
［9］举子业：指科举考试的文章，也就是八股文。
［10］六经：指儒家的经典《诗》《书》《礼》《乐》《易》《春秋》。
［11］《语》《孟》：指《论语》《孟子》，《四书》中的两种。
［12］道学：指道学家。

译文

龙洞山农在为《西厢记》写的序文末尾说："有识之士不以为我还有童心的话，就知足了。"童心，实质上是真心，如果认为不该有童心，就是以为不该有真心。所谓童心，其实是人在最初未受外界任何干扰时一颗毫无造作，绝对真诚的本心。如果失掉童心，便是失掉真心；失去真心，也就失去了做一个真人的资格。而人一旦不以真诚为本，就永远丧失了本来应该具备的完整的人格。

儿童，是人生的开始；童心，是心灵的本源。心灵的本源怎么可以遗失呢！那么，童心为什么会贸然失落呢？在人的启蒙时期，通过耳闻目睹会获得大量的感性知识，长大之后又学到更多的理性知识，而这些后天得来的感性的闻见和理性的道理一经入主人的心灵之后，童心也就失落了。久而久之，懂得的道理闻见日益增多，所能感知、觉察的范围也日益扩大，从而又明白美名是好的，就千方百计地去发扬光大；知道恶名是丑的，便挖空心思地来遮盖掩饰，这样一来，童心也就不复存在了。人的闻见、道理都是通过多读书，多明理才获得的。可是，古代的圣贤又何尝不是读书识理的人呢！关键在于，圣人们不读书时，童心自然存而不失，纵使多读书，他们也能守护童心，不使失落。绝不像那班书生，反会因为比旁人多读书识理而壅塞了自己的童心。既然书生会因为多读书识理而壅蔽童心，那么圣人又何必要热衷于著书立说以至于迷人心窍呢？童心一旦壅塞，说出话来，也是言不由衷；参与政事，也没有真诚的出发点；写成文章，也就无法明白畅达。其实，一个人如果不是胸怀美质而溢于言表，具有真才实学而自然流露的话，那么从他嘴里连一句有道德修养的真话也听不到。为什么呢？就是因为童心已失，而后天得到的闻见道理却入主心灵的缘故。

既然以闻见道理为本心，那么说的话就成了闻见道理的翻版，而不是出自童心的由衷之言。哪怕他说得天花乱坠，跟我又有什么相干。这难道不是以假人说假话，办假事，写假文章吗？因为人一旦以虚假为本，一举一动也就无不虚假了，由此去对假人说假话，正是投其所好；跟假人讲假事，肯定信以为真；给假人谈假文章，必然赞赏备至。这可真是无处不假，便无所不喜呀！满天下全是虚假，俗人哪里还分辨得出真伪。即使是天下的绝妙文章，因被假人忽视埋没而后人无从得知的，不知有多少。原因何在？因为天下的好文章，没有不是发自童心的。如果童心常在，那些所谓的闻见、道理就会失去立足之地，那么，任何时代，任何人，任何体裁都可以写出极好的作品来。诗歌，何必一定推崇《文选》；散文，何必非得看重先秦。古诗演变成六朝诗外，近体格体，古文也发展为唐朝传奇，金代院本，元人杂剧，《西厢记》，《水浒传》，还有当今应科举的八股文，凡是讲求圣人之道者都是古今杰出的文章，绝不能以时代先后为标准，厚古薄今。所以，我对那些发自定心的文章体会最深，实在用不着言必称六经，言必称《论语》《孟子》。

《六经》《论语》《孟子》，不是史官的溢美之词，就是臣下的阿谀之言，不然的话，也是那班糊涂弟子们，追忆老师的言语，或有头无尾，或有尾无头，或是据自己听到的只言片语，写下来汇集成书。后代书生，不明此理，就以为全是圣人的精辟理论，而奉若经典。又哪里晓得，这其间多半根本不是圣人的精论呢！即使真有圣人讲的,也是有的放矢,不过就一时一事,随机应答,以点拨那些不开窍的弟子罢了。对症下药,不拘一格,怎么可以当成万古不变的真理呢!显而易见,《六经》《论语》《孟子》早已被拿来用作道学家唬人的工具,伪君子藏身的挡箭牌了,绝对没法和发自童心的由衷之言同日而语。呜呼!我又到哪里去寻找童心未泯的真圣人,与他一起探讨作文之本呢?

十七　公孙龙子·白马论

【导读】

公孙龙(前320—前250)，字子秉，战国时期赵国人，著名的思辨学家，是名家学派的代表人物，也是一位十分著名的辩论家。公孙龙曾经做过平原君的门客，著有《公孙龙子》。公孙龙的学说，汉代人用"别同异，离坚白"这两句话来概括。"别同异"主张的实质，是把一般和个别割裂开来。"离坚白"的主张是：在一块石头上，人的眼睛只能看到白色，手只能摸到硬度。看到白色时，硬度不存在；摸到硬度时，白色不存在。即是说，硬度与白色并不共存于同一块石头中，它们是脱离石头而独立存在的。这种观点，割裂了一个事物中各性质间的相互联系，显然是形而上学的。从逻辑上说来，则是一种诡辩。因此可以说，公孙龙作为一个名家，他的学说是诡辩学说。

《公孙龙子》是公孙龙的代表作，该书系统地阐述了公孙龙的名学思想，具有极高的学术研究价值。《公孙龙子》原有14篇，现仅存《白马论》《坚白论》《名家论》《指物论》等6篇，而其中的《迹府》篇，考为后人所作。他的主要思辨论述，在于事物的异与同、名与实的辨证关系上，他曾自诩："合同异，离坚白，然不然，可不可，困百家之知，穷众口之辩。"其中，白马非马论最为精彩，是千古流传的一个哲学命题，至今仍为人们所津津乐道。

"白马非马，可乎？"

曰："可。"

曰："何哉？"

曰："马者，所以命形也。白者，所以命色也[1]。命色者，非命形也，故曰：白马非马焉。"

曰："有白马不可谓无马也。不可谓无马者，非马也？有白马为有马，白之，非马何也?"

曰:"求马,黄、黑马皆可致[2];求白马,黄、黑马不可致。使白马乃马也,是所求一也。所求一者,白马不异马也。所求不异,如黄、黑马有可有不可,何也?可与不可,其相非明[3]。故黄、黑马一也,而可以应有马,而不可以应有白马。是白马之非马,审矣[4]。"

曰:"以马之有色为非马,天下非有无色之马也。天下无马,可乎?"

曰:"马固有色,故有白马。使马无色,有马如已耳,安取白马?故白者非马也。白马者,马与白也。马与白马也。故曰白马非马也。"

曰:"马未与白为马,白未与马为白。合马与白,复名白马,是相与。以不相与为名,未可。故曰白马非马未可。"

曰:"以有白马为有马,谓有白马为有黄马,可乎?"

曰:"未可。"

曰:"以有马为异有黄马,是异黄马于马也。异黄马于马,是以黄马为非马。以黄马为非马,而以白马为有马,此飞者入池而棺椁异处[5],此天下之悖言乱辞也。

"曰有白马不可谓无马者,离白之谓也。不离者,有白马不可谓有马也。故所以为有马者,独以马为有马耳,非以白马为有马,故其为有马也,不可。以谓马,马也,曰白者不定所白,忘之而可也。

"白马者,言白,定所白也。定所白者,非白也?马者,无去取于色,故黄、黑马皆所以应;白马者,有去取于色,故黄、黑马皆所以色去。故唯白马独可以应耳。无去者,非有去也,故曰:白马非马。"

——选自《公孙龙子译注》,谭业谦译注,中华书局,1997年

注释

[1] 命:指称。
[2] 致:到来。

[3] 相非：相反。

[4] 审：明确。

[5] 此飞者入池而棺椁异处：飞者本应上翔，棺椁本应相依。飞者入池，棺椁异处，比喻混乱。

译文

客："白马不是马，可以这么说吗？"

主："可以。"

客："为什么可以这么说？"

主："马，是用来指称特定的形体的；白，是用来指称特定的颜色的。指称颜色的概念不能用来指称形体，所以说白马不是马。"

客："有白马，就不可以说没有马。不可以说没有马，白马不就是马吗？有白马就是有马，为什么说白马就不是马呢？"

主："求索一匹马，不论是黄马还是黑马都可以送来。求索一匹白马，黄马和黑马都不可以送来。假使把白马看作是马，这就等于所要求索的马都是一样的。如果所要的马都是一样的，那么白马与其他颜色的马就没有差别。所要求索的马没有什么差别，然而要适合的马，黄马和黑马有的可以送来，有的不可以送来，这是什么原因？可以送来和不可以送来，这两者是相反的，这一点是非常明显的。因此，如果将黄马与黑马看成是一样的，就可以说有马，而不可以说有白马。所以，白马不是马，这个命题是非常清楚的。"

客："马有颜色就不是马，但天下并没有无色的马。说天下无马，行吗？"

主："马本来有颜色，所以有白马。假如马无色，那就只有马了，又到哪里找白马？所以白色不是马。白马，是马和白的结合，或白和马的结合。所以说白马不是马。"

客："你认为马没有和白色结合，是马；白没有和马结合，是白色。马和白结合，才叫作白马。这是用不相结合的白和马，给相结合的白马命名，这是不行的。所以，

说白马不是马,是不行的。"

主:"你把有白马当作有马,那么说有白马就是有黄马,行吗?"

客:"不行。"

主:"你把有马和有黄马区别开来,就是把黄马和马区别开来。把黄马和马区别开来,就是认为黄马不是马。认为黄马不是马,却又说白马是马。就如同鸟飞进了水池,棺和椁各在一处,这是天下的胡言乱语。

"有白马不能说没有马,这是离掉白的说法。如不离掉,有白马是不可以说成有马的。因此有白马之所以算作有马,只是由于把马看作有马,而不是把白马看作有马。所以把有白马算作有马是不行的。那是认为白马是马,认为白马中的白并不限定白马于马之外,忽视白的存在就可以说有白马就是有马。

"所谓白马,是和马结合了的白,不是原来的白。马,没有颜色上的取舍,所以黄马、黑马都可以算数。白马,有颜色上的取舍,黄马、黑马都去掉了,所以只有白马可以算数。没有去掉颜色的马不是有颜色的马,所以说:白马不是马。"

十八　管子·牧民

【导读】

　　管子(约前725—前645),名夷吾,字仲,颍上(今安徽省颍上县)人,春秋初年齐国政治家。由鲍叔牙推荐,被齐桓公任为卿,尊称"仲父"。他在齐国进行改革并使齐国国力大振,后又辅佐齐桓公,以"尊王攘夷"相号召,"九合诸侯,一匡天下",使齐桓公得以成为春秋五霸之首。据《史记·管晏列传》记载,他早年很贫困,经过商,当过小官,与鲍叔牙为友。分取红利时,管仲擅自多拿,鲍叔牙知其穷困,不以为贪婪;打仗时,管仲冲锋在后,撤退在前,鲍叔牙知其家有老母,不以为怯懦;管仲曾经三次入仕三次被黜,鲍叔牙知其未遇时运,不以为不肖。鲍叔牙的赤诚相待使管子非常感动,曾说:"生我者父母,知我者鲍子也!"这就是后世津津乐道的"管鲍之谊"。

　　《管子》,24卷,虽然题为管仲撰,但实际上为战国时齐国"稷下学派"的学者托名管仲所为,其中也有汉代学者所附益。其内容庞杂,包含有道、名、法等各家的思想以及天文、历数、舆地、经济和农业等方面的知识。其中《牧民》《形势》《权修》《乘马》等篇存有管仲遗说。

　　《牧民》旨在阐述理国治民的要领,说明了伸张礼义廉耻、顺应民心的重要性,总结了"审时察用"的圣王之道,以为当政者提供治国宝鉴。

　　凡有地牧民者[1],务在四时[2],守在仓廪[3]。国多财则远者来,地辟举则民留处[4];仓廪实则知礼节,衣食足则知荣辱;上服度则六亲固[5],四维张则君令行[6]。故省刑之要在禁文巧[7];守国之度在饰四维[8];顺民之经在明鬼神,祗山川,敬宗庙,恭祖旧[9]。不务天时则财不生,不务地利则仓廪不盈。野芜旷则民乃菅[10],上无量则民乃妄,文巧不禁则民乃淫[11],不璋两原则刑乃繁[12],不明鬼神则陋民不悟[13],不祗山川则威令不闻[14],不敬宗庙则民乃上校[15],不恭祖旧则孝悌不备[16]。四维不张,国乃灭亡。

右"国颂"。[17]

国有四维[18]。一维绝则倾[19],二维绝则危,三维绝则覆,四维绝则灭。倾可正也[20],危可安也,覆可起也,灭不可复错也[21]。何谓四维?一曰礼,二曰义,三曰廉,四曰耻。礼不逾节[22],义不自进[23],廉不蔽恶[24],耻不从枉[25]。故不逾节,则上位安[26];不自进,则民无巧诈;不蔽恶,则行自全[27];不从枉,则邪事不生。

右"四维"。

政之所兴[28],在顺民心;政之所废,在逆民心。民恶忧劳[29],我佚乐之[30];民恶贫贱,我富贵之;民恶危坠[31],我存安之[32];民恶灭绝,我生育之[33]。能佚乐之,则民为之忧劳;能富贵之,则民为之贫贱;能存安之,则民为之危坠;能生育之,则民为之灭绝。故刑罚不足以畏其意,杀戮不足以服其心。故刑罚繁而意不恐,则令不行矣;杀戮众而心不服,则上位危矣!故从其四欲[34],则远者自亲;行其四恶[35],则近者叛之。故知予之为取者,政之宝也。

右"四顺"。

——选自《管子》(有删节),李山译注,中华书局,2009年

注释

[1] 牧民:治民,古时把官吏治民比为牧人饲养牲畜。

[2] 务:致力。四时:指春耕、夏耘、秋收、冬藏四季农事。

[3] 守:保持。仓廪:指粮食。古时藏谷者称仓,藏米者称廪。

[4] 辟:开辟。举:尽、全。留处:停留安居。

[5] 服度:遵守制度。服:行。六亲:父、母、兄、弟、妻、子。

[6] 四维:指礼、义、廉、耻。维:绳索,引申为纲领。张:伸张。

[7] 要:关键。文巧:指只供装饰或玩赏而无实用价值的器物。

[8] 饰:通"饬",修治、整顿。

[9] 顺:通"训"。经:常规。明:尊。祗(zhī):敬。祖旧:宗亲旧臣。

[10] 芜:荒芜。旷:废弃。营:如"荒",懒惰懈怠。量:限度。

[11] 淫:放纵、过度。

[12] 障：堵塞。
[13] 陋民：小民。悟：觉悟。
[14] 闻：传播。
[15] 校：通"较"，对抗。
[16] 孝悌：善事父母为孝，善事兄长为悌。备：具备。
[17] 国颂：本篇所论乃治国之法，其文每句谐声如颂体，故名曰"国颂"。
[18] 维：系物的大绳，引申为事物赖为固定的支柱。
[19] 倾：倾斜，失去平衡。
[20] 正：纠正。
[21] 复错：挽救。错：同"措"，安置。
[22] 节：节度、法度。
[23] 自进：不通过推荐而自己投机钻营。
[24] 蔽恶：掩盖过错。
[25] 从枉：干坏事。枉：曲、邪。
[26] 上位：统治者的职位。
[27] 行自全：品行自然完美。
[28] 政：政策法令。兴：兴起，推行。
[29] 恶：厌恶。忧劳：忧愁劳苦。
[30] 我：指君主。佚乐之：使人民安逸快乐。
[31] 危坠：危险灾难。
[32] 存安之：使人民生存安定。
[33] 生育之：使人民生育繁衍。
[34] 四欲：指"逸乐""富贵""存安""生育"。
[35] 四恶：指"忧劳""贫贱""危坠""灭绝"。

译文

　　凡是一个国家的君主，必须致力于四时农事，确保粮食贮备。国家财力充足，远方的人们就能自动迁来，荒地开发得好，本国的人民就能安心留住。粮食富裕，人们就知道礼节；衣食丰足，人们就懂得荣辱。君主的享用合乎法度，六亲就可以相安无事；四维发扬，君令就可以贯彻推行。因此，减少刑罚的关键，在于禁止奢侈；巩固国家的准则,在于整饬四维;教训民众的根本办法,则在于尊敬鬼神、祭祀山川、敬重祖宗和宗亲故旧。不注意天时,财富就不能增长;不注意地利,粮食就不会充足。田野荒芜废弃,人民也将由此而惰怠;君主挥霍无度,则人民胡作妄为;不注意禁止奢侈,则人民放纵淫荡;不堵塞这两个根源,犯罪者就会大量增多。不尊鬼神,小民就不能感悟;不祭山川,威令就不能远播;不敬祖宗,老百姓就会犯上;不尊重宗亲故旧,孝悌就不完备。四维不发扬,国家就会灭亡。

以上是《国颂》的内容。

国有四维,缺了一维,国家就会倾斜;缺了两维,国家就会危险;缺了三维,国家就会颠覆;缺了四维,国家就会灭亡。倾斜可以扶正,危险可以挽救,倾覆可以再起,只有灭亡了,那就不可收拾了。什么是四维呢?一是礼,二是义,三是廉,四是耻。有礼,人们就不会超越应守的规范;有义,就不会妄自求进;有廉,就不会掩饰过错;有耻,就不会趋从坏人。人们不越出应守的规范,为君者的地位就安定;不妄自求进,人们就不巧谋欺诈;不掩饰过错,行为就自然端正;不趋从坏人,邪乱的事情也就不会发生了。

以上是《四维》的内容。

政令所以能推行,在于顺应民心;政令所以废弛,在于违背民心。人民怕忧劳,我便使他安乐;人民怕贫贱,我便使他富贵;人民怕危难,我便使他安定;人民怕灭绝,我便使他生育繁息。因为我能使人民安乐,他们就可以为我承受忧劳;我能使人民富贵,他们就可以为我忍受贫贱;我能使人民安定,他们就可以为我承担危难;我能使人民生育繁息,他们也就不惜为我而牺牲了。单靠刑罚不足以使人民真正害怕,仅凭杀戮不足以使人民心悦诚服。刑罚繁重而人心不惧,法令就无法推行了;杀戮多行而人心不服,为君者的地位就危险了。因此,满足上述人民的四种愿望,疏远的自会亲近;强行上述人民厌恶的四种事情,亲近的也会叛离。由此可知,"予之于民就是取之于民"这个原则,是治国的法宝。

以上是《四顺》的内容。

十九　韩昌黎集·师说

【导读】

韩愈(768—824),字退之,河南河阳(今河南省孟州市)人。自称"郡望昌黎",世称"韩昌黎""昌黎先生"。唐代杰出的文学家、思想家、哲学家、政治家。他是唐代古文运动的倡导者,被后人尊为"唐宋八大家"之首,与柳宗元并称"韩柳",有"文章巨公"和"百代文宗"之名。后人将其与柳宗元、欧阳修和苏轼合称"千古文章四大家"。他提出的"文道合一""气盛言宜""务去陈言""文从字顺"等散文的写作理论,对后人很有指导意义。著作除《韩昌黎集》外,尚有未完稿《论语注》10卷,《顺宗实录》5卷。

《韩昌黎集》,又名《昌黎先生集》等,为韩愈作品总集。《文集》40卷,卷1至7赋、古诗,卷8联句,卷9、10律诗,卷11至14杂著,卷15书启,卷16至18书,卷19书序,卷20、21序,卷22、23哀辞、祭文,卷24至35碑志,卷36杂文,卷37状,卷38至40表状;《外集》10卷,包括赋、歌、议、书、序、对、记、祭文、牒、实录、传、碑、联句、诗等;《遗文》1卷,包括启、状、疏、题名、联句等。其中包括大量教育和与教育有关的论著。

古之学者[1]必有师。师者,所以传道受[2]业解惑也。人非生而知之者[3],孰能无惑?惑而不从师,其为惑也终不解矣。生乎吾前,其闻道也固先乎吾,吾从而师之;生乎吾后,其闻道也亦先乎吾,吾从而师之:吾师道也,夫庸[4]知其年之先后生于吾乎?是故无贵无贱,无长无少,道之所存,师之所存也。嗟乎,师道之不传也久矣,欲人之无惑也难矣!古之圣人,其出人[5]也远矣,犹且从师而问焉;今之众人,其下圣人也亦远矣,而耻[6]学于师。是故圣益[7]圣,愚益愚,圣人之所以为圣,愚人之所以为愚,其皆出于此乎?

爱其子,择师而教之;于其身也,则耻师焉,惑矣!彼[8]童子之师,授之书而习其句读[9]者,非吾所谓传其道解其惑者也。句读之不知,惑之不解,或师焉,或不[10]焉,

小学而大遗[11]，吾未见其明也。

巫医[12]乐师百工[13]之人，不耻相师。士大夫之族，曰师、曰弟子云者，则群聚而笑之。问之，则曰：彼与彼年相若也，道相似也。位卑则足羞，官盛则近谀[14]。呜呼！师道之不复可知矣！巫医乐师百工之人，君子不齿[15]，今其智乃反不能及，其可怪也欤[16]！

圣人无常师。孔子师郯子[17]、苌弘[18]、师襄[19]、老聃[20]。郯子之徒，其贤不及孔子。孔子曰："三人行，则必有我师。"是故弟子不必不如师，师不必贤于弟子，闻道有先后，术业有专攻[21]，如是而已。

李氏子蟠，年十七，好古文，六艺经传[22]皆通习之，不拘于时[23]，学于余。余嘉[24]其能行古道，作师说以贻[25]之。

——选自《韩昌黎文集校注》，韩愈撰，马其昶校注，上海古籍出版社，1986年

注释

[1] 学者：求学的人。

[2] 受：通"授"。传授。

[3] 人非生而知之者：人不是一生下来就懂得道理的。之，指知识和道理。《论语·述而》："我非生而知之者，好古，敏以求之者也。"

[4] 庸：岂，哪。

[5] 出人：超出（一般）人。

[6] 耻：以……为耻。

[7] 益：更加，越发。

[8] 彼：那些。

[9] 句读(dòu)：也叫句逗。古代称文辞意尽处为句，语意未尽而须停顿处为读（逗），句号为圈，逗号为点。古代书籍上没有标点，老师教学童读书时要进行句逗的教学。读，通"逗"。

[10] 不(fǒu)：同"否"。

[11] 小学而大遗：小的方面（句读之不知）倒要学习，大的方面（惑之不解）却放弃了。

[12] 巫医：古代用祝祷、占卜等迷信方法或兼用药物医治疾病为业的人，连称为巫医。

[13] 百工：泛指手工业者。

[14] 谀(yú)：阿谀、奉承。

[15] 不齿：不屑与之同列，即看不起。或作"鄙之"。

[16] 其可怪也欤：难道值得奇怪吗？其，语气词，起加强反问语气作用。

[17] 郯(tán)子：春秋时郯国(今山东郯城一带)的国君，孔子曾向他请教过少皞(hào浩)氏(传说中古代帝王)时代的官职名称。

[18] 苌(cháng)弘：东周敬王时候的大夫，孔子曾向他请教古乐。

[19] 师襄：春秋时鲁国的乐官，名襄，孔子曾向他学习弹琴。

[20] 老聃(dān)：即老子，春秋时楚国人，思想家，道家学派创始人。

[21] 攻：学习、研究。

[22] 六艺经传(zhuàn)：六艺的经文和传文。六艺：指六经，即《诗》《书》《礼》《乐》《易》《春秋》六部儒家经典。经：两汉及其以前的散文。传：注解经典的著作。

[23] 不拘于时：不被时俗所限制。时，时俗，指当时士大夫中耻于从师的不良风气。于，被。

[24] 嘉：赞许。

[25] 贻：赠送。

译文

古代求学的人一定有老师。老师是传授道理，教授学业，解决疑难问题的人。人不是生下来就懂得道理的，谁能没有疑惑？有疑惑却不跟从老师学习，他所存在的疑惑，就始终不能解决。在我之前出生的人，他懂得道理本来就比我早，我跟从他，拜他为师；在我之后出生的人，他懂得道理如果也比我早，我也跟从他学习，把他当作老师，我学习的是道理，哪里管他的年龄比我大还是比我小呢？因此，不论地位显贵还是地位低下，不论年长年少，道理存在的地方，就是老师存在的地方。唉！从师学习的风尚没有流传已经很久了，想要人们没有疑惑很难呐！古代的圣人，他们超过一般人很远了，尚且跟从老师向老师请教；现在的一般人，他们跟圣人相比相差很远了，却以向老师学为羞耻。所以圣人就更加圣明，愚人就更加愚昧。圣人之所以成为圣人，愚人之所以成为愚人，大概都是这个原因引起的吧！

众人喜爱他们的孩子，选择老师教育孩子；他们自己呢，却以从师学习为耻，这真是糊涂啊！那孩子的老师，教他们读书，学习书中的文句，并不是我所说的给人传授道理,给人解释疑惑的老师。不理解文句,疑惑得不到解决,有的向老师学习,有的却不向老师求教(意思是不知句读的倒要从师,不能解惑的却不从师),小的方面学习,大的方面却放弃了,我看不出他们有什么明智的呢。

医生、乐师及各种工匠,不以互相学习为耻。士大夫这类人中,如有人称人家为老师,称自己为学生,这些人就聚集在一起嘲笑他。问那些嘲笑者(嘲笑他的原因),他们就说:"那个人与某人年龄相近,修养和学业也差不多,(怎么能称他为老师呢?)以地位低的人为师,足以感到羞愧,称官位高的人为师就近于谄媚。"啊!从师学习的风尚不能恢复,由此就可以知道了。医生、乐师及各种工匠,士大夫之类的人是不屑与他们为伍的,现在士大夫们的智慧反而不如他们。难道值得奇怪吗?

圣人没有固定的老师,孔子曾经以郯子、苌弘、师襄、老聃为师。郯子这一类人,他们的道德才能(当然)不如孔子。孔子说:"几个人走在一起,其中就一定有我的老师。"因此学生不一定不如老师,老师也不一定比弟子强,听闻道理有先有后,学问和技艺上各有各的主攻方向,像这样罢了。

李蟠,十七岁,爱好古文,六经的经文和传文都普遍学习了,不被世俗的限制,向我学习。我赞许他能遵行古人从师学习的风尚,特别写了这篇《师说》来赠给他。

二十　韩非子·和氏

【导读】

韩非(约前280—前233),战国时期韩国都城新郑(今河南省新郑市)人,杰出的思想家、哲学家和散文家。他曾与秦国的丞相李斯一同问学于荀子,被誉为最得荀子思想精髓的两个人之一。他创立的法家学说,为中国第一个统一专制的中央集权制国家的诞生提供了理论依据。

《韩非子》原名《韩子》,至宋,因尊唐代韩愈为韩子,改称韩非书为《韩非子》,是集先秦法家学说之大成的作品,共55篇,20卷。《韩非子》多针对现实问题而发,对战国时期的社会现实有冷峻的观察,主张以法、术、势制人,以法治国。他综合了早期法家商鞅、申不害、慎到等人关于法、术、势的思想,吸收儒、道等各家学说,并在此基础上建立了一套完整的法家理论体系。

楚人和氏得玉璞楚山中[1],奉而献之厉王[2];厉王使玉人相之[3],玉人曰:"石也。"王以和为诳[4],而刖其左足[5]。及厉王薨,武王即位。和又奉其璞而献之武王;武王使玉人相之,又曰:"石也。"王又以和为诳,而刖其右足。武王薨[6],文王即位,和乃抱其璞而哭于楚山之下;三日三夜,泪尽而继之以血。王闻之,使人问其故,曰:"天下之刖者多矣,子奚哭之悲也[7]?"和曰:"吾非悲刖也,悲夫宝玉而题之以'石'[8],贞士而名之以'诳',此吾所以悲也。"王乃使玉人理其璞而得宝焉[9],遂命曰:"和氏之璧。"夫珠玉人主之所急也[10],和虽献璞而未美,未为主之害也;然犹两足斩而宝乃论,论宝若此其难也。今人主之于法术也,未必和璧之急也,而禁群臣士民之私邪;然则有道者之不僇[11]也,特帝王之璞未献耳[12]。主用术则大臣不得擅断,近习不敢卖重[13];官行法则浮萌趋于耕农[14],而游士危于战陈[15]。则法术者乃群臣士民之所祸也[16]。人主非能倍大臣之议[17],越民萌之诽[18],独周乎道言也[19],则法术之士虽至死亡,道必不论矣。昔者吴起教楚悼王以楚国之俗[20]曰:"大臣太重,封

君太众[21],若此,则上主而下虐民,此贫国弱兵之道也。不如使封君之子孙三世而收爵禄,绝灭百吏之禄秩[22];损不急之枝官[23],以奉选练之士[24]。"悼王行之期年而薨矣[25],吴起枝解于楚[26]。商君教秦孝公以连什伍[27],设告坐之过[28],燔诗书而明法令[29],塞私门之请而遂公家之劳[30],禁游宦之民而显耕战之士[31]。孝公行之,主以尊安,国以富强,八年而薨,商君车裂于秦。楚不用吴起而削乱,秦行商君法而富强,二子之言也已当矣,然而枝解吴起而车裂商君者[32]何也?大臣苦法而细民恶治也[33]。当今之世,大臣贪重[34],细民安乱[35],甚于秦、楚之俗,而人主无悼王、孝公之听,则法术之士安能蒙二子之危也而明己之法术哉[36]!此世所以乱无霸王也。

——选自《韩非子集解》,王先慎撰,钟哲点校,中华书局,2013年

注释

[1] 楚:春秋时期的楚国,范围包括今湖北大部和湖南部分地区。和氏:卞和,春秋时期的楚国人。璞:玉含在石中未经剖开理治的称为"璞"。楚山:即荆山,在今湖北省漳县西。

[2] 奉:捧。

[3] 玉人:治玉的工匠。相:鉴定。

[4] 诳(kuáng):欺骗。

[5] 刖(yuè):古代的一种酷刑,把脚砍掉。

[6] 薨(hōng):古代君王死称为"薨"。

[7] 奚:何,为什么。

[8] 题:命名。

[9] 理:治玉。

[10] 急:急需,急于得到。

[11] 僇:通"戮"。

[12] 特:只不过。

[13] 近习:宠幸之臣。卖重:卖弄权势之意。

[14] 浮萌:游民。萌,通"氓"。

[15] 游士:指外出游学、求仕之人。战陈:战场。

[16] 所祸:视为祸患,引申为惧怕。

[17] 倍:通"背",违背。

[18] 越:越过,不顾。民萌:老百姓。

[19] 周:合。道言:法术之言。

[20] 吴起:战国时期卫国人,法家代表人物。他先到鲁国为将,后到魏国,魏文侯时任魏国西河郡守,然后离魏至楚,在楚悼王支持下变法。楚悼王死后,吴起被旧贵族射杀。

[21] 封君:受封的贵族。

[22] 秩:官职的品级。

[23] 损:减少。枝官:闲冗官员。

[24] 奉:养。选练之士:经过选拔和训练的人。

[25] 期年:一年。

[26] 枝解:同"肢解",古代分解四肢的一种酷刑。

[27] 商君:商鞅,早期法家,卫国人,曾辅助秦孝公变法,卓有成效;孝公死后被杀,现存有《商君书》。连什伍:把百姓组织起来,五家为一伍,二伍为一什,互相监督。

[28] 告坐:告发犯罪。

[29] 燔(fán):烧。

[30] 塞:杜绝。私门:豪门个人。请:请托。

[31] 游宦之民:不守本业钻营求官的人。显:显扬,给予荣誉。

[32] 车裂:古代以车拖裂人体的一种酷刑。

[33] 苦法:以法为苦。细民:小民,指平民。

[34] 贪重:贪权。

[35] 安乱:安于混乱。

[36] 蒙:冒犯。

译文

楚国人卞和从荆山中得到一块玉璞,捧着进献给楚厉王。楚厉王让玉匠鉴定。玉匠说:"这是块石头。"厉王认为卞和欺骗自己,就砍掉了他的左脚。等到楚厉王死了,楚武王继承王位。卞和又捧着他的玉璞将它献给武王。武王让玉匠鉴定,玉匠又说:"这是块石头。"武王也认为卞和是欺骗自己,就砍了卞和的右脚。武王死后,文王登基。卞和就抱着他的玉璞在荆山下哭泣,哭了三天三夜,眼泪哭干了,流出血来。文王听说后,派人去了解他哭的原因,问道:"天下被治罪砍掉脚的人很多,你为

什么哭得这么伤心?"卞和说:"我不是为我受砍脚的罪伤心,是伤心我那块宝玉被称为石头,我是忠贞之士却被称作是骗子,这才是我悲伤的原因。"文王就让玉匠加工这块玉璞并得到了宝玉,于是命名为"和氏之璧"。珍珠宝玉,是君主所急需的。卞和即使献上的玉璞不够完美,也并不构成对君主的损害,然而还是双脚被砍之后宝玉才得以论定,鉴定宝玉是如此困难。现在君主对于法术,不一定如需求和氏之璧那样急迫;而法术又是禁止群臣士民的自私邪恶行为的。法术之士还没有遭到杀害的原因就只是他们那成就帝王大业的玉璞还未献上去罢了。君主运用权术,大臣就不能专权独断,左右近侍就不敢卖弄权势;官府执行法令,游民就得从事农耕,游说之士就得冒着危险去当兵打仗;那么法术之士就被群臣百姓看成是祸害了。君主不能违背大臣的议论,摆脱黎民百姓的诽谤,单要完全采纳法术之言,那么法术之士即使到死,他们的学说也一定不会被认可。从前吴起用楚国的国情劝导楚悼王说:"楚国大臣的权势太重,分封的贵族太多,这样下去,就会对上威胁到君主而对下虐待百姓,这是使国贫穷军队疲弱的做法。还不如使分封贵族的子孙超过三代的就收回爵禄,取消或减少百官的俸禄,裁减多余的官员,用这些节省下来的费用来供养选拔和训练的士兵。"楚悼王推行吴起的办法一年就死了,吴起在楚国被处以肢解的酷刑。商鞅教秦孝公对百姓户籍实行什伍编制,设置告密连坐的制度,烧掉儒家的诗书以彰明法令,堵塞私人的请托而任用对国家有功劳的人,约束靠游说做官的人而使农民士兵显贵起来。孝公实行这些主张,君主因此尊贵安稳,国家因此富庶强大。八年后秦孝公死了,商鞅在秦国受到车裂之刑。楚国不用吴起变法而削弱混乱,秦国推行商鞅变法而富庶强大。吴起、商鞅的主张已被证明是正确的,但是肢解吴起,车裂商鞅,又为的什么呢?大臣苦于吴起、商鞅的法令,而小民憎恨他们的法治。现在的社会,大臣贪权,小民安于混乱,比秦国、楚国的情况还严重,但君主却不能像楚悼王、秦孝公那样听取正确意见,那么法术之士又怎能冒吴起、商鞅的危险来阐明自己的法术主张呢?这就是当今社会混乱而没有霸王的原因。

二十一　汉书·陈胜传

【导读】

班固(32—92),字孟坚,东汉扶风安陵(今陕西省咸阳市)人。他出身于显贵世家,且有家学渊源。"自幼聪敏","九岁能属文,诵诗赋"。成年后博览群书,"九流百家之言,无不穷究"。其父班彪曾续《史记》作《后传》65篇。班彪死后,他认为《后传》所续前史未详尽,就"潜精研思,欲就其业",在家编著《汉书》。

《汉书》,共120卷。相对于《后汉书》,又称《前汉书》。主要记述了汉高祖元年(前206)到王莽地皇四年(23)230年的史事,是中国第一部纪传体的断代史,也是继《史记》之后古代又一部重要史书。其结构严谨,文字洗练,行文流畅,人物传记描写生动,在中国文学史上亦占有重要的地位。

陈胜,字涉,阳城人[1]。吴广,字叔,阳夏人也[2]。胜少时,尝与人佣耕[3]。辍耕之垄上,怅然甚久,曰:"苟富贵,无相忘!"佣者笑而应曰:"若为佣耕,何富贵也?"胜太息曰:"嗟呼,燕雀安知鸿鹄之志哉[4]!"

秦二世元年秋七月[5],发闾左戍渔阳九百人[6],胜、广皆为屯长。行至蕲大泽乡[7],会天大雨,道不通,度已失期。失期法斩,胜、广乃谋曰:"今亡亦死[8],举大计亦死,等死[9],死国可乎[10]?"胜曰:"天下苦秦久矣。吾闻二世[11],少子,不当立,当立者乃公子扶苏[12]。扶苏以数谏故不得立,上使外将兵[13]。今或闻无罪,二世杀之。百姓多闻其贤,未知其死。项燕为楚将[14],数有功,爱士卒,楚人怜之。或以为在。今诚以吾众为天下倡,宜多应者。"广以为然。乃行卜[15]。卜者知其指意,曰:"足下事皆成,有功。然足下卜之鬼乎!"胜、广喜,念鬼[16],曰:"此教我先威众耳。"乃丹书帛曰"陈胜王[17]",置人所罾鱼腹中[18]。卒买鱼烹食,得书,已怪之矣。又间令广之次所旁丛祠中,夜构火,狐鸣呼曰[19]:"大楚兴,陈胜王。"卒皆夜惊恐。且日,卒中往往指目胜、广[20]。

胜、广素爱人，士卒多为用。将尉醉[21]，广故数言欲亡，忿尉，令辱之，以激怒其众。尉果笞广。尉剑挺[22]，广起夺而杀尉。胜佐之，并杀两尉。召令徒属曰："公等遇雨，皆已失期，当斩。藉弟令毋斩[23]，而戍死者固什六七[24]。且壮士不死则已，死则举大名耳。侯王将相，宁有种乎[25]！"徒属皆曰："敬受令。"乃诈称公子扶苏、项燕，从民望也。袒右[26]，称大楚。为坛而盟，祭以尉首。胜自立为将军，广为都尉。攻大泽乡，拔之。收兵而攻蕲，蕲下。乃令符离人葛婴将兵徇蕲以东[27]，攻铚、酂、苦、柘、谯[28]，皆下之。行收兵[29]，比至陈[30]，兵车六七百乘，骑千余，卒数万人。攻陈，陈守令皆不在[31]，独守丞与战谯门中[32]。不胜，守丞死。乃入据陈。数日，号召三老豪杰会计事。皆曰："将军身被坚执锐，伐无道，诛暴秦，复立楚之社稷，功宜为王。"胜乃立为王，号张楚[33]。

——选自《汉书》(有删节)，班固撰，颜师古注，中华书局，1962年

注释

[1] 阳城：县名。在今河南方城东。

[2] 阳夏(jiǎ)：县名。今河南太康。

[3] 佣耕：被雇佣种地。

[4] 鸿鹄(hóng hú)：天鹅。

[5] 秦二世元年：前209年。

[6] 发闾左：征调里巷左边的居民。渔阳：秦郡名。治渔阳(在今北京市密云西南)。

[7] 蕲：县名。在今安徽宿县东南。大泽乡：在今安徽宿县东南。

[8] 亡亦死：言逃亡触法而死。

[9] 等死：同样是死。

[10] 死国：言为夺取国家大权而死。

[11] 二世：秦始皇之子，由赵高等拥立，在位仅三年。

[12] 公子扶苏：秦始皇的长子，被赵高与二世害死。

[13] 上：这里指秦始皇。

[14] 项燕：战国末年楚国的名将。

[15] 行卜：向占卜者问吉凶。

[16] 念鬼：寻思卜者要他们卜问鬼神的用意。

[17] 丹书帛：用朱砂在丝绸上写字。

[18] 罾（zēng）：渔网。这里是捕获之意。

[19] 狐鸣：学着狐狸叫。

[20] 指目：指指画画地注视。

[21] 将尉：率领戍卒的军官。

[22] 挺：宽。剑挺：剑鞘宽松。

[23] 藉弟令：即使。

[24] 什六七：十分之六七。

[25] 侯王将相，宁有种乎：侯王将相难道是由祖传的吗！

[26] 袒右：袒露右臂。秦代尚左，陈胜改为袒右。

[27] 符离：县名。在今安徽宿县东。

[28] 铚（zhì）、酂（cuó）、苦、柘（zhè）、谯：都是秦县名。铚在今安徽宿县西，酂在今河南永城西，苦在今河南鹿邑，柘在今河南柘城西北，谯在今安徽亳县。

[29] 行收兵：招收士兵。

[30] 陈：县名。今河南淮阳。

[31] 守令：县令。"皆"字疑衍。

[32] 守丞：县丞。谯门：有谯楼的城门。

[33] 张楚：国号。

译文

陈胜，字涉，阳城人。吴广，字叔，阳夏人。陈涉年轻时，曾和别人一起受雇给人种田。一次在田埂上休息，失意很久，说："要是富贵了，谁都不要忘了谁。"受雇的伙伴们笑着应声问道："你被雇佣来耕田，有什么富贵呢？"陈胜叹息说："唉，燕雀哪能知道天鹅的志向啊！"

秦二世元年秋七月，政府征调聚居里巷左侧的民户戍边，去渔阳的有九百人，陈胜、吴广都担任屯长。走到蕲大泽乡，遇上天降大雨，道路不通，估计已误了报到期限。误了期限，据法律都要斩首。陈胜、吴广就合计说："如今逃走也是死，起义干一番大事也是死，同样是死，死于国事好吗？"陈胜说："天下人受苦于暴秦统治好久了。我听说二世

皇帝是少子,不应当继位,当继位的是公子扶苏。扶苏因为多次劝谏不能立为太子,始皇帝派他到外地领兵。如今有人听说他无罪,二世杀害了他。老百姓都听说扶苏贤能,还不知道他已死去。项燕为楚国将军,多次立功,爱护士兵,楚国人都爱戴他。有的人以为他死了,有的人以为他外逃躲藏起来。现在要是我们假冒扶苏和项燕,为天下人带个头,应该会有许多人响应。"吴广认为他说得对。于是便去卜卦。卜卦人明白他们的意图,说:"您的事都成,有大功。然而您要向鬼神问卜啊!"陈胜、吴广很高兴,心里琢磨透了问鬼的事,便说:"这是教我们先借鬼神在众人中取得威望。"于是,他们用朱砂在帛上写了"陈胜王"三个字,偷偷塞进人家用罾网捞起来的鱼肚中。戍卒买鱼烹食,得到鱼肚中的帛书,这本来就感到奇怪了。陈胜又私下让吴广到驻地树丛的神祠中,夜间点起火堆,装作狐狸嗥叫呼喊道:"大楚兴,陈胜王。"戍卒们夜间惊恐不安。次日早晨,戍卒中间到处谈论着这事,都指指点点瞧着陈胜、吴广。

陈胜、吴广一向体贴入微,戍卒中很多人乐意听他们使唤。押送戍卒的将尉喝醉了,吴广故意多次扬言要逃跑,以激怒将尉,让他当众侮辱自己,借以激怒众人。将尉果然鞭打了吴广。当将尉拔剑之际,吴广奋起夺剑杀死将尉。陈胜也前来协助,合力杀死两个将尉。他们召集并号召下属说:"你们遇雨,都误了期限,误期应当杀头。即使不杀,戍边而死的人本来就有十之六七。况且壮士不死则已,要死就要留下大名声。王侯将相哪有天生的种啊!"下属都说:"恭敬地接受命令。"于是便冒称公子扶苏、项燕举行起义,顺从民意。戍卒们都裸露右臂,号称大楚。他们修筑高坛盟誓,祭品用将尉的头。陈胜自立为将军,吴广为都尉。攻大泽乡,攻了下来。招兵进攻蕲县,又攻下。就派符离人葛婴带兵攻略蕲县以东地区,进攻铚、酂、苦、柘、谯等县,全都攻下。行进中不断招兵扩军,等到达陈县时,已有战车六七百辆,骑兵千余人,步兵数万人。攻打陈县城时,郡守、县令都不在,留下守丞在谯门中抵抗。不胜,守丞战死,便入城占领陈县。过了几天,陈胜下令召集乡官三老、地方豪绅一起来集会议事。三老、乡绅们都说:"将军您身披镗甲、手执锐利武器,讨伐无道,铲除暴秦,重建楚国,论功应该称王。"于是陈胜就被拥立为王,号称张楚。

二十二　鹤林玉露·山静日长

【导读】

罗大经(1196—?),字景纶,号儒林,又号鹤林,宋庐陵(今江西省吉水县)人,宝庆二年(1226)考中进士。曾任容州法曹、抚州军事推官等职。后受林连被弹劾罢官,此后再未重返仕途,闭门读书,博览群书,专事著作,在悠闲的隐居生活中度过余生。罗大经有经邦济世之志,对先秦、两汉、六朝、唐、宋文学评论有精辟的见解。除《鹤林玉露》外,著《易解》10卷。

《鹤林玉露》为文言轶事小说,分甲、乙、丙三编,共18卷,罗大惊自称因"日与客清谈鹤林之下",遂用杜甫《赠虞十五司马》中"爽气金天豁,清淡玉露繁"而名之。《鹤林玉露》收入《四库全书》,称其体例在诗话、语录、小说之间,宗旨在文人、道学、山人之间。此书对南宋偏安江左深为不满,对秦桧乞和误国多有抨击,对百姓疾苦表示同情,其中有不少记载可与史参证,补缺订误。对文学流派,文艺思想,作品风格,也有很多中肯而又有益的评论。

《山静日长》是一篇饶有情致的反映作者隐居生活的短文。文中描绘了春夏之交山中幽寂的景色和作者的生活状况,动静相间,别有一番情趣,为读者勾勒出一幅颇有世外桃源气息的画面。

　　唐子西诗云:"山静似太古,日长如小年[1]。"余家深山之中,每春夏之交,苍藓盈阶,落花满径,门无剥啄[2],松影参差,禽声上下。午睡初足,旋汲山泉,拾松枝,煮苦茗啜之[3]。随意读《周易》《国风》《左氏传》《离骚》太史公书及陶、杜诗,韩、苏文数篇[4]。从容步山径,抚松竹,与麛犊共偃息于长林丰草间[5]。坐弄流泉,漱齿濯足。既归竹窗下,则山妻稚子[6],作笋蕨[7],供麦饭,欣然一饱。弄笔窗间,随大小作数十字,展所藏法帖、墨迹、画卷纵观之。兴到则吟小诗,或草《玉露》一两段[8]。再烹苦茗一杯,出步溪边,邂逅园翁溪叟,问桑麻,说粳稻[9],量晴校雨[10],探节数时,相与剧

谈一晌[11]。归而倚杖柴门之下,则夕阳在山,紫绿万状,变幻顷刻,恍可人目。牛背笛声,两两来归,而月印前溪矣。味子西此句,可谓妙绝。然此句妙矣,识其妙者尽少。彼牵黄臂苍[12],驰猎于声利之场者,但见衮衮马头尘[13],匆匆驹隙影耳,乌知此句之妙哉[14]!人能真如此妙,则东坡所谓"无事此静坐,一日是两日,若活七十年,便是百四十",所得不已多乎?

——选自《鹤林玉露》,罗大经撰,孙雪霄校点,上海古籍出版社,2012年

注释

[1] 唐子西:唐庚(1071—1121),字子西,眉州丹棱(今四川丹棱)人。工诗,精于锻炼字句。偶有拙涩之病。有《眉山唐先生文集》。这两句诗,极言山中的幽静。

[2] 剥啄:象声词,指敲门声。

[3] 啜(chuò):饮。

[4] 《国风》:《诗经》的一部分,主要是各地民间歌谣。有15国风,共160篇。《太史公书》:即《史记》。陶杜:指东晋诗人陶渊明和唐代诗人杜甫。韩苏:指韩愈和苏轼。

[5] 麋(mí)犊:麋,指小鹿;犊,指小牛。这里概指小动物。

[6] 山妻:自称其妻的谦词。

[7] 蕨(jué):多年生草本植物,根茎蔓生土中,幼叶可食,俗称"蕨菜"。

[8] 草《玉露》:草,撰写的意思;《玉露》,指《鹤林玉露》。

[9] 粳稻:指收成。

[10] 量晴校雨:意为谈论天气的好坏。

[11] 剧谈:畅谈。饷(xiǎng):通"晌",一会儿。

[12] 牵黄臂苍:手牵猎犬臂栖苍鹰的意思。本指猎人出猎的情景,此形容追名逐利者费尽心机、想尽办法。秦相李斯,被赵高所害,论罪腰斩,夷三族。李斯临刑前,对次子说:"吾欲与若复牵黄犬,俱出上蔡东门逐狡兔,岂可得乎?"罗大经引用此典,旨在说明:官场祸福无常,富贵不过似驹过隙,片刻即逝。黄,代指猎犬;苍,代指苍鹰。

[13] 衮衮(gǔn):尘雾迷漫的样子。

[14] 乌:疑问代词,哪里,怎么,何。

译文

　　唐子西的诗中写道:"山静似太古,日长如小年。"我把家安在深山的里面,每逢春末夏初的时候,苍翠的苔藓长满台阶,落下的花瓣铺满小路,没有人来敲门打扰我,唯有松树的影子斑驳不齐,地面和空中不时传来鸟儿的啼鸣。中午刚刚睡足,就打点山泉水,捡几根松树枝,煮苦茶喝。任我的兴致读几篇《周易》《国风》《左氏传》《离骚》《太史公书》以及陶渊明、杜甫的诗,韩愈、苏轼的文章。悠悠然不慌不忙地走在山路上,摸摸松树竹子,跟小鹿一样都在高高的树林和茂盛的草地里休息。坐下来赏玩奔流的泉水,用这水漱口洗脚。等回到竹子做窗的家里,有山居的妻子和幼小的孩子在等候我,妻子做了竹笋和蕨菜,端上麦子煮的饭,高高兴兴地吃个饱。在窗子旁边提起笔来,管他多少写个几十个字,或者展开收藏的模板字帖、名士的真迹、画卷来一起欣赏。兴致来了就吟诵小诗,有时草书一两段《玉露》。再煮上一杯苦茶,出门到溪边踱步,偶然遇到种田的大爷或垂钓的朋友,问问桑叶麻藤,谈谈粳米稻谷,猜猜天气,比比谁钓的鱼多,遇到节日或好日子,大家就约好一起吃饭畅谈。回家后靠在柴门旁边,只见夕阳挂在山上,树林和天空紫色绿色纷繁众多,迅速变幻,美丽得让人目眩。等到牧童骑在牛背上,和笛声一起归来,那么月亮已经映在溪水上了。

　　品味唐子西"山静似太古,日常如小年"这句诗,可以说得上绝妙了。但是这句诗虽然妙,懂得那妙处的人却少。那些牵着猎狗、驾着苍鹰,奔驰追逐在声色名利场中的人,只看见滚滚的马头尘土和匆匆的过隙马影罢了,哪知道这句话的妙处呢?要是谁能真的理解这样的奥妙,那么就像东坡说的,没事静静地坐在这,一天时辰好像过得像两天了。如果活七十年,就是一百四十岁,这样的收获难道不多!

二十三　后汉书·班固传

【导读】

范晔(389—445)，字蔚宗，顺阳(今河南省淅川)人，是南北朝最杰出的史学家。少年时代勤奋好学，广读经史，善写文章，通晓音律，隶书也写得很好，多才多艺。范晔出身庶子，受世族鄙视；又因才华而锋芒外露，受到上官与同僚的忌恨，故累遭排挤。大概在元嘉九年(432)，范晔因触怒彭城王刘义康被贬为宣城太守，郁郁不得志，开始编写《后汉书》。至445年，前后花了13年时间，写成了本纪10列传80卷。445年，刘义康企图谋反称帝，事泄，有人告发范晔谋议，下狱论死。志没有完成，后人只好把司马彪所著《续汉书》的30卷志，合编到《后汉书》中。

《后汉书》分十纪、八十列传和八志(八志自司马彪《续汉书》补入)，主要记述了上起东汉的汉光武帝建武元年(25)，下至汉献帝建安二十五年(220)，共196年的史事。其再现了东汉的历史，保存了东汉的诸多史料。东汉社会政治、经济、文化状况，朝代兴衰历变，历史大事件等，诸如党宦之争、党锢之祸、图谶盛行等史实，皆赖其保存记录。《后汉书》还学习了班固的《汉书》，保存了东汉学者大量有价值的论著，这些论著，都是研究东汉社会的珍贵史料。

固字孟坚。年九岁，能属[1]文诵诗赋，及[2]长，遂博贯载籍，九流百家之言，无不穷究[3]。所学无常师，不为章句，举大义而已。性宽和容众，不以才能高人，诸儒以此慕之。

永平初，东平王苍以至戚为骠骑将军辅政，开东阁延[4]英雄。时固始弱冠[5]，奏记说苍曰：……，苍纳之。

父彪卒[6]，归乡里。固以彪所续前史未详，乃潜精研思，欲[7]就其业。既而有人上书显宗，告固私改作国史者，有诏下郡，收固系京兆狱，尽取其家书。先是扶风人苏朗伪言图谶事，下狱死。固弟超恐固为郡所核考，不能自明，乃驰诣阙上书，得召见,具言固所著述意,而郡亦上其书。显宗奇之,召诣校书部,除兰台令史,与前睢阳令陈宗、长陵令尹敏、司隶从事孟异共成祖本纪。迁为郎,典校秘书。固又撰功臣、平林、新市、公孙述事,作列传、载记二十八篇,奏之。帝乃复使终成前所著书。

……

时北单于遣使贡献,求欲和亲,诏问群僚。议者或以为"匈奴变诈之国,无内向之心,徒以畏汉威灵,逼惮南虏,故希望报命,以安其离叛。今若遣使,恐失南虏亲附之欢,而成北狄猜作之计,不可"。固议曰:窃自惟思,"汉兴已来,旷世历年,兵缠夷狄,尤事匈奴。绥御之方,其涂不一,或脩文以和之,或用武以征之,或卑下以就之,或臣服而致之。虽屈申无常,所因时异,然未有拒绝弃放,不与交接者也。……虏使再来,然后一往,既明中国主在忠信,且知圣朝礼义有常,岂(可)逆诈示猜,孤其善意乎?绝[8]之未知其利,通之不闻其害。设后北虏稍彊,能为风尘,方复求为交通[9],将何所及?不若因今施惠,为策近长。"

……

固后以母丧去官。永元初,大将军窦宪出征匈奴,以固为中护军,与参议。北单于闻汉军出,遣使款居延塞,欲脩呼韩邪故事,朝见天子,请大使。宪上遣固行中郎将事,将数百骑与虏使俱出居延塞迎之。会南匈奴掩破北庭,固至私渠海,闻虏中乱,引还。及窦宪败,固先坐免官。

固不教学诸子,诸子多不遵法度,吏人苦之。初,洛阳令种兢尝行,固奴干其车骑,吏椎呼之,奴醉骂,兢大怒,畏宪不敢发,心衔之。及窦氏宾客皆逮考,兢因此捕系固,遂死狱中。

——选自《后汉书》(有删节),范晔撰,李贤等注,中华书局,2012年

注释

[1] 属:著。

[2] 及:等到。

[3] 穷究:刨根究底。

[4] 延:广纳。

[5] 弱冠:二十岁。

[6] 卒:去世。

[7] 欲:想。

[8] 绝:拒绝。

[9] 交通:交好来往。

译文

班固字孟坚,九岁时能著文诵诗,长大后,便博览古籍,诸子百家的言论,没有不刨根究底的。他所掌握的学问不是向某一家某一人学的,不做一句一字的解释,只要指出大意就可以了。(他)性情温和宽容,不因为自己的才能而高人一等,许多儒生因此而仰慕他。永平初年,东平王刘苍任用亲戚为骠骑将军辅佐政务,开东阁招揽人才,广纳英雄。当时班固才二十岁,写了陈述意见的文书劝说刘苍:……,刘苍采纳了他的建议。

父亲班彪去世,(班固)回到家乡。班固因为班彪先前继《史记》所写史书还不够详备,于是潜心精思,研究史料,想成就父亲的事业。不久有人上书给显宗皇帝,告班固私自改作国史,有诏书下至郡署,收捕班固系押在京兆狱中,又把班固家中的史书全部取来。此前扶风人苏朗谎称图谶之事,被下狱处死。班固的弟弟班超恐怕班固被郡署考逼,而不能自我表白,于是急驰至京都赴皇宫向皇上上书,得到皇帝的召见。(班超)全面细致地说明了班固所著书的内容意义,而(这时)郡府也把班固所写之书呈上。显宗(阅后)很感惊奇,就召他到京师校书部,任命班固为兰台史令。与前睢阳令陈宗、长陵令尹敏、司隶从事孟异共同完成《世祖本纪》。被迁为郎,主持校勘书籍。他还撰写了功臣、平林、新市、公孙述等列传、载记等二十八篇上奏。皇帝于是又命令他继续往下写,完成先前所著之书。

当时北单于派遣使者来纳贡,要求和汉和亲,皇帝下诏讯问众官。参与议论的人,有人认为"匈奴是多变善诈之国,没有归向汉朝之心,仅仅是因为害怕汉朝的声威,挨近和畏惧南匈奴,因此希望汉朝遣使回访,借以平定他们内部众叛亲离的局面。现在如果派遣使者回访北匈奴,恐怕会失去南匈奴得以亲附我们的欢悦,而促成了北匈奴诡诈的打算不能这样办"。班固发表议论说:"汉朝建立以来,历经数世,经历多年,总是和夷狄有兵戈纠缠。尤其是对匈奴用兵更为频繁安抚抵御的途径也不一样,或者行文道来与他们和好,或者用武力来征伐他们,或者以谦卑的态度来迁就他们,有时使他们俯首称臣。虽然屈申没有定规,所凭借的只是时势不同,但是从来没有拒绝放弃,不和他们打交道的。……匈奴使者来两次,然后我们派使者去一次,(这样)既向他们表明了我汉朝持旨在于忠信,而且又让他们知道圣朝礼义是有常规的。怎可去猜测和怀疑匈奴的来意,辜负他们的一片好意呢?拒绝他们,(我)不知道这样做的利(在哪里),和他们打交道(我)也未听说它有什么害处。假设匈奴以后逐渐强大,兴风作浪之时再想同他们交好来往,将怎么来得及呢?不如趁现在就对他们施以恩惠,这才是高明的计策。"

  班固后来因母丧而辞去官职,永元初年,大将军窦宪出征匈奴,用班固为中护军,参加议论军事。北单于听说汉朝军队出征,派遣使臣在居延塞等候款待,想仿效呼韩邪旧例去朝见汉朝天子。请大使窦宪派遣班固率领数百骑兵出居延塞迎接北单于。正赶上南匈奴攻破北庭,班固抵达私渠海,闻听匈奴内部发生骚乱,便返回了。等到窦宪破败时,班固受连坐而被免官。

  班固不教育他的儿子们,他的子孙们多不遵守法度,让官吏很苦恼。当初,洛阳令种兢曾在街上行进,班固家的奴仆冒犯种兢的车马,吏卒呵斥了奴仆,奴仆醉酒谩骂,种兢大怒,但因畏惧窦宪而不敢发作,心中记下仇恨。等到窦氏家族及门下宾客都被逮捕拷问之时,洛阳令种兢趁机逮捕关押了班固,致使班固最终死在狱中。

二十四　淮南子·人间训

【导读】

刘安(约前179—前122),西汉初年宗室、西汉时期思想家、文学家,是汉高祖的孙子。自幼聪颖好学,苦读历代圣贤之书,善观天下兴亡之事。刘安先后被封为阜陵侯、淮南王。在他当淮南王的42年里,刘安召集数千名才华出众的门客广搜古史佚闻,探讨学术方技,摸索人生哲理,寻求治世济世的政治良方。刘安在汉武帝时加强军备、积蓄兵器、密谋造反,事情败露后自杀。

《淮南子》又名《淮南鸿烈》,是刘安招集宾客集体创作的一部道家名著。"鸿,大也;烈,明也。以为大明道之言也。"刘安有着广博的自然科学知识和独到的政治主张,他以道家思想为核心,修正、改造黄老之学。《淮南子》是一部汉以前中国思想文化百科全书,内容涉及宇宙本源、政治、天文历法、地理学、文学,还反映了汉代医学、药学等方面的成就,容纳百家,形成自身的理论体系。唐代著名的史学家刘知几在《史通》中评价《淮南子》说:"其书牢笼天地,博极古今,上自太公,下至商鞅。其错综经纬,自谓兼于数家,无遗力矣。"《人间训》主要论述人类社会中祸福、成败、得失、利害、损益、取予等各种矛盾的辩证关系,其中特别强调矛盾双方的互相转化。

昔者,宋人好善者,三世不解[1]。家无故而黑牛生白犊,以问先生[2],先生曰:"此吉祥,以飨鬼神[3]。"居一年,其父无故而盲,牛又复生白犊,其父又复使其子以问先生。其子曰:"前听先生言而失明,今又复问之,奈何[4]?"其父曰:"圣人之言,先忤而后合,其事未究,固试往复问之。"其子又复问先生,先生曰:"此吉祥也,复以飨鬼神。"归,致命其父[5]。其父曰:"行先生之言也。"居一年,其子又无故而盲。其后楚攻宋[6],围其城。当此之时,易子而食,析骸而炊,丁壮者死,老病童儿皆上城,牢守而不下。楚王大怒,城已破,诸城守者皆屠之。此独以父子盲之故,得无乘城[7]。军罢围解,则父子俱视。夫祸福之转而相生,其变难见也。

近塞上之人，有善术者[8]，马无故亡而入胡[9]，人皆吊之[10]。其父曰："此何遽不为福乎[11]？"居数月，其马将胡骏马而归[12]，人皆贺之。其父曰："此何遽不能为祸乎？"家富良马，其子好骑，堕而折其髀[13]，人皆吊之。其父曰："此何遽不为福乎？"居一年，胡人大入塞，丁壮者引弦而战，近塞之人，死者十九，此独以跛之故，父子相保。故福之为祸，祸之为福，化不可极，深不可测也。

——选自《淮南子》（有删节），刘安著，许慎注，陈广忠校点，上海古籍出版社，2016年

注释

[1] 解（xiè）：通"懈"，懈怠。

[2] 先生：这里的"先生"因能"见本而知末，观指而睹归"，所以可称为"术数"先生。

[3] 飨：献祭。

[4] 奈何：为什么。

[5] 致命：这里指"复命"。

[6] 楚攻宋：指春秋鲁宣公十四年（前595）秋天楚庄王围宋，至次年夏天撤离，围攻宋都长达九个月。

[7] 乘：登上。

[8] 术：道术。

[9] 胡：古代对西北民族的统称，多指匈奴。

[10] 吊：对遭受灾祸的人表示慰问。

[11] 遽：遂，就。

[12] 将：带领。

[13] 髀（bì）：大腿骨。

译文

从前宋国有一户好行善的人家，世代坚持不懈行善做好事。有一年，家里养的一头黑母牛产下一只纯白的牛犊，于是家里人就将这件怪事去请教术数先生。术数先生说："这是吉祥的征兆，用这纯白牛犊去祭祀鬼神吧。"又过了一年，这家的父亲无缘无故眼睛失明了。以后这母牛又产下一头纯白牛犊，于是父亲又让儿子去请教

术数先生。儿子问道:"先前听了术数先生的话,父亲您的眼睛失明了,现在还去问他为什么?"父亲说了:"圣人的话常常是一开始好像不对,但以后会应验吻合的,而且这件事还没完,你就去试着问问吧!"儿子又去问术数先生这怪事。术数先生回答说:"这也同样是吉祥的征兆,还是用这纯白牛犊去祭祀鬼神吧!"儿子回家后将术数先生的话如实报告了父亲,父亲说:"那就按照先生的话去做吧。"又过一年,儿子的眼睛也无缘无故地失明了。后来楚国攻打宋国,包围了这户人家所居住的城邑。这时候,城里能充饥的东西都吃光了,人们只能交换孩子吃,并将枯骨劈开当柴烧。壮年人也全都战死,这样老人、病人、儿童上城楼防守,顽强抵御,使楚军迟迟攻克不下。这时楚王大怒,在城被攻破之后,将凡上城楼防守的人全部杀死。唯独这户人家因父子均失明而没上城楼防守,得以保全性命。楚军撤走以后,父子两人的眼睛又复明了。这正是祸福互相转化互相促成,其中的变化难以明了。

在靠近边塞的居民中,有一个精通术数的人,一次他家养的马无缘无故跑到胡人那里,邻居家的人都为此事来安慰他。他说:"这事难道就不能变成好事吗?"过了一段时间,跑走的马领着一群马回来了。邻居家的人又都来贺庆。他说:"这事难道就不可能变为坏事吗?"果然,因家里有不少胡人养的好马,他儿子骑马玩时将大腿骨给摔断了。这样邻居又来安慰他。他又说:"怎么知道这事不会变成好事呢?"过了一年,胡人大举进攻边塞,青壮年男子都拿起武器参战,结果边塞附近的居民死去十分之九,唯独这户人家因儿子跛脚,父子性命都保住了。所以说福可变为祸,祸可变为福,这其中的变化难以捉摸,深不可测。

二十五 黄帝内经·灵兰秘典论

【导读】

《黄帝内经》简称《内经》,托名轩辕黄帝所作,该书非一人一时之作,是集众人智慧而编写的,主要部分形成于战国时期,是中国现存最早的一部医书。原为18卷,其中9卷名为《素问》,另外9卷无书名,汉晋时被称为《九卷》或《针经》,唐以后被称为《灵枢》。

纵观全书,它涉及地理、养生学、哲学、天文学、心理学、气候、风水、历法、阴阳五行等各个门类,是中国古代文化宝库中的一部奇书。它注重整体和谐的观念,既强调人体本身是一个整体,又强调人与自然之间的密切关系,并运用阴阳五行学说解释生理、病理现象,指导诊断与治疗。书中强调了人体在正常情况下的阴阳平衡,强调精神与社会因素对人体和疾病的影响及疾病的预防,反对迷信鬼神。该书全面总结了中国古代、特别是秦汉以来的医学成就,在中国医学史上具有崇高的地位,凡是历代有所成就的医家无不视其为珍宝,研之读之。其自问世以来,就以独特的"中国式"养生理论为人们所推崇,并一直传承至今,2000多年来,一直被认为是东方传统医学的源头。该书部分内容曾被译成日、英、德、法等文字,对世界医学的发展产生了重大、积极的影响。

本篇讨论了人身十二藏府的生理功能,指出了心的主宰作用,并说明了各个脏器的相互联系,从而证明人体是完整的统一体。

黄帝问曰:愿闻十二脏之相使[1],贵贱何如?

岐伯对曰[2]:悉乎哉问也[3]!请遂言之[4]。心者,君主之官也[5],神明出焉[6]。肺者,相傅之官[7],治节出焉[8]。肝者,将军之官[9],谋虑出焉[10]。胆者,中正之官[11],决断出焉。膻中者,臣使之官,喜乐出焉。脾胃者,仓廪之官[12],五味出焉。大肠者,传道之官,变化出焉[13]。小肠者,受盛之官,化物出焉。肾者,作强之官[14],

伎巧出焉[15]。三焦者[16]，决渎之官[17]，水道出焉。膀胱者，州都之官[18]，津液藏焉，气化则能出矣。凡此十二官者，不得相失也。故主明则下安，以此养生则寿，殁世不殆，以为天下则大昌。主不明则十二官危，使道闭塞而不通，形乃大伤，以此养生则殃，以为天下者，其宗大危，戒之戒之！

至道在微，变化无穷，孰知其原[19]？窘乎哉！消者瞿瞿[20]，孰知其要？闵闵之当[21]，孰者为良？恍惚之数[22]，生于毫氂，毫氂之数，起于度量，千之万之，可以益大，推之大之，其形乃制。

黄帝曰：善哉！余闻精光之道[23]，大圣之业。而宣明大道，非斋戒择吉日，不敢受也。

黄帝乃择吉日良兆，而藏灵兰之室，以传保焉。

——选自《黄帝内经 中华大字经典（第3辑）》，姚春鹏译注，中华书局，2010年

注释

[1] 十二藏：十二官，人体十脏腑的合称。包括心、肝、脾、肺、肾、膻（dàn）中、胆、胃、大肠、小肠、三焦、膀胱等。相使：相，副词，互相的意思。使：役也。

[2] 岐伯：中国上古时期最有声望的医学家，精于医术脉理，名震一时，后世尊称为"华夏中医始祖""医圣"。

[3] 悉：详尽。

[4] 遂言："遂"作"竟"解，遂言即尽量说完的意思。

[5] 君主之官：《灵枢·师传》："五藏六府，心为之主。"人之思想意识，精神活动及藏府功能之彼此协调，和气血通畅，全赖于心的功能，故以君主之官器其重要。"官"作"职守"解。

[6] 神明：包括思想智慧，精神活动等。

[7] 相傅：肺有助于心，主治和调节其他内藏，以及营卫气血之作用。

[8] 治：监督。节：调节。

[9] 将军：比喻肝性易动及刚强之意。

[10] 谋虑：是说肝有主思想活动的功能。

[11] 中正："正"应作"精"。"中精"是说胆为清净之府，"精"作"清"解。

[12] 仓廪（lǐn）：贮藏粮食的仓库。

[13] 变化：指饮食消化、吸收、排泄的过程。

[14] 作强：即精力。

[15] 伎巧："伎"与"技"通。

[16] 三焦：六腑之一，位于躯体和脏腑之间的空腔，包含胸腔和腹腔，人体的其他脏腑器官均在其中，是上焦、中焦和下焦的合称。

[17] 决渎(jué dú)：疏通水道。

[18] 州都：州指水中的陆地；都，指水所汇集之处；州都，即水陆汇集之处。

[19] 原：同"源"，本源。

[20] 消者瞿瞿：消者，消通"肖"，指有智慧的人；瞿瞿，勤奋的样子。

[21] 闵闵：深远的意思。当：事理妥当、合适的意思。

[22] 恍惚：最微小的物体。

[23] 精：纯粹。光：明白。

译文

黄帝说：我想听听十二脏器相互作用时，有无主从的区别？

岐伯答说：你问得真详细呀，我尽量说一下吧。在人体内，心的重要性就好比君主，人的精神意识思维活动都由此而出。肺好像是宰相，主一身之气，人体内外上下的活动，都需要它来调节。肝譬如勇武的将军，谋虑源于它。胆，具决断力。膻中像个内臣，君主的喜乐都靠它传达出来。脾胃受纳水谷，好像仓库，五味的营养靠它们而得以消化、吸收和运输。大肠主管输送，食物的消化、吸收、排泄过程在它那儿最后完成。小肠接受脾胃已消化的食物后，进一步起到分化作用。肾是精力的源泉，没有它智慧和技巧得不到发挥。三焦主疏通水液，周身行水的道路，是由它管理。膀胱是水液汇聚的地方，经过气化作用，方能排出尿液。以上这十二官，虽有分工，但其作用应该协调而不能相互脱节。所以，君是最主要的。它如果得力，下边就能相安，这是根本的道理。斟酌这个道理来养生，就能长寿，不至于有严重的疾病。斟酌这个道理来治天下，国家就会非常昌盛。反之，到那时各个脏器的活动失去联系，形体就会受到伤害。对于养生来说，这样是很不好的，只会招致灾殃，缩短寿命。对

于治国来说,这样做,国家就有败亡的危险,实在值得警惕呀!

养生的道理太微妙,变化无穷,谁能了解它的本源呢?困难得很呀!有学问的人勤勤恳恳地探讨研究,可是谁能知道它的奥妙之处?那些道理暗昧难明,就像被遮蔽着,怎能了解到它的精华是什么!最微小的物体,渐渐地可以用毫厘来计算,毫厘大小的东西再经过积累,便要用尺来度,用斗来量了,然后,扩大、再扩大,就成为形体了。

黄帝说:好啊!我听到了精纯明彻的道理,这真是大圣人建立事业的基础,对于这公开表明的宏大理论,如果不专心修省而选择吉祥的日子,实在不敢接受它。

于是黄帝就选择了良辰吉日,把这些著作珍藏在灵台兰室,很快地保存起来,以便流传后世。

二十六　集异记·旗亭画壁

【导读】

薛用弱,字中胜,唐河东(今山西省永济市一带)人,生卒年不详。薛用弱长庆时为光州刺史,大和初自仪曹郎出守弋阳。他的生平官阶行事,可考见者只有这些。从这简略记载可知,薛用弱于长庆大和之间,辗转于朝中和外地为官,是一位文士兼良的吏。尽管薛用弱的官做得不大,有关史料少得可怜,而他却广为人知。这是由于他撰写的《集异记》特别有名。可以说,他因书而留名。

《集异记》又名《古异记》传奇专集,是薛用弱集隋唐间所传诡奇之事编撰而成,书二卷,又作一卷或三卷。这本书所记录的,共十六则。所记多为隋、唐时奇闻异事,也有一些文人轶事的记载。文辞明洁,生动形象。其中王维见公主时奏《郁轮袍》,王之涣等人旗亭画壁的故事,更为诗人词家所引用,而且还被改编成戏曲。因为该书搜奇述异,文辞雅饰,隽永可观,所以《四库全书总目提要》盛称"其叙述颇有文彩,胜他小说之凡鄙"。汪辟疆先生认为它是"唐人小说中之魁垒也"。虽然是小说,但不同于其他小说传奇集,《集异记》往往被当作史料引用,历代词人更是经常引用,所以《四库总目》称薛用弱为"小说家之表表者"。题目为编者所加。

　　开元中。诗人王昌龄、高适、王涣之齐名。时风尘未偶[1]。而游处略同[2]。一日天寒微雪。三诗人共诣旗亭[3]。贳酒小饮[4]。忽有梨园伶官十数人登楼会宴[5]。三诗人因避席隈映[6]。拥炉火以观焉。俄有妙妓四辈。寻续而至。奢华艳曳。都冶颇极。旋则奏乐。皆当时之名部也[7]。昌龄等私相约曰。我辈各擅诗名。每不自定其甲乙。今者可以密观诸伶所讴。若诗人歌词之多者。则为优矣。俄而,一伶拊节而唱。乃曰。寒雨连江夜入吴。平明送客楚山孤。洛阳亲友如相问。一片冰心在玉壶[8]。昌龄则引手画壁曰。一绝句。寻又一伶讴之曰。开箧泪沾臆。见君前日书。夜台何寂寞。犹是子云居[9]。适则引手画壁曰。一绝句。寻又一伶讴曰。

奉帚平明金殿开。强将团扇共徘徊。玉颜不及寒鸦色。犹带昭阳日影来[10]。昌龄则又引手画壁曰。二绝句。涣之自以得名已久。因谓诸人曰。此辈皆潦倒乐官。所唱皆巴人下里之词耳[11]。岂阳春白雪之曲[12]。俗物敢近哉。因指诸妓之中最佳者。曰。待此子所唱。如非我诗。吾即终身不敢与子争衡矣。脱是吾诗[13]。子等当须列拜床下。奉吾为师。因欢笑而俟之。须臾。次至双鬟发声。则曰。黄河远上白云间。一片孤城万仞山。羌笛何须怨杨柳。春风不度玉门关[14]。涣之即揶揄二子曰[15]。田舍奴我岂妄哉。因大谐笑。诸伶不喻其故。皆起诣曰。不知诸郎君。何此欢噱。昌龄等因话其事。诸伶竞拜曰。俗眼不识神仙。乞降清重,俯就筵席。三子从之,饮醉竟日。

——选自《集异记》(有删节),薛用弱撰,中华书局,1985年

注释

[1] 风尘:比喻仕宦。偶:遇,值。

[2] 游处略同:指交游相处大抵都在一块儿。

[3] 旗亭:指酒楼。

[4] 贳(shì):赊欠。

[5] 梨园:唐玄宗教练宫廷歌舞艺人的地方。

[6] 隈(wēi)映:暗角落里。

[7] 部:唐时教坊乐部分坐部、立部两部。堂上坐奏者称坐部伎,堂下立奏者称立部伎。玄宗时,坐部伎奏六曲,立部伎奏八曲。名部,指著名的乐曲。

[8] 此为王昌龄《芙蓉楼送辛渐》诗。芙蓉楼故址在今江苏省镇江市。

[9] 此为高适《哭单父梁九少府》诗开头四句,原诗为五古,本文改作绝句。子云居:汉代文学家扬雄的字。诗中以扬雄比喻亡友梁九少府。这句说他虽然在九泉之下,那里依然是一处文学家的住所。箧(qiè):小箱子。臆(yì):胸。夜台:坟墓。

[10] 此为王昌龄所作乐府《长信秋词》(一作"长信怨")五首之三。长信:汉长安宫殿名,为太后所居。昭阳:宫殿名,在未央宫区中,为汉成帝皇后赵飞燕所居。据《汉书·外戚传下》载,班婕妤为成帝之妃,有贤名,后来赵飞燕得宠,班婕妤恐受谗害,自求退居长信宫奉养成帝之母王太后。《文选》录其所选《怨歌行》一首,借团扇在秋天被弃,感叹自己失宠以后的凄凉心情。王昌龄诗即咏其事。

[11] 巴人、下里：相传都是古代民间的通俗歌曲。
[12] 阳春、白雪：相传都是古代最高雅的歌曲。
[13] 脱：倘若。
[14] 此为王之涣所作乐府《凉州词二首》之一。羌笛：乐器。原出古羌族。长一尺四寸，其声幽远而悲凉。杨柳：《折杨柳》，古乐曲名，内容多描写征人悲苦之情。
[15] 揶揄：嘲弄，讥笑。

译文

唐玄宗开元年间，诗人王昌龄、高适、王之涣齐名，无奈他们命运都不太顺畅，仕途艰难，而生活的经历又颇多相似之处。有一天，冷风飕飕，微雪飘飘。三位诗人一起到酒楼去，赊酒小饮。忽然有梨园掌管乐曲的官员率十余子弟登楼宴饮。三位诗人回避，躲在黑暗的角落里，围着小火炉，且看她们表演节目。一会儿又有四名漂亮而妖媚的梨园女子，珠裹玉饰，摇曳生姿，登上楼来。随即乐曲奏起，演奏的都是当时有名的曲子。王昌龄等私下相约定："我们三个在诗坛上都算是有名的人物了，可是一直未能分个高低。今天算是有个机会儿，可以悄悄地听这些歌女们唱歌，谁的诗入歌词多，谁就最优秀。"一名歌女首先唱道："寒雨连江夜入吴，平明送客楚山孤。洛阳亲友如相问，一片冰心在玉壶。"王昌龄就用手指在墙壁上画一道："我的一首绝句。"随后一歌女唱道："开箧泪沾臆，见君前日书。夜台何寂寞，犹是子云居。"高适伸手画壁："我的一首绝句。"又一歌女出场："奉帚平明金殿开，强将团扇共徘徊。玉颜不及寒鸦色，犹带昭阳日影来。"王昌龄又伸手画壁，说道："两首绝句。"王之涣自以为出名很久，可是歌女们竟然没有唱他的诗作，面子上似乎有点下不来。就对王、高二位说："这几个唱曲的，都是不出名的丫头片子，所唱不过是'巴人下里'之类不入流的歌曲，那'阳春白雪'之类的高雅之曲，哪是她们唱得了的呢！"于是用手指着几名歌女中最漂亮、最出色的一个说："到这个小妮子唱的时候，如果不是我的诗，我这辈子就不和你们争高下了；果然是唱我的诗的话，甭客气，二位就拜倒于座前，尊我为师好了。"三位诗人说笑着等待着。一会儿，轮到那个梳着双鬟的最漂亮的姑娘唱了,她唱道:"黄河远上白云间,一片孤城万仞山。羌笛何须怨杨柳,春风不度玉门关。"王之涣得意至极,揶揄王昌龄和高适说:"怎么样,土包子,我说得没错吧!"三位诗人开怀大笑。那些歌手们听到笑声,不知道发生了什么事情,纷纷走了过来:"请问几位大人,在笑什么呢?"王昌龄就把比诗的缘由告诉她们。歌女们施礼下拜:"请原谅我们俗眼不识神仙,恭请诸位大人赴宴。"三位诗人应了她们的邀请,欢宴一天。

二十七　嘉祐集·六国

【导读】

苏洵(1009—1066),字明允,号老泉,北宋眉山(今四川省眉山市)人,著名古文家。他与儿子苏轼、苏辙,合称"三苏",同为"唐宋八大家"之一。相传他27岁才发愤读书,通晓六经百家。宋仁宗朝嘉祐年间到汴京(今河南省开封市),这时翰林学士欧阳修把他的著作22篇(包括《权书》10篇、《衡论》10篇、《几策》2篇)上给仁宗皇帝看,召试舍人院,苏洵托词有病,不试。命为秘书省校书郎,名动京师。后又参与修礼书,成《太常因革礼》一百卷,不久离世。他的散文得力于纵横家,以议论锋秘,富于雄辩见长,著有《嘉祐集》。

本文是《权书》十篇之一。苏洵主张对契丹、西夏统治者的侵扰采取积极抵抗的措施,他不赞成那种屈辱苟安的方针。作者借古讽今,要北宋统治者从六国破灭的史实中吸取教训,改弦易辙,变乞和投降为坚决抵抗。

六国破灭,非兵不利[1],战不善[2],弊在赂秦。赂秦而力亏,破灭之道也。

或曰:六国互丧,率赂秦耶[3]?曰:不赂者以赂者丧,盖失强援[4],不能独完,故曰:弊在赂秦也。

秦以攻取之外,小则获邑,大则得城。较秦之所得,与战胜而得者其实百倍;诸侯之所亡,与战败而亡者,其实亦百倍。则秦之所大欲[5],诸侯之所大患,固不在战矣。思厥先祖父[6]暴霜露、斩荆棘,以有尺寸之地。子孙视之不甚惜,举以予人,如弃草芥,今日割五城,明日割十城,然后得一夕安寝。起视四境,而秦兵又至矣。然则诸侯之地有限,暴秦之欲无厌[7],奉之弥繁,侵之愈急[8],故不战而强弱胜负已判矣。至于颠覆[9],理固宜然。古人云:"以地事秦,犹抱薪救火,薪不尽,火不灭。"此言得之。

齐人未尝赂秦,终继五国迁灭[10],何哉?与嬴而不助五国也[11]。五国既丧[12],

齐亦不免矣。燕、赵之君，始有远略，能守其土，义不赂秦。是故燕虽小国而后亡，斯用兵之效也。至丹以荆卿为计，始速祸焉[13]。赵尝五战于秦，二败而三胜。后秦击赵者再，李牧连却之。洎牧以谗诛[14]，邯郸为郡，惜其用武而不终也。且燕、赵处秦革灭殆尽之际[15]，可谓智力孤危[16]，战败而亡，诚不得已。向使三国各爱其地[17]，齐人勿附于秦，刺客不行，良将犹在，则胜负之数，存亡之理[18]，当与秦相较[19]，或未易量[20]。

呜呼！以赂秦之地封天下之谋臣，以事秦之心[21]礼天下之奇才，并力西向，则吾恐秦人食之不得下咽也。悲夫，有如此之势，而为秦人积威之所劫[22]，日削月割，以趋于亡[23]。为国者无使为积威之所劫哉[24]！

夫六国与秦皆诸侯，其势弱于秦，而犹有可以不赂而胜之之势[25]。苟以天下之大[26]，下而从六国破亡之故事[27]，是又在六国下矣。

——选自《嘉祐集笺注》，苏洵著，上海古籍出版社，1993年

注释

[1] 兵：兵器。

[2] 善：好。

[3] 率：一律，一概。

[4] 盖：承接上文，表示原因，有"因为"的意思。

[5] 所大欲：所最想要的东西。大，最。

[6] 厥：其。先：对去世的尊长的敬称。

[7] 厌：同"餍"，满足。

[8] 奉：奉送。弥、愈，都是"更加"的意思。繁：多。

[9] 颠覆：灭亡。

[10] 迁灭：灭亡。古代灭人国家，同时迁其国宝、重器，故说"迁灭"。

[11] 与：亲附、亲近。

[12] 既：已经。

[13] 速：招致。

[14] 洎（jì）：及，等到。谗：小人的坏话。

[15] 革:改变,除去。殆:快要。

[16] 智力:智谋和力量。

[17] 向使:以前假如。

[18] 数:天数。理:命运。

[19] 当(tǎng):同"倘",如果。

[20] 易量:容易判断。

[21] 事:侍奉。

[22] 积威:积久而成的威势。

[23] 日:每天;月:每月;以:而。

[24] 劫:胁迫,挟制。

[25] 可以:可以凭借。

[26] 苟:如果以,凭着。

[27] 故事:旧例。

译文

六国的灭亡,不是因为他们的武器不锋利,仗打得不好,弊端在于用土地来贿赂秦国。拿土地贿赂秦国亏损了自己的力量,这就是灭亡的原因。有人问:"六国一个接一个的灭亡,难道全部是因为贿赂秦国吗?"回答说:"不贿赂秦国的国家因为有贿赂秦国的国家而灭亡。原因是不贿赂秦国的国家失掉了强有力的外援,不能独自保全。所以说:弊病在于贿赂秦国。"

秦国除了用战争夺取土地以外,还受到诸侯的贿赂,小的就获得邑镇,大的就获得城池。比较秦国受贿赂所得到的土地与战胜别国所得到的土地,前者实际多百倍。六国诸侯贿赂秦国所丧失的土地与战败所丧失的土地相比,实际也要多百倍。那么秦国最想要的,与六国诸侯最担心的,本来就不在于战争。想到他们的祖辈和父辈,冒着寒霜雨露,披荆斩棘,才有了很少的一点土地。子孙对那些土地却不很爱惜,全都拿来送给别人,就像扔掉小草一样不珍惜。今天割掉五座城,明天割掉十座城,这才能睡一夜安稳觉。明天起床一看四周边境,秦国的军队又来了。既然这样,

那么诸侯的土地有限,强秦的欲望永远不会满足,诸侯送给他的越多,他侵犯得就越急迫。所以用不着战争,谁强谁弱,谁胜谁负就已经决定了。到了覆灭的地步,道理本来就是这样子的。古人说:"用土地侍奉秦国,就好像抱柴救火,柴不烧完,火就不会灭。"这话说得很正确。

齐国不曾贿赂秦国,可是最终也随着五国灭亡了,为什么呢?是因为齐国跟秦国交好而不帮助其他五国。五国已经灭亡了,齐国也就没法幸免了。燕国和赵国的国君,起初有长远的谋略,能够守住他们的国土,坚持正义,不贿赂秦国。因此燕虽然是个小国,却后来才灭亡,这就是用兵抗秦的效果。等到后来燕太子丹用派遣荆轲刺杀秦王作对付秦国的计策,这才招致了灭亡的祸患。赵国曾经与秦国交战五次,打了两次败仗,三次胜仗。后来秦国两次攻打赵国。赵国大将李牧接连打退秦国的进攻。等到李牧因受诬陷而被杀死,赵国都城邯郸变成秦国的一个郡,可惜赵国用武力抗秦而没能坚持到底。而且燕赵两国正处在秦国把其他国家快要消灭干净的时候,可以说是智谋穷竭,国势孤立危急,战败了而亡国,确实是不得已的事。假使韩、魏、楚三国都爱惜他们的国土,齐国不依附秦国,燕国的刺客不去刺秦王,赵国的良将李牧还活着,那么胜败的命运,存亡的理数,倘若与秦国相比较,也许还不容易判断呢。

唉!如果六国诸侯用贿赂秦国的土地来封给天下的谋臣,用侍奉秦国的心来礼遇天下的奇才,齐心合力地向西对付秦国,那么,我恐怕秦国人饭也不能咽下去。真可悲啊!有这样的有利形势,却被秦国积久的威势所胁迫,天天割地,月月割地,以至于走向灭亡。治理国家的人不要被积久的威势所胁迫啊!

六国和秦国都是诸侯之国,他们的势力比秦国弱,却还有可以不贿赂秦国而战胜它的优势。如果凭借偌大国家,却追随六国灭亡的前例,这就比不上六国了。

二十八　旧唐书·褚亮传

【导读】

　　刘昫(887—946),字耀远,涿州归义(今河北省雄县)人,五代时期历史学家,后晋政治家。后唐庄宗时任太常博士、翰林学士。后晋时,官至司空、平章事。后晋出帝开运二年(945)受命监修国史、负责编纂《旧唐书》。

　　《旧唐书》是五代后晋时官修撰的,是现存最早的系统记录唐代历史的一部史籍,原称唐书,后来为了区别于北宋欧阳修等人编撰的新唐书,改称旧唐书,分本纪、志、列传三部分,共200卷。包括:《本纪》20卷、《志》30卷、《列传》150卷。

　　褚亮,字希明,杭州钱塘人。亮幼聪敏好学,善属文。博览无所不至,经目必记于心。喜游名贤[1],尤善谈论。年十八,诣[2]陈仆射徐陵,陵与商榷文章,深异之。陈后主闻而召见,使赋诗,江总及诸辞人在坐,莫不推善。祯明初,为尚书殿中侍郎。陈亡,入隋为东宫学士。大业中,授太常博士。时炀帝将改置宗庙,亮奏议曰:

　　……今若依周制,理有未安,杂用汉仪,事难全采[3],谨详立别图附之。

　　议未行,寻坐与杨玄感有旧,左迁西海郡司户。时京兆郡博士潘徽亦以笔札为玄感所礼,降威定县簿。当时寇盗纵横,六亲不能相保。亮与同行,至陇山,徽遇病终,亮亲加棺敛,瘗[4]之路侧,慨然伤怀,遂题诗于陇树,好事者皆传写讽诵,信宿遍于京邑焉。薛举僭号陇西,以亮为黄门侍郎,委之机务。及举灭,太宗闻亮名,深加礼接,因从容自陈。太宗大悦,赐物二百段、马四匹。从还京师,授秦王文学。

　　时高祖以寇乱渐平,每冬畋狩[5]。亮上疏谏曰:"臣闻尧鼓纳谏,舜木求箴,茂克昌之风,致升平之道。伏惟陛下应千祀之期,拯百王之弊,平壹天下,勖劳[6]帝业,旰食[7]思政,废寝忧人。用农隙之余,遵冬狩之礼。获车之所游践,虞旗之所涉历,网唯一面,禽止三驱,纵广成之猎士,观上林之手搏,斯固畋弋之常规,而皇王之壮观。至于亲逼猛兽,臣窃惑之。何者? 筋力骁悍,爪牙轻捷。连弩一发,未必挫其凶心;

长戟才捻,不能当其愤气。虽孟贲抗左,夏育居前,卒然惊轶,事生虑表。如或近起林丛,未填坑谷,骇属车之后乘,犯官骑之清尘。小臣怯懦,私怀战栗。……"高祖甚纳之。太宗每有征伐,亮常侍从,军中宴筵,必预欢赏,从容讽议,多所裨益。又与杜如晦等十八人为文学馆学士,十六年,进爵为侯,食邑七百户。后致仕归于家。卒时年八十八。太宗甚悼惜之,不视朝一日,赠太常卿,陪葬昭陵,谥曰康。

——选自《旧唐书》(有删节),刘昫等撰,陈焕良、文华点校,岳麓书社,1997年

注释

[1] 喜游名贤:喜欢和名人贤士交往。

[2] 诣:拜访。

[3] 采:采用。

[4] 瘗(yì):埋葬。

[5] 畋狩:狩猎。

[6] 劬(qú)劳:劳累,劳苦。

[7] 旰(gàn)食:指事务繁忙不能按时吃饭。

译文

褚亮,字希明,是杭州钱塘人。褚亮幼小时就聪敏好学,善于写文章。博览无所不至,过目一定记在心里。他喜欢和名人贤士交往,尤其善于谈论。十八岁时,拜访陈仆射徐陵,徐陵和他商量文章,认为他很不一般。陈后主听说了召见他,叫他作诗,江总与诸辞人在座,没有不称道他做得好的。祯明初年,他担任尚书殿中侍郎。陈灭亡后,归顺隋朝任东宫学士。大业年间,授任太常博士。当时隋炀帝将要改置宗庙,褚亮上奏议说:

"现在如果依照周制,情理不能吻合,若用汉朝礼仪,也很难全部采用,请求另绘详图附在后面。"

这个建议没能施行。不久,褚亮因和杨玄感有交情而获罪,降为西海郡司户。

当时的京兆郡博士潘徽也因为文章写得好受到杨玄感的礼遇,降为威定县主簿。当时强盗猖獗,亲戚家人不能相保。褚亮和潘徽同行,走到陇山,潘徽得病去世,褚亮亲自为他买棺收殓,埋葬在路边,叹息感伤,就在坟旁的树上题诗,好事者都传写诵读,两天时间就在京城传遍了。薛举在陇西超越本分称帝号,任用褚亮为黄门侍郎,委托他重要职务。等到薛举灭亡,太宗听到褚亮的名声,对他深加礼遇,褚亮就从容陈说自己的想法,太宗非常高兴,赐物二百段、四匹马。褚亮跟随太宗回到京师,被任命为秦王文学。

　　当时高祖因为寇乱渐渐平息,每年冬天都要狩猎。褚亮上疏劝谏说:"我听说尧设鼓纳谏,舜立木求劝告之言,这是国家兴旺昌盛之风,致力于天下太平之道。希望陛下应千年之期,拯百王之弊,平定天下,勤劳于帝业,为政事而忘食,为百姓而废寝。利用农闲的时节,遵守冬狩的规则。获车经过的地方,虞旗所到之处,网开一面,只在其他三个方向追逐禽兽,放纵广成苑猎士,观看上林署壮士们的手搏,这固然是狩猎的常规,皇帝的壮观。至于陛下亲逼猛兽,我私下有所疑惑。为什么呢?猛兽筋力剽悍,爪牙轻捷。连弩一发,未必能将它杀死;长戟挥舞,不能挡住它被激怒的野气。即使有孟贲在左边保护,夏育在前边护佑,但是如果猛兽猝然扑击,还可能发生意外。如果在丛林中,坑谷未及填平,就会惊吓后面随从的车马,惊扰了官员们的坐骑。小臣怯懦,深感战栗。……"高祖对这些话很认真地采纳。太宗每有征伐,褚亮时常服侍跟从,军中宴筵,都参与欢畅,从容进谏,多有裨益。又与杜如晦等十八人为文学馆学士。十六年,晋爵为侯,食邑七百户。后来退休回家。终年八十八岁。太宗非常悲痛惋惜,一天没有上朝。追赠太常卿,陪葬昭陵,谥号为康。

二十九　旧五代史·李愚传

【导读】

薛居正(912—981),字子平,开封浚仪(今河南省开封市)人,主持编撰了《旧五代史》,主要活动时间横跨五代后期和北宋初期,一生经历了多朝。后唐清泰二年(935),他得中进士。开宝六年(973),受命监修《五代史》。后世为别于欧阳修《新五代史》,改作《旧五代史》。开宝九年(976)十月太宗即位,以他为昭文相。他的养子薛惟吉曾将他生前的作品收集成册,帝赐名《文惠集》。

《旧五代史》的编撰方法是模仿《三国志》的,由薛居正监修,卢多逊、扈蒙、张澹、刘兼、李穆、李九龄等同修。其修撰的时间是开宝六年(974)四月到第二年闰十月,前后花了一年零八个月时间。书中可参考的史料相当齐备,梁唐晋汉周五个朝代各自为一书,所以又称《梁唐晋汉周书》。全书共150卷,记载了上起后梁太祖开平元年(907),下至后周恭帝显德七年(961),约五十余年间的史事。各朝的本纪、列传分别列在各书之中。五书之后另有《世袭列传》《偕伪列传》《外国列传》记载中原王朝以外的情况,最后以天文、历、五行、礼、乐、食货、刑法、选举、职官、郡县十志全面叙述了五代时期政治、经济、文化等方面的典章制度,体例非常完整。

李愚,字子晦。自称赵郡平棘西祖之后,家世为儒。父瞻业,应进士不第,遇乱,徙家渤海之无棣,以诗书训子孙。愚童龀[1]时,谨重有异常儿,年长方志学,遍阅经史。慕晏婴之为人,初名晏平。为文尚气格,有韩、柳体。厉志端庄,风神峻整,非礼不言,行不苟且[2]。愚初以艰贫,求为假官,沧州卢彦威署安陵簿。丁忧服阕,随计之长安,属关辅乱离,频年罢举,客于蒲、华之间。

……

梁有禅代之谋,柳璨希旨杀害朝士,愚以衣冠自相残害,乃避地河朔,与宗人李延光客于山东。梁末帝嗣位,雅好儒士,延光素相款奉,得侍讲禁中,屡言愚之行高学赡,有史鱼、蘧瑗之风。召见,嗟赏久之,擢为左拾遗。俄充崇政院直学士,或预咨谋,而俨然正色,不畏强御。衡王入朝,重臣李振辈皆致拜,惟愚长揖。末帝让之曰:"衡王朕之兄,朕犹致拜,崇政使李振等皆拜,尔何傲耶[3]!"对曰:"陛下以家人礼见,振等私也。臣居朝列,与王无素,安敢谄事。"其刚毅如此。晋州节度使华温琪在任违法,籍民家财,其家讼于朝,制使劾之,伏罪。梁末帝以先朝草昧之臣,不忍加法,愚坚按其罪。梁末帝诏曰:"朕若不与鞠穷,谓予不念赤子,若或遂行典宪,谓余不念功臣,为尔君者,不亦难乎!"

……

洎[4]庄宗都洛阳,邓帅俾奏章入朝,诸贵见之,礼接如旧,寻为主客郎中。数月,召为翰林学士。三年,魏王继岌征蜀,请为都统判官,仍带本职从军时物议以蜀险阻,未可长驱,郭崇韬问计于愚,愚曰:"如闻蜀人厌苦其主荒恣,仓卒必不为用。宜乘其人二三,风驰电击,彼必破胆,安能守险。"及前军至固镇,收军食十五万斛,崇韬喜,谓愚曰:"公能料事,吾军济矣。"招讨判官陈乂至宝鸡,称疾乞留在后,愚厉声曰:"陈乂见利则进,惧难则止。今大军涉险,人心易惑,正可斩之以徇。"由是军人无迟留者。是时,军书羽檄,皆出其手。

长兴季年,秦王恣横,权要之臣,避祸不暇,邦之存亡,无敢言者。愚性刚介,往往形言,然人无唱和者。后转门下侍郎,监修国史,兼吏部尚书,与诸儒修成《创业功臣传》三十卷。愚初不治第,既命为相,官借延宾馆居之。尝有疾,诏近臣宣谕,延之中堂,设席推莞秸,使人言之,明宗特赐帷帐茵褥。

——选自《旧五代史》(有删节),薛居正撰,簿小莹标点,吉林人民出版社,2006年

注释

[1] 龀(chèn):小孩换牙(乳齿脱落长出恒齿)。
[2] 行不苟且:做事认真严谨。
[3] 尔何傲耶:你为何这么傲慢呀。
[4] 洎(jì):到,及。

译文

李愚,字子晦。自称是赵郡平棘西祖的后代,世代为儒生。父亲李瞻业,应进士考试未中,后遇战乱,全国搬到渤海的无棣,以诗书教育子孙。李愚还是儿童时,就谨慎持重,与一般孩子不同,年纪稍大就立志学习,遍读经史著作。他仰慕晏婴的为人,最初取名叫晏平。他写文章崇尚气格,有韩愈、柳宗元文风。他励志端正,风度峻严,不说无礼的话,行为也不随意苟且。李愚最初因为家境贫穷,请求做代理官员,沧州卢彦威任命他做了安陵簿。父亲去世后退职,随后到了长安,又碰上关内动乱不堪,连续多年得不到举荐,客居于蒲、华二州。

梁太祖有禅代帝位的打算,柳璨迎合上意杀害朝中名士,李愚看到官绅们自相残杀,就到河朔去避难,与同宗的李延光客居山东。梁末帝即位后,喜爱儒士,李延光与末帝一直关系友好,得以在宫中侍讲,多次说到李愚节行高尚,学识渊博,有史鱼、蘧瑗的遗风。梁末帝就召见李愚,赞不绝口,提拔他做了左拾遗,不久任崇政院直学士,有时参加咨询谋划,都庄重正色,不畏强暴。衡王入朝,重臣李振等人都向他磕头,只有李愚仅仅长揖而已。末帝责备他说:"衡王是我的哥哥,我还要向他下拜,崇政使李振等人都下拜,你竟这么傲气!"答道:"陛下以家庭礼节待兄长,李振等人是私臣。我位为朝官,与衡王平素不交往,怎么敢谄媚行事。"他就是如此刚毅。晋州节度使华温琪在任期间违法乱纪,没收老百姓的家财,这家人到朝廷告状,诏令弹劾华温琪,华温琪服罪。梁末帝因他是先朝创业时的大臣,不忍法办,李愚则坚持给他定罪。梁末帝下诏说:"朕如果不予追究,会说我不把老百姓当回事;如果按法律行事,则会说我不念功臣。当你们的君主真是难啊!"

……

庄宗定都洛阳时,邓州主帅上奏章,推荐李愚入朝,权贵们见了他都礼遇如旧,不久任主客郎中,几个月后,召为翰林学士。同光三年(925),魏王李继岌征讨蜀地,请任李愚为都统判官,又带本职随军。当时舆论认为蜀地险阻,不可长驱直入,郭崇韬征求李愚的意见,李愚说:"中说蜀人厌恶他们的主人荒淫恣行,危急时刻必不会为他所用。应乘他们人心不一,风驰电掣进军,他们一定吓破胆,哪里还能守险。"当前军到达固镇时,收得军粮十五万斛,郭崇韬大喜,对李愚说:"您能预料事态,我军可以成功了。"招讨判官陈乂到宝鸡,称病请求留在后方。李愚严厉地说:"陈乂见有利就前进,害怕艰难就停止。现在大军正经历艰险,人心容易惑乱,正好杀了他以儆人心。"因此军人没有敢滞留不前的。当时,军书羽檄都出自李愚之手。

……

长兴末年,秦王恣意横行,权贵之臣躲避祸害都来不及,国家的存亡没人敢说。李愚性情刚正,往往说出来,然而没人附和。后来转任门下侍郎、监修国史,兼吏部尚书,和儒士们一起写成《创业功臣传》三十卷。李愚从一开始就不建房舍,被任命为丞相后,也是向公家借馆驿居住。曾生病,明宗诏令近臣去向李愚转达慰问,李愚将近臣请到中堂,堂中铺设的只是秸秆编成的席子,使臣向明宗禀告了此事这事,明宗特地赐给他帷帐长毯。

三十 兰亭集·序

【导读】

王羲之(303—361,一作321—379),字逸少,琅琊临沂(今山东省临沂市)人,官至右军参军,世称王右军。东晋书法家、文学家。其书法兼善隶、草、楷、行各体,精研体势,心摹手追,广采众长,自成一家,代表作《兰亭集序》被誉为"天下第一行书"。在书法史上,有"书圣"之称,与其子王献之合称为"二王"。在文学方面,后人辑有《王右军集》2卷。

《兰亭集》是"辞意夷泰"的玄言诗文的代表之一。东晋穆帝永和九年,王羲之和当时名士谢农、孙绰等41人,于三月三日在会稽郡山阴的兰亭集会。他们曲水流觞,饮酒赋诗,各抒怀抱,最后由王羲之作一篇序文,总述其事,这就是《兰亭集序》。《兰亭集序》又名《兰亭宴集序》《兰亭序》《临河序》《禊序》《禊贴》,是一篇书序。

永和[1]九年,岁在癸丑[2],暮春[3]之初,会于会稽[4]山阴之兰亭,修禊事[5]也。群贤毕至,少长咸[6]集。此地有崇山峻岭[7],茂林修竹[8];又有清流激湍[9],映带左右[10],引以为流觞曲水[11],列坐其次[12]。虽无丝竹管弦之盛[13],一觞一咏[14],亦足以畅叙幽情[15]。

是日也[16],天朗气清,惠风[17]和畅[18],仰观宇宙之大,俯察品类之盛[19],所以游目骋[20]怀,足以极视听之娱,信[21]可乐也。

夫人之相与[22],俯仰[23]一世,或取诸[24]怀抱,悟言[25]一室之内;或因[26]寄所托,放浪形骸[27]之外。虽趣舍万殊[28],静躁[29]不同,当其欣于所遇,暂得于己,快然自足,不知老之将至。及其所之既倦,情随事迁,感慨系之矣。向[30]之所欣,俯仰之间,已为陈迹[31],犹不能不以之兴怀[32]。况修短随化[33],终期于尽。古人云,死生亦大矣,岂不痛哉!

每览昔人兴感之由,若合一契[34],未尝不临[35]文嗟悼[36],不能喻之于怀。固知

一死生为虚诞,齐彭殇为妄作[37]。后之视今,亦犹今之视昔,悲夫!故列叙时人,录其所述,虽世殊事异,所以兴怀,其致一也[38]。后之览者[39],亦将有感于斯文[40]。

——选自《晋书》,房玄龄等撰,中华书局,1974年

注释

[1] 永和:东晋皇帝司马聃(晋穆帝)的年号,345—356年,共12年。

[2] 癸(guǐ)丑:中国传统纪年农历的干支纪年中一个循环的第50年称"癸丑年"。

[3] 暮春:阴历三月。暮,晚。

[4] 会稽(kuài jī):郡名,今浙江绍兴。

[5] 修禊(xì)事:做禊礼。古代习俗,于阴历三月上旬的巳日(魏以后定为三月三日),人们群聚于水滨嬉戏洗濯,以祓除不祥和求福。实际上这是古人的一种游春活动。

[6] 咸:都。

[7] 崇山峻岭:高峻的山岭。

[8] 修竹:高高的竹子。修,高高的样子。

[9] 激湍:流势很急的水。

[10] 映带左右:辉映点缀在亭子的周围。映带,映衬、围绕。

[11] 流觞(shāng)曲(qū)水:用漆制的酒杯盛酒,放入弯曲的水道中任其漂流,杯停在某人面前,某人就引杯饮酒。这是古人一种劝酒取乐的方式。流,使动用法。曲水,引水环曲为渠,以流酒杯。

[12] 列坐其次:列坐在曲水之旁。列坐,排列而坐。次,旁边,水边。

[13] 丝竹管弦之盛:演奏音乐的盛况。盛,盛大。

[14] 一觞一咏:喝着酒作着诗。

[15] 幽情:幽深内藏的感情。

[16] 是日也:这一天。

[17] 惠风:和风。

[18] 和畅:缓和。

[19] 品类之盛:万物的繁多。品类,指自然界的万物。

[20] 骋:使……奔驰。

[21] 信:实在。

[22] 相与:相处、相交往。

[23] 俯仰:表示时间的短暂。

[24] 取诸:取之于,从……中取得。

[25] 悟言:面对面的交谈。悟,通"晤",指心领神会的妙悟之言。

[26] 因:依、随着。

[27] 形骸:身体、形体。

[28] 趣(qǔ)舍万殊:各有各的爱好。趣舍,即取舍,爱好。趣,通"取"。万殊,千差万别。

[29] 静躁:安静与躁动。

[30] 向:过去、以前。

[31] 陈迹:旧迹。

[32] 以之兴怀:因它而引起心中的感触。

[33] 修短随化:寿命长短听凭造化。化,自然。

[34] 契:符契,古代的一种信物。在符契上刻上字,剖而为二,各执一半,作为凭证。

[35] 临:面对。

[36] 嗟(jiē)悼:叹息哀伤。

[37] 固知一死生为虚诞,齐彭殇为妄作:本来知道把死和生等同起来的说法是不真实的,把长寿和短命等同起来的说法是妄造的。固,本来、当然。一,把……看作一样;齐,把……看作相等,都是意动用法。虚诞,虚妄荒诞的话。殇,未成年死去的人。妄作,妄造、胡说。一生死,齐彭殇,都是庄子的看法。出自《齐物论》。

[38] 其致一也:人们的思想情趣是一样的。

[39] 后之览者:后世的读者。

[40] 斯文:这次集会的诗文。

译文

永和九年,即癸丑年,三月之初,名士们在会稽郡山阴县的兰亭聚会,为的是到水边进行消灾求福的活动。许多有声望有才气的人都来了,有年轻的,也有年长的。这里有高大的山和险峻的岭,有茂密的树林和高高的竹子,又有清水急流,在亭的左右辉映环绕。把水引到亭中的环形水渠里来,让酒杯漂流水上(供人们取饮)。人们在曲水旁边排列而坐,虽然没有管弦齐奏的盛况,可是一边饮酒一边赋诗,也足以痛快地表达各自幽雅的情怀。

这一天，天气晴朗，和风轻轻吹来。向上看，天空广大无边，向下看，地上事物如此繁多，这样来纵展眼力，开阔胸怀，穷尽视和听的享受，实在快乐啊！

人们彼此相处，一生很快就度过。有的人喜欢讲自己的志趣抱负，在室内跟朋友面对面地交谈；有的人就着自己所爱好的事物寄托情怀，不受任何约束，放纵地生活。尽管人们的爱好千差万别，或好静，或好动，也不相同，可是又都有这样的体验：当他们对所接触的事物感到高兴时，一时间很自得，快乐而自足，竟不觉得衰老即将到来。待到对于自己所喜爱的事物感到厌倦，心情随着当前的境况而变化，感慨油然而生，以前感到欢快的事顷刻之间变为陈迹了，仍然不能不因此感慨不已。何况人寿的长短随着造化而定，最后一切都化为乌有。古人说："死和生也是件大事啊！"怎能不悲痛呢？

每次我看到前人发生感慨的缘由，跟我所感慨的如同符契那样相合，总是面对着他们的文章而嗟叹感伤，心里又不明白为什么会这样。我这才知道，把生和死同等看待是荒诞的，把长寿和短命同等看待是妄造的。后人看待今天，也像今人看待从前一样，真是可悲啊！因此我一一记下参加这次聚会的人，抄录了他们的诗作。尽管时代不同情况不同，但人们的情致却是一样的。后代的读者读这本诗集也将有感于生死这件大事吧！

三十一　李太白全集·春夜宴从弟桃花源序

【导读】

李白(701—762),字太白,号青莲居士,又号"谪仙人"。祖籍陇西郡成纪县(今甘肃省平凉市),生于蜀郡绵州昌隆县(今四川省江油市),一说生于西域碎叶(今吉尔吉斯斯坦托克马克),逝世于安徽当涂县。他是唐代伟大的浪漫主义诗人,被后人誉为"诗仙",与杜甫并称为"李杜"。就其艺术成就而言,其诗想象丰富,构思奇特,气势雄浑瑰丽,风格豪迈潇洒,构成其特有的瑰丽绚烂的色彩,是屈原以来浪漫主义诗歌的新高峰。存世诗文千余篇,代表作有《蜀道难》《行路难》《梦游天姥吟留别》《将进酒》等诗篇,有《李太白全集》传世。

《李太白全集》共31卷,基本涵盖了李白的全部诗词歌赋。诗作多是醉时创作,代表作有《望庐山瀑布》《行路难》《蜀道难》《将进酒》《梁甫吟》《早发白帝城》等多首。

夫[1]天地者[2],万物之逆旅[3]也;光阴者,百代之过客[4]也。而浮生[5]若梦,为欢几何[6]?古人秉[7]烛夜游,良[8]有以[9]也[10]。况阳春[11]召我以烟景[12],大块[13]假我以文章[14]。会桃李之芳园,序[15]天伦[16]之乐事。群季[17]俊秀,皆为惠连[18];吾人[19]咏歌[20],独惭[21]康乐[22]。幽[23]赏未已,高谈转清。开琼筵[24]以坐花[25],飞[26]羽觞[27]而醉月[28]。不有佳咏,何伸[29]雅怀[30]。如诗不成,罚依[31]金谷酒数[32]。

——选自《李太白全集》,李白著,王琦注,中华书局,1977 年

注释

[1] 夫:用在句首,表示阐发议论的语气。

[2] 者:用在主语后面,表示语音及语气上的停顿。

[3] 逆旅:旅馆。逆,迎,迎止宾客的地方。

[4] 过客:过路的旅客。

[5]浮生：谓世事无定，人生短促。这是旧时对人生的消极看法。汉贾谊《鵩鸟赋》："其生若浮兮，其死若休。"

[6]几何：多少。

[7]秉：执。

[8]良：实在，的确。

[9]以：原因，道理。

[10]也：表示肯定语气。

[11]阳春：温暖的春天。

[12]烟景：春天的美好景色。

[13]大块：大自然。

[14]文章：文通"纹"，章，指章法，合意纹路章法或错综美丽的色彩或花纹。这里指锦绣般的自然景物。

[15]序：欢舒，畅谈。

[16]天伦：旧指父子、兄弟等天然的亲属关系。

[17]群季：诸弟。古人兄弟按年龄排列，称伯、仲、叔、季。

[18]惠连：南朝宋文学家谢惠连，陈郡阳夏人。谢灵运的族弟，当时人称他们为"大小谢"。作者借以赞誉诸弟的才华。

[19]吾人：即吾。相当于现代汉语的"我"。

[20]咏歌：吟诗，作诗。

[21]独惭：犹言自愧。

[22]康乐：即谢灵运。他在晋时袭封康乐公，所以称谢康乐。他是南朝宋的著名诗人，善于描绘自然景色，开文学史上的山水诗一派。这里是作者借以自愧。

[23]幽：沉静，安闲。

[24]琼筵(yán)：比喻珍美的筵席。

[25]坐花：坐在花间。

[26]飞：形容不断举杯喝酒。

[27]羽觞(shāng)：古代喝酒用的两边有耳的杯子。

[28]醉月：即醉于月下，中间省去介词"于"。与上一句的"坐花"结构句。

[29]伸：抒发。

[30]雅怀：高雅的情怀。

[31]依：按照，根据。

[32]金谷酒数：泛指宴会上罚酒的杯数。

译文

　　天地是万物的旅舍,时光是百代的过客。人生飘浮无常,好似梦幻一般,欢乐的日子能有多少呢?古人拿着蜡烛,在夜间游乐,确实是有原因的!何况清明温和的春天以秀美的景色来招引我们,大自然又给我们提供了一派锦绣风光。现在聚会在桃李芬芳的花园里,畅谈兄弟间的乐事。诸弟聪明过人,都有谢惠连的才华。大家咏诗歌唱,唯独我不能和谢康乐相比而感到羞愧。静静地欣赏春夜的景色还没有完了,纵情的谈论又转向清雅。摆出豪华的筵席,坐在花丛中间,酒杯频传,醉倒在月光之下。没有好的诗篇,怎能抒发高雅的情怀?如有作诗不成的,按照金谷园的先例,罚酒三杯。

三十二　梁书·柳庆远传

【导读】

《梁书》,记述南朝萧梁一代历史的纪传体史书。含本纪6卷,列传50卷,共56卷。它主要记述了南朝萧齐末年的政治和萧梁皇朝(502—557)50余年的史事。其中有26卷的后论署为"陈吏部尚书姚察曰",说明这些卷是出于姚察之手,这几乎占了《梁书》的半数。姚思廉撰《梁书》,除了继承他父亲的遗稿以外,还参考、吸取了梁、陈、隋历朝史家编撰梁史的成果。该书特点之一为引用文以外的部分不以当时流行的骈体文,而以散文书写。

　　柳庆远,字文和,河东解人也。伯父元景,宋太尉。

　　庆远起家郢州主簿,齐初为尚书都官郎、大司马中兵参军、建武将军、魏兴太守。郡遭暴水,流漂居民,吏请徙民祁城。庆远曰:"天降雨水,岂城之所知。吾闻江河长不过三日,斯亦何虑。"命筑土而已。俄而[1]水过,百姓服之。入为长水校尉,出为平北录事参军、襄阳令。

　　高祖之临雍州,问京兆人杜恽求州纲,恽举庆远。高祖曰:"文和吾已知之,所问未知者耳。"因辟别驾从事史。齐方多难,庆远谓所亲曰:"方今天下将乱,英雄必起,庇民定霸,其吾君乎!"因尽诚协赞。及义兵起,庆远常居帷幄为谋主。

　　中兴元年,西台选为黄门郎,迁冠军将军、征东长史。从军东下,身先士卒。高祖行营垒,见庆远顿舍严整,每叹曰:"人人若是,吾又何忧。"建康城平,入为侍中,领前军将军,带淮陵、齐昌二郡太守。城内尝夜失火,禁中惊惧,高祖时居宫中,悉敛诸钥,问:"柳侍中何在。"庆远至,悉付之。其见任如此。

　　霸府建,以为太尉从事中郎。高祖受禅,迁散骑常侍、右卫将军,加征虏将军,封重安侯,食邑千户。母忧去职,以本官起之,固辞不拜。天监二年,迁中领军,改封云杜侯。四年,出为使持节、都督雍梁南北秦四州诸军事、征虏将军、宁蛮校尉、雍州刺史。高祖饯于新亭,谓曰:"卿衣锦还乡,朕无西顾之忧矣。"

七年,征为护军将军,领太子庶子。未赴职,仍迁通直散骑常侍、右将军,领右骁骑将军。至京都,值魏宿预城请降,受诏为援,于是假节守淮阴。魏军退。八年,还京师,迁散骑常侍、太子詹事、雍州大中正。十年,迁侍中、领军将军,给扶,并鼓吹、部。十二年,迁安北将军、宁蛮校尉、雍州刺史。庆远重为本州,颇历清节[2],士庶怀之。明年春,卒,时年五十七。

——选自《梁书》(有删节),姚思廉撰,中华书局,1973年

注释

[1] 俄而:不久。
[2] 清节:清廉坚贞的节气。

译文

柳庆远,字文和,河东郡解县人。他的伯父柳元景,是南朝宋的太尉。

柳庆远起家于郢州主簿,在南朝齐初年做尚书都官郎、大司马中兵参军、建武将军、魏兴太守。辖郡遭遇大水,冲走了很多百姓,军内官吏请求迁徙百姓,祭祀废城。柳庆远说:"天降雨水,难道是城所能预知的!我听说江河涨长不会超过三天,这也不是什么值得忧虑的事。"于是柳庆远下令夯筑土方固堤固城筑土就是了。不久大水过去了,百姓都敬服他有远见。后来柳庆远入京做长水校尉,后又出京做平北录事参军、襄阳令。

高祖到雍州的时候,问京兆人杜恽寻找可任州署中的属官的人,杜恽推荐了柳庆远。高祖说:"文和我已经知道了,我所问的是我不知道的人。"于是柳庆远被征召做了别驾从事史。朝齐正多难多事,柳庆远对他所亲近的人说:"当今天下将要生乱,英雄豪杰一定会出现,来庇佑百姓,奠定霸业,这就是我们的国君啊!"于是他尽心尽力地帮助高祖。等到义兵起事的时候,柳庆远常常在帷幄之中做谋划者。

中兴元年，西台选他做黄门郎，升任冠军将军、征东长史。随从大军向东进发，他身先士卒。高祖巡视军营，见柳庆远住所严整，常常慨叹说："如果人人都像他这样，我又何必担忧呢。"建康城被平定的时候，柳庆远入京做侍中，兼任前军将军以及淮陵、齐昌二郡太守。城内曾经在夜里失火，都城中的人都非常惊惧，高祖当时住在宫中，把所有的钥匙都收起来，问："柳侍中在哪里啊？"柳庆远来到之后，把这些全部交给他。他被高祖信任到如此程度。

高祖的藩王府建立起来以后，任命柳庆远担任太尉从事中郎。高祖即皇帝位后，柳庆远升任散骑常侍、右卫将军，加封征虏将军，封重安侯，封地有一千户。后来因为母亲去世而离职，高祖以他的原职起用他，他坚决拒绝不受任命。天监二年，升任中领军，改封云杜侯。天监四年，出京持节做特使，做雍州、梁州、南、北秦州四州都督诸军事、征虏将军、宁蛮校尉、雍州刺史。高祖在新亭为他饯行，对她说："您衣锦还乡，我从此没有西顾的担忧了。"

天监七年，被征召做护军将军，兼任太子庶子。他没有赴职，但仍升任通直散骑常侍、右卫将军，兼任右骁骑将军。到京都，正遇上北魏的宿预城请求降齐，柳庆远接受诏令做他的援手，于是他又持节镇守淮阴。北魏军队撤退。天监八年，回到京师，升任散骑常侍、太子詹事、雍州大中正。天监十年，升任侍中、领军将军，皇帝特赐给扶礼遇，和一队鼓吹。天监十二年，升任安北将军、宁蛮校尉、雍州刺史。柳庆远重新做了原籍的太守，清廉坚贞的节气非常一贯，士人百姓都很感念他。第二年春天，去世，享年五十七岁。

三十三　聊斋志异·山市

【导读】

蒲松龄(1640—1715),字留仙,一字剑臣,号柳泉居士,世称"聊斋先生",山东淄川(今山东省淄博市)人。蒲松龄一生屡试不第,生活不裕,直至71岁时才成岁贡生。他是清代著名文学家、短篇小说家,代表作为文言文短篇小说集《聊斋志异》。另外,还有大量诗文、戏剧、俚曲以及有关农业、医药方面的著述存世。计有文集13卷,400余篇;诗集6卷,1000余首;词1卷,100余阕;戏本3出;俚曲14种,以及《农桑经》《日用俗字》《省身语录》《药崇书》《伤寒药性赋》《草木传》等多种杂著,总近200万言。郭沫若曾评价:"写鬼写妖高人一等,刺贪刺虐入骨三分。"老舍也评价:"鬼狐有性格,笑骂成文章。"

《聊斋志异》简称《聊斋》,俗名《鬼狐传》。聊斋,指蒲松龄的书房;志异指记录奇异的故事。全书共有短篇小说491篇左右。题材广泛,内容丰富,有极高的艺术成就。作品成功地塑造了众多的艺术典型,人物形象鲜明生动,故事情节曲折离奇,结构布局严谨巧妙,文笔简练,描写细腻,堪称文言短篇小说的巅峰之作,对当时的社会、政治多所批判。

奂山[1]山市[2],邑[3]八景之一也,然[4]数[5]年恒[6]不一见。孙公子禹年[7],与同人[8]饮[9]楼上,忽见山头有孤塔耸起[10],高插青冥[11]。相顾[12]惊疑,念[13]近中无此禅院[14]。无何[15],见宫殿数十所,碧瓦飞甍[16],始悟[17]为山市。未几[18]高垣睥睨[19],连亘[20]六七里,居然城郭[21]矣。中有楼若者[22]、堂若者[23]、坊若者[24],历历在目[25],以[26]亿万计。忽大风起,尘气莽莽然[27],城市依稀[28]而已。既而[29]风定天清[30],一切乌有[31];惟危楼[32]一座,直接[33]霄汉[34]。楼五架,窗扉[35]皆[36]洞开[37],一行有五点明[38]处,楼外天也。层层指数:楼愈高,则明渐小;数至八层,裁如星点[39],又其上,则黯然缥缈[40],不可计其层次矣。而[41]楼上人往来屑屑[42],或[43]

凭[44]或立,不一状[45]。逾时[46],楼渐低,可见其顶,又渐如常楼,又渐如高舍,倏忽[47]如拳如豆,遂[48]不可见。又闻有早行[49]者,见山上人烟市肆[50],与世无别[51],故又名"鬼市"云。

——选自《聊斋志异》,蒲松龄著,张式铭标点,岳麓书社,1988年

注释

[1] 奂山:山名。旧淄川县有奂山,也写作焕山。

[2] 山市:山市蜃景,与"海市蜃楼"相似。

[3] 邑:县。这里指清代淄川县,今属淄博市。

[4] 然:但是。

[5] 数:几。

[6] 恒:经常。

[7] 孙公子禹年:对孙禹年的尊称。公子,旧时用来称呼豪门贵族子弟。

[8] 同人:共事的人或志同道合的友人。

[9] 饮:喝酒。

[10] 孤塔耸起:意思是孤零零的一座塔耸立起来。

[11] 青冥(míng):青天,天空。青,形容天空的颜色。冥,形容天高远无穷的样子。

[12] 相顾:你看看我,我看看你。

[13] 念:想。

[14] 禅院:佛寺。禅,佛教用语,表示与佛教有关的事物。

[15] 无何:不久,不一会儿。

[16] 碧瓦飞甍(méng):青色的瓦和翘起的屋檐。飞甍,两端翘起的房脊。甍,房脊。

[17] 始悟:才明白。始,才。悟,明白。

[18] 未几:不久,不一会儿。与前边的"无何"含义相同。

[19] 高垣睥睨(pì nì):高高低低的城墙。高垣,高墙。睥睨,又写作"埤堄"。指女墙,即城墙上呈凹凸形的矮墙。

[20] 连亘(gèn):连绵不断。

[21] 居然城郭:竟然变成一座城郭了。居然,竟然。城郭,城市。

[22] 中有楼若者:其中有的像楼。

[23] 堂若者:有的像厅堂。堂,厅堂。

[24] 坊若者：有的像牌坊。坊，街巷、店铺。

[25] 历历在目：清晰地出现在眼前。

[26] 以：用。

[27] 莽莽然：一片迷茫的样子。莽莽，一片迷茫。

[28] 依稀：隐隐约约。

[29] 既而：不久。

[30] 风定天清：大风停止，天空晴朗。

[31] 一切乌有：这个词用来形容什么都没有，或者也可以用来形容漏得或者消磨、消耗得所剩无几。现指，所有的景象都没有了。乌有，虚幻，不存在。乌，同"无"。

[32] 危楼：高楼。危，高。

[33] 直接：连接。

[34] 霄汉：云霄与天河。

[35] 窗扉：窗户。

[36] 皆：都。

[37] 洞开：敞开。

[38] 明：光亮。

[39] 裁如星点：才像星星那么小。裁，通"才"，仅仅。

[40] 黯然缥缈：黯淡下来，隐隐约约，若有若无。黯然，昏暗的样子缥缈，隐隐约约，若有若无，又作"飘渺"。

[41] 而：然后。

[42] 往来屑屑：形容来往匆匆。屑屑，忙碌的样子。

[43] 或：有的人。

[44] 凭：靠着。

[45] 不一状：形态不一。

[46] 逾时：过了一会儿。

[47] 倏忽：突然。

[48] 遂：终于。

[49] 行：赶路，另一说行也为走的意思。

[50] 人烟市肆：人家和集市。市肆，集市。肆，店铺。

[51] 与世无别：跟尘世上的情形没有什么区别。

译文

奂山的山市，是淄川县有名的八景之一，但好几年也难得见到一次。有位名叫孙禹年的公子，同几位志同道合朋友在楼上饮酒，忽然看见奂山山头有一座孤零零塔耸立起来，高高地插入青天。大家面面相觑，惊疑不定，心想附近并没有这么个禅院。没过多久，又出现了几十座高大的宫殿，碧绿色的琉璃瓦，飞翘的殿檐，人们这才明白是出现山市。不到一会儿，只见一座高高低低的城墙，连绵不断有六七里长，竟然像一座城市。其中景物有像楼一样的，有像厅堂一样的，有像街巷一样的，一个个清晰地出现在眼前，多得可以用亿万来计算。忽然，一阵大风刮起，空气中的尘土之大，城市变得隐隐约约。接着，风停了，天空又变得晴朗起来，刚才的一切都消失了，只有一座高楼，直插云霄，这座楼每层有五间，门窗全都是大开着的；每一行都有五处明亮的地方，透露出那是楼那边的天空。一层层地指着数，楼越高亮点越小，数到第八层，亮点才如星星一般大了；又往上数，就昏暗得看不分明，没法计算层次了。楼上的人往来匆匆，有靠着的，有站立的，形态各不一样。过了一会儿，楼渐渐低矮下来，可以看见楼顶了，慢慢地又像平常的高楼一样了，又渐渐地像座高房子，突然间又只像拳头那么大，像豆粒那么小，接着就什么也看不见了。又听说有起早赶路的人，看见山上有店铺集市人来人往，和人世间没有两样，所以又叫"鬼市"。

三十四　列子·偃师造人

【导读】

列子(生卒年已不可考)即列御寇,又名圄(yǔ)寇、圉(yǔ)寇,郑国人,战国时期哲学家、思想家、文学家,道家代表人物。思想上崇尚虚无缥缈,生前被称作"有道之士"。古书中有他御风而行的记载,这是他潇洒的一面。然而现实中的列子则时常处于困顿之中。《吕氏春秋·观世篇》说:"子列子穷,容貌有饥色。"但他穷得非常有骨气,坚决拒绝郑国暴虐的执政者阳子馈赠的粮食。他认为应摆脱人世间贵贱、名利的羁绊,清静修道;主张循名责实、无为而治。

《列子》又名《冲虚经》,是列子、列子弟子、列子后学著作的汇编,道家重要典籍,也是中国古代思想文化史上著名的典籍。全书8篇,140章,由哲理散文、寓言故事、神话故事、历史故事组成。每篇文字,不论长短,都自成系统,各有主题,篇篇珠玉,浅显易懂,读来妙趣横生,隽永味长,发人深思。《列子》上承老子,下启庄子,对中国哲学史、思想史的发展有重要影响。列子在老子"道"的基础上,把中国古代的唯物主义学说和辩证法思想推向一个崭新的阶段,并且能够用它们解释社会,阐释人生,具有宝贵的借鉴价值。

本文篇名是编者所加。

周穆王西巡狩[1],越昆仑,不至弇山[2],反还。未及中国,道有献工人名偃师[3]。穆王荐之[4],问曰:"若有何能?"偃师曰:"臣唯命所试。然臣已有所造,愿王先观之。"穆王曰:"日以俱来[5],吾与若俱观之。"越日偃师谒见王。王荐之,曰:"若与偕来者何人邪?"对曰:"臣之所造能倡者[6]。"穆王惊视之,趋步俯仰,信人也[7]。巧夫顉其颐[8],则歌合律;捧其手,则舞应节[9]。千变万化,惟意所适。王以为实人也,与盛姬内御并观之[10]。技将终,倡者瞬其目而招王之左右侍妾[11]。王大怒,立欲诛偃师。偃师大慑[12],立剖散倡者以示王,皆傅会革、木、胶、漆、白、黑、丹、青之所为[13]。

王谛料之[14],内则肝胆、心肺、脾肾、肠胃,外则筋骨、支节、皮毛、齿发,皆假物也,而无不毕具者。合会复如初见。王试废其心,则口不能言;废其肝,则目不能视;废其肾,则足不能步。穆王始悦而叹曰:"人之巧乃可与造化者同功乎[15]?"诏贰车载之以归[16]。

夫班输之云梯[17],墨翟之飞鸢[18],自谓能之极也。弟子东门贾、禽滑釐[19]闻偃师之巧以告二子,二子终身不敢语艺,而时执规矩[20]。

——选自《列子》(有删节),景中译注,中华书局,2007年

注释

[1] 周穆王:姓姬,名满,昭王之子,周王朝第五位帝王。他是中国古代历史上最富于传奇色彩的帝王之一,世称"穆天子",关于他的传说层出不穷,最著名的则是《穆天子传》。巡狩:古代帝王以打猎为名巡视四方。

[2] 弇(yǎn)山:古代传说中的山名,亦即崦嵫(yān zī)山。

[3] 工人:工巧之人。偃(yǎn 演)师:人名,疑为《列子》中虚拟的人物。

[4] 荐:接见。

[5] 日:他日。

[6] 倡:俳优,指歌舞杂耍艺人。

[7] 信人:可信之人,真实之人。

[8] 颌(hàn):摇动。颐:面颊,这里实指头部。

[9] 节:韵律。

[10] 盛姬:穆王钟爱的美人。内御:妃嫔。

[11] 瞬其目:原义为眨着眼睛,这里应解释为以眼睛的活动作为挑逗或传情。瞬,眨眼。

[12] 慑:恐惧。

[13] 傅会:综合在一起。傅,通"附"。

[14] 谛料:认真检查。

[15] 造化者:天地。

[16] 诏:命令,派遣。贰车:副车,随从的车。

[17] 班输:人名,公输氏,名班,即鲁班,春秋时代鲁国人,著名的建筑工匠。曾经制造攻城的云梯。

[18] 墨翟(dí):人名,即墨子,墨家学派的创始人。飞鸢(yuān):鸟名,亦称老鹰或黑耳鹰。这里指人工造的飞鸢。

[19] 东门贾(gǔ):人名,为鲁班弟子。禽滑(gǔ)釐(lí):人名,为墨翟弟子。

[20] 规矩：一种工具，用以校正方或圆。

译文

周穆王到西部地区巡行视察，翻越昆仑山，到了弇山（相传为太阳落山的地方）。在返回的时候，尚未到达国境，路上碰见了一个自愿奉献技艺的人，名叫偃师。穆王接见了他，问他说："你有什么技能？"偃师回答道："不管大王叫我制作什么，我都可以尝试。不过，我已经制作了一样东西，希望大王先观赏一下。"穆王说："明天你把它带来，我同你一起观赏。"第二天，偃师拜见穆王。穆王接见了他，说："与你一起来的是什么人呀？"偃师答道："这就是我所制作的能歌善舞的伎艺人。"穆王惊讶地注视着它，只见它快跑慢走，俯身抬头，的确像个真人。其巧妙之处，还在于摇晃着脑袋，便唱出歌，歌声符合音律；举起双手就能舞蹈，舞姿合于节拍。真是千变万化，任由你所想，都会有相应的动作。穆王以为它是一个真实的人，便召唤宠爱的盛姬和嫔妃们一起来欣赏它的表演。伎艺表演即将结束时，伎艺人用眼色挑逗、勾引穆王身边的嫔妃。穆王大怒，立时要杀偃师。偃师万分惧怕，立即拆散伎艺人的躯体展示给穆王看，原来全是用皮革、木块、胶水、油漆和白垩、黑炭、丹砂、靛青等材料组合而成的。穆王仔细地检查，体内有肝胆、心肺、脾肾、肠胃，体外有筋骨、肢节、皮毛、牙齿、头发，虽然全都是假的，却与人体一样，什么都完备。加以组装整合之后，又像原先见到的那个艺人了。穆王试着拿掉它的心脏，它的嘴巴就不会说话了；拿掉它的肝脏，它的眼睛就不会看东西了；拿掉它的肾脏，它的双脚就不会走路了。穆王这时高兴地赞叹说："人的技艺之巧妙，同自然造化的奇功差不多了吧？"于是下令，命副车载着人造的伎艺人回国。

著名建筑工匠鲁班制造云梯，墨翟用木头制作飞鸢，都自认为技能技巧已达到最高水平了。他们的学生东门贾、禽滑釐听到了偃师巧制伎艺人的事，便分别向他们的老师报告。鲁班和墨翟听了，从此再也不敢谈论技艺，只是守着圆规、方矩等木工工具，老老实实地做些实事。

三十五 林泉高致·山水训

【导读】

郭熙,生卒年不详。字淳夫,河阳(今河南)温县人。北宋画家、画论家。官至翰林待诏直长。擅画山水,师五代李成,自成一家,深得神宗恩宠,有"评为天下第一"之说(见《画记》)。

《林泉高致》,又名《林泉高致集》,是郭熙山水画创作的一篇经验总结,由其子郭思根据郭熙的遗墨整理而成,共六篇,即《山水训》《画意》《画诀》《画格拾遗》《画题》《画记》。其中《画格拾遗》为郭思所作,记载了郭熙几种画的真迹;《画记》是郭思根据其父的遗笔撰述的,记载了郭熙在宫中绘画及受到神宗宠遇的事迹,基本上可以看成是郭思的作品。《林泉高致》涉及面很宽,有关山水画的方方面面,从起源、功能到具体创作时构思、构图、形象塑造、笔墨运用,以及观察方法等,都有很好的说明。不少地方发前人所未发。《山水训》一节集中叙述郭熙山水画创作经验和主张,认为人们生在太平盛世,想要"苟洁一身",不一定去隐居归向大自然,借助好的山水画,完全可以不下堂奥而坐穷泉壑。另外还讲述了山水画家如何观察大自然、如何汲取素材、如何继承传统和如何表现。

山,大物也[1],其形欲耸拨,欲偃蹇[2],欲轩豁,欲箕踞[3],欲磅礴[4],欲浑厚,欲雄豪,欲精神,欲严重[5],欲顾盼,欲朝揖,欲上有盖[6],欲下有乘[7],欲前有据,欲后有倚,欲下瞰而若临观,欲下游而若指麾[8],此山之大体也。

水,活物也[9],其形欲深静[10],欲柔滑,欲汪洋,欲回环,欲肥腻[11],欲喷薄[12],欲激射,欲多泉,欲远流,欲瀑布插天,欲溅扑入地[13],欲渔钓怡怡[14],欲草木欣欣[15],欲挟烟云而秀媚,欲照溪谷而光辉,此水之活体也。

山以水为血脉[16],以草木为毛发,以烟云为神彩,故山得水而活,得草木而华,得烟云而秀媚。水以山为面,以亭榭为眉目,以渔钓为精神[17],故水得山而媚,得亭榭而明快,得渔钓而旷落,此山水之布置也[18]。

山有高有下,高者血脉在下,其肩股开张[19],基脚壮厚[20],峦岫冈势,培拥相勾连[21],映带不绝[22],此高山也。故如是,高山谓之不孤,谓之不仆[23]。下者血脉在上,其颠半落,项领相攀[24],根基庞大,堆阜臃肿[25],直下深插,莫测其浅深,此浅山也。故如是,浅山谓之不薄,谓之不泄[26]。高山而孤,体干有仆之理,浅山而薄,神气有泄之理,此山水之体裁也[27]。

山得水而活,水得山而媚。

石者,天地之骨也,骨贵坚深而不浅露。水者,天地之血也,血贵周流而不凝滞[28]。

山无烟云,如春无花草。

山无云则不秀,无水则不媚,无道路则不活[29],无林木则不生,无深远则浅,无平远则近,无高远则下。

山有三远:自山下而仰山颠,谓之高远;自山前而窥山后,谓之深远;自近山而望远山,谓之平远。高远之色清明[30],深远之色重晦[31];平远之色有明有晦;高远之势突兀,深远之意重叠,平远之意冲融而缥缈[32]。其人物之在三远也,高远者明了,深远者细碎,平远者冲澹。明了者不短,细碎者不长,冲澹者不大,此三远也。

山有三大,山大于木,木大于人。山不数十百如木之大,则山不大;木不数十百如人之大,则木不大。木之所以比夫人者,先自其叶,而人之所以比夫木者,先自其头。木叶若干可以敌人之头,人之头自若干叶而成之,则人之大小、木之大小、山之大小,自此而皆中程度[33],此三大也。

——选自《林泉高致》,郭熙著,张琼元编著,黄山书社,2015 年

注释

[1] 大物:山是体态大的物体。

[2] 偃蹇(yǎn jiǎn):不恭的样子。这里指山形起伏跌宕。

[3] 箕踞:古人席地而坐,随意伸开两腿,像个簸箕,是一种不拘礼节、傲慢不敬的坐法;这里形容山。

[4] 盘礴:据持牢固的样子。

[5] 严重:形容山势危险。

[6] 盖:车顶上供遮阳避雨用的伞状物。

[7] 乘:驾有多匹马的车。

[8] 指麾:同"指挥"。

[9] 活物:水是不停流动的物体。

[10] 深静:形容水深而静。

[11] 肥腻:细润。

[12] 喷薄:汹涌激荡。

[13] 溅扑:迸溅。

[14] 怡怡:和悦、愉快的样子。

[15] 欣欣:欣喜貌。

[16] 血脉:贯通事物的脉络。

[17] 精神:活跃,有生气。

[18] 布置:布局,构思。

[19] 肩股:腰际及左右,这里指山之中部。

[20] 基脚:墙根,墙脚,这里指山之最下部。

[21] 峦岫:山峰。培拥:扶持、簇拥。

[22] 映带不绝:景物互相衬托,绵延不绝。

[23] 不仆:不扑倒。

[24] 项领:指颈。

[25] 堆阜:小丘。臃肿:形容物体粗大笨重。

[26] 不泄:散发,指山势松散。

[27] 体裁:此谓山水画结构布局的方法。

[28] 周流:不停地流动。凝滞:停留不动,不灵活。

[29] 活:有生气。

[30] 清明:清澈明净。

[31] 重晦:深重晦暗。

[32] 冲融:充溢弥漫。

[33] 程度:程式,标准。

译文

山是体态大的物体。它的形状像要往上挺立,要往下跌宕,要轩敞豁达,要盘踞大地,要浑然厚重,要雄壮豪迈,要精神焕发,要严谨庄重,要四面顾盼,要相向相揖,要上有覆盖,要下有乘载,要前有所依凭,要后有所倚靠,要从上看有如亲临观察,要往下看有如亲往指挥:这就是山的大概体势。

水是不停流动的物体。它的形状像要深静,要细柔平滑,要汪洋,要环流,要细润,要喷薄,要激射,要多泉,要远流,要作瀑布插入云天,要作水珠奔扑入地,要有渔钓和乐之境,要有草木繁盛之貌,要挟裹烟云显得秀媚,要照耀溪谷充满光辉:这就是水的活体。

山用水作它的血脉,用草木作它的毛发,用烟云作它的神采;所以山因有水而活,因有草木而华,因有烟云而秀媚。水用山作它的脸面,用亭榭作它的眉目,用渔钓作它的精神;所以水因有山而秀美,因有亭榭而明快,因有渔钓而旷达:这是山水画的布置之法。

山有高有下:高山的血脉在下面,它的肩股开张,基脚壮厚,岭峦冈势相互簇拥勾连,绵延不绝,这是高山的特点;所以像这样的高山,叫作不孤立,叫作不扑倒。浅山血脉在上面,它的巅顶逞半落之势,其上部相互攀缘,根基庞大,小山聚集,而从上直下深插入地中,不能探测它的浅深,这就是浅山;所以像这样的浅山,叫作不薄,叫作不泄。高山而孤立,体干就会仆倒;浅山而意薄,山的神气就会泄露。这是画山水结构布局和剪裁的方法。

山遇水则变灵活,水遇山则变娇媚。

岩石是天地的骨骼,骨骼的重要之点在于坚固深藏而不浅露。水是天地的血脉,血脉的重要之点在于遍体流动而不凝滞。

山没有烟云,就像春天没有花草。

山无云就不秀,无水就不媚,无道路就不活,无林木就没有生气,无深远就浅,无平远就近,无高远就下。

山有三远:从山下仰望山顶叫作高远,从山前窥视山后叫作深远,从近山遥望远山叫作平远;高远的颜色清明,深远的颜色晦暗,平远的颜色有明有晦;高远之势突兀,深远之意重叠,平远之意冲淡融和而若有若无。画中的人和物在这三远的情形下,高远的人物明了,深远的人物细碎,平远的人物冲淡;明了的不短,细碎的不长,冲淡的不大。这就是三远的画法。

　　山有三大:山比树木大,树木比人大。山如果不比树木大数十倍,山就不大;树木如果不比人大数十倍,树木就不大。树木用以和人相比的,先用它的叶来比,而人用以和树木相比的,先用他的头来比。树木的若干叶子可以与人的头相当,人的头像若干树叶一般大而画成,那么人的大小,树木的大小,山的大小,就都符合绘画的程式比例了。这是三大的画法。

三十六 临川先生集·游褒禅山记

【导读】

王安石(1021—1086),字介甫,号半山,谥文,封荆国公,世人又称王荆公。北宋抚州临川人(今江西省抚州市)人,北宋著名政治家、思想家、文学家、改革家,唐宋八大家之一,其诗文各体兼擅。欧阳修称赞王安石:"翰林风月三千首,吏部文章二百年。老去自怜心尚在,后来谁与子争先。"

《临川先生集》是其著述的汇总。其散文论点鲜明、逻辑严密,有很强的说服力,充分发挥了古文的实际功用;其短文简洁峻切、短小精悍;其诗"学杜得其瘦硬",擅长说理与修辞。晚年诗风含蓄深沉、深婉不迫,以丰神远韵的风格在北宋诗坛自成一家,世称"王荆公体"。

褒禅山亦谓之华山。唐浮图慧褒始舍于其址[1],而卒葬之[2],以故其后名之曰"褒禅"[3]。今所谓慧空禅院者,褒之庐冢也[4]。距其院东五里。所谓华山洞者,以其乃华山之阳名之也[5]。距洞百余步,有碑仆道,其文漫灭[6],独其为文犹可识,曰"花山"。今言"华"如"华实"之"华"者,盖音谬也[7]。

其下平旷,有泉侧出,而记游者甚众,所谓"前洞"也。由山以上五六里,有穴窈然[8],入之甚寒,问其深,则其好游者不能穷也,谓之"后洞"。予与四人拥火以入[9],入之愈深,其进愈难,而其见愈奇。有怠而欲出者,曰:"不出,火且尽。"遂与之俱出。盖予所至,比好游者尚不能十一,然视其左右,来而记之者已少。盖其又深,则其至又加少矣。方是时,予之力尚足以入,火尚足以明也。既其出,则或咎其欲出者,而予亦悔其随之,而不得极夫游之乐也。

于是予有叹焉。古人之观于天地、山川、草木、虫鱼、鸟兽,往往有得,以其求思之深而无不在也[10]。夫夷以近[11],则游者众;险以远,则至者少。而世之奇伟、瑰怪、非常之观,常在于险远,而人之所罕至焉。故非有志者,不能至也;有志矣,不随以止也,然力不足者,亦不能至也;有志与力,而又不随以怠,至于幽暗昏惑而无物以相之[12],亦不能至也。然力足以至焉,于人为可讥,而在己为有悔;尽吾志也而不能至者,可以无悔矣,其孰能讥之乎?此予之所得也。

予于仆碑,又以悲夫古书之不存,后世之谬其传而莫能名者,何可胜道也哉!此所以学者不可以不深思而慎取之也[13]。

四人者:庐陵萧君圭君玉,长乐王回深父[14],予弟安国平父、安上纯父。

——选自《古文观上》,吴楚材、吴调侯编选,上海古籍出版社,2002 年

注释

[1] 浮图:梵(fàn)语(古印度语)音译词,也写作"浮屠"或"佛图",本意是佛或佛教徒,这里指和尚。慧褒:唐代高僧。址:地基,基部。

[2] 卒:最终。

[3] 禅:梵语译音"禅那"的简称,意思是"静思",指佛家追求的一种境界,后来泛指有关佛教的人和事物。

[4] 庐冢(zhǒng):古时为了表示孝敬父母或尊敬师长,在他们死后的服丧期间,为守护坟墓而盖的屋舍,也称"庐墓"。这里指慧褒弟子在慧褒墓旁盖的屋舍。

[5] 阳:山的南面。古代称山的南面、水的北面为"阳",山的背面、水的南面为"阴"。

[6] 漫灭:指因风化剥落而模糊不清。

[7] 盖:承接上文,解释原因,有"大概因为"的意思。

[8] 窈(yǎo)然:深远幽暗的样子。

[9] 拥:持,拿。

[10] 求思:探求、思索。

[11] 夷:平坦。

[12] 幽暗昏惑:幽深昏暗,叫人迷乱(的地方)。昏惑:迷乱。相(xiàng):帮助,辅助。

[13] 慎取:谨慎取舍。

[14] 父:通"甫",下文的"平父""纯父"的"父"同。

[15] 至和元年:1054 年。至和,宋仁宗的年号。

[16] 临川:今江西临川。王某:王安石。古人作文起稿,写到自己的名字,往往只作"某",或者在"某"上冠姓,以后在誊写时才把姓名写出。

译文

  褒禅山也称为华山。唐代和尚慧褒当初在这里筑室居住,死后又葬在那里,因为这个缘故,后人就称此山为褒禅山。如今人们所说的慧空禅院,就是慧褒和尚的墓舍。距离禅院东边五里,是人们所说的华山洞,因为它在华山南面而这样命名。距离山洞一百多步,有一座石碑倒在路旁,上面的文字已被剥蚀、损坏近乎磨灭,只能勉强辨识出"花山"字样。如今将"华"读为"华实"的"华",是因字同而产生的读音上的错误。

  由此向下的那个山洞平坦而空阔,有一股山泉从旁边涌出,在这里游览、题记的人很多,叫作"前洞"。经由山路向上五六里,有个洞穴,一派幽深的样子,进去便感到寒气逼人,打问它的深度,就是那些喜欢游险的人也未能走到尽头——这是人们所说的"后洞"。我与四个人打着火把走进去,进去越深,前进越困难,而所见到的景象越奇妙。有个懈怠而想退出的伙伴说:"再不出去,火把就要熄灭了。"于是,只好都跟他退出来。我们走进去的深度,比起那些喜欢游险的人来,大概还不足十分之一,然而看看左右的石壁,来此而题记的人已经很少了。洞内更深的地方,大概来到的游人就更少了。当决定从洞内退出时,我的体力还足够前进,火把还能够继续照明。我们出洞以后,就有人埋怨那主张退出的人,我也后悔跟他出来,而未能极尽游洞的乐趣。

  对于这件事我有所感慨。古人观察天地、山川、草木、虫鱼、鸟兽,往往有所得益,是因为他们探究、思考深邃而且广泛。平坦而又近的地方,前来游览的人便多;危险而又远的地方,前来游览的人便少。但是世上奇妙雄伟、珍异奇特、非同寻常的景观,常常在那险阻、僻远,少有人至的地方,所以,不是有意志的人是不能到达的。虽然有了志气,也不盲从别人而停止,但是体力不足的,也不能到达。有了志气与体力,也不盲从别人、有所懈怠,但到了那幽深昏暗而使人感到模糊迷惑的地方却没有必要的物件来支持,也不能到达。可是,力量足以达到目的而未能达到,在别人看来是可以讥笑的,在自己来说也是有所悔恨的;尽了自己的主观努力而未能达到,便可

145

以无所悔恨,这难道谁还能讥笑吗?这就是我这次游山的收获。

我感于那座倒地的石碑,又感叹古代刻写的文献未能存留,后世讹传而无人弄清其真相的事,哪能说得完呢?这就是学者不可不深入思考而谨慎地援用资料的缘故。

同游的四个人是:庐陵人萧君圭,字君玉;长乐人王回,字深甫;我的弟弟王安国,字平甫;王安上,字纯甫。至和元年七月,临川人王安石记。

三十七　柳河东集·至小丘西小石潭记

【导读】

柳宗元(773—819),字子厚,唐代河东(今山西省永济市)人,世称"柳河东""河东先生"。因官终柳州刺史,又称"柳柳州""柳愚溪",唐代文学家、哲学家、政治家和思想家。在文学上,他发起散文革新运动,倡导内容充实形式生动的文章,反对追求形式、内容空洞的文风。一生共留下600余篇诗文作品。其中,诗歌有140余首,骈文有近百篇,古文大致包括论说、寓言、传记、山水游记、诗词骚赋等类。他重视文章的内容,主张文以明道,认为"道"应于国于民有利,切实可行。他注重文学的社会功能,强调文须有益于世。他提倡思想内容与艺术形式的完美结合,指出写作必须持认真严肃的态度,强调作家道德修养的重要性。在诗歌理论方面,他继承了刘勰标举"比兴"和陈子昂提倡"兴寄"的传统。与白居易《与元九书》中关于讽喻诗的主张一致。他与韩愈并称为"韩柳",与刘禹锡并称"刘柳",与王维、孟浩然、韦应物并称"王孟韦柳",与唐代的韩愈、宋代的欧阳修、苏洵、苏轼、苏辙、王安石、曾巩并称为"唐宋八大家"。

　　从小丘西行百二十步[1]。隔篁竹[2]。闻水声。如鸣珮环[3]。心乐之[4]。伐竹取道[5]。下见小潭。水尤清冽。全石以为底。近岸。卷石底以出。为坻[6]为屿[7]。为嵁[8]为岩。青树翠蔓[9]。蒙络摇缀。参差披拂[10]。潭中鱼可百许头[11]。皆若空游无所依[12]。日光下澈[13]。影布石上。怡然不动[14]。俶尔远逝[15]。往来翕忽[16]。似与游者相乐。潭西南而望。斗折蛇行[17]。明灭可见。其岸势犬牙差互[18]。不可知其源。坐潭上。四面竹树环合。寂寥无人。凄神寒骨。悄怆幽邃[19]。以其境过清。不可久居,乃记之而去。同游者吴武陵龚古,余弟宗玄欤。隶而从者[20]。崔氏二小生。曰恕己。曰奉壹。

——选自《柳河东集》,柳宗元著,上海古籍出版社,2008年

注释

[1] 从:自,由。小丘:小山丘(在小石潭东边)。行:走。

[2] 篁(huáng)竹:成林的竹子。

[3] 鸣:使……发出声音。

[4] 乐:以……为乐,对……感到快乐。

[5] 取:开辟。

[6] 坻(chí):水中高地。

[7] 屿:小岛。

[8] 嵁(kān):不平的岩石。

[9] 翠蔓:翠绿的藤蔓。

[10] 蒙络摇缀,参差披拂:覆盖缠绕,摇动下垂,参差不齐,随风飘动。

[11] 可:大约。许:用在数词后表示约数,相当于同样用法的"来"。

[12] 空:在空中,名词作状语。

[13] 澈:穿透,一作"彻"。

[14] 怡(yǐ)然:呆呆的样子。

[15] 俶尔:忽然。

[16] 翕(xī)忽:轻快敏捷的样子。翕,迅疾。

[17] 斗折:像北斗七星那样曲折。蛇行:像蛇爬行那样弯曲。

[18] 差互:互相交错。

[19] 悄怆(qiǎo chuàng):忧伤的样子。邃(suì):深。

[20] 隶而从者:跟着同去的人。

译文

　　从小丘向西走一百二十多步,隔着竹林,可以听到水声,就像人身上佩带的玉环相碰击发出的声音,我心里感到高兴。砍倒竹子,开辟出一条道路,沿路走下去看见一个小潭,潭水格外清凉。小潭以整块石头为底,靠近岸边,石底有些部分翻卷过来露出水面。成了水中高地、小岛、不平的岩石和石岩等各种不同的形状。青翠的树木,翠绿的藤蔓,遮掩缠绕,摇动下垂,参差不齐,随风飘拂。潭中的鱼大约有一百来条,都好像在空中游动,什么依靠都没有。阳光直照到水底,鱼影映在石上,呆呆地一动不动，忽然间向远处游去了，来来往往，轻快敏捷，好像和游玩的人互相取乐。向小石潭的西南方望去，看到溪水像北斗星那样曲折，水流像蛇那样蜿蜒前行，时而看得见，时而看不见。两岸的地势像狗的牙齿那样相互交错，不能知道溪水的源头。坐在潭边，四面环绕合抱着竹林和树林，寂静寥落，空无一人。使人感到心情凄凉，寒气入骨，幽静深远，弥漫着忧伤的气息。因为这里的环境太凄清，不可长久停留，于是记下了这里的情景就离开了。一起去游玩的人有吴武陵、龚古、我的弟弟宗玄。跟着同去的有姓崔的两个年轻人。一个叫作恕己，一个叫作奉壹。

三十八　六如居士集·菊隐记

【导读】

唐寅(1470—1523),字伯虎,一字子畏,号六如居士、桃花庵主、逃禅仙吏,江苏吴县(今江苏省苏州市)人。据传于明宪宗成化六年庚寅年寅月寅日寅时生,故名唐寅。唐寅自幼聪敏,熟读经书,16岁时参加童试,第一案首。明孝宗弘治十一年(1498)举人第一,世称唐解元。唐伯虎才气横溢,诗书画并称"三绝",同当时的名画家沈周、文徵明、仇英并称"明四家",与祝允明、文徵明、徐祯卿并称"吴中四杰"。他玩世不恭而又才气横溢,文以六朝为宗,诗学刘禹锡、白居易。自明代中期,尤其在江浙地区,市民势力以及随之而来的市民精神重新崛起。作为市民作家的唐寅,为毫无显赫功名政绩的自由职业者写传作记,高扬其济物寿人而又甘处于江湖的生活旨趣和独立人格,表现了一种正在变化中的价值观念。

《六如居士集》又名《唐伯虎全集》。诗文别集,6卷。唐寅诗文真切平易,不拘成法,大量采用口语,意境清新,对人生、社会常常怀着傲岸不平之气。除诗文外,唐寅也尝作曲,多采用民歌形式,由于多方面深厚的文学艺术修养,经历坎坷,见闻广博,对人生、社会的理解较深,所以作品雅俗共赏,声名远扬。

　　君子之处世,不显则隐,隐显则异,而其存心济物,则未有不同者。苟无济物之心,而泛然于杂处隐显之间,其不足为世之轻重也必然矣。君子处世,而不足为世之轻重,是与草木等耳。草木有可以济物者,世犹见重,称为君子;而无济物之心,则又草木之不若也。为君子者,何忍自处于不若草木之地哉?吾于此,重为君子之羞。草木与人,相去万万,而又不若之,则虽显者,亦不足贵;况隐于山林丘壑之中者耶?吾友朱君大泾,世精疡医[1],存心济物,而自号曰菊隐。菊之为物,草木中最微者,隐又君子没世无称之名。朱君,君子也,存心济物,其功甚大,其名甚著,固非所谓泛然杂处于隐显之中者;而乃以草木之微,与君子没世无称之名以自名,其心何耶?盖菊

乃寿人之草,南阳甘谷之事验之矣[2],其生必于荒岑郊野之中,惟隐者得与之近,显贵者或时月一见之而已矣;而医亦寿人之道,必资草木以行其术,然非高蹈之士,不能精而明之也。是朱君因菊以隐者。若称曰:"吾因菊而显。"又曰:"吾足以显夫菊。"适以为菊之累,又何隐显之可较云?余又窃自谓曰:"朱君于余,友也。君隐于菊,而余也隐于酒;对菊命酒,世必有知在陶渊明、刘伯伦者矣[3]。"因绘为图,而并记之。

——选自《六如居士集》,唐寅著,应守岩点校,西泠印社出版社,2012年

注释

[1] 疡医:周代医官名,相当于后世的外科医生。
[2] 南阳甘谷之事:相传南阳甘谷生长的菊花能使人延年益寿。
[3] 刘伯伦:刘伶,字伯伦,西晋竹林七贤之一,性嗜酒。

译文

君子的处世方式是:不论是身处乱世而隐居,还是身处治世而大显身手,虽然"显""隐"不同,但在诚心为社会为百姓做些好事这点上却是相同的。假如并无济世助人之心,而只是一味地跟着人家去"显"去"隐",那你得不到世人的重视也是必然的。一个人在世而得不到世人的重视,便与草木差不多。草木对世人有所帮助,世人也看重它,被称君子;而不想帮助世人的,则不是君子,甚至连草木都不如。一个真君子,哪能处于连草木都不如的境地?如果真的这样,便是真君子的羞耻。草木与人,相差很大,但若不做好事,就是很显贵也不是特别高尚。何况隐藏于山林丘壑之中的人呢?我一个叫朱大泾的朋友一世精通医道,总想帮助别人,起名菊隐。菊作为一种植物,是不很值钱的花草,虽无惊人之貌,但的确是真君子(菊兰竹梅乃花草四君子),他没有对不起自己的名气。朱君,是真君子,诚心要做好事,功夫了得,名气很大,他可不是混杂与世的人,但是他能尽自己微薄的力量,善做好事,从不对

人提及自己的名气。其心地很是善良。菊是使人长寿的花草,在南阳种甘谷的事情已经验证过了。而医道是为人治病,让人长寿的,医术是延年增寿的学问,需借助草木来执行,非隐士不能精通这些草木。朱君用菊花等草药默默地给人看病,并说:"我是用菊花等草药看病而成名的。"又说:"我得名于菊,也深受菊名之累,何谈什么隐显之类的话。"我接着说:"朱君和我,是好朋友,君善于医术,而我则喜欢饮酒,对菊下酒是很开心的事情,世人都知道陶渊明和刘伯伦等人。"于是画下对菊令酒图,并写下此文。

三十九　六祖坛经·悟法传衣

【导读】

惠能(636—713),俗姓卢,祖籍范阳(今河北省定兴县)。惠能幼年丧父,家境贫寒。稍长,每日靠卖柴为生。龙朔元年(661)偶闻弘忍禅师在蕲州黄梅县(今属湖北省)东山寺聚徒讲学,于是前往受业。初在磨坊舂米,后以"菩提本无树,明镜亦非台,本来无一物,何处惹尘埃"偈得弘忍赞赏,被付与禅宗东土初祖菩提达摩所传的袈裟,成为禅宗第六代祖师。惠能以即心即佛、顿悟成佛立说,他创立的禅派最初被称为"南宗",以区别于神秀创立的主张"渐修"的北宗,史称"南顿北渐,南能北秀"。后来北宗衰息,南宗昌行天下,惠能门下分灯为五家七宗,惠能成为中国禅宗的实际创始人。

《六祖坛经》是佛教禅宗祖师惠能说,弟子法海等集录的一部经典。集中体现了六祖慧能的主要思想,是学佛必修经典之一。《坛经》的主要理论是"直指人心,见性成佛";核心理论是空观,即"本来无一物","凡所有相,皆是虚妄";修炼的宗旨是"菩提"即"觉悟"。在修炼方法上,主张顿悟。悟是禅的根本,是禅的灵魂,没有悟性便没有禅。"不立文字"是该经的宗旨;不执着文字,是为了直接接触事物而不受文字干扰。

"能启别驾言:'欲学无上菩提,不得轻于初学。下下人有上上智,上上人有没意智[1]。若轻人,即有无量无边罪[2]。'别驾言:'汝但诵偈,吾为汝书。汝若得法,先须度吾[3],勿忘此言。'

"能偈曰:

菩提本无树,明镜亦非台。

本来无一物,何处惹尘埃!

"书此偈已,徒众总惊,无不嗟讶。各相谓言:'奇哉,不得以貌取人。何得多时使他肉身菩萨[4]！'祖见众人惊怪，恐人损害，遂将鞋擦了偈云：'亦未见性。'众以疑息。

"次日，祖潜至碓坊，见能腰石舂米。语曰：'求道之人，为法忘躯，当如是乎！'即问曰：'米熟也未[5]？'能曰：'米熟久矣，犹欠筛在。'祖以杖击碓三下而去。能即会祖意。三鼓入室。祖以袈裟遮围，不令人见，为说《金刚经》。至'应无所住而生其心[6]'，能言下大悟：一切万法不离自性[7]。遂启祖言：'何期自性本自清净，何期自性本不生灭，何期自性本自具足，何期自性本无动摇，何期自性能生万法。'祖知悟本性，谓惠能曰：'不识本心，学法无益，若识自本心，见自本性，即名丈夫、天人师、佛[8]。三更受法，人尽不知，便传顿教及衣[9]云：'汝为第六代祖，善自护念，广度有情[10]，流布将来，无令断绝。听吾偈曰：

有情来下种，因地果还生。

无情既无种，无性亦无生。'

"祖复曰：'昔达磨大师初来此土[11]，人未之信，故传此衣，以为信体，代代相承。法则以心传心，皆令自悟自解。自古佛佛惟传本体，师师密付本心。衣为争端，止汝勿传，若传此衣，命如悬丝。汝须速去，恐人害汝。'能曰：'向甚处去？'祖云：'逢怀则止，遇会则藏[12]。'惠能三更领得衣钵，云：'能本是南中人，久不知此山路，如何出得江口？'五祖言：'汝不须忧，吾自送汝。'"

——选自《六祖坛经》（有删节），徐文明注释，中州古籍出版社，2001年

注释

[1] 没意智：愚钝、没有智慧或智慧被埋没。

[2] 无量：数量多得不能计算，面积大得没有边际，亦指佛德之无限。无边：广大而没有边际。

[3] 度：渡过之意。指从此处渡经生死迷惑之大海，而到达觉悟彼岸。

[4] 肉身菩萨：指生身菩萨，即以父母所生之肉身而至菩萨阶位的人。佛教认为，肉身菩萨圆寂后可得全身舍利，舍利就是身骨，是有别于凡夫死人之骨，可分为三种：一是白色的骨舍利，二是黑色的发舍利，三是赤色的肉舍利，佛门传说六祖惠能、石头、希迁、憨山等大师皆存全身

舍利。

[5] 米熟也未：此处暗示"觉悟了吗"。

[6] 无所住而生其心：意思是外在的一切事物或现象都是虚幻的，应对一切事物和现象都不迷恋执着，从而体现、证悟自心具有的最高智慧。

[7] 万法：此指一切物质和精神现象。

[8] 丈夫：又译作士夫，指成年男子。人中之最胜者为丈夫，是勇进正道修行不退者。此处"丈夫"是佛的十大名号之一的"调御丈夫"的简称。天人师也是佛的十大名号之一。意思是六趣中的天与人无不以佛为师，所以称天人师。

[9] 顿教：顿悟成佛的教法。"顿教"主张无须经过长期修行，一旦体验到自我的本性，就能顿时悟道成佛。此后惠能弟子们称惠能南宗禅法为"顿教"。衣：指袈裟。

[10] 有情：有情众生，佛教对包括人在内的一切有情识的生物的通称。此处"有情"特指人。

[11] 摩：指被奉为禅宗初祖的菩提达摩，也常写作"达磨"。

[12] 怀：即怀集县，今广西梧州。会：即四会县，今广东新会。

译文

"惠能对张别驾说：'要想修习最高佛道，不可轻视初学的人。下下等的人中也会有上上等的智慧，上上等的人中也有愚钝没智慧的人。如果轻视别人，就犯下了不可估量的罪过。别驾说：好吧，你把偈句念出来，我为你书写。你如果得了法，一定要先来度我，不要忘了这话。'

"惠能说的偈是：

菩提本无树，明镜亦非台，

本来无一物，何处惹尘埃。

"张别驾将惠能的偈句在墙上书写出来后，弟子们全都惊讶不已，没有一个不唏嘘感叹的，互相说道：真是奇迹啊，人不该以貌取人。他来到这里没有多久，莫非他就是肉身菩萨？五祖见大家惊讶奇怪，怕有人加害于惠能，就提起鞋子当场把偈擦掉，对大家说：这首偈也没有见性。周围的人也觉得师父的话说得对。

"第二天，弘忍大师悄悄来到碓坊，看见惠能腰上系着一块石头在费力地舂米，就对惠能说:追求佛道的人,为了佛法忘了自身,正应当像这样啊！接着又问惠能:米熟了没有？惠能说:'米早已熟了,就差筛子筛一下了。'弘忍手持拄杖,在石碓上敲了三下,转身就走了。惠能当即明白了弘忍大师的用意,在当天晚上三更时分来到弘忍大师的房里。弘忍大师用袈裟将门窗全都遮住,不让别人察觉,为惠能讲解《金刚经》。当讲到'应无所住而生其心'这段经文时,惠能当下开悟,明白了'一切万法不离自性'的道理。于是就对弘忍大师说:'原来自性本来就是清净的,原来自性本来就是不生不灭的,原来自性本来就是圆满具足的,原来自性本来就是没有动摇的,原来自性本来就能显现万法的。'五祖弘忍大师知道惠能已经悟到了自性,便对惠能说:'不能认识自己的本心,学习佛法就没有什么长进。如果认识到自己的本心,识见了自己的本性,这样的人就可称为大丈夫、天人师和佛。弘忍三更时分给惠能传授佛法,人们全然不知,就这样把禅宗顿悟法门和衣钵传给了惠能。弘忍嘱咐惠能说:'从今以后,你就是第六代祖师,请善自珍重,广度天下众生,使我禅门慧灯相传,代代不绝。现在且听我的偈句:

有情来下种,因地果还生,

无情亦无种,无性亦无生。'

"弘忍大师又说:'当年达摩大师初到中土时,人们都不相信他,所以传承这件袈裟以为信物,以让佛法代代相传。禅门顿法只是以心传心,重在让人们自己求证解脱。自古以来,佛门只是佛法真谛代代相承、师徒之间以心传心,密付识见本心的佛法大意。衣钵是争夺的祸端,只传到你为止,不要再传下去了,否则就会招致命若悬丝之苦,你速速离开此地,恐怕有人要加害你了。'惠能问大师:'我到什么地方去呢？'五祖说:'遇到带怀字的地方就停下来,碰到带会字的地方就隐居起来。'惠能在三更时分领了衣钵,说:'惠能我本是南方人,素来不认识这里的山路,怎样出山到达长江口呢？'五祖说:'你不要担忧,我会亲自送你出去的。'"

四十　录鬼簿·序

【导读】

钟嗣成(约1279—约1360),字继先,号丑斋,原籍大梁(今河南省开封市),后寓居杭州。早年曾与赵良弼一起,同受业于邓善之、曹克明、刘灌。累试不第。作有杂剧7种,均佚。散曲存小令51首,套数1套。

他所编撰的《录鬼簿》,不仅记载了元代曲家的生平与剧目,而且在简短的评语与吊词中,也对戏曲和散曲的文体特征、功能、题材、构思、语言、音律等问题都表明了自己的见解。

贤愚寿夭[1]、死生祸福之理,固[2]兼乎气数而言,圣贤未尝不论也。盖阴阳之屈伸[3],即人鬼之生死。人而[4]知夫生死之道,顺受其正[5],又岂有岩墙[6]桎梏[7]之厄[8]哉。虽然,人之生斯世也,但[9]知以已死者为鬼,而未知未死者亦鬼也。酒罂饭囊[10],或[11]醉或梦,块然泥土者,则其人虽生,与已死之鬼何异?此曹[12]固未暇论也。其或稍知义理,口发善言,而于学问之道,甘为自弃,临终之后,漠然无闻,则又不若[13]块然之鬼之愈[14]也!余尝见未死之鬼,吊[15]已死之鬼,未之思[16]也,特[17]一间[18]耳。独不知天地阖辟[19],亘古迄今,自有不死之鬼在。何则[20]?圣贤之君臣、忠孝之士子,小善大功、著[21]在方册者,日月炳煌[22],山川流峙[23],及乎千万劫[24]无穷已,是[25]则虽鬼而不鬼者也。今因[26]暇日,缅怀古人,门第卑微,职位不振[27],高才博艺,俱有可录[28],岁月弥久,湮没无闻,遂传[29]其本末,吊以乐章,使冰寒乎水,青胜于蓝,则有幸矣。名之曰录鬼簿。嗟乎!余亦鬼也,使已死未死之鬼,得以传远,余有何幸[30]焉!若夫高尚之士,性理[31]之学余有得罪于圣门者,吾党[32]且啖[33]蛤蜊[34],别与知味者[35]道。

——选自《录鬼簿》(外四种)(有删节),钟嗣成著,上海古籍出版社,1978年

注释

[1] 夭:短命,早死。

[2] 固:副词,本来。

[3] 屈伸:指交替。

[4] 而:连词,如果。

[5] 顺受其正:指顺应生死变化的规律。正,正常变化,即规律。

[6] 岩墙:牢狱的石墙。

[7] 桎梏:脚镣和手铐。

[8] 厄:困厄,灾难。

[9] 但:只,仅仅。

[10] 酒罂饭囊(náng):同"酒囊饭袋"。罂,酒器,小口大腹。块然:无知觉的样子。

[11] 或:有的。

[12] 曹:辈、等。

[13] 不若:不如,比不上。

[14] 愈:更加、尤甚。

[15] 吊:吊唁,哀悼。

[16] 未之思:没有想到。

[17] 特:只不过。

[18] 间:空隙,引申为差别很小。

[19] 阖(hé)辟:关闭和打开。

[20] 何则:何故,为什么。

[21] 着:记录。

[22] 炳煌:彪炳辉煌,光明、显著。

[23] 山川流峙:指像山川那样永远耸立,奔流不息。

[24] 劫:佛教把天地的一成一败称为一劫,指一段极长的时间。

[25] 是:代词,这。

[26] 因:副词,趁着。

[27] 振:高。

[28] 縻(mí):系住,牵系。

[29] 传:动词,传写,记述。

[30] 幸:有幸,幸运。

[31] 性理之学:指宋以来的理学。

[32] 吾党：我们，指和我一样的人。

[33] 噉（dàn）：吃。

[34] 蛤蜊（gé lí）：蚌类，肉可食。此处指不管别人如何，自己自顾吃蛤蜊。典出《南史·王融传》："不知许事，且食蛤蜊。"

[35] 知味者：指懂得作者意图及杂剧艺术的人。

译文

世人贤明愚钝、长寿短命以及生死祸福的缘由，本来是关联着命运一起说的，大圣大贤之人也未尝不如此。阴阳二气的消长交替，就是表现为人鬼的生死变化。人能够了解生死的基本规律，顺其自然地承受生死的正常法则，那又怎么会陷入处于危墙之下或身受镣铐拘囚的无妄困境呢？尽管如此，人生在世，只知已经死去的人是鬼，而不知没有死的某些人也是鬼。那些酒囊饭袋，醉生梦死，像无知无觉的泥土一样的人，他们虽然活着，但同死鬼有什么差别？对这类人确实无空闲多加论议。至于另一类人，他们也多少知书明理，嘴里说着好，但是，对于做学问的路数，却自暴自弃，死了以后，默默无闻，这种人，却更加不如那种无知无觉的糊涂鬼呢！我曾见过未死的活鬼挽吊已亡的死鬼，没有想到他们之间仅有一点差别。世人唯独不知，开天辟地、自古及今以来，自有不死的鬼存在于天地之间。为什么这么说？圣哲贤明的君臣、忠孝双全的儒生，他们的小小善行、大大功德，只要名标史册的，便像日月辉煌经天、山川停峙大地那样，达到千秋万代无穷无尽的长存的地步，这就是虽作了鬼而不成其为鬼的人吧。现在我借着空暇的时日，追想怀念我的一些已作古的故人，他们门第卑微职位不高，但他们多才多艺，都有许多足可录存的成就。只怕时间一久便湮没无闻，于是，就传写他们的生平，以曲文加以挽吊。倘若得以如"冰寒于水""青胜于蓝"那样，使后代超越前代的话，那就十分荣幸了。拙著名为《录鬼簿》。啊哈，我也是一个虽生犹死的活鬼，能让虽死犹生的鬼们，得以久远地流传下去，我有多么的荣幸啊！对于高尚之士和儒钧理性之学来说，我这样做是一定会得罪于孔圣门下的。有什么办法呢？人各有所好，我们还是大吃蛤蜊肉，另与知道个中滋味的人相津津乐道吧。

四十一　论衡·说日

【导读】

王充(约27—100),字仲任,会稽郡上虞县(今浙江省上虞市)人,两汉时期最杰出的唯物主义哲学家。出身于"细族孤门",老师是大学者班彪。王充自幼聪慧,6岁在家中发蒙读书,8岁入书馆学习,后因成绩优异,被送至京师洛阳的太学深造。太学毕业后,王充做过几次县、郡、州的小官。后来肃宗颁发诏书,任命王充担任公车徵,并派公车前去迎请王充。然而王充无意于仕途,借口体弱多病推辞了任命,闭门著述。

《论衡》是一部宣传无神论的檄文,是一部古代唯物主义的哲学文献,在中国哲学史上具有划时代的意义。"衡"字本义是天平,《论衡》就是评定当时言论价值的天平。它的目的是"冀悟迷惑之心,使知虚实之分"。

儒者曰:"日朝见[1],出阴中[2];暮不见,入阴中:阴气晦冥,故没不见。"如实论之,不出入阴中。何以效之? 夫夜,阴也,气亦晦冥;或夜举火者,光不灭焉。夜之阴,北方之阴也。朝出日,入所举之火也[3]。火夜举,光不灭;日暮入,独不见,非气验也[4]。夫观冬日之出入,朝出东南,暮入西南;东南、西南非阴,何故谓之出入阴中? 且夫星小犹见,日大反灭,世儒之论,竟虚妄也。

儒者曰:"冬日短,夏日长,亦复以阴阳。夏时阳气多,阴气少,阳气光明,与日同耀,故日出辄无蔀蔽。冬阴气晦冥,掩日之光,日虽出,犹隐不见,故冬日日短:阴多阳少,与夏相反。"如实论之,日之长短,不以阴阳。何以验之? 复以北方之星,北方之阴,日之阴也[5]。北方之阴,不蔽星光;冬日之阴,何故犹灭日明[6]? 由此言之,以阴阳说者,失其实矣。实者夏时日在东井[7],冬时日在牵牛[8]。牵牛去极远[9],故日道短[10];东井近极,故日道长。夏北至东井,冬南至牵牛,故冬、夏节极,皆谓之"至[11]";春秋未至,故谓之"分[12]"。

或曰:"夏时阳气盛,阳气在南方,故天举而高;冬时阳气衰,天抑而下[13]。高则日道多,故日长;下则日道少,故日短也。"日阳气盛[14],天南方举,而日道长,月亦当复长。案夏日长之时,日出东北,而月出东南;冬日短之时,日出东南,月出东北[15]。如夏时天举南方,日月当俱出东北;冬时天复下,日月亦当俱出东南。由此言之,夏时天不举南方,冬时天不抑下也。然则夏日之长也,其所出之星在北方也[16];冬日之短也,其所出之星在南方也[17]。……

——选自《论衡》(有删节),上海大东书局,1931年

注释

[1] 见:同"现"。

[2] 日朝见,出阴中:古代盖天说认为,天像个斜放的车盖(类似撑开的伞),其中心在北面,太阳是附在天上,随天绕北极由东向西运转,当转到北极以北就不见了,叫日入;从北极以北转回来又能看见,叫日出。阴阳五行家认为北方属阴,阴气盛;南方属阳,阳气盛。因而认为太阳早晨升起是绕过北方从阳气中出来。

[3] 入:根据文意疑是"人"字形近而误。

[4] 上言"阴气晦冥,故没不见。"故疑"非"后夺一"阴"字。

[5] 根据文意,疑"日"前夺一"冬"字。下文"冬日之阴,何故犹灭日明"承述本句,可证。

[6] 犹:可,能。

[7] 东井:井宿,二十八宿之一,朱鸟七宿的第一宿。有星八颗。今称"双子座"。

[8] 牵牛:牛宿,二十八宿之一,玄武七宿的第二宿。有星六颗。今称"摩羯座"。

[9] 张衡《浑天仪》:"夏至去极六十七度而强;冬至去极百一十五度,亦强。春分去极九十一度,秋分去极九十一度少。"王充采用当时流行的冬至点在牵牛初度的说法。

[10] 日道:太阳出没所经过的轨迹。这里是指白昼的意思。

[11] 即太阳到东井称为夏至,到牵牛称为冬至。

[12] 分:阴阳相半,昼夜均等,寒暑平稳,所以称为分。这里指太阳由南向北移到黄道与赤道的交点,称为春分;由北向南移到黄道与赤道的交点,称为秋分。

[13] 抑:向下压。这里是降的意思。

[14] 根据文意,疑"日"前夺一"夏"字。上文言"夏时阳气盛,阳气在南方,故天举而高",可证。

[15] 根据文气,疑"月"前脱一"而"字。上文"夏日长之时,日出东北,而月出东南",以此对文,可证。

[16]星：这里指东井。

[17]星：这里指牵牛。

译文

儒者说："太阳早晨升起，是从阴气中出来的，日落看不见，是又回到阴气中去。阴气昏暗，所以隐没看不见。"按实际情况说，不是从阴气中出来，也不是回到阴气中去。用什么来证明呢？因为夜晚是阴气，阴气很昏暗，有人晚上举着火把，火光并不熄灭。夜晚的阴气和北方的阴气是一样的。早晨升起的太阳，跟人举着的火把一样。夜晚举着火把，火光不会熄灭，日暮落山，偏偏看不见，这证明晚上看不见太阳不是阴气昏暗的缘故。再来看看冬天的日出日落，早晨太阳从东南方升起，傍晚向西南方落下；东南方和西南方都没有阴气，为什么要说它从阴气中升起又回到阴气中去呢？再说，星星很小晚上还看得见，太阳大反倒会隐没，可见世上儒者的议论，最终是没有根据的假话。

儒者说："冬天短，夏天长，也还是由于阴气和阳气的缘故。夏天的时候，阳气多，阴气少，阳气光明，跟太阳同光辉，所以太阳出来就没有遮蔽。冬天的时候，阴气昏暗，掩住了太阳的光亮，太阳虽然升起，就像被遮着看不见一样，所以冬天白昼短，阴气多阳气少，与夏天正相反。"按实际情况来说，白昼的长和短，跟阴气和阳气没有关系。用什么来证明呢？还是拿北方的星来证明。北方的阴气同冬天的阴气一样。北方的阴气，不遮蔽星光，冬天的阴气，怎么能使太阳的光亮消失呢？这样说来，用阴气和阳气多少来解释白昼长短的人，所说的是不符合实际情况的。实际上，夏天的时候太阳处在东井，冬天的时候太阳处在牵牛。牵牛离北斗星很远，所以白昼短；东井靠北斗星很近，所以白昼长。夏天太阳向北移到东井，冬天太阳朝南移到牵牛，所以冬、夏的节气到了白昼最短与最长的时刻，因此都称作"至"；春、秋的节气没有到白昼最短与最长的时刻，所以称作"分"。

有人说："夏天的时候阳气盛，阳气在南方，所以天就升高了；冬天阳气衰，天就降低了。天高,那么太阳经过的路程多,所以白昼长;天低,那么太阳经过的路程少,所以白昼短。"夏天阳气盛,天的南方升高,而太阳经过的路程长,那么月亮经过的路程也应当长。考察夏天白昼长的时候,太阳是从东北方升起,而月亮是从东南方升起;冬天白昼短的时候,太阳是从东南方出来,而月亮是从东北方出来。按说夏天的时候天从南方升高,太阳和月亮就应当一起从东北方升起;冬天的时候天又降低了,太阳和月亮也应当一起从东南方出来。照这样说来,夏天的时候天不会从南方升高,冬天的时候天又不会降低。那么可见,夏天白昼长,是因为太阳出于北方的东井星的缘故;冬天白昼短,是因为太阳出于南方的牵牛星的缘故。……

四十二　论语·学而

【导读】

孔子(前551—前479),名丘,字仲尼,鲁国陬邑(今山东省曲阜市)人。春秋末年的思想家、政治家和教育家,儒家学派的创始人。幼年丧父,家中贫困,曾给人放牛。他从小喜爱读书,知识渊博。孔子不到30岁就已经掌握了"六艺",此外,还掌握了以《诗》《书》《礼》《乐》《易》《春秋》为代表的各种文献资料。他办私塾,提出"有教无类"的教育方针。传说孔子有弟子3000人,精通"六艺"的有72人。

《论语》记载了孔子及其弟子的言行,是中国古代儒家最重要的一部经典著作。全书共分20篇,每篇分若干章,共492章,全面反映了孔子的政治主张、教育思想、伦理观念和品德修养等各方面的观点。语言精练生动,接近当时的口语。《论语》的编纂者是孔子的弟子和再传弟子。早在春秋后期孔子设坛讲学时期,其主体内容就已初成。孔子去世以后,他的弟子和再传弟子代代传授,并逐渐将这些口头记诵的语录言行记录下来,集腋成裘,最终在战国初年汇辑论纂成书,因此称"论"。《论语》主要记载孔子及其弟子的言行,因此称为"语"。

子曰[1]:"学[2]而时习[3]之,不亦说[4]乎？有朋[5]自远方来,不亦乐[6]乎？人不知[7],而不愠[8],不亦君子[9]乎？"

有子[10]曰:"其为人也孝弟[11],而好犯上者[12],鲜[13]矣；不好犯上,而好作乱者,未之有也[14]。君子务本[15],本立而道生[16]。孝弟也者,其为仁之本与[17]！"

子曰:"巧言令色[18],鲜矣仁！"

曾子[19]曰:"吾日三省[20]吾身——为人谋而不忠[21]乎？与朋友交而不信[22]乎？传不习[23]乎？"

子曰:"道[24]千乘之国[25],敬事[26]而信,节用而爱人[27],使民以时[28]。"

子曰:"弟子[29],入[30]则孝,出[31]则悌,谨[32]而信,泛[33]爱众,而亲仁[34]。行有

余力[35]，则以学文[36]。"

——选自《论语译注》，杨伯峻译注，中华书局，2006年

注释

[1] 子：中国古代对于有地位、有学问的男子的尊称，有时也泛称男子。《论语》中"子曰"的"子"，都是指孔子。

[2] 学：孔子在这里所讲的"学"，主要是指学习西周的礼、乐、诗、书等传统文化典籍。

[3] 时习：在周秦时代，"时"字用作副词，意为"在一定的时候"或者"在适当的时候"。但朱熹在《论语集注》中把"时"解释为"时常"。"习"，指演习礼、乐，复习诗、书，含有温习、实习、练习的意思。

[4] 说(yuè)：同悦，愉快、高兴。

[5] 有朋：一本作"友朋"。旧注说，"同门曰朋"，即同在一位老师门下学习的叫朋，也就是志同道合的人。

[6] 乐：与悦有所区别。旧注说，悦在内心，乐则见于外。

[7] 人不知：此句不完整，没有说出人不知道什么。缺少宾语。一般解释为：知，是了解的意思。人不知，是说别人不了解自己。

[8] 愠(yùn)：恼怒，怨恨。

[9] 君子：《论语》中的君子，有时指有德者，有时指有位者。此处指有道德修养的人。

[10] 有子：孔子的学生，姓有，名若，比孔子小13岁，一说小33岁。后一说较为可信。《论语》中记载的孔子学生，一般都称字，只有曾参和有若称"子"。因此，许多人认为《论语》是由曾参和有若著述的。

[11] 孝弟：孝，奴隶社会时期所认为的子女对待父母的正确态度；弟，读音和意义与"悌"(tì)相同，即弟弟对待兄长的正确态度。孝、弟是孔子和儒家特别提倡的两个基本道德规范。旧注说：善事父母曰孝，善事兄长曰弟。

[12] 犯上：犯，冒犯、干犯。上，指在上位的人。

[13] 鲜(xiǎn)：少的意思。《论语》中的"鲜"字，都是如此用法。

[14] 未之有也：此为"未有之也"的倒装句型。在古代汉语中，否定句的宾语若为代词，一般置于动词之前。

[15] 务本：务，专心、致力于。本，根本。

[16] 道：在中国古代思想里，道有多种含义。此处的道，指孔子提倡的仁道，即以仁为核心的整个道德思想体系及其在实际生活中的体现。简单讲，就是治国做人的基本原则。

[17] 为仁之本：仁是孔子哲学思想的最高范畴，又是伦理道德准则。为仁之本，即以孝悌作为

仁的根本。还有一种解释，认为古代的"仁"就是"人"字，为仁之本即做人的根本。

[18] 巧言令色：朱熹注曰："好其言，善其色，致饰于外，务以说人。"巧和令都是美好的意思。但此处应释为装出和颜悦色的样子。

[19] 曾子：曾子姓曾名参(shēn)，字子舆，生于前505年，鲁国人，是被鲁国灭亡了的鄫国贵族的后代。曾参是孔子的得意门生，以孝出名。据说《孝经》就是他撰写的。

[20] 三省：省(xǐng)，检查、察看。三省有几种解释：一是三次检查；二是从三个方面检查；三是多次检查。其实，古代在有动作性的动词前加上数字，表示动作频率高，不必认定为三次。

[21] 忠：旧注曰："尽己之谓忠。"此处指对人应当尽心竭力。

[22] 信：旧注曰："信者，诚也。"以诚实之谓信。要求人们按照礼的规定相互守信，以调整人们之间的关系。

[23] 传不习：传，旧注曰："受之于师谓之传"，指老师传授给自己的。习，与"学而时习之"的"习"字一样，指温习、实习、演习等。

[24] 道：一作"导"，作动词用。这里是治理的意思。

[25] 千乘之国：乘(shèng)，意为辆。这里指古代军队的基层单位。每乘拥有四匹马拉的兵车一辆，车上甲士3人，车下步卒72人，后勤人员25人，共计100人。千乘之国，指拥有1000辆战车的国家，即诸侯国。春秋时代，战争频仍，所以国家的强弱都用车辆的数目来计算。在孔子时代，千乘之国已经不是大国。

[26] 敬事：敬字一般用于表示个人的态度，尤其是对待所从事的事务要谨慎专一、兢兢业业。

[27] 爱人：古代"人"的含义有广义与狭义的区别。广义的"人"，指一切人群；狭义的"人"，仅指士大夫以上各个阶层的人。此处的"人"与"民"相对而言，可见其用法为狭义。

[28] 使民以时：时指农时。古代百姓以农业为主，这是说要役使百姓按照农时耕作与收获。

[29] 弟子：一般有两种意义：一是年纪较小为人弟和为人子的人；二是指学生。这里是指第一种意义上的"弟子"。

[30] 入：古代时父子分别住在不同的居处，学习则在外舍。《礼记·内则》："由命士以上，父子皆异宫。"入是入父宫，指进到父亲住处，或说在家。

[31] 出：与"入"相对而言，指外出拜师学习。出则弟，是说要用弟道对待师长，也可泛指年长于自己的人。

[32] 谨：寡言少语称之为谨。

[33] 泛：音fàn，广泛的意思。

[34] 仁：仁即仁人，有仁德之人。

[35] 行有余力：指有闲暇时间。

[36] 文：古代文献。主要有诗、书、礼、乐等文化知识。

译文

孔子说:"学到了知识而且时常温习和练习,不是很愉快吗?有志同道合的人从远方来,不是很令人高兴的吗?人家不了解我,我也不怨恨、恼怒,不也是一个有德的君子吗?"

有若说:"孝顺父母,顺从兄长,而喜好犯上者,这样的人是很少见的;不喜好犯上,而喜好造反的人是没有的。君子专心致力于根本的事务,根本建立了,治国做人的原则也就有了。孝顺父母、顺从兄长,这就是仁的根本啊!"

孔子说:"花言巧语,装出和颜悦色的样子,这种人很少有仁德的!"

曾子说:"我每天多次反省自己:为别人办事是不是尽心竭力了呢?同朋友交往是不是做到诚实可信了呢?老师传授给我的学业是否温习了呢?"

孔子说:"治理一个拥有一千辆兵车的国家,就要严谨认真地办理国家大事而又恪守信用,诚实无欺,节约财政开支而又爱护官吏臣僚,役使百姓要不误农时。"

孔子说:"弟子们在父母跟前,就孝顺父母,出门在外,要顺从师长,言行要谨慎,要诚实可信,寡言少语,要广泛地去爱众人,亲近那些有仁德的人。这样躬行实践之后,还有余力的话,就再去学习文献礼乐及典章制度。"

四十三 洛阳伽蓝记·法云寺

【导读】

杨炫之(杨,一作"阳"又误作"羊"),关于他的具体生卒年,尚未有统一说法。北魏北平(河北满城)人。曾任奉朝请、期城郡守、抚军府司马、秘书监。于547年(东魏武定五年)经北魏旧都洛阳,时在丧乱之后,贵族王公耗费巨资所建佛寺,已大半被毁,因作《洛阳伽蓝记》,记述佛寺园林的盛衰兴废,兼及北魏都洛阳期间政治及民俗等多方面情况,于当时豪门贵族、僧侣地主的豪奢极欲淫佚,寓有评讥之意。文笔秾丽秀逸,骈中有散。

《洛阳伽蓝记》共五卷,按照城内及城东、南、西、北的次序,以四十多所名寺院为纲,兼顾所在里巷、方位以及名胜古迹,同时叙述相关事迹。内容包括了政治、经济、社会、文学、艺术、思想、宗教等方面,史料价值极高。后世将《洛阳伽蓝记》与郦道元的《水经注》、颜之推的《颜氏家训》并称为中国北朝时期的三部杰作。

阜财里内有开善寺,京兆人韦英宅也。英早卒,其妻梁氏不治丧而嫁,更约河内人向子集为夫。虽云改嫁,仍居英宅。英闻梁氏嫁,白日来归,乘马将数人至于庭前,呼曰:"阿梁,卿忘我耶?"子集惊怖,张弓射之,应弦而倒,即变为桃人,所骑之马亦变为茅马,从者数人尽化为蒲人。梁氏惶惧,舍宅为寺。南阳人侯庆有铜像一躯,可高丈余。庆有牛一头,拟货为金色,遇急事,遂以牛他用之。经二年,庆妻马氏忽梦此像谓之曰:"卿夫妇负我金色,久而不偿,今取卿儿丑多以偿金色焉。"悟觉,心不遑安。至晓,丑多得病而亡。庆年五十,唯有一子,悲哀之声,感于行路。丑多亡日,像自然金色,光照四邻。一里之内,咸闻香气,僧俗长幼,皆来观睹。尚书左仆射元慎[1]闻里内频有怪异,遂改阜财为齐谐里也。

自延酤以西,张方沟以东,南临洛水,北达芒山,其间东西二里,南北十五里,并名为寿丘里,皇宗所居也,民间号为王子坊。当时四海晏清[2],八荒率职[3],缥囊纪庆[4]，玉烛[5]调辰，百姓殷阜，年登俗乐。鳏寡不闻犬豕之食，茕独不见牛马之衣。于是帝族王侯、外戚公主，擅山海之富，居川林之饶，争修园宅，互相夸竞。崇门丰室，洞户连房，飞馆生风，重楼起雾，高台芳榭，家家而筑；花林曲池，园园而有。莫不桃李夏绿，竹柏冬青。而河间王琛最为豪首，常与高阳争衡，造文柏堂，形如徽音殿[6]。置玉井金罐，以金五色绩为绳。妓女三百人，尽皆国色。有婢朝云，善吹篪[7]，能为团扇歌、垄上声[8]。琛为秦州刺史，诸羌外叛，屡讨之，不降，琛令朝云假为贫妪吹篪而乞。诸羌闻之，悉皆流涕，迭相谓曰："何为弃坟井[9]，在山谷为寇也？"即相率归降。秦民语曰："快马健儿，不如老妪吹篪。"琛在秦州，多无政绩，遣使向西域求名马，远至波斯国，得千里马，号曰"追风赤骥"。次有七百里者十余匹，皆有名字。以银为槽，金为环，诸王服其豪富。琛常语人云："晋室石崇乃是庶姓，犹能雉头狐腋，画卵雕薪[10]；况我大魏天王，不为华侈？"造迎风馆于后园，窗户之上，列钱青琐，玉凤衔铃，金龙吐佩，素柰朱李，枝条入檐，伎女楼上，坐而摘食。琛常会宗室，陈诸宝器，金瓶银瓮百余口，瓯檠盘盒称是[11]。自余酒器，有水晶钵、玛瑙、琉璃碗、赤玉卮[12]数十枚，作工奇妙，中土所无，皆从西域而来。又陈女乐及诸名马，复引诸王按行府库，锦罽珠玑[13]，冰罗雾縠[14]，充积其内。绣、缬[15]、䌷、绫、丝、彩、越、葛、钱、绢等不可数计。琛忽谓章武王融曰："不恨我不见石崇，恨石崇不见我！"融立性贪暴，志欲无限，见之惋叹，不觉生疾，还家卧三日不起。江阳王继来省疾，谓曰："卿之财产，应得抗衡，何为叹羡，以至于此？"融曰："常谓高阳一人宝货多于融，谁知河间，瞻之在前。"继笑曰："卿欲作袁术之在淮南，不知世间复有刘备也？"融乃蹶起，置酒作乐。于时国家殷富，库藏[16]盈溢，钱绢露积于廊者，不可较数。及太后赐百官负绢，任意自取，朝臣莫不称力而去。唯融与陈留侯李崇负绢过任，蹶倒伤踝。太后即不与之，令其空出，时人笑焉。侍中崔光止取两匹，太后问："侍中何少？"对曰："臣有两手，唯堪两匹，所获多矣。"朝贵服其清廉。经河阴之役，诸元歼尽，王侯第宅，多题为寺。寿丘里间，列刹相望，祇洹郁起，宝塔高凌。四月初八日，京师士女，多至河间寺，观其廊庑绮丽，无不叹息，以为蓬莱仙室，亦不是过。入其后园，见沟渎蹇产[17]，石磴礁峣[18]，朱荷出池，绿萍浮水，飞梁跨阁[19]，高树出云，咸皆唧唧，虽梁王兔苑想之不如也。

——选自《洛阳伽蓝记校注》（有删节），杨炫之撰，范祥雍校注，上海古籍出版社，1958 年

注释

[1] 元顺：当为任城王元澄之子。

[2] 四海晏清：指天下太平无事。

[3] 八荒率职：指八方极远之地都归顺臣服。

[4] 缥囊：缥，帛青白色；缥囊，淡青色的口袋，泛指文史著作。

[5] 玉烛：指四季气候调和。

[6] 徽音殿：依《元河南志》图，位于太极殿西。

[7] 篪（chí）：古乐器名，用竹子做成，单管横吹。

[8] 团扇歌：乐府吴声歌曲。垄上声：陇上的曲调。

[9] 坟井：指家乡，故土。

[10] 画卵雕薪：画卵，在鸡蛋上作画；雕薪，在柴火上雕刻花纹。

[11] 瓯、檠（jìng）：瓯，小盆子；檠，有脚的盘碟。

[12] 卮：古代盛酒器皿。

[13] 罽（jì）：一种毛织品，似毡子之类。珠玑：指珠子。

[14] 冰罗雾縠：罗与縠都是轻软有稀孔的丝织品。冰、雾用来比喻罗与縠的轻薄、透明。

[15] 缬（xié）：印有花纹的丝织品。

[16] 库藏：盛放财物的地方。

[17] 沟渎蹇产：沟渎，沟渠，水道；蹇产，曲折的样子。

[18] 石磴礁峣（jiāo yáo）：石磴，石台阶；礁峣，高耸的样子。

[19] 飞梁：飞梁，悬空的桥。

译文

阜财里内有开善寺，原是京兆人韦英的住宅。韦英早死，他的妻子没有为他办理丧事，就又嫁人，招河内人向子集为夫婿。虽说是改嫁，可仍然住在韦英的宅内。

韦英听说梁氏再嫁,白天回来,骑马带着好几个人抵达庭前,喊道:"阿梁,你忘了我吗?"向子集感到惊恐,开弓射箭,韦英被箭射中而倒下,马上变为桃木的偶人,所骑的马也变为茅扎的马,几名随从人员都化作蒲扎的人。梁氏惶恐不安,于是贡献此宅做了寺院。南阳人侯庆有一尊铜佛像,高一尺有余。他有一头牛,打算卖牛来为佛像装饰成金色。因遇急事,就把牛作了别的用途。经过两年之后,侯庆的妻子马氏突然梦见这尊佛像对她说:"你夫妇二人背弃了给我着金色的承诺,久久没有兑现。现在拿你的儿子丑多偿还欠我的金色。"马氏醒后,心情不胜焦虑。等到早晨,丑多得病身亡。侯庆已有五十岁,膝下唯有一子,因此悲哀的哭声,打动了过往的行人。丑多死的那一天,佛像自具金色,光芒照耀四邻,整个里内,都能闻到香气。僧俗长幼,全都前来观看。尚书左仆射元顺听说阜财里内频频发生怪异之事,于是就将阜财里改名为齐谐里。

从延酤里以西,张方沟以东,南边面临洛水,北边到达芒山,这其间东西长二里,南北长十五里,都称之为寿丘里,是皇族居住的地方,民间把它叫作王子坊。那时天下太平,各地臣民都安分守职,有许多吉庆祥瑞的记录,一年四季风调雨顺。百姓富裕,五谷丰收,社会安宁。没听说鳏夫寡妇吃猪狗之食,没看见无依无靠的人穿牛马之衣。这里的皇亲国戚,占据山林河海富庶丰饶的自然条件,争相修建园林和宅邸,互相夸耀、攀比。门高室广,相互连通;高耸的馆阁好像有风从那里生成,重重的楼房就隐没于云雾之中。家家都筑有美榭,每个庭园都有花圃和形状弯曲有致的水池。没有什么地方不是夏天桃李浓绿成荫,冬天竹柏青翠苍劲。在王子坊中,河间王元琛是最豪奢的,他经常与高阳王元雍比阔,修造的文柏堂,形制就像皇宫内的徽音殿,又以玉砌井,用黄金做提水罐,用五色丝绦做井绳。家妓有三百人,都是国内绝美的女子。有一个婢女叫朝云,擅长吹篪,能演奏《团扇歌》《陇上声》。元琛任秦州刺史时,羌族各部落纷纷向朔外叛逃,屡次讨伐都没有使他们投降。元琛让朝云装扮成贫苦妇人模样,边吹篪,边行乞。羌族人听到,都为之流泪,互相说:"为什么要抛弃自己的祖坟,离乡背井,在山谷里做流寇呢?"随即都纷纷归顺投降。因而在秦州百姓中流传着这样的话:"快马健儿,不如老妇吹篪。"元琛在秦州做刺史,没有多大的政绩。他派遣使者到西域去搜求名马,最远的地方到达波斯国。得到一匹千里马,取名为追风赤骥。其次有日行七百里的马五十多匹,各有名字。用白银做马槽,用黄金做马的环锁。诸侯王都佩服他的豪富。元琛常常对别人说:"晋朝的石崇,出身平民,尚且能穿雉头和狐腋的皮毛做成的华贵衣服,吃的蛋上画着图案,烧的薪柴经过雕刻。何况我是大魏神圣的王族,这样做,不算是豪奢。"他在后园中建造了一座迎风馆,门窗上装饰着一排排钱币形状的金饰,衬托着青色图案;玉制的凤凰,口衔金铃,而环佩又巧妙地从金龙的口中吐出。白沙果、红李子,树枝伸进屋檐,乐工歌女在楼上坐着就可以摘取食用。元琛经常宴请皇族宗亲,陈列出各种各样的名贵器皿,金瓶、银瓮一百多口,高脚和无脚的盆盘等器皿也有这个数目。其余的酒器,有水晶钵、玛瑙琉璃碗、赤玉卮,共有几十只。这些器皿的做工都极奇妙,不是中原所出产,都来自西域。他还把歌舞伎和名马展示出来。又引导皇亲国戚依次参观府内仓库,库内堆满了织锦、珠玑,以及像冰一样凉爽的绫罗和像雾一样轻薄的绸布。还有绣缬、紬绫、丝彩、越葛、钱绢等,更是数不胜数。元琛有一天突然对章武王元融说:"没有见到石崇,我不感到遗憾。我遗憾的是石崇没有见到我。"元融天性贪婪残暴,欲壑无底。他看到元琛的富豪,感叹自己不如他,不知不觉竟得了病,回家后有三天卧床不起。江阳王元继来看望他的病,对他说:"你的财产,应该是能比得上的。为什么还如此感叹羡慕?"元融说:"过去以为只有高阳王(元雍)的财宝比我多,哪里知道看见河间王的一切,却突然发觉自己落在后面。"元继笑着说:"你这是想做在淮南称帝的袁术,却不知世间还有一个刘备呢。"元融便立刻从床上跳起,摆酒作乐。那时国家十分富有,国库的贮藏满得向外溢出,至于钱币、丝绢无遮无掩地堆积于廊檐下,更是多得无法清点。等到胡太后决定把绢赐给百官,各人可以任意拿走,结果朝中官员们都是量力而行,只有元融和陈留侯李崇因为背绢过多,超过了可以承受的力气,跌倒在地,脚踝受伤。侍中崔光仅拿了两匹绢,胡太后问他:"你为什么拿那么少?"崔光回答说:"我有两双手,仅能拿两匹。我所得到的,已是很多

了。"太后不答应,让他空着手出去,那段时间别人都把他当笑话看。朝中官员都钦佩他的清廉。经过河阴事变之后,元姓的皇族被尔朱荣杀光,王侯的府第都改称为寺院。整个寿丘里内,寺院林立,宝塔高耸。当四月初八这一天,京城里的男男女女来到河间寺,看到游廊堂庑的华丽的,无不为之惊叹,以为蓬莱仙境也不会胜过它了。进入后园,看到沟渠蜿蜒曲折,坡道气势险峻;红荷挺立于池中,绿萍漂浮于水面;凌空腾起的架桥连结两端的高阁,高大的树林直挥云霄。人们都声声赞叹,想必西汉著名的梁王兔苑也将逊色于此。

四十四　吕氏春秋·察今

【导读】

吕不韦(？—前235)，姜姓，吕氏，名不韦，卫国濮阳(今河南省濮阳市)人。战国末年著名商人、政治家、思想家，官至秦国丞相。先为阳翟大商人，后被秦襄公任为秦相。秦王嬴政幼年即位，吕不韦继任相国，号为"仲父"，掌秦国实权。秦王嬴政亲理政务后，被免职，贬迁蜀郡，忧惧自杀。

《吕氏春秋》亦称《吕览》，是吕不韦集门下宾客编撰而成，共26卷，160篇，20余万字。分12纪、8览、6论。该书内容涵盖了哲学、政治、经济、历史、道德、军事、医学、天文历法、教育、音乐、礼制等诸多领域，引用了《诗经》《尚书》《周易》《礼记》《春秋》以及诸子百家的众多典籍，保存了大量可贵的先秦学术资料。全书以儒家、道家学说为主，汇合了法、墨、农、兵、阴阳等各家学说。班固的《汉书》将它归入杂家。全书体例一致，文章结构完整。虽因出于众人之手而风格不一，但其中大部分文章短小精炼，明朗犀利，故事与议论有机结合，以事说理，颇为生动。书成之后，吕不韦曾将它"布咸阳市门，悬千金其上，延诸侯游士宾客，有能增损一字者予千金"。可见这部书当时在秦国已经占据了某种文化权威的地位。

上胡不法先王之法[1]？非不贤也，为其不可得而法。先王之法，经乎上世而来者也，人或益之，人或损之[2]，胡可得而法？虽人弗损益，犹若不可得而法[3]。……

凡先王之法，有要于时也[4]。时不与法俱在，法虽今而在，犹若不可法。故择先王之成法[5]，而法其所以为法。先王之所以为法者，何也？先王之所以为法者，人也，而已亦人也。故察己则可以知人，察今[6]则可以知古。古今一也，人与我同耳。有道之士，贵以近知远，以今知古，以益所见知所不见。故审堂下之阴，而知日月之行，阴阳之变；见瓶水之冰，而知天下之寒、鱼鳖之藏也[7]；尝一脔肉[8]，而知一镬之味、一鼎之调[9]。

荆人欲袭宋,使人先表澭水[10]。澭水暴益[11],荆人弗知,循表而夜涉,溺死者千有余人,军惊而坏都舍[12]。向其先表之时可导也[13],今水已变而益多矣,荆人尚犹循表而导之,此其所以败也。今世之主法先王之法也,有似于此。其时已与先王之法亏矣[14],而曰此先王之法也,而法之,以此为治,岂不悲哉!

故治国无法则乱,守法而弗变则悖,悖乱不可以持国。世易时移,变法宜矣。譬之若良医,病万变,药亦万变。病变而药不变,向之寿民[15],今为殇子矣[16]。故凡举事必循法以动,变法者因时而化,若此论则无过务矣[17]。夫不敢议法者,众庶也[18];以死守者,有司也[19];因时变法者,贤主也。是故有天下七十一圣[20],其法皆不同。非务相反也,时势异也。故曰良剑期乎断,不期乎镆铘[21];良马期乎千里,不期乎骥骜[22]。夫成功名者,此先王之千里也。

楚人有涉江者,其剑自舟中坠于水,遽契其舟[23],曰:"是吾剑之所从坠。"舟止,从其所契者入水求之。舟已行矣,而剑不行,求剑若此,不亦惑乎?以故法为其国,与此同。时已徙矣,而法不徙。以此为治,岂不难哉?

有过于江上者,见人方引婴儿而欲投之江中,婴儿啼。人问其故。曰:"此其父善游。"其父虽善游,其子岂遽善游哉[24]?此任物[25],亦必悖矣。荆国之为政,有似于此。

——选自《吕氏春秋》(有删节),张双棣、张万彬、殷国光、陈涛译注,中华书局,2007年

注释

[1] 法:前一"法"字是动词,有"取法""效法"的意思;后一"法"字是名词,指法令制度。

[2] 益:增补。损:删减。

[3] 犹若:仍然,还是。

[4] 要于时:与时代相合。

[5] 择:一作"释"。舍弃,抛弃。

[6] 察今:即审察当今的时势状况,旨在阐述因时变法的思想。

[7] 审：察看。阴阳：此指早晚和寒暑。藏：潜伏。

[8] 一脔（luán）肉：一块肉。脔，通"脔"，切成的块状肉。

[9] 镬（huò）：无足的鼎。与下文的"鼎"，都是古代煮肉器具。

[10] 表澭水：在澭水中立标杆以为涉河的标记。澭水，古水名，当为古黄河的支流，先秦时流经宋国都城商丘附近，后世埋没。

[11] 暴益：暴涨。益，古"溢"字，水满外溢。

[12] 而：如。都舍：都市里的房子。

[13] 向：先前。导：用以引导涉河。

[14] 亏：通"诡"，异。

[15] 寿民：长寿的人。

[16] 殇（shāng）子：未成年而死的人。

[17] 无过务：无错事。

[18] 众庶：众人，指百姓。

[19] 有司：指各种官吏。

[20] 七十一圣：指古代的圣贤君主。

[21] 镆铘（mò yé）：宝剑名。

[22] 骥骜（jì ào）：骏马名。

[23] 遽：立刻，马上。契：刻。

[24] 岂遽：相当于"岂"。

[25] 任物：对待事物。

译文

当今的君主为什么不效法古代帝王的法令制度？并不是古代帝王的法令制度不好，是因为它不可效法。古代帝王的法令制度，是经过前代流传下来的，有的人增补过它，有的人删减过它，怎么能效法它呢？即使人们没有增减过，还是不可能被效法的。……

凡是古代帝王的法令制度，都是符合当时的实情的。当时的实情不能与法令制度一起流传下来，法令制度虽然流传到现在，还是不可效法。所以，要放弃古代帝王现成的法制条文，而取法他们制定法令制度的依据。古代帝王制定法令制度的依据

是什么呢？古代帝王制定法令制度的依据是人，而自己也是人。所以明察自己就可以推知别人，明察现在就可推知古代。古今的道理是一样的，别人与自己是相同的。明白事理的人，他们的可贵之处，在于由近的可以推知远的，由现在的可以推知古代的，由见到的可以推知没有见到的。所以，观察堂屋下面的阴影，就可以知道日月运行的情况，早晚和寒暑季节的变化；看到瓶里的水结了冰，就知道天下已经寒冷，鱼鳖已经潜藏了；尝一块肉，就可以知道一锅肉的味道，就可以知道一鼎肉的调味情况。

楚国人想攻打宋国，派人先在澭水中设置渡河的标志。澭水突然上涨，楚国人不知道，仍按标志在夜里渡河，淹死的有一千多人，军队惊恐混乱的状况就像城里的房屋倒塌一样。当初他们事先设置标志的时候，是可以沿着标志渡河的，现在河水已经发生变化而上涨了，楚国人还按照原来的标志渡河，这就是他们失败的原因。现在的君主要效法古代帝王的法令制度，与这种情况相似。他所处的时代已经与古代帝王的法令制度不适应了，但还在说这是先王的法令制度，因而取法它，用这种方法来治理国家，难道不可悲吗！

所以，治国没有法令制度就会出现混乱，死守法令制度不变就荒谬了，荒谬和混乱，是不能治理好国家的。社会变化了，时代发展了，变法是应该的了。这就像高明的医生一样，病复杂多变，药也应根据情况加以变化。病变了药却不变，原来可以长寿的人，如今就会成为短命的人了。所以凡是做事情一定要依照法令制度去行动，变法的人要随着时代而变化，如果懂得这个道理，那就没有错误的事了。那些不敢议论法令制度的，是一般的百姓；死守法令制度的，是各种官吏；顺应时代变法的，是贤明的君主。因此，古代享有天下的七十一位圣贤君主，他们的法令制度都不相同，并不是他们有意要彼此相反，而是因为时代和形势不同。所以说，好剑期望它能砍断东西，不一定期望它有镆铘那样的美名；好马期望它能行千里远，不一定期望它有骥骜那样的美称。成就功名，就是古代帝王的目标啊。

楚国有个渡江的人，他的剑从船上掉到水里，他急忙在船边刻上记号，说："这里是我的剑掉下去的地方。"等船停了，他就从刻记号的地方下水去找剑。船已经移动了,可是剑却没有移动,像这样寻找剑,不是太糊涂了吗!用旧法来治理国家,与此相同。时代已经前进了,可是法令制度却不随着改变,想用这种办法治理好国家,难道不是很难吗?

有个人从江边经过,看见一个人正拉着小孩想把他扔到江中,小孩哭起来。人们问这样做的缘故,那人说:"这个小孩的父亲擅长游泳。"父亲虽然擅长游泳,儿子难道就擅长游泳吗?用这种办法来处理事物,也一定是荒谬的了。楚国处理政事的情况,与这相似。

四十五　履园丛话·水学

【导读】

钱泳,又名钱鹤,字立群,号梅溪居士,金匮(今江苏省无锡市)人,清代乾嘉之际学者、书法家,擅长诗和书画,著有《履园丛话》等。齐学裘《见闻随笔》云:"钱梅溪能诗,工书,缩本唐帖,至其分书,一味求媚,不求古雅,名虽远播,终不近古。"因碑帖、书法、金石方面成就较高,后代对其文章小说的价值关注比较少。

《履园丛话》共24卷,基本上一门为1卷,计有旧闻、阅古、考索、水学、景贤、耆旧、臆论、谭诗、碑帖、收藏、书画、艺能、科第、祥异、鬼神、精怪、报应、古迹、陵墓、园林、笑柄、梦幻、杂记等,基本上一卷为一门内容。它是清代中叶著名的笔记小说之一,且以丰富的内容、翔实的资料和流畅的文笔著称。书中所记多为作者亲身经历,涉及当时的官场丑态、科举弊端、风俗人情、生活逸闻等众多方面,为人们呈现了一幅极为生动的清中叶社会画卷,具有较高的思想和艺术审美价值。

治[1]水之法,既不可执一[2]泥于掌故[3],亦不可妄意[4]轻信人言。盖地有高低,流有缓急,潴[5]有浅深,势[6]有曲直,非相度[7]不得其情,非咨询不穷其致[8]。是以必得躬历山川[9],亲劳胼胝[10]。昔海忠介[11]治河,布袍缓带[12],冒雨冲风,往来于荒村野水之间,亲给钱粮,不扣一厘,而随官人役,亦未尝横索[13]一钱。必如是,而后事可举也。如好逸而恶劳,计利而忘义[14],远嫌而避怨[15],则事不举[16]而水利不兴矣。

——选自《履园丛话》(有删节),钱泳撰,孟裴校点,上海古籍出版社,2012年

注释

[1] 治:治理。

[2] 执一:固执一端,不知变通。

[3] 泥(nì)于掌故:拘泥于古代已有的规章制度。

[4] 妄意:随意。

[5] 潴(zhū)：水停聚的地方。

[6] 势：这里指河流的形势。

[7] 相度(xiàng duó)：观察和测量。

[8] 穷其致：彻底摸清情况。穷，追究到底。致，事理。

[9] 躬历山川：亲自登山涉水。躬，亲自。

[10] 胼胝(pián zhī)：手脚因劳动而磨成的茧子。

[11] 海忠介：海瑞，明代的清官，谥"忠介"。

[12] 布袍缓带：穿着轻便服装。缓带，宽束衣带。

[13] 横索(héng suǒ)：横行勒索。

[14] 计利而忘义：计较私利，忘记道义。计，盘算，考虑。

[15] 远嫌而避怨：远远躲开嫌疑，避免抱怨。

[16] 举：办事成功。

译文

治理水患的方法，既不能固执一端，不知变通，拘泥于古代的典章、制度，也不能随意相信别人的话。因为地势有高有低，水流有慢有快，水塘有浅有深，河道有弯有直。不经过观察和测量就不能了解它的真实情况，不经过探访就不能彻底摸清它的情况。因此必须亲自登山涉水，亲自劳动不怕吃苦。从前海瑞治理河流的时候，轻装便服。冒着风雨，在荒村乱流中间来来往往，亲自发给民工钱粮，一厘也不克扣，并且随同管理的差役也不曾横行勒索一文钱财。必须要像这样而后才能办成事情。如果贪图安逸而害怕辛劳，计较私利忘记公益，只想远远躲开嫌疑避免抱怨，那么事情就做不成，水利也就修不好了。

四十六　孟子·寡人之于国也

【导读】

孟子(约前372—前289),名轲,字子舆,战国时邹(今山东省邹城市)人。幼年丧父,家境贫寒,但是母亲很重视对孟子的教育。孟子曾受业于孔子之孙子思的门人,是继孔子之后又一位儒家学派的大思想家,被尊为"亚圣"。孟子曾效仿孔子,周游列国,游说诸侯,宣扬"民本"思想,广布"仁政"学说,但是不被诸侯采纳,备遭冷落,晚年退隐著书,卒年84岁。孟子继承和发展了孔子的儒家思想,他生活在诸侯兼并战争愈演愈烈的战国时代,对人民饱受战争之苦与剥削之害的凄惨处境感触极深,提出了"民为贵,社稷次之,君为轻"的著名论说,力倡君主实行仁政,与民同乐,由此方可称王于天下。

《孟子》由孟轲及其弟子共同编写而成。全书共7篇,内容涉及政治活动、政治学说以及哲学、伦理、教育思想,是儒家经典著作之一。孟子发展了孔子的"礼治"与"德政"思想,提倡"王道",主张"仁政"。南宋时朱熹将《孟子》与《论语》《大学》《中庸》合在一起称"四书"。

梁惠王[1]曰:"寡人[2]之于国也,尽心焉耳矣[3]。河内凶[4],则移其民于河东[5],移其粟[6]于河内。河东凶亦然[7]。察邻国之政,无如寡人之用心者。邻国之民不加少[8],寡人之民不加多,何也?"

孟子对曰:"王好战[9],请以战喻[10]。填然鼓之[11],兵刃既接[12],弃甲曳兵而走[13]。或[14]百步而后止,或五十步而后止。以五十步笑百步,则何如?"

曰:"不可;直不百步耳[15],是亦走也。"

曰:"王如知此,则无[16]望民之多于邻国也。"

"不违农时[17],谷不可胜食也;数罟不入洿池[18],鱼鳖不可胜食也;斧斤以时入山林[19],材木不可胜用也。谷与鱼鳖不可胜食,材木不可胜用,是使民养生丧死无憾

也[20]。养生丧死无憾,王道之始也[21]。"

"五亩之宅[22],树之以桑[23],五十者可以衣帛[24]矣。鸡豚狗彘之畜[25],无失其时,七十者可以食肉矣。百亩之田,勿夺其时,数口之家可以无饥矣。谨庠序之教[26],申之以孝悌之义[27],颁白者不负戴于道路矣[28]。七十者衣帛食肉,黎民[29]不饥不寒,然而不王[30]者,未之有也。"

"狗彘食人食而不知检[31],途有饿莩而不知发[32];人死,则曰:'非我也,岁也[33]。'是何异于刺人而杀之,曰:'非我也,兵也。'?王无罪岁[34],斯天下之民至焉[35]。"

——选自《孟子译注》,杨伯峻译注,中华书局,2018 年

注释

[1] 梁惠王:战国时期魏国的国君,姓魏,名罃。魏国都城在大梁(今河南开封西北),所以魏惠王又称梁惠王。

[2] 寡人:寡德之人,是古代国君对自己的谦称。

[3] 焉耳矣:三个语气词叠加,加重语气。

[4] 河内:黄河北岸土地,今河南济源市一带,当时是魏国领地。凶:谷物收成不好,荒年。

[5] 河东:黄河以东土地,今山西省安邑县一带,当时是魏国领地。

[6] 粟:谷子,脱壳后称小米,也泛指谷类。

[7] 亦然:也是这样。

[8] 加少:更少。加,更。古代人口少,为了增加劳力和扩充兵员,希望人口增多,以人口增多为好事。

[9] 好战:喜欢打仗。战国时期各国互相攻打和兼并。

[10] 请:有"请允许我"的意思。

[11] 填:拟声词,模拟鼓声。鼓:击鼓,名词作动词。

[12] 兵:兵器。既:已经。接:接触,交锋。

[13] 曳:拖着。走:跑,这里指逃跑。

[14] 或:有的人。

[15] 直:只是,不过。

[16] 无:通"毋",不要。

[17] 违:违背,违反,这里指耽误。

[18] 数(cù):密。罟(gǔ):网。洿(wū):深。

[19] 斤:大斧。

[20] 养生:供养活着的人。丧死:为死了的人办丧事。憾:遗憾。

[21] 王道:以仁义治天下,这是儒家的政治主张。

[22] 五亩:先秦时的五亩约合现在的一亩二分多。

[23] 树:种植。

[24] 衣帛:穿丝织品。

[25] 豚:小猪。彘(zhì):猪。蓄:畜养。

[26] 谨:认真做好。庠(xiáng)序:古代的地方学校。教:教化。

[27] 申:反复教导。孝悌(tì)之意:孝顺父母,敬爱兄长的道理。

[28] 颁白:头发花白,颁,通"斑"。负戴:背负或头顶东西。

[29] 黎民:百姓。

[30] 王(wàng):为王,使天下百姓归顺。

[31] 狗彘食人食而不知检:前一个"食",动词,吃。后一个"食",名词,指食物。检:制止,约束。

[32] 途有饿莩(piǎo):路上有饿死的人。涂,通"途",道路。饿莩,饿死的人。发:指打开粮仓,赈济百姓。

[33] 岁:年成。

[34] 罪:归咎、归罪。

[35] 斯:则,那么。

译文

梁惠王说:"我治理国家,(也算)是尽心啦!黄河以北遭遇荒年,我就把那里的百姓迁移到黄河以东,把黄河以东的粮食运到黄河以北;黄河以东遭遇荒年我也是这样做。察看邻国的君主主办政事,没有像我这样用心的。但邻国的百姓并不因此更少,我的百姓并不因此更多,什么缘故呢?"

孟子回答说:"大王喜欢打仗,请允许我用打仗比喻。咚咚地击鼓进军,兵器刀锋已经相交撞击,士兵扔掉盔甲拖着兵器逃跑。有的人跑了一百步停下,有的人跑

了五十步停下。凭借自己只跑了五十步,而嘲笑他人跑了一百步,(您以为)怎么样呢?"

梁惠王说:"不可以。只不过没有逃跑到一百步罢了,这也同样是逃跑呀!"

孟子说:"大王如果懂得这个道理,那就不要希望百姓比邻国多了。"

"如果兵役徭役不妨害农业生产的季节,粮食便会吃不完;如果细密的渔网不到深的池沼里去捕鱼,鱼鳖就会吃不光;如果按季节拿着斧头入山砍伐树木,木材就会用不尽。粮食和鱼鳖吃不完,木材用不尽,那么百姓便对生养死葬没有什么不满。百姓对生养死葬都没有不满,那就是王道的开端了。"

"在五亩大的住宅旁,种上桑树,五十岁的人就可以穿上丝织品的衣服了。畜养鸡、猪、狗等家禽、家畜,不要错过繁殖的时节,七十岁的人就可以吃到肉了。百亩的耕地,不要耽误它的生产季节,几口人的家庭就不会挨饿了。认认真真地兴办学校教育,把孝敬父母、尊敬兄长的道理反复讲给百姓听,头发花白的老人就不会背着或者顶着东西奔走在道路上了。七十岁的人有丝织品穿、有肉吃,普通百姓饿不着、冻不着,能达到这样的地步,却不能统一天下而称王的,是不曾有过的事。"

"(诸侯贵族家)的猪狗吃人吃的东西却不加制止,路上有饿死的人(官府)却不知道打开粮仓赈救灾民,老百姓死了,就说:'这不是我的罪过,是年成不好造成的。'这种说法和拿着刀子把人刺死后,却说'杀死人的不是我,是兵器'有什么区别?大王不要怪罪于年成,天下的百姓就会投奔到梁国来了。"

四十七　梦溪笔谈·雁荡山

【导读】

沈括(1031—1096),字存中,钱塘(今浙江省杭州市)人,是中国历史上著名的科学家,也是北宋重要的政治改革家之一。沈括的研究领域涉及数学、物理、化学、天文、地理、生物、农学、医药、文学、史学、音乐、美术等众多学科。他是横跨自然科学和人文科学两大领域的通才。他的《梦溪笔谈》更是被誉为中国古代百科全书式的优秀著作。

《梦溪笔谈》是一部涉及古代中国自然科学、工艺技术及社会历史现象的综合性笔记体著作。全书既有大量关于自然科学的实录,也包含了很多社会科学方面的论述和社会生活的记载。内容涉及的范围极其广泛。不仅有历史事件、人物传记、人生遭遇、朝章制度、考试制度,还有哲学、语言、音乐、绘画、书法,以至生活中的各个剖面细节,无所不包,无所不谈,但主要记述的是关于自然科学、工程科学及技术发明的情况,并且作了一定程度的客观描述和理论上的大胆探索。

温州雁荡山天下奇秀,然自古图牒[1]未尝有言者[2]。祥符中[3]因造玉清宫[4],伐山取材,方有人见之[5],此时尚未有名。按西域书[6],阿罗汉诺矩罗居震旦东南大海际雁荡山芙蓉峰龙湫[7]。唐僧贯休为诺矩罗赞[8],有"雁荡经行云漠漠,龙湫宴坐雨蒙蒙[9]"之句。此山南有芙蓉峰,下有芙蓉驿[10],前瞰大海[11],然未知雁荡、龙湫所在[12]。后因伐木始见此山。山顶有大池,相传以为雁荡;下有二潭水,以为龙湫;又以经行峡、宴坐峰,皆后人以贯休诗名之也。谢灵运为永嘉守[13],凡永嘉山水游历殆遍[14],独不言此山,盖当时未有雁荡之名[15]。予观雁荡诸峰,皆峭拔险怪,上耸千尺,穹崖巨谷[16],不类他山,皆包在诸谷中,自岭外望之都无所见,至谷中则森然干霄[17]。原其理[18],当是为谷中大水冲激,沙土尽去,唯巨石岿然挺立耳[19],如大小龙湫、水帘、初月谷之类,皆是水凿之穴[20],自下望之则高岩峭壁,从上观之适与地平[21]，以至诸峰之顶，亦低于山顶之地面。世间沟壑中水凿之处皆有植土龛岩[22]，亦此类耳。今成皋陕西大涧中[23]，立土动及百尺[24]，迥然耸立，亦雁荡具体而微者，但此土彼石耳。既非挺出地上，则为深谷林莽所蔽[25]，故古人未见、灵运所不至，理不足怪也。

——选自《梦溪笔谈》，沈括撰，金良年点校，中华书局，2017年

注释

[1] 图牒：地图和表册。

[2] 言：这里是记载的意思。

[3] 祥符："大中祥符"的简称，宋真宗年号（1008—1016）。

[4] 玉清宫：宋真宗建造的一座宫殿名，后改名"玉清昭应宫"。

[5] 方：才，副词。

[6] 西域书：指佛经。"西域"，汉以后对玉门关（现在甘肃省敦煌西北）以西地区的总称。

[7] 阿罗汉：梵语音译，是罗汉的全称。意译为"尊者"，是圣者、得道者的意思。罗汉是小乘佛教所理想的最高果位。诺矩罗：唐代和尚。震旦：古代印度对中国的称呼。芙蓉峰，在雁荡山南部。龙湫（qiū）：雁荡山的瀑布名，瀑布下有两个深潭，叫作大龙湫和小龙湫。湫：深水池。

[8] 贯休：唐代著名的和尚，原名姜德隐，善绘画，著有《禅月集》。

[9] 雁荡经行云漠漠：意思是说从雁荡山经过时看见白云漠漠。这是形容雁荡山极高，与云天相接。漠漠，密布的样子。龙湫宴坐雨蒙蒙：意思是说，在龙湫附近静坐观赏风景时对着细雨蒙蒙。宴坐，闲居静坐。雨蒙蒙，这里形容龙湫瀑布飞溅之水沫如细雨迷蒙。

[10] 驿：古代传送公文的人休息和换马的地方。

[11] 瞰：俯视。

[12] 雁荡：雁荡山芙蓉峰顶的湖泊。方圆十余里，原来芦苇丛生，碧波荡漾，常年不涸，鸿雁南来北往常在此留宿，故名"雁荡"。

[13] 谢灵运：南朝刘宋人，曾任永嘉太守，以喜游览、写山水诗知名。

[14] 殆：几乎。

[15] 盖：大概，表示下文是推测性的断定。

[16] 穹：高，大。

[17] 森然：本指树木丛生繁茂的样子，这里形容雁荡山诸峰的峭拔林立。干霄：直冲云霄。"干"，犯，冲犯；霄，云气，也指天。

[18] 原：推求，察究。
[19] 肖然：高大独立的样子。
[20] 凿：本来是打孔、挖通的意思，这里是指冲刷。
[21] 适：恰，正好。
[22] 龛岩：指底部向内凹陷的岩石。
[23] 成皋：旧县名，在今河南省荥阳市西境。陕西：陕县以西。陕，即河南陕县，宋朝叫陕州或陕郡。大涧：夹在两山间的大水沟。
[24] 立土：直立的土壁。动及：经常达到，往往达到。
[25] 林莽：指深山密林中的草木。

译文

雁荡山是一座奇特、秀丽的高山，然而自古以来的地图典籍中都没有提到过它。宋代祥符年间，因为建造玉清官，在进山砍伐木时，才有人发现了它，但这时它连个山名都没有。按西域书籍的记载，有一个名叫诺矩罗的罗汉，就居住在中国东南大海之滨的雁荡山芙蓉峰龙湫。唐代和尚贯休作《诺矩罗赞》，有"雁荡经行云漠漠，龙湫宴坐雨蒙蒙"的诗句。这座山的南面有芙蓉峰。峰下有芙蓉驿，向前可以俯瞰大海。然而当时的人还不知道雁荡、龙湫在何处。后来因为砍伐木材，才发现这座山。山顶上有一个大水池，它当作传说中的雁荡了，池下有两个水潭，相传就是龙湫。还有经行峡、宴坐峰，都是后人以贯休的诗来命名的。谢灵运任永嘉太守时，他把永嘉境内的山水都游历遍了，唯独没有谈到这个雁荡山，这是因为当时还没有雁荡山这个名称呢。我观察雁荡山各个山峰，都陡峭挺拔险怪，向上高耸千尺。高崖深谷，与别的山不相同，它的许多山峰都包容在周围的山谷里面。从外往里看这些山峰，根本看不到什么。到了山谷中，就看到山峰陡峭。直插云霄。推究形成的原因，应当是被山谷里的大水冲刷的结果，沙土都被冲走了，唯独剩下了这些巍然挺立巨大的岩石。像大小龙湫、水帘、初月谷等水潭，都是由水流冲刷而成的洞穴。从下向上望，则是高耸的山崖峭壁，从上向下看，山谷里的峰顶恰好跟周围山地一样高，甚至还低于周围山地的地平面。世界上溪谷里水流冲刷的地方，都有高耸直立的土层和像神龛一般的岩石，也都属于这一类情况，成因是相同的。今天成皋、陕西的大山涧中，直立的土柱往往有几百尺高，高高耸立着，也是雁荡山具体而微的缩影，不过这里是土，那里是岩石罢了。雁荡山许多山峰既然不挺立在平地之上，而是被深谷老林掩蔽，所以古人没能发现，谢灵运一直也没有去过。按理也就不奇怪了。

四十八　墨子·公输

【导读】

墨子(生卒年不详),名翟,鲁国人(一说宋国人),战国时期思想家、军事家,墨家学派创始人及主要代表人物。主要思想以兼爱为核心,以节用、尚贤为支点。墨家学派在当时影响很大,与儒家并称"显学",有"非儒即墨"的说法。

《墨子》原71篇,现存53篇,由墨子的门徒及再传门徒记录、整理、编纂而成,收录了墨子一生的言行,是一部阐述墨家思想的名著。该书共分两大部分:一部分记载墨子的言行,阐述墨子的思想,主要反映墨家前期的思想;另一部分称为《墨辩》或《墨经》,是墨家思想的核心内容。墨子主张尚贤、尚同、兼爱、非攻、节用、节葬等理念,基本反映了广大底层民众的心声,因而墨子又被誉为"劳动人民的哲学家"和"平民圣人"。

公输盘为楚造云梯之械[1],成,将以攻宋。子墨子闻之[2],起于,齐行十日十夜,而至于郢[3],见公输盘。公输盘曰:"夫子何命焉为[4]?"子墨子曰:"北方有侮臣者,愿藉子杀之。"公输盘不说[5]。子墨子曰:"请献十金[6]。"公输盘曰:"吾义固不杀人[7]。"子墨子起,再拜曰:"请说之[8]。吾从北方闻子为梯,将以攻宋。宋何罪之有? 荆国有余于地[9],而不足于民,杀所不足,而争所有余,不可谓智;宋无罪而攻之,不可谓仁;知而不争,不可谓忠;争而不得,不可谓强;义不杀少而杀众,不可谓知类[10]。"公输盘服。子墨子曰:"然乎? 不已乎[11]?"公输盘曰:"不可,吾既已言之王矣。"子墨子曰:"胡不见我于王?"公输盘曰:"诺[12]。"

子墨子见王,曰:"今有人于此,舍其文轩[13],邻有敝舆,而欲窃之[14];舍其锦绣,邻有短褐,而欲窃之[15];舍其梁肉[16],邻有糠糟,而欲窃之。此为何若人?"王曰:"必为有窃疾矣。"子墨子曰:"荆之地,方五千里[17],宋之地方五百里,此犹文轩之与敝舆也;荆有云梦[18],犀兕麋鹿满之[19],江汉之鱼鳖鼋鼍为天下富[20],宋所为无雉兔狐狸

者也[21],此犹粱肉之与糠糟也;荆有长松、文梓、楩楠、豫章[22],宋无长木[23],此犹锦绣之与短褐也。臣以三事之攻宋也,为与此同类。"王曰:"善哉[24]!虽然[25],公输盘为我为云梯,必取宋。"

于是见公输盘。子墨子解带为城,以牒为械[26],公输盘九设攻城之机变,子墨子九距之[27]。公输盘之攻械尽,子墨子之守圉有余[28]。公输盘诎[29],而曰:"吾知所以距子矣,吾不言。"子墨子亦曰:"吾知子之所以距我,吾不言。"楚王问其故,子墨子曰:"公输子之意,不过欲杀臣。杀臣,宋莫能守,可攻也。然臣之弟子禽滑厘等三百人[30],已持臣守圉之器,在宋城上而待楚寇矣。虽杀臣,不能绝也。"楚王曰:"善哉!吾请无攻宋矣。"

——选自《墨子》(有删节),李小龙译注,中华书局,2007年

注释

[1] 公输盘:春秋时鲁国著名巧匠,公输是姓,盘是名,也写作"公输班"或"公输般"。能造奇巧的器械,有人说他就是鲁班。云梯:古代战争中攻城用的器械,因其高而称为云梯。

[2] 子墨子:指墨翟(此字念"dí",作姓时念"zhái")。前一个"子"是夫子(即先生、老师)的意思,学生对墨子的尊称。后一个是当时对男子的尊称。

[3] 郢(yǐng):楚国都城,在今湖北江陵。

[4] 何命焉为:有什么见教呢? 命,教导,告诫。焉为,两个字都是表达疑问语气的句末助词。

[5] 说:通"悦",高兴。

[6] 请:请允许我。

[7] 义:正当的道理、义理。固:坚决,从来。

[8] 说:解说。

[9] 荆国:即楚国。因楚原建于荆山一带,故名。

[10] 知类:知道类推的道理。

[11] 然:但是。胡:为什么。已:停止。

[12] 诺:好,表示同意。

[13] 文轩:装饰华美的车。文,彩饰。轩,有篷的车。

[14] 敝舆:破车。

[15] 褐：粗布衣服。
[16] 梁肉：好饭好菜。
[17] 方：方圆，纵横。
[18] 云梦：楚国的大泽。
[19] 犀兕：犀雄性的犀牛。兕(sì)，雌性的犀牛。
[20] 鼋鼍：鼋(yuán)，鳖类。鼍(tuó)，鳄鱼。
[21] 雉：野鸡。
[22] 文梓：梓树。文理明显细密，所以叫文梓。楩：黄楩木。豫章：樟树。这些都是名贵的木材。
[23] 长木：多余的木材。
[24] 善哉：好呀。
[25] 虽然：虽然如此。
[26] 牒：小木片。
[27] 距：通"拒"，抵御。
[28] 守圉：守卫。圉，通"御"，抵挡。
[29] 诎：通"屈"，理屈。
[30] 禽滑厘：人名，魏国人。墨子学生。

译文

公输盘替楚国制造云梯。造成之后，将用它来攻打宋国。墨子听说了这件事，从齐国起行，走了十天十夜到了郢都，和公输盘见面。公输盘说："您有什么吩咐呢？"墨子说："北方有人侮辱我，希望你帮我杀了他。"公输盘不高兴。墨子说："我会付十两金给你。"公输盘说："我奉行义，坚决不杀人。"墨子站起来，再一次对公输盘行了拜礼，说："请让我向你说说义。我在北方听说你制造云梯，将用来攻打宋国。宋国有什么罪过呢？楚国有多余的土地，人口却少，杀掉不多的人，去争夺有多余的土地，不可以说是有智慧；宋国没有罪过却去攻打它，不能算是仁；知道了这些却不去据理力争，不能算是忠；力争却没有成功，不能算是强；你说你奉行义，不去杀一个人却去杀害众多的百姓，不能说是明智之辈。"公输盘折服了。墨子说："那么，为什么不取消进攻宋国这件事呢？"公输盘说："不可以，我已经告诉大王了。"墨子说："为什么不向楚王引见我呢?"公输盘说:"好。"

墨子拜见楚王,说:"现在这里有一个人,舍弃自己的彩车,却想去偷邻居的简陋的车子;舍弃自己的锦衣绣服,却想去偷邻居的粗布衣服;舍弃自己的美食佳肴,却想去偷邻居的糟糠。这是一个怎样的人呢?"楚王回答说:"这人一定患了偷窃病。"墨子说:"楚国的土地,方圆五千里,宋国的土地,方圆五百里,这就像彩车与破车相比;楚国有云梦泽,犀、兕、麋鹿充满其中,长江、汉水中的鱼、鳖、鼋、鼍富甲天下,宋国却连野鸡、兔子、狐狸都没有,这就像精美肉食和糟糠相比;楚国有巨松、梓树、楠、樟等名贵木材;宋国连棵大树都没有,这就像锦衣绣服和粗布衣服相比。从这三方面的事情看,我认为楚国进攻宋国,与有偷窃病的人是同一种类型。"楚王说:"说得对,即使是这样,但公输盘为我造了云梯,就一定要攻取宋国。"

于是楚王又召见公输盘。墨子解下腰带,围作一座城的样子,用小木片作为守备的器械,公输盘九次设计攻城的机关,墨子九次抵挡了他的进攻。公输盘攻城的机关用尽了,墨子的守御战术还有余。公输盘认输了,却说:"我知道我能用什么办法抵抗你,我只是不说而已。"墨子亦说:"我也知道你用来抵抗我的办法,我也是不说罢了。"楚王问他为什么,墨子回答说:"公输盘的意思,不过是杀了我。杀了我,宋国没有人能防守了,就可以进攻。但是我的弟子禽滑厘等三百人,已经拿着我的防御器械,在宋国城墙上等待楚军了。即使杀了我,也不能杀尽防御的人。"楚王说:"好吧!我不攻打宋国了。"

四十九　牡丹亭·题词

【导读】

汤显祖(1550—1616),字义仍,号海若、若士、清远道人,江西临川(今江西省抚州市)人。出身书香门第,早有才名,不仅古文诗词颇精,而且能通天文地理、医药卜筮诸书。在文学方面,他的戏曲创作为多,其戏剧作品《牡丹亭》《紫钗记》《南柯记》和《邯郸记》合称"临川四梦",又名"玉茗堂四梦"。他与关汉卿、王实甫齐名,在中国乃至世界文学史上都有着重要的地位。其《宜黄县戏神清源师庙记》是中国戏曲史上论述戏剧表演的一篇重要文献,对后世影响深远。其诗作有《玉茗堂全集》4卷、《红泉逸草》1卷、《问棘邮草》2卷。其小说有《续虞初新志》等。日本学者青木正儿在《中国近世戏曲史》中,将他和莎士比亚并称为东西方交相辉映的两颗明星。

《牡丹亭》是汤显祖的代表作,创作于1598年。全名《牡丹亭还魂记》,即《还魂记》,也称《还魂梦》或《牡丹亭梦》。这也是他一生最得意之作,他曾言:"吾一生四梦,得意处唯在《牡丹》。"全剧共计55出,每一出都为后面的剧情提供了暗示。下场诗全部采用了唐诗而无不如意。这部作品明显受到了儒、释、道三家学说的不同影响,其故事背景就描写的是儒家封建体系,故事中出现的花神却是道家的产物,而女主角杜丽娘身死又还魂乃是佛家的三生说。作品把传说故事与明代社会相结合,使之成为一部具有浪漫主义精神的杰作。《牡丹亭》不仅讴歌了人性,而且完美诠释了作者的"至情说"。

　　天下女子有情,宁有如杜丽娘者乎!梦其人即病,病即弥连[1],至手画形容,传于世而后死[2]。死三年矣,复能溟莫[3]中求得其所梦者而生。如丽娘者,乃可谓之有情人耳。情不知所起,一往而深。生者可以死,死可以生。生而不可与死,死而不可复生者,皆非情之至也。梦中之情,何必非真,天下岂少梦中之人耶?必因荐枕[4]而成亲,待挂冠而为密者[5],皆形骸之论[6]也。传杜太守事者,仿佛晋武都守李仲文、广州守冯孝将儿女事[7]。予稍为更而演之。至于杜守收拷柳生,亦如汉睢阳王收拷谈生也[8]。嗟夫!人世之事,非人世所可尽。自非通人[9],恒以理相格[10]耳。第云理之所必无,安知情之所必有邪!

——选自《牡丹亭》,汤显祖著,中华书局,2015年

注释

[1] 弥连:即"弥留",言久病不愈。《牡丹亭·诊祟》旦白:"我自春游一梦,卧病至今。"

[2] 手画形容:指亲手为自己画像。见该剧第十四出《写真》。

[3] 溟莫:指阴间。溟,同"冥"。

[4] 荐枕:荐枕席。《文选》宋玉《高唐赋》:"闻君游高唐,愿荐枕席。"李善注:"荐,进也,欲亲近于枕席,求亲昵之意也。"

[5] 挂冠:谓辞官。密:亲近。

[6] 形骸之说:意谓肤浅之说。形骸,形体,相对于精神而言。

[7] 晋武都守李仲文:"武都太守李仲文丧女,暂葬郡城之北。其后任张世之男子常,梦女来就,遂共枕席。后发棺视之,女尸已生肉,颜姿如故。但因被发棺,未能复生。"(《搜神后记》卷四)广州守冯孝将儿女事:冯孝将为广州太守时,他的儿子梦见一女子说:"我是前太守北海徐玄方女,不幸早亡,亡来今已四年,为鬼所枉杀。……应为君妻。"后来在本命年的生日,掘棺开视,女子体貌如故,遂为夫妇。事见《搜神后记》卷四,又见《异苑》及《幽明录》等。

[8] 汉睢阳王收考谈生:"汉谈生,四十无妇,夜半读书,有女子来就生为夫妇,约三年中不能用火照。后生一子,已二岁,生夜伺其寝,以烛照之,腰上已生肉,腰下但有枯骨。妇觉,以一珠袍与生,并裂取生衣裾而去。后生持袍诣市,睢阳王家买之。王识女袍,以生为盗墓贼,乃收拷生。生以实对。王视女冢如故。发现之,得谈生衣裾。又视生儿正如王女,乃认谈生为婿。"(《列异传》又见于《搜神记》。

[9] 通人:学通古今的人。

[10] 格:推究。

译文

天下女子的多情,难道还有像杜丽娘那样的吗?梦见那位情人就得病,一病而迅即不起,以至亲手描绘自己的画像传于世以后就死了。死去三年了,又能在冥冥

之中寻求到所梦的人而复生。像杜丽娘这样，才可以称得上是多情的人。她的情在不知不觉中激发起来，而且越来越深，活着时可以为情而死，死了又可以为情而生。活着不愿为情而死，死而不能复生的，都不能算是感情的极点啊。梦中产生的情，为什么一定不是真的呢，天下难道还缺少这样的梦中之人吗？一定要挨到男女同席了才算是成亲，等到挂冠辞官后才感觉安全的，都是只看事情表面的说法啊。记述杜太守事迹的故事，模仿了晋代武都太守李仲文、广州太守冯孝将儿女恋爱的传说。我稍加改动而写成了这个剧本。至于杜太守拘押拷打柳梦梅，也就像汉代睢阳王拘押拷打谈生了。

唉，人世的事情，不是人世所能理解透彻的。自己不是学问贯通古今的人，所以常常用"理"去加以推究了。只是一味强调(杜丽娘死而复生与柳梦梅结合的事)从理的角度看一定没有，又怎么知道从情的角度看一定存在呢？

五十　欧阳文忠公文集·卖油翁

【导读】

欧阳修(1007—1072),字永叔,号醉翁,晚号"六一居士",吉州永丰(今江西省永丰县)人,因吉州原属庐陵郡,以"庐陵欧阳修"自居。谥号文忠,世称欧阳文忠公。北宋政治家、文学家、史学家,与韩愈、柳宗元、王安石、苏洵、苏轼、苏辙、曾巩合称"唐宋八大家"。后人又将其与韩愈、柳宗元和苏轼合称"千古文章四大家"。他在政治和文学方面都主张革新,既是范仲淹庆历新政的支持者,又是北宋诗文革新运动的领导者。他主张文章应"明道"、致用,对宋初以来靡丽、险怪的文风表示不满。他一生写了五百余篇散文,有政论文、史论文、记事文、抒情文和笔记文等,各体兼备,大都内容充实,气势旺盛,具有平易自然、流畅婉转的艺术风格。叙事既得委婉之妙,又简括有法;议论纡徐有致,却富有内在的逻辑力量。章法结构既能曲折变化而又十分严密,诗风与其散文近似,语言流畅自然。其词婉丽,承袭南唐余风。另外,他曾与宋祁合修《新唐书》,并独撰《新五代史》。他撰写《洛阳牡丹记》一书,包括《花品序》《花释名》《风俗记》三篇,书中列举牡丹品种24种,是历史上第一部具有重要学术价值的牡丹专著。他又喜收集金石文字,编为《集古录》,对宋代金石学颇有影响。

《欧阳文忠公文集》因欧阳修死后谥号为"文忠"而得名,又称《欧阳文忠集》《欧阳永叔集》《欧阳文忠公集》,是欧阳修的全集。该集共153卷,另附录2卷。其中《居士集》《易童子集》《外制集》《内制集》《表奏书启四六集》《奏议集》等114卷,《归田录》《诗话》《长短句》等19卷,《集中录跋尾》10卷,书简10卷。前附年谱,后附行状、墓志、传文等5卷。书中《居士集》为作者晚年自己编定,其余为南宋周必大编定。

陈康肃公善射[1],当世无双,公亦以此自矜[2]。尝射于家圃[3],有卖油翁释担而立,睨[4]之久而不去。见其发矢[5]十中八九,但微颔[6]之。康肃问曰:"汝亦知射乎?

吾射不亦精乎？"翁曰："无他，但手熟尔。"康肃忿然曰："尔安敢轻吾射？"翁曰："以我酌油知之。"乃取一葫芦置于地，以钱覆其口，徐以杓酌[7]油沥之[8]，自钱孔入而钱不湿，因曰："我亦无他，惟手熟尔。"康肃笑而遣之。此与庄生所谓"解牛""斫轮"[9]者何异？

——选自《归田录》，欧阳修撰，韩谷校点，上海古籍出版社，2012年

注释

[1] 善射：擅长射箭。

[2] 自矜（jīn）：自夸。

[3] 家圃：家里（射箭的）场地。圃，园子，这里指场地。

[4] 睨（nì）：斜着眼看，形容不在意的样子。

[5] 矢（shǐ）：箭。

[6] 颔（hàn）：点头。

[7] 酌（zhuó）：舀。

[8] 沥（lì）之：向下灌注，滴。

[9] 解牛斫轮：指庖丁解牛与轮扁斫轮。

译文

康肃公陈尧咨擅长射箭，举世无双，他也因射箭的本领自夸。他曾在自家的园圃里射箭，有个卖油的老翁放下挑着的担子，站在一旁，斜着眼看他，很久也不离开。老翁见到他射出的箭十支能中八九支，只是微微地点点头。陈尧咨问道："你也懂得射箭吗？难道我射箭的技艺不精湛吗？"老翁说："没有什么别的奥妙，只不过是手法熟练罢了。"陈尧咨气愤地说："你怎么能够轻视我射箭（的本领）！"老翁说："凭我倒油（的经验）知道这个道理。"于是老翁取出一个葫芦放在地上，用一枚铜钱盖住葫芦的口，慢慢地用勺子倒油（通过铜钱方孔）注到葫芦里，油从铜钱的孔中注进去，却没有沾湿铜钱。接着老翁说："我也没有什么其他奥妙，只不过是手法熟练罢了。"康肃公尴尬地笑着把老翁打发走了。这与庄子所讲的庖丁解牛、轮扁斫轮的故事有什么区别呢？

五十一　七录斋集·五人墓碑记

【导读】

张溥(1602—1641),字天如,太仓(今江苏省太仓市)人。崇祯四年(1632)中进士,后选庶吉士,明史上记有他"七录七焚"的佳话,与同乡张采齐名,合称"娄东二张"。在文学方面,他推崇前后七子的理论,主张复古,又以"务为有用"相号召。一生著作宏丰,编述3000余卷,涉及文、史、经学各个学科,精通诗词,尤擅散文、时论。他的著作有《春秋三书》32卷、《历代史论二编》10卷、《诗经注疏大全合纂》34卷。此外,他还辑有《汉魏六朝百三家集》,为《宋史纪事本末》及《元史记事本末》补撰论正。

《七录斋集》是张溥所撰的诗文集。此书于崇祯年间刻成,有6卷本与7卷本行世。所谓"七录",指张溥对于有用的书籍会反复抄录,边抄边记,如此进行,多至七遍,所以称为"七录"。七录斋即他研究学问读书的地方。《五人墓碑记》作于明崇祯元年(1628)。天启年间,宦官魏忠贤专权,网罗遍天下,以残暴手段镇压东林党人。天启六年(1626),派人到苏州逮捕曾任吏部主事、文选员外郎的周顺昌,激起苏州市民的义愤,爆发了反抗宦官统治的斗争。本文是为这次斗争中被阉党杀害的五位义士而写的碑文。

　　五人[1]者,盖当蓼洲周公[2]之被逮、急于义而死焉者也。至于今,郡[3]之贤士大夫请于当道[4],即除魏阉废祠之址[5]以葬之;且立石于其墓之门,以旌[6]其所为。呜呼!亦盛矣哉。

　　夫五人之死,去[7]今之墓[8]而葬焉,其为时止十有一月尔。夫十有一月之中,凡富贵之子、慷慨得志之徒,其疾病而死、死而湮没不足道者,亦已众矣;况草野之无闻者与?独五人之皦皦[9],何也?

　　予犹记周公之被逮,在丁卯三月之望[10],吾社[11]之行为士先者[12],为之声义[13],敛赀财[14]以送其行,哭声震动天地。缇骑[15]按剑而前,问谁为哀者?众不能

堪[16],抶而仆之[17]。是时以大中丞抚吴者为魏之私人[18],周公之逮,所由使也。吴之民方痛心焉,于是乘其[19]厉声以呵[20],则噪而相逐[21],中丞匿于溷藩[22]以免。既而以吴民之乱请于朝,按诛[23]五人,曰颜佩韦、杨念如、马杰、沈杨、周文元,即今之傫然[24]在墓者也。

然五人之当刑也,意气阳阳,呼中丞之名而詈[25]之,谈笑以死。断头置城上,颜色不少变。有贤士大夫发五十金,买五人之脰而函[26]之,卒与尸合。故今之墓中全乎为五人也。

嗟乎!大阉[27]之乱,缙绅[28]而能不易其志者,四海之大,有几人欤?而五人生于编伍[29]之间,素不闻《诗》《书》之训,激昂大义,蹈死不顾,亦曷[30]故哉?且矫诏[31]纷出,钩党[32]之捕,遍于天下,卒以吾郡之发愤一击,不敢复有株治[33]。大阉亦逡巡[34]畏义,非常之谋,难于猝发[35];待圣人[36]之出,而投缳[37]道路,不可谓非五人之力也。

由是观之,则今之高爵显位,一旦抵罪[38],或脱身以逃,不能容于远近;而又有剪发杜门[39]、佯狂不知所之者,其辱人贱行[40],视五人之死,轻重固何如哉?是以蓼洲周公忠义暴[41]于朝廷,赠谥[42]美显,荣于身后;而五人亦得以加其土封[43],列其姓名于大堤之上。凡四方之士,无不有过而拜且泣者,斯固百世之遇也[44]。不然,令五人者保其首领,以老于户牖[45]之下,则尽其天年,人皆得以隶使之[46],安能屈[47]豪杰之流扼腕[48]墓道、发其志士之悲哉?故余与同社诸君子,哀斯墓之徒有其石也,而为之记,亦以明死生之大[49]、匹夫[50]之有重于社稷[51]也。

贤士大夫者,冏卿[52]因之吴公[53]、太史[54]文起文公[55]、孟长姚公[56]也。

——选自《七录斋合集》,张溥撰,曾肖点校,齐鲁书社,2015年

注释

[1] 五人:被杀的五位义士。

[2] 蓼(liǎo)洲周公:周顺昌,字景文,号蓼洲,吴县(今苏州)人。万历年间进士,曾官福州推

官、吏部主事、文选员外郎等职,因不满朝政辞职归家。东林党人魏大中被逮,途经吴县时,周顺昌不避株连,曾招待过他。后周顺昌被捕遇害。崇祯年间,谥忠介。

[3] 郡:指吴郡,即今苏州市。

[4] 当道:执掌政权的人。

[5] 除魏阉废祠之址:谓清除魏忠贤生祠的旧址。除,修治,修整。魏阉,对魏忠贤的贬称。魏忠贤专权时,其党羽在各地为他建立生祠,事败后,这些祠堂均被废弃。

[6] 旌(jīng):表扬,赞扬。

[7] 去:距离。

[8] 墓:用作动词,即修墓。

[9] 皦(jiǎo)皦:同"皎皎",光洁,明亮。这里指显赫。

[10] 丁卯三月之望:天启七年(1627)农历三月十五日,此处属于作者笔误,实际应为天启六年(1626)丙寅年。

[11] 吾社:指应社。

[12] 行为士先者:行为能够成为士人表率的人。

[13] 声义:伸张正义。

[14] 赀财:钱财,财物。

[15] 缇骑(tí jì):穿橘红色衣服的朝廷护卫马队。明清逮治犯人也用缇骑,故后世用以称呼捕役。

[16] 堪:忍受。

[17] 抶(chì)而仆之:谓将其打倒在地。抶,击。仆,使仆倒。

[18] "是时"句:这时做苏州巡抚的人是魏忠贤的党羽。按,即毛一鹭。大中丞,官职名。抚吴,做吴地的巡抚。魏之私人,魏忠贤的党徒。

[19] 其:指毛一鹭。

[20] 呵:呵斥、责骂。

[21] 噪而相逐:大声吵嚷着追逐。

[22] 匿于溷(hùn)藩:藏在厕所。溷,厕所。藩,篱、墙。

[23] 按诛:追究案情判定死罪。按,审查。

[24] 傫(lěi)然:聚集的样子。

[25] 詈(lì):骂。

[26] 函:匣子。这里是用棺材收敛的意思。

[27] 大阉:指魏忠贤。

[28] 缙绅:也作"搢绅",指古代缙笏(将笏插于腰带)、垂绅(垂着衣带)的人,即士大夫。缙,同

"搢",插。绅,大带。

[29] 编伍:指平民。古代编制平民户口,五家为一"伍"。

[30] 曷:同"何"。

[31] 矫诏:假托君命颁发的诏令。

[32] 钩党之捕:这里指搜捕东林党人。钩党,被指为有牵连的同党。

[33] 株治:株连惩治。

[34] 逡(qūn)巡:欲进不进、迟疑不决的样子。

[35] "非常"二句:非常之谋,指篡夺帝位的阴谋。猝(cù)发,突然发动。

[36] 圣人:指崇祯皇帝朱由检。投缳(huán)道路:天启七年,崇祯即位,将魏忠贤放逐到凤阳去守陵,不久又派人去逮捕他。他得知消息后,畏罪吊死在路上。

[37] 投缳:自缢。投,掷、扔。缳,绳圈,绞索。

[38] 抵罪:因犯罪而受相应的惩罚。

[39] "而又有"二句:还有剃发为僧,闭门索居,假装疯癫而不知下落的。

[40] 辱人贱行:可耻的人格,卑贱的行为。

[41] 暴(pù):显露。

[42] 赠谥(shì)褒美:指崇祯追赠周顺昌"忠介"的谥号。

[43] 加其土封:增修他们的坟墓。

[44] 百世之遇:百代的幸遇。

[45] 户牖(yǒu):指家里。户,门。牖,窗。

[46] 隶使之:当作仆隶一样差使他们。隶,名词用作状语,像对待奴仆那样。

[47] 屈:使屈身,倾倒。

[48] 扼腕:用手握腕,表示情绪激动、振奋或惋惜。

[49] 明死生之大:表明死生的重大意义。

[50] 匹夫:指平民,这里指五义士。

[51] 社稷:国家。

[52] 冏(jiǒng)卿:太仆卿,官职名。

[53] 因之吴公:吴默,字因之。

[54] 太史:指翰林院修撰。

[55] 文起文公:文震孟,字文起。

[56] 孟长姚公:姚希孟,字孟长。

译文

墓中的五个人,就是当周蓼洲先生被捕的时候,被正义所激励而死于这件事的。到了现在,本郡有声望的士大夫们向有关当局请求,就清理已被废除的魏忠贤生祠旧址来安葬他们;并且在他们的墓门之前竖立碑石,来表彰他们的事迹。啊,也算是盛大隆重的事情呀!

这五人的死,距离现在建墓安葬,时间只不过十一个月罢了。在这十一个月当中,所有富贵人家的子弟,意气激昂,得志的人,他们因患病而死,死后埋没不值得称道的人,也太多了;何况乡间没有声名的人呢?唯独这五个人声名显赫,为什么呢?

我还记得周公被捕,是在丙寅年农历三月十五。我们社里那些道德品行可以作为读书人的榜样的人,替他伸张正义,募集钱财送他起程,哭声震天动地。缇骑按着剑柄上前,问:"在为谁悲痛?"大家不能再忍受了,把他们打倒在地。当时以大中丞职衔担任苏州一带巡抚的是魏忠贤的党羽毛一鹭,周公被捕就是由他主使的;苏州的老百姓正在痛恨他,这时趁着他厉声呵骂的时候,就一齐喊叫着追赶他。这个大中丞藏在厕所里才得以逃脱。不久,他以苏州人民发动暴乱的罪名向朝廷请示,追究这件事,杀了五个人,他们是颜佩韦、杨念如、马杰、沈扬、周文元,就是现在一起埋葬在墓中的这五个人。

然而,当五个人临刑的时候,神情慷慨自若,呼喊着中丞的名字斥骂他,谈笑着死去了。砍下的头放在城头上,脸上的神情一点也没改变。有个有名望的人拿出五十两银子,买下五个人的头并用棺材收起来,最终与尸体合到了一起。所以现在墓中是完完整整的五个人。

唉!当魏忠贤作乱的时候,能够不改变自己志节的做官的人,那么大的中国,能有几个呢?但这五个人生于民间,从来没受过《诗》《书》的教诲,却能被大义所激励,踏上死地,义无反顾,又是什么缘故呢?况且当时假托的皇帝的诏书纷纷传出,追捕同党的人遍于天下,终于因为我们苏州人民的发愤抗击,使阉党不敢再将我们株连治罪;魏忠贤也迟疑不决,畏惧正义,篡夺帝位的阴谋难于立刻发动,直到当今的皇上继位,魏忠贤畏罪吊死在路上,不能不说是这五个人的功劳呀。

由此看来,如今这些高官显贵们,一旦犯罪受罚,有的人脱身逃走,不能被远近的百姓所容纳;也有的削发为僧、闭门不出,或假装疯狂不知逃到何处的,他们那可耻的人格,卑贱的行为,比起这五个人的死来,轻重的差别到底怎么样呢?因此周蓼洲先生的忠义显露在朝廷,赠给他的谥号美好而光荣,在死后享受到荣耀;而这五个人也能够修建一座大坟墓,在大堤之上立碑刻名,所有四方的有志之士经过这里没有不跪拜流泪的,这实在是百代难得的机遇啊。不这样的话,假使让这五个人保全性命在家中一直生活到老,尽享天年,人人都能够像对待奴仆一样使唤他们,又怎么能让豪杰们屈身下拜,在墓道上扼腕叹息,抒发他们作为有志之士的悲叹呢?所以我和我们同社的诸位先生,惋惜这墓前空有一块石碑,就为它作了这篇碑记,也用来说明生死意义的重大,即使一个普通老百姓对于国家也有重要的作用啊。

几位有声望的士大夫是:太仆卿吴因之公,太史文起文公,姚孟长公。

五十二　全唐文·陋室铭

【导读】

刘禹锡（772—842），字梦得，唐朝彭城（今江苏省徐州市）人，祖籍洛阳，唐朝文学家、哲学家，唐代中晚期著名诗人，有"诗豪"之称。政治上主张革新，是王叔文派政治革新活动的中心人物之一。后来永贞革新失败被贬为朗州（今湖南常德）司马。

《陋室铭》选自《全唐文》卷六百零八集，聚描写、抒情、议论于一体。通过具体描写"陋室"恬静、雅致的环境和主人高雅的风度来表述自己两袖清风的情怀。文章运用了对比、白描、隐喻、用典等手法，而且韵律感极强，读来如金石掷地又自然流畅，一曲既终，犹余音绕梁，让人回味无穷。文章表现了作者不与世俗同流合污，洁身自好、不慕名利的生活态度，表达了作者高洁傲岸和安贫乐道的隐逸情趣。

"铭"本是古代刻于器具和碑文上的文字，多用于歌功颂德、祭奠祖先与昭申鉴戒，后来逐渐发展演变为一种独立的文体，这种文体一般都是用韵的。由于这种文体独特的历史渊源，使这种文体具有篇制短小、文字简约、寓意深刻等特点。根据古文体的分类，"铭"是应用文。陋室铭即对陋室描述，阐明作者的生活态度。

　　山不在[1]高、有仙则名。水不在深、有龙则灵。斯[2]是陋室、惟[3]吾德馨[4]。苔痕上[5]阶绿、草色入[6]帘青。谈笑有鸿儒[7]、往来无白丁[8]。可以调[9]素琴[10]、阅金经[11]。无丝竹[12]之[13]乱耳[14]、无案牍[15]之劳形[16]。南阳诸葛庐、西蜀子云亭[17]。孔子云、何陋之有。

　　——选自《古文观止》（全二册），吴楚材、吴调侯选，中华书局，1959年

注释

[1] 在：于，动词。
[2] 斯：指示代词，此，这。
[3] 惟：只。

[4] 德馨：指品德高尚。

[5] 上：长到。

[6] 入：映入。

[7] 鸿儒(hóng rú)：大儒，这里指博学的人。鸿，同"洪"，大。儒，旧指读书人。

[8] 白丁：平民。这里指没有什么学问的人。

[9] 调：调弄，这里指弹(琴)。

[10] 素琴：不加装饰的琴。

[11] 金经：现今学术界仍存在争议，有学者认为是指佛经，也有人认为是装饰精美的经典(《四书五经》)。金，珍贵的。儒释道的经典都可以说是金经。

[12] 丝竹：琴瑟、箫管等乐器的总称，"丝"指弦乐器，"竹"指管乐器。这里指奏乐的声音。

[13] 之：语气助词，不译。用在主谓间，取消句子的独立性。下句中的"之"用法相同。

[14] 乱耳：扰乱双耳。乱，形容词的使动用法，使……乱，扰乱。

[15] 案牍(dú)：(官府的)公文，文书。

[16] 劳形：使身体劳累("使"动用法)。劳，形容词的使动用法，使……劳累。形，形体、身体。

[17] 南阳诸葛庐，西蜀子云亭：南阳有诸葛亮的草庐，西蜀有扬子云的亭子。这两句是说，诸葛庐和子云亭都很简陋，因为居住的人很有名，所以受到人们的景仰。诸葛亮，字孔明，三国时蜀汉丞相，著名的政治家和军事家，出仕前曾隐居南阳卧龙岗中。扬雄，字子云，西汉时文学家，蜀郡成都人。庐，简陋的小屋子。

[18] 何陋之有：即"有何之陋"，属于宾语前置。之，助词，表示强烈的反问，宾语前置的标志，不译。全句译为：有什么简陋的呢？孔子说的这句话见于《论语·子罕》篇："君子居之，何陋之有？"这里以孔子之言，亦喻自己为"君子"。

译文

山不在于高，有了神仙就出名。水不在于深，有了龙就显得有了灵气。这是简陋的房子，只是我(住屋的人)品德好(就感觉不到简陋了)。长到台阶上的苔痕颜色碧绿；草色青葱，映入帘中。到这里谈笑的都是知识渊博的大学者，交往的没有知识浅薄的人，可以弹奏不加装饰的古琴，阅读佛经。没有奏乐的声音扰乱双耳，没有官府的公文使身体劳累。南阳有诸葛亮的草庐，西蜀有扬子云的亭子。孔子说："有什么简陋的呢？"

五十三　人间词话

【导读】

王国维(1877—1927)，字静安，又字伯隅，号观堂，浙江省海宁县人，清末民国初著名学者。他为近代博学通儒，功力之深、治学范围之广、对学术界影响之大，为近代以来所仅见。他16岁考中秀才，1907年起任学部图书馆编辑，从事中国戏曲史和词曲的研究，著有《曲录》《宋元戏曲考》《人间词话》等。王国维早年追求新学，接受资产阶级改良主义思想的影响，把西方哲学、美学思想与中国古典哲学、美学相融合，研究哲学与美学，形成了独特的美学思想体系，继而攻词曲戏剧，后又治史学、古文字学、考古学。

《人间词话》是近代极负盛名的文学理论批评著作之一，是王国维接受了西洋美学思想之洗礼后，以崭新的眼光对中国旧文学所作的评论，具有划时代的意义。它涉及词的境界、词的发展历程、历代文人及其作品、历代评论家的评论等方面内容，集中体现了王国维的文学、美学思想。"境界说"是《人间词话》的理论核心，"有有我之境，有无我之境"。尤其是"无我之境"所要求于文艺的真实性，超出了传统美学所论之一般范畴，"境界"被赋予了新的内涵。

词以境界[1]为最上[2]。有境界则自成高格[3]，自有名句。五代、北宋之词所以独绝者在此。

有造境[4]，有写境[5]，此理想与写实二派之所由分。然二者颇难分别，因大诗人所造之境，必合乎自然，所写之境，亦必邻于理想故也。

有有我之境，有无我之境。"泪眼问花花不语，乱红飞过秋千去"[6]"可堪孤馆闭春寒，杜鹃声里斜阳暮"[7]，有我之境也。"采菊东篱下，悠然见南山"[8]"寒波澹澹起，白鸟悠悠下"[9]，无我之境也。有我之境，以我观物，故物皆著我之色彩。无我之境，以物观物，故不知何者为我，何者为物。古人为词，写有我之境者为多，然未始不能写无我之境,此在豪杰之士能自树立耳。

无我之境,人惟于静中得之。有我之境,于由动之静时得之。故一优美,一宏壮也。

自然中之物,互相关系,互相限制。然其写之于文学及美术中也,必遗其关系、限制之处。故虽写实家,亦理想家也。又虽如何虚构之境,其材料必求之于自然,而其构造,亦必从自然之法则。故虽理想家,亦写实家也。

境非独谓景物也。喜怒哀乐,亦人心中之一境界。故能写真景物、真感情者,谓之有境界;否则谓之无境界。

"红杏枝头春意闹"[10],著一"闹"字,而境界全出。"云破月来花弄影"[11],著一"弄"字,而境界全出矣。

——选自《人间词话》,王国维撰,上海古籍出版社,2009年

注释

[1] 境界:本指一定的疆土范围(地域范围),多引申为人的思想觉悟和精神修养的程度。王昌龄诗格中提及诗歌中所说境界包括物境、情境和意境,王国维此处的境界在诗之三境之中,但他更近《诗经》,"思无疆"认为"意无穷"。

[2] 最上:此处不仅包含最上乘之意,还包括高尚之意。

[3] 高格:高尚的文格和人格。

[4] 造境:是在具象的基础上,进一步将语言文字还原成特定的情境、意境、心境。读诗、读词,想方设法让自己进入情境,积累情感。诗歌运用造境的情况最多(除此之外绘画也常见)。此处造境主要是由理想家按其主观理想及虚构而成,"造境"即是"虚构之境"。

[5] 写境:指文学作品中的环境描写。此处指由写实家按其客观"自然"描写而成。"写境"即是写实之境。

[6] 出自冯延巳《鹊踏枝》:"庭院深深深几许?杨柳堆烟,帘幕无重数。玉勒雕鞍游冶处,楼高不见章台路。雨横风狂三月暮,门掩黄昏,无计留春住。泪眼问花花不语,乱红飞过秋千去。"

[7] 出自秦观《踏莎行》:"雾失楼台,月迷津度,桃源望断无寻处。可堪孤馆闭春寒,杜鹃声里斜阳暮。驿寄梅花,鱼传尺素,砌成此恨无重数。郴江幸自绕郴山,为谁流下潇湘去!"

[8] 出自陶潜《饮酒诗》第五首:"结庐在人境,而无车马喧。问君何能尔,心远地自偏。采菊东

篱下,悠然见南山。山气日夕佳,飞鸟相与还。此中有真意,欲辨已忘言。"

[9] 出自元好问《颍亭留别》:"故人重分携,临流驻归驾。乾坤展清眺,万景若相借。北风三日雪,太素秉元化。九山郁峥嵘,了不受陵跨。寒波澹澹起,白鸟悠悠下。怀归人自急,物态本闲暇。壶觞负吟啸,尘土足悲咤。回首亭中人,平林淡如画。"

[10] 出自宋祁《玉楼春》:"东城渐觉风光好,縠皱波纹迎客棹。绿扬烟外晓寒轻,红杏枝头春意闹。浮生长恨欢娱少,肯爱千金轻一笑。为君持酒劝斜阳,且向花间留晚照。"

[11] 出自张先《天仙子》:"水调数声持酒听,午醉醒来愁未醒。送春春去几时回?临晚镜,伤流景,往事后期空记省。沙上并禽池上暝,云破月来花弄影。重重帘幕密遮灯,风不定,人初静,明日落红应满径。"

译文

词以有无境界为标准判断高下优劣。有境界的词才是最好的词。一首词如果有境界,自然显得格调高迈、超逸不群。这也正是五代和北宋时期的词之所以能够独到绝妙的原因。

从词人的表现手法上看,境界可以分为"造境"和"写境"两种,这也是西方"理想派"和"写实派"得以区分的缘由。但两种境界比较难以分别。因为大诗人通过想象所构造出来的境地,是一定要与现实生活相符的;而通过写实所描摹出来的境地,也必定是接近于理想化的。

从创作的主体关系上看,境界又可以分为"有我之境"和"无我之境"两种。譬如:欧阳修《蝶恋花》词中"泪眼问花花不语,乱红飞过秋千去"之句、秦观《踏莎行》词中"可堪孤馆闭春寒,杜鹃声里斜阳暮"之句,都是属于"有我之境";而陶潜《饮酒》诗中"采菊东篱下,悠然见南山"之句、元好问《颍亭留别》诗中"寒波澹澹起,白鸟悠悠下"之句,则都是属于"无我之境"。"有我之境"是站在作者本人的角度去观察认识事物,借物抒怀,所以事物全部显现出作者本人的色彩。"无我之境"则是站在事物的角度去观察认识事物,物我两相忘,最后都分不清哪里是作者,哪里是事物了。古人作词,一般写"有我之境"的比较多,但并不是说就没有人能够写"无我之境",这在豪迈杰出的人当中自然能够得到完成。

要写"无我之境",词人只有在超脱世俗、散淡静谧的心境中才能得到。要写"有我之境",词人却必须是在强烈情感的动态作用下,保持一种平静的心态去抒发才能得到。所以,前者显得优美,后者显得宏壮。

自然界中万事万物,都是互相联系、互相限制的。但如果将它们体现在文学或美术作品当中,必定要遗弃这些联系和限制的地方。所以说,写实家其实也是理想家。另外,不管怎么去虚构出一种境地,它所用的这些材料,又必然来自现实中的自然界,而且其中的构造还必须遵从自然界的法则。所以说,理想家其实也是写实家呀。

我们所谓的"境",并非单指景物一种,喜怒哀乐,也是人们心中的一种境界。所以,能写真景物、真感情的,就叫有境界;否则就是无境界。

宋祁《玉楼春》词中有"红杏枝头春意闹"一句,仅仅使用了一个"闹"字,整首词的境界就全都出来了。张先《天仙子》词中有"云破月来花弄影"一句,仅仅是使用了一个"弄"字,整首词的境界也就全都出来了。

五十四　容斋随笔·虫鸟之智

【导读】

洪迈(1123—1202),字景卢,号容斋,南宋鄱阳(今江西省乐平市)人。他的父亲洪皓、哥哥洪适,都是著名的学者、官员,洪适官至宰相。宋高宗绍兴十五年(1145),洪迈以博学宏词科中进士,先后在地方做过知州,在朝廷做过中书舍人、直学士院、同修国史、翰林学士、端明殿学士。在宋高宗、孝宗、光宗、宁宗四朝度过了79岁的一生。洪迈从政之余,致力学问,一生中著述颇丰。文集《野处类稿》、志怪笔记小说《夷坚志》、编纂的《万首唐人绝句》、笔记《容斋随笔》等,都是流传至今的名作,以《容斋随笔》最为人称道。

《容斋随笔》是关于历史、文学、哲学、艺术等方面的笔记小说,全书计随笔、续笔、三笔、四笔各16卷,五笔10卷,共74卷。该书以考证、议论、记事为中心内容,涉猎范围极广,经史典故、天文地理、轶闻异说、诸子百家之言及诗文语词,无所不包。其中对经史艺哲,考订博录,卓有独见。该书的学术性和可读性不亚于任何一部史书,其中的政治历史、人物佚事、文章典籍,甚至各朝各代的制度均有涉猎,堪称宋朝之前的百科全书。《容斋随笔》以资料丰富、格调高雅、议论精彩、考证确切等特点,卓然超越众多的同类著作之上,被《四库全书总目提要》推为南宋笔记小说之冠。

竹鸡之性,遇其俦必斗[1]。捕之者扫落叶为城,置媒其中[2],而隐身于后操罔焉[3]。激媒使之鸣,闻者随声必至,闭目飞入城,直前欲斗,而罔已起,无得脱者,盖目既闭则不复见人。鹧鸪性好洁,猎人于茂林间净扫地,稍散谷于上,禽往来行游,且步且啄[4],则以竿取之。麇行草莽中[5],畏人见其迹,但循一径,无问远近也。村民结绳为环,置其所行处,麇足一挂,则倒悬于枝上,乃生获之。江南多土蜂,人不能识其穴,往往以长纸带黏于肉,蜂见之必衔入穴,乃蹑寻得之,薰取其子。虫鸟之智,自谓周身矣,如人之不仁何?

——选自《容斋随笔》,洪迈撰,中华书局,2010 年

注释

[1] 俦(chóu):同类。

[2] 媒:这里指诱鸟。

[3] 罔:同"网",罗网。

[4] 且:一面这样,一面那样。

[5] 麂(jǐ):哺乳动物的一属,像鹿,腿细而有力,善于跳跃,皮很软可以制革。此处指麋鹿。

[6] 斫(zhuó):用刀、斧等砍。

[7] 晷刻(guǐ kè):日晷与刻漏,引申为片刻;时刻。

译文

竹鸡的本性,遇到同类必定争斗。捕竹鸡的人扫落叶做围墙,把诱鸟放在里面,自己隐蔽在后边操纵罗网。刺激诱鸟让它鸣叫,听到叫声的竹鸡,必定随声到来,闭着眼睛飞进树叶堆起的围墙,一直向前要争斗一番。可是网已收起,没有能逃脱的。这是因为眼睛已经闭上,就不再看得见人了。鹧鸪本性喜欢清洁,猎人在茂密的树林中打扫干净一片地方,多少撒些谷米在上面。鹧鸪来往飞行,边走边食,猎人就用长杆粘取它。麋出没在荒草中,害怕人看到它的足迹,无论远近,只沿着一条小路走。村民把绳结成环套,安放在麋经过的地方,麋足一被绊住,就会倒挂在树枝上,被人们生擒活捉。江南多土蜂,人们找不到它的洞穴,往往把长纸袋粘在肉上,蜂看到必定衔入洞穴,人们就能追踪寻找到它,用火熏取它的幼虫。虫鸟的智慧,自以为可以保全自身,但怎么能够抵抗得住人类的不仁呢?

五十五　三国演义·草船借箭

【导读】

　　罗贯中(生卒年不详),名本,字贯中,号湖海散人。元末明初小说家、戏曲家。罗贯中的创作才能是多方面的,他写过乐府隐语和戏曲,但以小说成就为主。关于他的小说,《西湖游览志馀》称他"编撰小说数十种"。又相传他写过《十七史演义》。今存署名罗贯中的作品,除《三国志通俗演义》外,还有《隋唐志传》《残唐五代史演义传》和《三遂平妖传》。

　　《三国演义》在中国古代小说发展史上具有非同寻常的重要地位,它是中国古典四大名著之一,是中国第一部长篇章回体历史演义小说。该书以宏大的结构描绘了三国时期复杂的政治军事斗争,起自黄巾起义,终于西晋统一。作品谴责了统治者的残暴和丑恶,反映了动乱时代人民的痛苦和对清明政治、对仁君的向往,体现了鲜明的"拥刘反曹"倾向。《三国志通俗演义》"文不甚深、言不甚俗",语言简洁明快而又生动,把历史和文学自然结合,既有对现实的描绘,又充满了浪漫主义传奇色彩。

　　却说鲁肃领了周瑜言语,径来舟中相探孔明。孔明接入小舟对坐。肃曰:"连日措办[1]军务,有失听教[2]。"孔明曰:"便是亮亦未与都督贺喜。"肃曰:"何喜?"孔明曰:"公瑾使先生来探亮知也不知,便是这件事可贺喜耳。"唬得鲁肃失色问曰:"先生何由知之?"孔明曰:"这条计只好弄蒋干。曹操虽被一时瞒过,必然便省悟,只是不肯认错耳。今蔡、张两人既死,江东无患矣,如何不贺喜!吾闻曹操换毛玠、于禁为水军都督,则这两个手里,好歹送了水军性命。"鲁肃听了,开口不得,把些言语支吾了半响,别孔明而回。孔明嘱曰:"望子敬在公瑾面前勿言亮先知此事。恐公瑾心怀妒忌,又要寻事害亮。"鲁肃应诺而去,回见周瑜,把上项事只得实说了。瑜大惊曰:"此人决不可留!吾决意斩之!"肃劝曰:"若杀孔明,却被曹操笑也。"瑜曰:"吾自有公道斩之,教他死而无怨。"肃曰:"何以公道斩之?"瑜曰:"子敬休问,来日便见。"

次日,聚众将于帐下,教请孔明议事。孔明欣然而至。坐定,瑜问孔明曰:"即日将与曹军交战,水路交兵,当以何兵器为先?"孔明曰:"大江之上,以弓箭为先。"瑜曰:"先生之言,甚合愚[3]意。但今军中正缺箭用,敢烦先生监造十万枝箭,以为应敌之具。此系公事,先生幸勿推却。"孔明曰:"都督见委[4],自当效劳。敢问十万枝箭,何时要用?"瑜曰:"十日之内,可完办否?"孔明曰:"操军即日将至,若候十日,必误大事。"瑜曰:"先生料几日可完办?"孔明曰:"只消三日,便可拜纳十万枝箭。"瑜曰:"军中无戏言。"孔明曰:"怎敢戏都督!愿纳军令状:三日不办,甘当重罚。"瑜大喜,唤军政司当面取了文书,置酒相待曰:"待军事毕后,自有酬劳。"孔明曰:"今日已不及,来日造起。至第三日,可差五百小军到江边搬箭。"饮了数杯,辞去。鲁肃曰:"此人莫非诈乎?"瑜曰:"他自送死,非我逼他。今明白对众要了文书,他便两胁生翅,也飞不去。我只分付军匠人等,教他故意迟延,凡应用物件,都不与齐备。如此,必然误了日期。那时定罪,有何理说?今公可去探他虚实,却来回报。"

　　肃领命来见孔明。孔明曰:"吾曾告子敬,休对公瑾说,他必要害我。不想子敬不肯为我隐讳,今日果然又弄出事来。三日内如何造得十万箭?子敬只得救我!"肃曰:"公自取其祸,我如何救得你?"孔明曰:"望子敬借我二十只船,每船要军士三十人,船上皆用青布为幔[5],各束草千馀个,分布两边。吾别有妙用。第三日包管有十万枝箭。只不可又教公瑾得知。若彼知之,吾计败矣。"肃允诺,却不解其意。回报周瑜,果然不提起借船之事,只言:"孔明并不用箭竹、翎毛、胶漆等物,自有道理。"瑜大疑曰:"且看他三日后如何回覆[6]我!"

　　却说鲁肃私自拨轻快船二十只,各船三十馀人,并布幔束草等物,尽皆齐备,候孔明调用。第一日却不见孔明动静;第二日亦只不动。至第三日四更时分,孔明密请鲁肃到船中。肃问曰:"公召我来何意?"孔明曰:"特请子敬同往取箭。"肃曰:"何处去取?"孔明曰:"子敬休问,前去便见。"遂命将二十只船,用长索相连,径望北岸进发。是夜大雾漫天,长江之中,雾气更甚,对面不相见。孔明促舟前进,果然是好大雾!前人有篇《大雾垂江赋》曰:

大哉长江!西接岷、峨,南控三吴,北带九河。汇百川而入海,历万古以扬波。至若龙伯、海若、江妃、水母,长鲸千丈,天蜈九首,鬼怪异类,咸集而有。盖夫鬼神之所凭依,英雄之所战守也。

时也阴阳既乱,昧爽[7]不分。讶长空之一色,忽大雾之四屯。虽舆薪而莫睹,惟金鼓之可闻。初若溟濛,才隐南山之豹;渐而充塞,欲迷北海之鲲。然后上接高天,下垂厚地;渺乎苍茫,浩乎无际。鲸鲵出水而腾波,蛟龙潜渊而吐气。又如梅霖收溽,春阴酿寒;溟溟漠漠,浩浩漫漫。东失柴桑之岸,南无夏口之山。战船千艘,俱沉沦于岩壑[8];渔舟一叶,惊出没于波澜。甚则穹昊无光,朝阳失色;返白昼为昏黄,变丹山为水碧。虽大禹[9]之智,不能测其浅深;离娄[10]之明,焉能辨乎咫尺?

于是冯夷[11]息浪,屏翳[12]收功;鱼鳖遁迹,鸟兽潜踪。隔断蓬莱之岛,暗围阊阖[13]之宫。恍惚奔腾,如骤雨之将至;纷纭杂沓[14],若寒云之欲同。乃能中隐毒蛇,因之而为瘴疠;内藏妖魅,凭之而为祸害。降疾厄于人间,起风尘于塞外。小民遇之夭伤,大人观之感慨。盖将返元气于洪荒,混天地为大块。

当夜五更时候,船已近曹操水寨。孔明教把船只头西尾东,一带摆开,就船上擂鼓呐喊。鲁肃惊曰:"倘曹兵齐出,如之奈何?"孔明笑曰:"吾料曹操于重雾中必不敢出。吾等只顾酌酒取乐,待雾散便回。"

却说曹寨中,听得擂鼓呐喊,毛玠、于禁二人慌忙飞报曹操。操传令曰:"重雾迷江,彼军忽至,必有埋伏,切不可轻动。可拨水军弓弩手乱箭射之。"又差人往旱寨内唤张辽、徐晃各带弓弩军三千,火速到江边助射。比及号令到来,毛玠、于禁怕南军抢入水寨,已差弓弩手在寨前放箭;少顷,旱寨内弓弩手亦到,约一万馀人,尽皆向江中放箭:箭如雨发。孔明教把船吊回,头东尾西,逼近水寨受箭,一面擂鼓呐喊。待至日高雾散,孔明令收船急回。二十只船两边束草上,排满箭枝。孔明令各船上军士齐声叫曰:"谢丞相箭!"比及曹军寨内报知曹操时,这里船轻水急,已放回二十馀里,追之不及。曹操懊悔不已。

却说孔明回船谓鲁肃曰:"每船上箭约五六千矣。不费江东半分之力,已得十万馀箭。明日即将来射曹军,却不甚便!"肃曰:"先生真神人也!何以知今日如此大雾?"孔明曰:"为将而不通天文,不识地利,不知奇门,不晓阴阳,不看阵图,不明兵势,是庸才也。亮于三日前已算定今日有大雾,因此敢任三日之限。公瑾教我十日

完办,工匠料物,都不应手,将这一件风流罪过,明白要杀我。——我命系于天,公瑾焉能害我哉!"鲁肃拜服。

船到岸时,周瑜已差五百军在江边等候搬箭。孔明教于船上取之,可得十馀万枝,都搬入中军帐交纳。鲁肃入见周瑜,备说孔明取箭之事。瑜大惊,慨然叹曰:"孔明神机妙算,吾不如也!"后人有诗赞曰:

  一天浓雾满长江,远近难分水渺茫。

  骤雨飞蝗来战舰,孔明今日伏周郎。

少顷,孔明入寨见周瑜。瑜下帐迎之,称羡曰:"先生神算,使人敬服。"孔明曰:"诡谲[15]小计,何足为奇。"

——选自《三国演义》(有删节),罗贯中著,邓正辉注解,中州古籍出版社,2017年

注释

[1] 措办:筹集,筹划。

[2] 听教:听受教言。

[3] 愚:谦辞,用于自称,即我。

[4] 委:委托。

[5] 幔:帷幔,互相连缀的多幅布条。

[6] 回覆:回报,答复。

[7] 昧(mèi)爽:拂晓,黎明。

[8] 岩壑(hè):山峦溪谷。

[9] 大禹:传说为帝颛顼的孙子。他的父亲名鲧,母亲为有莘氏女修己。相传禹治黄河水患有功,受舜禅让继帝位。

[10] 离娄:指传说中视力特强的人。

[11] 冯夷(féng yí):中国古代神话中的黄河水神,也作"冰夷"。

[12] 屏翳(píng yì):神灵之名,在不同的书籍记载里有雨师、云神、雷师、风师等不同的身份。

[13] 阊阖(chāng hé):传说中的天门。

[14] 杂沓(tà):纷杂繁多。

[15] 诡谲:奇异多变。

五十六　三国志·邓哀王冲

【导读】

陈寿（233—297），字承祚，西晋巴西安汉（今四川省南充市）人，史学家。他少好学，就有志于史学事业，对于《尚书》《春秋》《史记》《汉书》等史书进行过深入的研究。师事同郡学者谯周（蜀国天文学家），在蜀汉时任观阁令史。当时，宦官黄皓专权，大臣都曲意附从。陈寿因为不肯屈从黄皓，所以屡遭遣黜。入晋以后，历任著作郎、治书侍御史等职。280年，西晋灭东吴，结束了分裂局面。陈寿当时48岁，开始撰写《三国志》。

《三国志》全书共65卷，《魏书》30卷，《蜀书》15卷，《吴书》20卷，位列中国古代24史记载时间顺序第四位，与《史记》《汉书》《后汉书》并称"前四史"。记载了东汉末年黄巾起义到晋武帝太康元年的历史，对三国的创始人曹操、刘备、孙权等人在创国之前的诸般活动以及战争都有所描写。《三国志》善于叙事，文笔简洁，剪裁得当，当时就受到赞许。《三国志》名为志其实无志。魏志有本纪、列传，蜀、吴二志只有列传。陈寿是晋朝朝臣，晋承魏而得天下，所以《三国志》尊魏为正统。《三国志》为曹操、曹丕、曹睿分别写了武帝纪、文帝纪、明帝纪，而《蜀书》则记刘备、刘禅为先主传、后主传。记孙权称吴主传，记孙亮、孙休、孙皓为三嗣主传。

邓哀王冲字仓舒。少聪察岐嶷[1]，生五六岁，智意所及，有若成人之智。时孙权曾致巨象，太祖欲知其斤重，访[2]之群下，咸莫能出其理。冲曰："置象大船之上，而刻其水痕所至，称物以载之，则校可知矣。"太祖大锐，即施行焉。时军国多事，用刑严重。太祖马鞍在库，而为鼠所啮，库吏惧必死，议欲面缚首罪，犹惧不免。冲谓曰："待三日中，然后自归。"冲于是以刀穿单衣，如鼠啮者，谬为失意，貌有愁色。太祖问之，冲对曰："世俗以为鼠啮衣者，其主不吉。今单衣见啮，是以忧戚。"太祖曰："此妄言耳，无所苦也。"俄而库吏以啮鞍闻，太祖笑曰："儿衣在侧，尚啮，况鞍县柱乎？"一

无所问。冲仁爱识达,皆此类也。凡应罪戮,而为冲微所辨理,赖以济宥[3]者,前后数十。太祖数对群臣称述,有欲传后意。年十三,建安十三年疾病,太祖亲为请命。及亡,哀甚。文帝宽喻太祖,太祖曰:"此我之不幸,而汝曹之幸也。"言则流涕,为聘甄氏亡女与合葬,赠骑都尉印绶[4],命宛侯据子琮奉冲后。二十二年,封琮为邓侯。黄初二年,追赠谥冲曰邓哀侯,又追加号为公。三年,进琮爵,徙封冠军公。四年,徙封己氏公。太和五年,加冲号曰邓哀王。景初元年,琮坐于中尚方作禁物,削户三百,贬爵为都乡侯。三年,复为己氏公。正始七年,转封平阳公。景初、正元、景元中,累增邑,并前千九百户。

——选自《三国志》,陈寿撰,裴松之注,中华书局,1999年

注释

[1] 岐嶷:形容幼年聪慧。
[2] 访:询问。
[3] 宥:宽宥。
[4] 印:官印。绶:绶带。

译文

邓哀王曹冲,字仓舒。少年时就敏于观察,十分聪慧。曹冲出生五六年,智力心思所达到的,就像成年人那样聪明。当时孙权曾送来一头很大的象,太祖要知道象的重量,询问众部下,都不能拿出办法来。曹冲说:"把象放在大船上面,在水痕淹到船体上刻下记号,再称量物品装载在船上,那么比较以后就可以知道了。"太祖十分高兴,马上施行了这个办法。当时军队国家事务繁多,施用刑罚又严又重。太祖的马鞍在仓库里被老鼠啃啮,管理仓库的吏役害怕一定会死,琢磨想要反绑双手去自首,但仍然惧怕不能免罪。曹冲对他说:"等待三天,然后你去自首。"曹冲于是拿刀戳穿自己的单衣,就像老鼠咬啮的一样,假装作不乐意,脸上一副发愁的样子。太祖问他,曹冲回答说:"民间风俗认为老鼠咬了衣服,主人就会不吉利。现在单衣被咬

了,所以难过。"太祖说:"那是瞎说,用不着苦恼。"不久库吏把老鼠咬马鞍的事情汇报了,太祖笑着说:"我儿子的衣服就在身边,尚且被咬,何况是挂在柱子上的马鞍呢?"一点也没责备。曹冲心地仁爱,识见通达,像这件事情所表现的那样,本应犯罪被杀,却被曹冲暗中分辨事理而得到帮助宽宥的,前后有几十人。太祖几次对众大臣称赞曹冲,有想要把王位传给他的意思。建安十三年,曹冲十三岁时,得了病,病得很重,太祖亲自为他向天请求保全生命。曹冲死去时,太祖极为哀痛。文帝宽解安慰太祖,太祖说:"这是我的不幸,却是你们的幸运啊。"一说就流下眼泪,为曹冲聘了甄氏已经死去的女儿与他合葬,追赠给他骑都尉的官印绶带,命宛侯曹据的儿子曹琮做曹冲的后代。建安二十二年,封曹琮为邓侯。黄初二年,追赠谥号给曹冲为邓哀侯,又追加称号为邓公。黄初三年,晋升曹琮的爵位,迁移封地,为冠军公。黄初四年,迁移封地为己氏公。太和五年,加给曹冲谥号为邓哀王。景初元年,曹琮因为在中尚方制作禁止的器物,犯了罪,削减他的封邑三百户,降爵为都乡侯。景初三年,恢复爵位为己氏公。正始七年,转封为平阳公。景初、正元、景元期间,屡次为曹琮增加封邑,连同以前的共有一千九百户。

五十七　尚书·尧典

【导读】

《尚书》约成书于前五世纪,作为中国研究三代以前、之后政治发展进程的重要作品,一直为世人所重视。该书内容丰富,覆盖各种先民的认识成果。其记载的历史,上起传说中的唐尧虞舜时代,下至东周(春秋中期),历史约1500多年。其基本内容是古代帝王的文告和军臣的谈话记录,由此可以推断作者很可能是史官。作为中国最早的政事史料汇编,《尚书》记载了虞、夏商、周的许多重要史实,真实地反映了这一历史时期的天文、地理、哲学思想、教育、刑法和典章制度等,对后世产生过重要影响,是了解中国古代社会的珍贵史料。

《尧典》是其首篇,涉及尧时期的政治体制、政治思想以及社会制度等方面的内容。尧,相传是中国原始社会后期的著名首领。尧,名放勋,属陶唐氏,又称唐尧。典是书名,《说文》解为五帝之书。全文可分7大段。第1段颂扬尧的品德和功绩;第2段说明尧制定历法节令的情况;第3段说明尧选拔官吏的情况;第4段叙述尧提拔虞舜代替自己的经过;第5段叙述舜在摄政期间的功绩;第6段记叙舜任用百官的情况;第7段赞美舜毕生为国鞠躬尽瘁而死。整篇记录了尧舜二帝的重要政绩,是研究中国原始社会后期政治和思想的重要文献。本篇节选自第1段和第2段。

曰若稽古[1],帝尧曰放勋。钦明文思安安[2],允恭克让[3],光被四表[4],格于上下[5]。克明俊德[6],以亲九族[7]。九族既睦,平章百姓[8]。百姓昭明,协和万邦。黎民于变时雍[9]。

乃命羲和[10],钦若昊天[11],历象日月星辰[12],敬授民时[13]。分命羲仲,宅嵎夷[14],曰旸谷[15]。寅宾出日[16],平秩东作[17]。日中[18],星鸟[19],以殷仲春[20]。厥民析[21],鸟兽孳尾[22]。申命羲叔,宅南交[23],曰明都。平秩南讹[24],敬致[25]。日永[26],星火[27],以正仲夏。厥民因[28],鸟兽希革[29]。分命和仲,宅西,曰昧谷。寅饯纳日[30]，平秩西成[31]。宵中[23]，星虚[33]，以殷仲秋。厥民夷[34]，鸟兽毛毨[35]。申命和叔，宅朔方，曰幽都[36]。平在朔易[37]。日短[38]，星昴[39]，以正仲冬。厥民隩[40]，鸟兽氄毛[41]。帝曰："咨！汝羲暨和。期三百有六旬有六日[42]，以闰月定四时[43]，成岁。允厘百工[44]，庶绩咸熙[45]。"

——选自《尚书》（有删节），王世舜、王翠叶译注，中华书局，2012年

注释

[1] 曰若：用作追述往事开头的发语词，没有实际意义。稽：考察。古：这里指古时传说。

[2] 钦：恭谨严肃。

[3] 允：诚实。恭：恭谨。克：能够。让：让贤。

[4] 被：覆盖。四表：四方极远的地方。

[5] 格：到达。

[6] 俊德：指才德兼备的人。

[7] 九族：指同族的人。

[8] 平：辨别。章：使明显。百姓：白官族姓。

[9] 黎民：民众。于：随着。时：友善。雍：和睦。

[10] 羲和：羲氏与和氏，相传是世代掌管天地四时的官重黎氏的后代。

[11] 钦：恭敬。若：顺从。昊：广大。

[12] 历：推算岁时。象：观察天象。

[13] 人时：民时。

[14] 宅：居住。嵎夷：地名，在东方。

[15] 旸（yáng）谷：传说中日出的地方。

[16] 寅：恭敬。宾：迎接。

[17] 平秩：辨别测定。作：兴起，开始。

[18] 日中：指春分。春分这天昼夜时间相等，因此叫日中。

[19] 星鸟：星名，指南方朱雀七宿。朱雀是鸟名，所以作星鸟。

[20] 殷：确定。仲：每个季度三个月中的第二个月。

[21] 厥：其。析：分散开来。

[22] 孳（zī）尾：生育繁殖。

[23] 交：地名，指交趾。

[24] 讹：运转，运行。

[25] 致：到来。

[26] 日永：指夏至。夏至这天白天最长，因此叫日永。

[27] 星火：指火星。夏至这天黄昏，火星出现南方。

[28] 因：居住在高地。

[29] 希：稀疏。希革：鸟兽皮毛稀疏。

[30] 饯：送行。纳日：落日。

[31] 西成：太阳在西边落下的时刻。

[32] 宵中：指秋分。秋分这天昼夜时间相等，因此叫宵中。

[33] 星虚：星名，指虚星，为北方玄武七宿之一。

[34] 夷：平。这里指回到平地居住。

[35] 毛毨(xiǎn)：生长新羽毛。

[36] 朔方：北方。幽都：幽州。

[37] 在：观察。易：变化。这里指运行。

[38] 日短：指冬至。冬至这天白天最短，所以叫日短。

[39] 星昴(mǎo)：星名，指昴星，为西方白虎七宿之一。

[40] 隩(yù)：奥，内室。

[41] 氄(rǒng)：鸟兽细软的毛。

[42] 期(jī)：一周年。有：又。

[43] 以闰月定四时：古代一年十二个月，大月三十天，小月二十九天，共计三百五十四天，比一年的实际天数少十一天又四分之一天。三年累计超过了一个月，所以安排闰月来补足，使四时不错乱。

[44] 允：用，以。厘：治，规定。百工：百官。

[45] 庶：众，多。熙：兴起，兴盛。

译文

考查古代传说，帝尧的名字叫放勋。他严肃恭谨，明察是非，善于治理天下，宽宏温和，诚实尽职，能够让贤，光辉普照四面八方，以至于天上地下。他能够明察有才有德的人，使同族人亲密团结。族人亲密和睦了，又明察和表彰有善行的百官，协调诸侯各国的关系。民众也随着变得友善和睦起来了。

于是尧命令羲氏与和氏，恭敬地遵循上天的规律，根据日月星辰运行的情况来制定历法，教导人民按照时令从事生产活动。尧又命令羲仲，居住在东方的旸谷。恭敬地迎接日出，观察辨别太阳东升的时刻。昼夜时间相等，黄昏时鸟星出现在南方，据此来确定仲春时节。这时民众散布在田野上耕作，鸟兽开始生育繁殖。尧再命令羲叔，住在南方的交趾。观察辨别太阳向南运行的情况，恭敬地迎接太阳南来。根据白天最长，黄昏时火星出现在南方的天象，来确定仲夏时节。这时民众居住在高处，鸟兽羽毛稀疏。尧又命令和仲，住在西边的昧谷。恭敬地为太阳送行，观察辨别太阳西落的情况。根据昼夜时间相等，黄昏时虚星出现在南方的天象，来确定仲秋时节。这时人们回到平原居住，鸟兽的羽毛重新生长。尧还命令和叔，住在北方的幽都。观察太阳向北运行的情况，根据白天时间最短，黄昏时昴星出现在南方，来确定仲冬时节。这时人们住在室内避寒，鸟兽长出了细软的毛。尧帝说："唉！你们羲氏与和氏啊，一周年有三百六十六天，用增加闰月的办法来确定春夏秋冬四时，这就成为一年。以此来规定各种事情就都会兴盛起来。"

五十八　史记·孔子世家

【导读】

司马迁(前145—?),字子长,夏阳(今陕西省韩城市)人。西汉史学家、散文家,其一生大致与汉武帝时期相始终。司马迁早年受学于孔安国、董仲舒,而后漫游名山大川,考察古迹,搜集资料。后来因替李陵败降之事辩解而受宫刑,任中书令后,仍发奋继续完成所著史籍,被尊称为太史公。

《史记》,又名《太史公书》,被公认为是中国史书的典范,该书记载了从上古传说中的黄帝时期,到汉武帝元狩元年,长达3000多年的历史,是"二十五史"之首,被鲁迅誉为"史家之绝唱,无韵之离骚"。《史记》由五个部分组成,最前面的是本纪,下面依次为表、书、世家、列传。本纪按朝代记述帝王史事,世家记载子孙世袭的王侯封国的历史变迁,列传记载上层勋臣士大夫及下层某领域的代表人物,书记载各种典章制度,表采用表格的形式,简明扼要地标注人物和事件。

《孔子世家》为司马迁《史记》中之一篇,详细记述了孔子的生平活动及各方面的成就,是研究孔子生平思想的重要文献之一。

孔子生鲁昌平乡陬邑。其先宋人也[1],曰孔防叔。防叔生伯夏,伯夏生叔梁纥。纥与颜氏女野合而生孔子[2],祷于尼丘得孔子[3]。鲁襄公二十二年而孔子生[4]。生而首上圩顶[5],故因名曰丘云。字仲尼[6],姓孔氏。

丘生而叔梁纥死,葬于防山。防山在鲁东,由是孔子疑其父墓处,母讳之也[7]。孔子为儿嬉戏,常陈俎豆[8],设礼容[9]。孔子母死,乃殡五父之衢[10],盖慎也[11]。郰人挽父之母诲孔子父墓[12],然后往合葬于防焉[13]。

孔子要绖[14],季氏飨士[15],孔子与往。阳虎绌曰[16]:"季氏飨士,非敢飨子也"。孔子由是退。

孔子年十七,鲁大夫孟釐子病且死[17],诫其嗣懿子曰[18]:"孔丘,圣人之后,灭于宋[19]。其祖弗父何始有宋而嗣让厉公[20]。及正考父佐戴、武、宣公[21]，三命兹益恭[22]，故鼎铭[23]云：'一命而偻[24]，再命而伛[25]，三命而俯，循墙而走[26]，亦莫敢余侮[27]。饘于是[28]，粥于是，以餬余口[29]。'其恭如是。吾闻圣人之后，虽不当世[30]，必有达者[31]。今孔丘年少好礼[32]，其达者欤？吾即没[33]，若必师之[34]。"及釐子卒[35]，懿子与鲁人南宫敬叔往学礼焉[36]。是岁，季武子卒，平子立。

孔子贫且贱。及长，尝为季氏史[37]，料量平[38]，尝为司职吏而畜蕃息[39]，由是为司空。已而去鲁，斥乎齐，逐乎宋、卫，困于陈、蔡之间，于是反鲁。孔子长九尺有六寸，人皆谓之"长人"而异之。鲁复善待，由是反鲁。

——选自《史记》（有删节），司马迁撰，裴骃集解，司马贞索隐，张守节正义，上海古籍出版社，2016年

注释

[1] 先：祖先。

[2] 颜氏女：据《礼记·檀弓》说，名征在。野合：据《索隐》《正义》解释，叔梁纥与征在成婚时已超过六十四岁，而征在岁数尚小，二人年龄悬殊，此种婚姻在当时不合礼法，故谓野合。

[3] 祷：祈祷，向神求福。

[4] 鲁襄公二十二年：前551年。

[5] 纡(wéi，维)顶：形容人头顶四周高，中间低，呈"凹"字形。圩，洼田四周的埂。

[6] 古人有名也有字，且义常相关联。因叔梁纥曾祷于尼丘山，故子名丘，字仲尼。就是把"尼丘"二字拆于来。仲，排行老二之意。孔子有异母兄名孟皮。

[7] 母讳之：叔梁纥去世时，征在少寡，在当时社会，她不便送葬，故不知叔梁纥坟地所在，所以无法告诉孔子其父的墓地在何处。

[8] 陈：陈列、摆设。俎豆：古代祭祀时盛祭品的器皿。俎是方形的，豆是圆形的。

[9] 礼容：指制仪容。

[10] 殡：停放灵柩。五父之衢：睦名，是鲁城内的街道。

[11] 慎：慎重。

[12] 郰：同"陬"，陬邑。诲：告诉。

[13] 焉：代指防山。

[14] 要绖：古代丧服中的麻腰带。要，通"腰"。

[15] 飨:用酒食款待人。

[16] 绌:通"黜",排除,贬退。

[17] 病且死:病重将要死。且,将要,将近。

[18] 诫:嘱告。嗣:继承人,此指儿子。

[19] 灭于宋:孔子六世祖孔父嘉在宋国内乱中为华督所杀,其子防叔奔鲁,故云灭于宋。

[20] 孔子远祖弗父何为宋襄公之子,依礼法当为宋国嗣君,但其让位于弟弟,即后来的宋厉公。

[21] 佐:辅助。

[22] 三命:指三次加官晋爵。兹益:更加。

[23] 鼎铭:鼎上所铸的文字。

[24] 偻:曲背,引申为弯腰鞠躬。

[25] 伛:义同"偻"。

[26] 循墙:挨着墙。循,沿着。

[27] 侮:欺侮。

[28] 饘(zhān,沾):稠粥。于是:在这个鼎中。

[29] 用饘、粥来勉强维持自己的生活。表示过俭朴的生活。

[30] 当世:指做国君。

[31] 达者:显贵的人。

[32] 好:喜欢。

[33] 即没:如果死了。

[34] 若:你,指孟懿子。师之:以他为师。

[35] 卒:死。

[36] 南宫敬波与孟懿子同为孟釐子之子,此处不应更言"鲁人"。

[37] 尝:曾经。史:一作"委吏",古代管理仓库的小官。

[38] 料:计算。量:量具。平:公平,精确。

[39] 司职使:管理牧场的小官吏。畜蕃息:牲畜殖兴旺。

译文

孔子出生在鲁国昌平乡陬邑。他的祖先是宋国人,名叫孔防叔。孔防叔生下伯夏,伯夏生下叔梁纥。叔梁纥和颜氏的女儿不依礼制结合生下孔子,他们向尼丘进行祈祷而得到孔子。鲁襄公二十二年孔子出生,孔子生下来头顶中间凹陷,所以就取名叫丘,取字叫仲尼,姓为孔氏。

孔丘生下来,叔梁纥便死了,安葬在防山。防山在鲁国都城的东面,因此孔子不清楚他父亲的墓址,孔母因为也不清楚,于是隐瞒了这件事。孔子孩童时做游戏,经常陈列俎豆,作为各种礼器,演习礼仪动作。孔子母亲去世,他先将灵柩停放在五父之衢,这是出于孔子谨慎从事的考虑。陬邑人挽父的母亲告诉孔子其父的墓址,这之后孔子才将母亲灵柩送往防山合葬。

孔子服丧腰间系着麻带,这时季氏宴请士人,孔子随同前往。阳虎斥退孔子说:"季氏宴请的是士人,没人请你啊。"孔子因此退去。

孔子十七岁那年,鲁国大夫孟厘子病危,临终前告诫儿子懿子说:"孔丘这个人,是圣人的后代,他的祖先在宋国灭败。他的先祖弗父何本来继位做宋国国君,却让位于他的弟弟厉公。到他的另一个先祖正考父时,历佐宋戴公、宋武公、宋宣公三朝,三次受命一次比一次恭敬,所以正考父鼎的铭文说:'第一次任命鞠躬而受,第二次任命时弯腰而受,第三次任命时俯首而受。走路时顺墙根快走,也没人敢欺侮我;我就在这个鼎中做些面糊粥以糊口度日。'他就是这般恭谨节俭。我听说圣人的后代,虽不一定做国君执政,但必定会有才德显达的人出现。如今孔子年少而好礼,他不就是才德显达的人吗?如果我死了,你一定要以他为师。"等到孟厘子死后,孟懿子和鲁国人南宫敬叔便前往孔子处学礼。这一年,季武子死了,由平子继承了卿位。

孔子家境贫寒,又地位低下。等到长大成人,曾经做过季氏手下的官吏,管理统计准确无误;又曾做过司职的小吏,使牧养的牲畜繁殖增多。由此出任司空。不久离开鲁国,在齐国受到排挤,被宋人、卫人所驱逐,在陈国、蔡国之间受困,于是返回鲁国。孔子身高九尺六寸,人们都称他为"长人"而感到奇异。鲁君又善待孔子,因此返回鲁国。

五十九　史记·孟尝君列传

【导读】

司马迁(前145年—?),字子长,夏阳(今陕西省韩城市)人,西汉史学家、散文家,其一生大致与汉武帝时期相始终。司马迁早年受学于孔安国、董仲舒,而后漫游名山大川,考察古迹,搜集资料。后来因替李陵败降之事辩解而受宫刑,任中书令后,仍发奋继续完成所著史籍,被尊称为太史公。

《史记》,又名《太史公书》,被公认为是中国史书的典范,该书记载了从上古传说中的黄帝时期,到汉武帝元狩元年,长达3000多年的历史,是"二十五史"之首,被鲁迅誉为"史家之绝唱,无韵之离骚"。《史记》由五个部分组成,最前面的是本纪,下面依次为表、书、世家、列传。本纪按朝代记述帝王史事,世家记载子孙世袭的王侯封国的历史变迁,列传记载上层勋臣士大夫及下层某领域的代表人物,书记载各种典章制度,表采用表格的形式,简明扼要地标注人物和事件。

孟尝君,原名田文,是著名的"战国四公子"之一,广泛招揽各国的贤能之人,曾拒绝过秦王的会面。后来田文相继担任过齐国、魏国的相位,在位期间都做出了一番功绩。

孟尝君名文,姓田氏。……齐王惑[1]于秦、楚之毁,以为孟尝君名高其主而擅齐之权,遂废[2]孟尝君。诸客见孟尝君废,皆去。冯驩[3]曰:"王亦知齐之废孟尝君乎?使齐重于天下者,孟尝君也。今齐王以毁废之,其心怨,必背齐;背齐入秦,则齐之情,人事之诚,尽委之秦,齐地可得也,岂直为雄也!君急使使[4]载币阴迎孟尝君,不可失时也。"秦王大悦,迺遣车十乘黄金百镒以迎孟尝君。冯驩辞以先行,至齐,说齐王曰:"今臣窃闻秦遣使车十乘载黄金百镒以迎孟尝君。孟尝君不西则已,西入相秦则天下归之,秦为雄而齐为雌,雌则临淄、即墨危矣。王何不先秦使之未到,复孟尝君,折秦之谋,而绝其霸强之略。"齐王曰:"善[5]。"王召孟尝君而复其相位,而与其故邑之地,又益以千户。秦之使者闻孟尝君复相齐,还车而去矣。

自齐王毁废孟尝君,诸客皆去。后召而复之,冯骓迎之。未到,孟尝君太息叹曰:"文常好客,遇客无所敢失,食客三千有余人,先所知也。客见文一日废,皆背文而去,莫顾[6]文者。今赖先得复其位,客亦有何面目复见文乎?如复见文者,必唾其面而大辱之。"冯骓结辔下拜。孟尝君下车接之,曰:"先生为客谢乎?"冯骓曰:"非为客谢也,为君之言失。夫物有必至,事有固然,君知之乎?"孟尝君曰:"愚不知所谓也。"曰:"生者必有死,物之必至也;富贵多士,贫贱寡友,事之固然也。君独不见夫朝趣市者乎?明旦,侧肩争门而入;日暮之后,过市朝者掉臂[7]而不顾。非好朝而恶暮,所期物忘其中。今君失位,宾客皆去,不足以怨士而徒绝宾客之路。愿君遇客如故。"孟尝君再拜曰:"敬从命矣。闻先生之言,敢不奉教焉。"

——选自《史记》(有删节),司马迁撰,中华书局,1959年

注释

[1] 惑:受到蛊惑。

[2] 废:罢免。

[3] 骓(huān):此处为人名。骓常用为通假字,同"欢"。

[4] 使使:派遣使者。

[5] 善:好。

[6] 顾:顾念。

[7] 掉臂:甩着手臂。

译文

孟尝君姓田,名文。……齐王受到秦国和楚国毁谤言论的蛊惑,认为孟尝君的名声压倒了自己,独揽齐国大权,终于罢了孟尝君的官。那些宾客看到孟尝君被罢了官,一个个都离开了他。冯骓就乘车向西到了秦国游说秦王说:"大王也知道齐国罢了孟尝君的官吧?使齐国受到天下敬重的,就是孟尝君。如今齐国国君听信了毁

谤之言而把孟尝君罢免,孟尝君心中无比怨愤,必定背离齐国;他背离齐国进入秦国,那么齐国的国情,朝廷中下至君王下至官吏的状况都将为秦国所掌握。您将得到整个齐国的土地,岂止是称雄呢!您赶快派使者载着礼物暗地里去迎接孟尝君,不能失掉良机啊。"秦王听了非常高兴,就派遣十辆马车载着百镒黄金去迎接孟尝君。冯谖告别了秦王而抢在使者前面赶往齐国,到了齐国,劝说齐王道:"现在我私下得知秦国已经派遣使者带着十辆马车载着百镒黄金来迎接孟尝君了。孟尝君不西去就罢了,如果西去担任秦国宰相,那么天下将归秦国所有,秦国是强大的雄国,齐国就是软弱无力的雌国,软弱无力,那么临淄、即墨就危在旦夕了。大王为什么不在秦国使者没到达之前,赶快恢复孟尝君的官位并给他增加封邑来向他表示道歉呢?如果这么做了,孟尝君必定高兴而情愿接受。秦国虽是强国,岂能够任意到别的国家迎接人家的宰相呢!要挫败秦国的阴谋,断绝它称强称霸的计划。"齐王听后,顿时明白过来说:"好。"齐王召回孟尝君并且恢复了他的宰相官位,同时还给了他原来封邑的土地,又给他增加了千户。秦国的使者听说孟尝君恢复了齐国宰相官位,就转车回去了。

自从齐王因受毁谤之言的蛊惑而罢免了孟尝君,那些宾客们都离开了他。后来齐王召回并恢复了孟尝君的官位,冯谖去迎接他。还没到京城的时候,孟尝君深深感叹说:"我素常喜好宾客,乐于养士,接待宾客从不敢有任何失礼之处,有食客三千多人,这是先生您所了解的。宾客们看到我一旦被罢官,都背离我而离去,没有一个顾念我的。如今靠着先生得以恢复我的宰相官位,那些离去的宾客还有什么脸面再见我呢?如果有再见我的,我一定唾他的脸,狠狠地羞辱他。"听了这番话后,冯谖收住缰绳,下车而行拜礼。孟尝君也立即下车还礼,说:"先生是替那些宾客道歉吗?"冯谖说:"并不是替宾客道歉,是因为您的话说错了。说来,万物都有其必然的终结,世事都有其常规常理,您明白这句话的意思吗?"孟尝君说:"我不明白说的是什么意思。"冯谖说:"活物一定有死亡的时候,这是活物的必然归结;富贵的人多宾客,贫贱的人少朋友,事情本来就是如此。您难道没看到人们奔向市集吗?天刚亮,人们向市集里拥挤,侧着肩膀争夺入口;日落之后,经过市集的人甩着手臂连头也不回。不是人们喜欢早晨而厌恶傍晚,而是由于所期望得到的东西市中已经没有了。如今您失去了官位,宾客都离去,不能因此怨恨宾客而平白截断他们奔向您的通路。希望您对待宾客像过去一样。"孟尝君连续两次下拜说:"我恭敬地听从您的指教。听先生的话,敢不恭敬地接受教导吗。"

六十　世说新语

【导读】

刘义庆(403—444),字季伯,彭城(今江苏省徐州)人。南朝宋文学家,他是宋武帝刘裕的侄儿,长沙景王刘道怜的次子;后立为临川王刘道规的嗣子,袭封临川王。刘义庆一路平步青云,曾任秘书监一职,掌管国家的图书著作,有机会接触与博览皇家典籍,对《世说新语》的编撰奠定了良好的基础。他喜好文学,门下招聚了不少才学之士。著述除《世说新语》外,还有《幽明录》等。

《世说新语》又名《世说》,是一部笔记小说集,其内容主要是记载东汉后期到晋宋间一些名士的言行与轶事。一般认为是刘义庆及其门人的集体创作,被公认为是"志人"小说的代表。全书原为8卷,分"德行""言语""政事""文学"等36门(类),每门包含相类似的故事若干则。它记录了汉末到东晋时期士大夫阶层的言谈、轶事。全书语言精练,善于通过一言、一行勾画人物的肖像和精神面貌,意味隽永。

王子猷居山阴[1],夜大雪,眠觉,开室,命酌酒。四望皎然,因起彷徨,咏左思《招隐诗》[2]。忽忆戴安道[3]。时戴在剡[4],即便夜乘小船就之。经宿方至,造门不前而返。人问其故,王曰:"吾本乘兴而行,兴尽而返,何必见戴?"

管宁、华歆共园中锄菜[5],见地有片金,管挥锄与瓦石不异,华捉而掷去之。又尝同席读书,有乘轩冕过门者[6],宁读如故,歆废书出看。宁割席分坐[7]曰:"子非吾友也。"

谢太傅寒雪日内集[8],与儿女讲论文义。俄而雪骤[9],公欣然曰[10]:"白雪纷纷何所似?"兄子胡儿曰[11]:"撒盐空中差可拟。"兄女曰:"未若柳絮因风起。"公大笑乐。即公大兄无奕女[12],左将军王凝之妻也[13]。

客有问陈季方[14]:"足下家君太丘,有何功德而荷天下重名[15]?"季方曰:"吾家君譬如桂树生泰山之阿[16],上有万仞之高,下有不测之深;上为甘露所沾[17],下为渊泉所润。当斯之时,桂树焉知泰山之高,渊泉之深,不知有功德与无也!"

顾长康画人，或数年不点目精。人问其故，顾曰："四体妍蚩[18]，本无关于妙处；传神写照，正在阿堵中[19]。"

——选自《世说新语》，刘义庆撰，刘孝标注，王根林校点，上海古籍出版社，2012年

注释

[1] 王子猷(yóu)：即王徽之。山阴：古县名，今浙江省绍兴市。

[2] 左思：字太冲，西晋文学家。《招隐诗》共二首，描写隐士生活。

[3] 戴安道：即戴逵，字安道。

[4] 剡(shàn)：古县名，今浙江省嵊(shèng)县。

[5] 管宁(158—241)：字幼安，东汉末年动乱不止，管宁避居辽东，拒不出仕。华歆(157—231)：字子鱼，东汉末任尚书郎，三国魏文帝时任司徒。

[6] 轩冕：古代制度大夫以上乘轩服冕。此处乃偏义复词，仅取"轩"义。

[7] 割席：古人铺席于地，一席可坐几个人。后人常称绝交为"割席"，即源于此。

[8] 谢太傅：即谢安(320—385)，字安石，晋朝陈郡阳夏(现在河南太康)人。做过吴兴太守、侍中、吏部尚书、中护军等官职。死后追赠为太傅。

[9] 骤：急，紧。

[10] 欣然：高兴的样子。

[11] 胡儿：即谢朗。谢朗，字长度，谢安哥哥的长子。做过东阳太守。

[12] 无奕女：指谢道韫(yùn)，东晋有名的才女，以聪明有才著称。无奕，指谢奕，字无奕。

[13] 王凝之：字叔平，王羲之次子。曾任左将军。

[14] 陈季方：名谌，颍川许县(今属河南)人，陈寔(shí)少子。才识博达。在德行上与其父齐名。

[15] 足下：对人的敬称，多用于同辈之间。家君：尊称别人的父亲，或者对人称自己的父亲。荷：担负，承受。

[16] 阿(ē)：山坳。

[17] 沾：浸湿，浸染。

[18] 妍(yán)：美好。蚩(chī)：丑恶。

[19] 阿堵：这个、这里。

译文

王徽之住在山阴时，一天夜里下了大雪，他醒来，打开房门，叫人备酒。他环顾

四周一片洁白,便起身徘徊,吟咏左思的《招隐诗》。他忽然想起戴逵,当时戴逵在剡县,王徽之就连夜乘小船去拜访他。船行了一夜才到达,王徽之到了戴家门前却不进去,又返回山阴去了。有人问他这是为什么,王徽之说:"我本来是乘兴而去,兴尽而回,为什么一定要见到戴逵呢?"

管宁、华歆一起在园中锄菜,看到地上有片金子,管宁照旧挥锄,把金子看得与瓦石没有两样,华歆却捡起来后又扔掉。他们又曾经同在一张席子上读书,有乘坐华贵车子的人经过门口,管宁照旧读书,华歆却放下书出去观看。管宁毅然割断席子与华歆分开坐,说:"你不是我的朋友。"

谢太傅在一个寒冷的下雪天会集家人,与儿女们讲论文义。一会儿雪下大了,谢太傅高兴地说:"白雪纷纷像什么呢?"侄子胡儿说:"好像把盐撒在空中。"一侄女说:"不如比作柳絮凭借着风飞舞。"谢太傅大笑起来。这位侄女就是谢太傅的大哥谢无奕的女儿,左将军王凝之的妻子。

有人问陈季方:"您父亲陈太丘,有什么功德,而承受着天下如此崇高的名望?"季方说:"我父亲,就好像桂树生长在泰山的山坳中,它上有万仞的高山,下有不测的深渊,它上面的枝叶被甘露所浸染,下面的根被泉水所滋润。在这样的时候,桂树怎么能知道泰山有多高,渊泉有多深呢?所以我不知道我父亲有没有功德。"

顾恺之画人物,有时几年不点上眼珠。有人问他为什么,顾恺之说:"四肢身体的美丑,本与神韵无关,要想人像画得传神,关键在于这眼睛上。"

六十一　水浒传·武松打虎

【导读】

施耐庵(1296—1371),字肇瑞,号子安,别号耐庵,江苏兴化白驹场人(一说浙江省钱塘人)。他自幼聪明好学,元延祐元年(1314)考中秀才,泰定元年(1324)中举人,至顺二年(1331)登进士。因替穷人辩冤纠枉遭县官的训斥,遂辞官回家。之后做了张士诚的军幕,后离开平江,并作《秋江送别》套曲赠予同在军幕的鲁渊、刘亮等人。此后,入江阴祝塘财主徐骐家中坐馆,除了教书以外,还与拜他为师的罗贯中一起研究《三国演义》《三遂平妖传》的创作,搜集、整理关于梁山泊宋江等英雄人物的故事,为撰写《江湖豪客传》准备素材。《江湖豪客传》成书后,定为《水浒传》。

《水浒传》的具体成书年代是一个未解之谜,一般认为是元末明初,然只是一种推论而已。《水浒传》是中国古代英雄传奇小说的巅峰之作,塑造了一批鲜活而富有个性的梁山英雄群像。它是中国历史上最早用白话文写成的章回小说之一,和《三国演义》《红楼梦》《西游记》共同组成了"四大名著"。

这武松提了哨棒,大着步自过景阳冈来。约行了四五里路,来到了冈子下,见一大树,刮去了皮,一片白,上写两行字。武松也颇识几字,抬头看时,上面写道:"近因景阳冈大虫[1]伤人,但有过往客商,可于巳、午、未三个时辰[2]结伙成队过冈。勿请自误。"武松看了,笑道:"这是酒家诡诈,惊吓那等客人,便去那厮家里宿歇。我却怕甚么鸟!"横拖着哨棒,便上冈子来。那时已有申牌时分[3],这轮红日,压压地相傍下山。武松乘着酒兴,只管走上冈子来,走不到半里多路,见一个败落的山神庙。行到庙前,见这庙门上贴着一张印信榜文[4]。武松住了脚读时,上面写道:"阳谷县为这景阳冈上,新有一只大虫,近来伤害人命。见今杖限[5]各乡里正并猎户人等,打捕未获。如有过往客商人等,可于巳、午、未三个时辰结伴过冈。其余时分及单身客人,白日不许过冈,恐被伤害性命不便。各宜知悉。"武松读了印信榜文,方知端的[6]有虎。欲待发布再回酒店里来,寻思道:"我回去时,须吃他耻笑,不是好汉,难以转去。"存想了一回,说道:"怕甚么鸟!且只顾上去,看怎地!"武松正走,看看酒涌上来,便把毡笠儿[7]背在脊梁上,将哨棒绾在肋下,一步步上那冈子来。回头看这日色时,渐渐地坠下去了。

此时正是十月间天气,日短夜长,容易得晚。武松自言自说道:"那得甚么大虫!人自怕了,不敢上山。"武松走了一直,酒力发作,焦热起来。一只手提着哨棒,一只手把胸膛前袒开,踉踉跄跄,直奔过乱树林来。见一块光挞挞大青石,把那梢棒倚在一边,放翻身体,却待要睡,只见发起一阵狂风来。看那风时,但见:

> 无形无影透人怀,四季能吹万物开。
>
> 就树撮将黄叶去,入山推出白云来。

原来但凡世上云生从龙,风生从虎。那一阵风过处,只听得乱树背后扑地一声响,跳出一只吊睛白额大虫来。武松见了,叫声:"呵呀!"从青石上翻将下来,便拿那条哨棒在手里,闪在青石边。那个大虫又饥又渴,把两只爪在地下略按一按,和身望上一扑,从半空里撺将下来。武松被那一惊,酒都做冷汗出了。说时迟,那时快,武松见大虫扑来,只一闪,闪在大虫背后。那大虫背后看人最难,便把前爪搭在地下,把腰胯一掀,掀将起来。武松只一躲,躲在一边。大虫见掀他不着,吼一声,却似半天里起个霹雳[8],振得那山冈也动,把这铁棒也似虎尾倒竖起来,只一剪,武松却又闪在一边。原来那大虫拿人,只是一扑,一掀,一剪。三般提不着时,气性先自没了一半。那大虫又剪不着,再吼了一声,一兜兜将回来。武松见那大虫复翻身回来,双手轮起梢棒,尽平生气力,只一棒,从半空劈将下来。只听得一声响,簌簌地将那树连枝带叶劈脸打将下来。定睛看时,一棒劈不着大虫。原来慌了,正打在枯树上,把那条梢棒折做两截,只拿得一半在手里。那大虫咆哮,性发起来,翻身又只一扑,扑将来。武松又只一跳,却退了十步远。那大虫却好把两只前爪搭在武松面前。武松将半截棒丢在一边,两只手就势把大虫顶花皮疙瘩地揪住,一按按将下来。那只大虫急要挣扎,早没了气力。被武松尽气力捺定,那里肯放半点儿松宽。武松把只脚望大虫面门上、眼睛里,只顾乱踢。那大虫咆哮起来,把身底下扒起两堆黄泥,做了一个土坑。武松把那大虫嘴直按下黄泥坑里去。那大虫吃武松奈何得没了些气力。

武松把左手紧紧地揪住顶花皮,偷出右手来,提起铁锤般大小拳头,尽平生之力,只顾打。打到五七十拳,那大虫眼里、口里、鼻子里、耳朵里,都迸出鲜血来。……动弹不得,使得口里兀自气喘。武松放了手,来松树边寻那打折的棒橛,拿在手里,只怕大虫不死,把棒橛又打了一回。那大虫气都没了。武松再寻思道:"我就地拖得这死大虫下冈子去。"就血泊里双手来提时,那里提得动。原来使尽了气力,手脚都酥软了动弹不得。

武松再来青石上坐了半歇,寻思道:"天色看看黑了,倘或又跳出一只大虫来时,我却怎地斗得他过?且挣扎下冈子去,明早却来理会。"就石头边寻了毡笠儿,转过乱树林边,一步步捱下冈子来。

——选自《水浒传》(有删节),施耐庵著,谭帆评注,北京大学出版社,2001年

注释

[1] 大虫:即老虎。据干宝《搜神记》中说:"扶南王范寻养虎于山,有犯罪者,投于虎,不噬,乃宥之;故虎名大虫。"

[2] 巳、午、未三个时辰:巳时为上午九点至十一点,午时为十一点至十三点,未时为十三点至十五点。

[3] 申牌时分:下午三时至五时。

[4] 榜文:告示。

[5] 杖限:即杖限文书,旧时官府要下属限期完成某事、逾期则予以杖罚的公文。

[6] 端的:果真,确实。

[7] 毡笠儿:一种由动物毛制成的四周有宽檐的帽子。

[8] 霹雳:云和地面之间发生的一种强烈雷电现象,此处指响声很大。

六十二　水经注·江水

【导读】

郦道元(466 或 472—527),字善长,范阳涿县(今河北省涿州市)人,北魏地理学家。郦道元仕途坎坷,终生未能尽其才。他自幼年时代就喜好旅游,游历过许多地方,足迹遍及秦岭、淮河以北和长城以南广大地区。每到一个地方,都要寻幽访胜,并留心考察河道沟渠,勘察水流地势,搜集当地的风土民情,结合自己对地理典籍的研究,撰成《水经注》40 卷。

《水经注》,北魏时期的综合性地理著作,成书于 518 年。郦道元以《水经》为基础作了补充和发展,记河流水道 1252 条,注文共约 30 万字。《水经注》史料价值很高,引书达 438 种,逐一叙述各河道的概况,以及河道经过之处的山陵城邑、建筑名胜、珍物异事、历史故事、神话传说、风俗习惯等。该书集中国 6 世纪前地理学著作之大成,是极为珍贵的文献资料。它不仅记载 1200 多条河流的发源与流向。还记下了沿岸山陵、原邑、墓葬、历史沿革。有关人物及神话传说。文笔美妙,引人入胜。由于《水经注》在中国科学文化发展史上的巨大价值,历代许多学者专门对它进行研究,形成一门"郦学"。《江水》一节,尤为优美。

自三峡七百里中,两岸连山,略无阙[1]处,重岩叠嶂,隐天蔽日,自非亭午夜分,不见曦月。至于夏水襄陵,沿溯阻绝,或王命急宣,有时朝发白帝,暮到江陵,其间千二百里,虽乘奔御风,不以疾也。春冬之时,则素湍绿潭,回清倒影。绝巘[2]多生怪柏,悬泉瀑布,飞漱其间。清荣峻茂,良多趣味。每至晴初霜旦,林寒涧肃,常有高猿长啸,属引凄异,空谷传响,哀转久绝。故渔者歌曰:巴东三峡巫峡长,猿鸣三声泪沾裳。……江水又东径流头滩,其水并峻激奔暴,鱼鳖所不能游。行者常苦之,其歌曰:滩头白勃坚相持,倏忽沦没别无期。袁山松曰:自蜀至此,五千余里,下水五日,上水百日也。江水又东径宜昌县北,分夷道很山所立也。县治江之南岸,北枕大江,与夷陵对界。……江水又东径狼尾滩而历人滩。袁山松曰：二滩相去二里。人滩水至峻峭，南岸有青石，夏没冬出，其石嶔崟[3]，数十步中，悉作人面形，或大或小。其分明者，须发皆具，因名曰人滩也。江水又东径黄牛山，下有滩，名曰黄牛滩。南岸重岭叠起，最外高崖间有石如人负刀牵牛，人黑牛黄，成就分明，既人迹所绝，莫得究焉[4]。此岩既高，加以江湍纡回，虽途径信宿，犹望见此物，故行者谣曰：朝发黄牛，暮宿黄牛，三朝三暮，黄牛如故。言水路纡深[5]，回望如一矣。江水又东径西陵峡，《宜都记》曰：自黄牛滩东入西陵界，至峡口百许里，山水纡曲，而两岸高山重障，非日中夜半，不见日月。绝壁或千许丈，其石彩色，形容多所象类。林木高茂，略尽冬春。猿鸣至清，山谷传响，泠泠不绝。所谓三峡，此其一也。山松言：常闻峡中水疾，书记及口传，悉以临惧相戒，曾无称有山水之美也。及余来践跻[6]此境，既至欣然，始信耳闻之不如亲见矣。其叠崿秀峰，奇构异形，固难以辞叙。林木萧森，离离蔚蔚，乃在霞气之表。仰瞩俯映，弥习弥佳。流连信宿，不觉忘返，目所履历，未尝有也。既自欣得此奇观，山水有灵，亦当惊知己于千古矣。

——选自《水经注》（有删节），郦道元撰，谭属春、陈爱平校点，岳麓书社，1995年

注释

[1] 阙：空缺。
[2] 绝巘（yǎn）：极高的山峰。
[3] 嶔崟（qīn yín）：山高大，险峻。
[4] 莫得究焉：不能够穷究实际情况。
[5] 纡深：曲折。
[6] 践跻（jiàn jī）：登临。

译文

在七百里长的三峡中，两岸是连绵不绝的高山，几乎没有空缺的地方；重重的悬崖，层层的峭壁，遮蔽天空，挡住阳光，如果不是正午和半夜，就看不见太阳和月亮。

至于夏天江水漫上丘陵的时候,顺流和逆流的航路都被阻断了。有时遇到皇帝有命令必须急速传达,早晨从白帝城出发,傍晚就到了江陵,两地相距一千二百里,即使骑上快马,驾着风,也没那么快。到了春天和冬天的时候,雪白的急流,碧绿的潭水,回旋着清波,倒映着各种景物的影子。高山上多生长着姿态怪异的柏树,悬泉和瀑布在那里飞流冲荡。水清,树荣,山高,草盛,实在很有趣味。每逢初晴的日子或者结霜的早晨,树林和山涧显出一片清凉和肃静,高处的猿猴放声长叫,声音持续不断,异常凄凉,空荡的山谷里传来猿叫的回声,悲哀婉转,很久才消失。所以三峡中的渔民唱道:"巴东三峡巫峡长,猿鸣三声泪沾裳。"……江水又向东流经流水滩。这里的水都湍急异常,鱼鳖都不能游弋,行人常常为此感到苦恼,他们编成歌谣:"滩头用尽力气与水相持,突然之间就会被水淹没与家人永别。"袁山松说:"从四川到这里,五千多里,顺流而下只要五日,逆流而上要用百日。"江水又向东流经过宜昌县的北面,宜昌是划出夷道、恨山二县部分地区设立的。县的治所在江水的南岸。北临大江,与夷陵遥相对应。……江水又向东流经过狼尾滩,又经过人滩。袁山松(晋朝著名文人)说:"这两个岸滩相距二里远。人滩江水非常湍急。江的南岸有许多青色的大石,夏天被水淹没冬天露出来,这些石头,有好几十步远,都是人脸的形状,有的大有的小;那些纹络清晰的,头发胡子都能分辨出来,因此叫作'人滩'。"江水又向东经过黄牛山,山下有一个险滩叫黄牛滩。南岸重重叠叠的山岭一层层耸起,最外高峻的山崖间有块石头,像一个人背着刀牵着牛,人是黑色的,牛是黄色的,看上去非常鲜明。因为人难以到达,不能够穷究实际情况。此山既高,再加上江水湍急曲折,即使走上两天两夜,还能望到这个石头,所以走路的人编成歌谣说:"早晨从黄牛山下出发,晚上还在黄牛山下投宿;三天三夜,黄牛山还是像原来一样看得清楚。"说的就是水路曲折,走很长的路后回头望去黄牛山还像原来一样。江水又向东经过西陵峡。《宜都记》里说:"从黄牛滩向东进入西陵峡,到西陵峡的出口一百里左右,山水曲曲折折,两岸山脉高峻、重重叠叠,不是日中,看不见太阳;不是半夜,看不见月亮,绝壁有的有千丈左右,那石头是彩色的,形状大多像一些东西。树木高大茂密,到了春冬之交稍显凋零,猿鸣特别清越,在山谷中传响,清脆的声音传送不绝。"所说的三峡,这就是其中之一。山松说:常听说峡中水流湍急,记录下来的或口口相传的都是拿恐惧相警戒,不曾有人称赞山水的美丽。等到我来到这个地方,并感到欣喜以后,才相信耳闻不如亲眼所见。那重重叠叠秀丽的山峰,奇特的构造,怪异的形状,本来就难以用语言来描绘。林木阴森肃穆,郁郁葱葱,仰头欣赏,俯身体味,越熟悉越感到好,流连了两天,忘了返回。眼睛所看到的,从未有过。自从高兴地看到这个奇特的景观,山水如果有灵性,也应当一定会像遇到知己一样高兴!

六十三　说文解字·叙

【导读】

　　许慎(约58—约147),字叔重,东汉汝南召陵(今河南漯河市召陵区)人,有"五经无双许叔重"之赞誉,是汉代著名的经学家、文字学家,有"字圣"之称,是中国文字学的开拓者。他编撰的《说文解字》是中国第一部以六书理论系统分析字形,解释字义的字典,保存了大部分先秦字体以及汉代和以前不少的文字训诂,反映了上古汉语词汇的面貌,是中国语文学史上第一部分析字形、解说字义、辨识声读的字典,也是1800年来唯一研究汉字的经典著作。

　　《说文解字》全书收入正文9353字,重文1163字,合计为10516字,全书解说用字133441字,首创540个部首编排法。《说文解字》自东汉问世以来,一直为历代语言文字研究者所推崇,为后代研究文字的重要依据。该书在造字法上提出"象形""指事""会意""形声""转注""假借""六书"学说,"六书"成为专门之学。

　　古者庖牺氏之王天下也[1],仰则观象于天,俯则观法于地[2],视鸟兽之文与地之宜[3],近取诸身,远取诸物。于是始作《易》八卦,以垂宪象[4]。及神农氏结绳为治而统其事,庶业其繁[5],饰伪萌生[6]。黄帝之史仓颉[7],见鸟兽蹄迒之迹[8],知分理之可相别异也,初造书契[9]。百工以乂[10],万品以察[11],盖取诸《夬》[12]。夬扬于王庭[13]。言文者,宣教明化于王者朝廷,君子所以施禄及下[14],居德则忌也。仓颉之初作书,盖依类象形,故谓之文;其后形声相益,即谓之字。文者,物象之本;字者,言孳乳而浸多也[15]。著于竹帛谓之书。书者,如也。以迄五帝三王之世[16],改易殊体。封于泰山者七十有二代,靡有同焉[17]。周礼:八岁入小学,保氏教国子,先以六书[18]。一曰指事。指事者,视而可识,察而见意,上下是也。二曰象形。象形者,画成其物,随体诘诎[19],日月是也。三曰形声。形声者,以事为名,取譬相成[20],江河是也。四曰会意。会意者,比类合谊[21],以见指㧑[22],武信是也。五曰转注。转注者,建类一首[23],同意相受[24],考老是也。六曰假借。假借者,本无其字,依声托事,令长是也。

——选自《〈说文解字〉精读》(有删节),殷寄明著,复旦大学出版社,2006年

注释

[1] 庖牺氏:即伏羲氏。

[2] 法:法象,现象。

[3] 文:错画也。象交文。今字作纹。宜:通"仪",仪象或法度。

[4] 垂:示也。宪象:观测推算天象。

[5] 庶:众多。

[6] 饰:假托、掩饰。伪:作伪、虚假。

[7] 史:史官。

[8] 蹏:"蹄"的或体,指鸟兽之足。迒(háng):兽迹。

[9] 契:即文字。

[10] 乂(yì):治理。

[11] 察:分辨、明察。

[12] 夬(guài):断决、分辨。

[13] 扬:传播。

[14] 下:下层庶民。

[15] 孳乳:繁殖,泛指派生。浸:一作"寖",渐也。

[16] 五帝:指黄帝、颛顼(zhuān xū)、帝喾(kù)、尧、舜。三王:指夏禹、商汤、周文武。

[17] 靡:没有。

[18] 保氏:官名。国子:公卿大夫之子弟。

[19] 诘诎(jié qū):弯曲。

[20] 譬:喻。

[21] 类:字类、字群。谊:义之本字,义乃谊的假借字。

[22] 指㧑(zhǐ huī):指向。

[23] 一首:统一其部首。

[24] 受:加也。

译文

　　往古的时候,伏羲氏治理天下,他仰观天象,俯察地理,观察鸟兽的形象和大地的脉理,近的取法自身,远的取于它物。在这个基础上,才创作了《易》和八卦,用卦象示人吉凶。到了神农氏的时代,使用结绳记事的办法治理社会,管理当时的事务,社会上的行业和杂事日益繁多,掩饰作伪的事儿也发生了。到了黄帝的时代,黄帝的史官仓颉看到鸟兽的足迹,悟出纹理有别而鸟兽可辨,因而开始创造文字。文字用于社会之后,百业有定,万类具明。仓颉造字的本意,大概取意于《夬卦》。《夬卦》说,臣子应当辅佐君王,使王政畅行。这就是说,仓颉创造文字是为了宣扬教令、倡导风范,有助于君王的施政。君王运用文字工具,更便于向臣民施予恩泽,而臣民应以立德为本,切不可自恃具有文字之工去捞取爵禄。仓颉初造文字,是按照物类画出形体,所以叫作文;随后又造出合体的会意字、形声字,以扩充文字的数量,这些文字就叫作字。叫它为字,是说它来自文的孳生,使文字的数量增多。把文字写在竹简、丝帛上,叫作书。书意味着写事像其事。文字经历了五帝、三王的漫长岁月,有的改动了笔画,有的造了异体。所以在泰山封禅祭天的七十二代君主留下的石刻,字体各不相同。《周礼》规定:八岁的士族子弟进入初等学馆学习,学官教育他们,先教六书。六书的名称,第一叫指事。指事的含义是:字形、结构看起来认得,但须经过考察才能知道它所体现的字义,上下二字即属此例。第二叫象形。象形的含义是:用画画的办法画出那个物体,笔画的波势曲折同自然物的态势相一致,日月二字即属此例。第三叫形声。形声的含义是,按照事物的性质和叫法,挑选可相比譬的声符和义符组成文字,江河二字即属此例。第四叫会意。会意的含义是:比联起事理有关的字素,构成文字;掺合字素的意义,可以得知新字的字义或旨趣,武信二字即属此例。第五叫转注。转注的含义是:立一字为头、为根,创制类属字,类属字对根字的形音义有所承袭,与根字意义相通,考老二字即属此例。第六叫假借。假借的含义是:没有为某事某物造字,而按照某事某物的叫法,找一个同音字代表它,令长二字即属此例。

六十四　说苑

【导读】

刘向(前77—前6),本名更生,字子政,西汉沛(今江苏省沛县)人。他是汉高祖刘邦之弟楚元王刘交的四世孙,汉宣帝时任散骑谏大夫。汉元帝时,由于屡用阴阳五行推论时政得失和弹劾宦官,曾两度被捕下狱。汉成帝时,刘向重新得到任用,先为护左都水使,后为领校中五经秘书(领头校理皇家收藏的典籍),后来又曾担任中垒校尉,晚年主要从事典籍的校勘整理工作。其著作有《新序》《说苑》《列女传》《战国策》《列仙传》等。可以说,刘向是西汉末叶继董仲舒和司马迁之后的经学家、文学家和目录学家。

《说苑》又名《新苑》,辑录了西汉皇室和民间藏书中的有关资料,并加以选择和分类,是一部杂史小说集。原书成书于鸿嘉四年(前17)。原本20卷,后仅存5卷,大部分已经散佚,后经宋曾巩搜辑,复为20卷,每卷各有标目。20卷的标目依次为:君道、臣术、建本、立节、贵德、复恩、政理、尊贤、正谏、敬慎、善说、奉使、权谋、至公、指武、谈丛、杂言、辨物、修文、反质。在每一标目之下,作者集中纂辑了先秦至汉初有关的遗文轶事若干则。一般以第一则或前数则为一卷的大纲,杂引前人言论陈说本卷主旨,后用大量历史上的实例加以证明。

君　道

晋平公问于师旷曰[1]:"人君之道如何?"对曰:"人君之道,清净无为,务在博爱[2],趋在任贤[3],广开耳目,以察万方,不固溺于流俗,不拘系于左右,廓然远见[4],踔然独立[5],屡省考绩[6],以临臣下[7]。此人君之操也。"平公曰:"善!"

复　恩

秦缪公尝出而亡其骏马[8],自往求之,见人已杀其马,方共食其肉,缪公谓曰:

"是吾骏马也。"诸人皆惧而起。缪公曰:"吾闻食骏马肉不饮酒者杀人[9]。"即以次饮之酒[10]。杀马者皆惭而去。居三年,晋攻秦缪公围之,往时食马肉者相谓曰:"可以出死报食马得酒之恩矣。"遂溃围[11],缪公卒得以解难[12],胜晋,获惠公以归[13]。此德出而福反也。

——选自《说苑校证》(有删节),刘向撰,向宗鲁校证,中华书局,1987年

注释

[1] 晋平公:春秋时晋国国君,名彪。前557年至前532年在位。
师旷:晋国的盲乐师。《通志·民族略·以官为氏》:"乐人瞽者之称,晋有师旷,鲁有师乙……"《楚辞章句》:"师旷,圣人,字子野,生无目而善听,晋主乐太师。"

[2] 务:致力,从事。

[3] 趋(qù):旨趣。《孟子·告子》:"二三子不同道,其趋一也。一者何也,曰:仁也。"

[4] 廓然:开阔、广大貌。

[5] 踔(zhuō)然:超越,高绝貌。

[6] 屡省考绩:屡省(xǐng),多次检查;考绩,考核官吏的政绩。

[7] 临:统治,管理。《荀子·性恶》:"故为立君上以临之,明礼义以化之。"

[8] 秦缪公:即秦穆公,名任好,春秋时秦国的国君,前659年至前621年在位。亡:丢失。

[9] 杀人:伤害人的性命,指吃马肉不如不饮酒会伤害自己的身体。

[10] 次:军队驻扎,这里指杀马人吃马肉的地方。

[11] 溃围:解围。

[12] 卒:最终。

[13] 惠公:晋惠公夷吾,晋国国君,前650年至前637年在位。

译文

君　　道

晋平公问师旷说:"做人君的道理有哪些?"师旷回答说:"做人君的道理应是清心寡欲,以德政感化人民而不施行刑治;努力做到博大仁爱,把任用贤能作为自己的宗旨;开阔自己的见闻,明察各方面的情况;不拘执、沉溺于世俗的偏见,不受身边亲

信的影响和羁绊；做到目光开阔、视野远大，见解独特超群；经常检查考核官吏的政绩，以此来驾驭臣下。这就是人君所掌握的道理啊！"晋平公说："很好！"

<h2 style="text-align:center">复　　恩</h2>

秦穆公曾在外出时走失了他的骏马，他亲自去寻找。发现有人已经把它杀死了，正在一起吃马肉。秦穆公对他们说："这是我的骏马啊！"那些人都吓得站了起来。秦穆公却说："我听说吃骏马的肉不饮酒的人会丧命。"马上依次赏给他们酒喝。杀马的人都感到羞愧而离去。过了三年，晋国攻打秦穆公并围困了他，从前吃马肉的那些人在一起说："应该拼死报答吃马肉得酒的恩惠了。"于是他们突破了围困，秦穆公终于能够解除危难战胜晋军，擒获了晋惠公后回师。这就是给人恩惠而得到福佑的回报啊！

六十五　宋史·王安石传

【导读】

脱脱(1314—1356),亦作托克托、脱脱帖木儿,蔑里乞氏,字大用,蒙古族蔑儿乞人,元朝末年政治家、军事家。元朝元统二年(1334),任同知宣政院事,迁中政使、同知枢密院事、御史大夫、中书右丞相。至元六年(1340)脱脱为中书右丞相,大改伯颜旧政,复科举取士。1343年,主修《辽史》《金史》《宋史》,任都总裁官。于至正十五年(1355),革职流放云南,后被中书平章政事哈麻假传元惠宗诏令自尽。至正二十二年(1362)昭雪复官。

《宋史》是元代官修的一部纪传体史书,全书共有496卷,包括本纪40卷,志162卷,表32卷,列传255卷,总计约800万字。在"二十四史"中,《宋史》是篇幅最大的一部书。虽署名是"脱脱"(清朝时改译作:托克托)等撰,实际上,脱脱仅仅是由于官居宰相而担任了编修《宋史》的都总裁,全书的编修工作,是由汉、蒙古、回鹘(hú)、西夏等族数十名学者集体完成的。其中汉族史学家欧阳玄起了主要作用,是实际的总负责人。《宋史》记载了宋太祖赵匡胤(yìn)建隆元年(960)到宋帝昺祥兴二年(1279)间的历史,是一部比较系统、比较全面地记录两宋政治、经济、军事、文化、科技以及社会风俗的历史文献。

王安石,字介甫,抚州临川人。安石少好读书,一过目终身不忘。其属文动笔如飞,初若[1]不经意,既成[2],见者皆服其精妙。……

安石议论高奇,能以辩博济其说;果于自用[3],慨然有矫世变俗之志。于是上万言书,以为:"今天下之财力日以困穷,风俗日以衰坏,患在不知法度,不法先王之政故也。法[4]先王之政者,法其意而已。法其意,则吾所改易更革,不至乎倾骇天下之耳目,嚣天下之口,而固已合先王之政矣。因天下之力以生天下之财,收天下之财以供天下之费,自古治世[5],未尝以财不足为公患也,患在治财无其道尔。在位之人才

247

既不足,而闾苍草野之间亦少可用之才,社稷之托,封缰之守,陛下其能久以天幸为常,而无一旦之忧乎?愿监苟者因循之弊,明诏大臣,为之以渐,期合于当世之变。臣之所称,流俗之所不讲,而议者以为迂阔而熟烂者也。"后安石当国,其所注措[6],大抵皆祖此书。

俄直集贤院。先是[7],馆阁之命屡下,安石屡辞;士大夫谓其无意于世,恨不识其面,朝廷每欲畀[8]以美官,惟患其不就也。明年,同修起居住,辞之累日。阁门吏赍敕就付之,拒不受;吏随而拜之,则避于厕;吏置敕于案而去,又追还之;上章至八九,乃受。遂知制诰,纠察在京刑狱,自是不复辞官矣。

以母忧去,终英宗世,召不起。

……

二年二月,拜参知政事。上谓曰:"人皆不能知卿,以为卿但知经术,不晓世务。"安石对曰:"经术正所以经世务,但后世所谓儒者,大抵皆庸人,故世俗皆以为经术不可施于世务尔。"上问:"然则卿所施设以何先?"安石曰:"变风俗,立法度,最方今之所急之。"上以为然。于是设制置三司条例司,命与知枢密院事陈升之同领之。安石令其党吕惠卿任其事。而农田水利、青苗、均输、保甲、免役、市易、保马、方田诸役相继并兴,号为新法,遣提举官四十余辈,颁行分下[9]。

——选自《宋史选译》(有删节),脱脱著,淮沛、汤默译,巴蜀书社,1988年

注释

[1] 若:看似。
[2] 既成:完成后。
[3] 果于自用:敢于坚持按自己的意见办事。
[4] 法:效法。
[5] 治世:太平盛世。
[6] 注措:安排。
[7] 先是:在此之前。
[8] 畀(bì):给以。

[9] 颁行分下：分派颁布执行新法。
[10] 强忮：倔强刚愎。
[11] 诎：驳倒。
[12] 儇慧（xuān huì）：浮浅慧黠。
[13] 洎：及，到。

译文

王安石，字介甫，抚州临川人。王安石小时候喜欢读书，而且一次过目就终生不忘。他写文章时下笔如飞，初看似不经意，完成后，看过的人无不叹服他的文章精妙。……

王安石议论高深新奇，善于雄辩和旁征博引，自圆其说，敢于坚持按自己的意见办事，慷慨激昂立下了矫正世事、改变传统陋习的志向。于是向宋仁宗上万言书，认为："当今天下的财力一天比一天困乏，风俗一天比一天败坏，毛病在于不知法度，不效法先王的政令。效法先王的政令，在于效法先王政令的精神。只要效法先王政令精神，那么我们推行的改革，就不至于惊扰天下人的视听，也不至于使天下舆论哗然，并且本来就符合先王的政令了。依靠天下的人力物力来创造天下的财富，征收天下的财富来供天下人消费，自古以来的太平盛世，不曾因为财富不足而造成国家的祸患，祸患是由于治理天下财政不得其法。居官任职的人的才能已经不足，而平民百姓之中又缺少可用的人才，国家的托付，疆域的保护，陛下难道能够长久地依靠上天赐予的幸运，而不考虑万一出现祸患该怎么办吗？希望陛下能够明察朝政中苟且因循的弊端，明文诏令大臣，逐渐采取措施，革除这些弊端以适应当前的世事变化。我的这些议论，是那些沉溺在颓靡习俗中的人不会说的，而且那些议论的人还会认为是这迂腐而不切实际的老生常谈。"后来王安石掌管国家，他所安排的，大体上都是以这份万言书为依据的。

不久王安石任直集贤院。在此之前，朝廷多次下达委任他担任馆阁职务的命令，他都辞谢了；士大夫们认为他是无意显赫于世以求仕途畅达，都恨自己不能结识他，朝廷多次打算委派他担任名利优厚的美官，只是怕他不就任。第二年，任命他为同修起居注，他又推辞了多天。阁门的小吏带来任命书交给他，他也拒绝不肯接受；小吏追上他下拜，他就躲入厕所内；小吏把任命书放在桌子上离去，他又追上去把任命书还给小吏；这样上章辞谢了八九次，才接受新职的任命。于是担任知制诰，负责纠察在京师的刑事案件。此后，便不再辞官了。

王安石因母亲去世离任，一直到英宗朝结束，朝廷多次召他，他都不肯起复任职。

……

北宋神宗熙宁二年二月，王安石被任命为参知政事。皇上对他说："人们都不了解爱卿你的才能，都以为你只懂得经理学术，不懂政治事务。"王安石回答说："经术学问正是用来处理政务世事的，只是后来很多所谓'大儒'，大部分都是才能庸俗之人，因此世上俗人才都以为经学不能辅佐治世罢了。"皇上问："既然这样那么你最先开始的施政措施是什么？"王安石答道："改变劣习风俗，树立法规，是现在最亟需的了。"皇上认为是对的。于是开设增置三司条例司机构，任命他与知枢密院事陈升之一并负责。而后农田水利、青苗、均输、保甲、免役、市易、保马、方田等等变法相继开始实施，号称新法，派遣提携推举各类官员四十余人，分派颁布执行新法。

六十六 搜神记·李寄斩蛇

【导读】

干宝(约282—351),字令升,东晋新蔡(今河南省新蔡县)人,史学家、文学家。曾先后担任著作郎、司徒右长史、始安太守、散骑常侍等职。其人学识渊博,遍览群书,曾领修国史,是东晋著名的史学家,著有《晋纪》20卷(今佚),被称为"良史"。他还好《易》学,为撰写《搜神记》奠定基础。

《搜神记》是部志怪小说,在中国小说史上有着极其深远的影响,被称作中国志怪小说的鼻祖。它记录了一大批古代的神话传说和奇闻异事,内容生动丰富,情节曲折离奇,艺术价值很高。全书原本30卷,到宋代已失传。今本20卷,是后人缀辑增益而成。据《自序》,干宝撰写此书的目的是"发明神道之不诬",即通过搜集前人著述及传说故事,证明鬼神确实存在。故所记多为神灵怪异之事,也有一部分属于民间传说。故事大多篇幅短小,设想奇幻,极富浪漫主义色彩。可以说,《搜神记》是中国志怪小说的代表作,它是古代神话和传说的延续,又为后期的文学创作提供了丰富的素材。

本文题目为编者所加。

东越闽中有庸岭[1],高数十里。其西北隰中有大蛇[2],长七八丈,大十余围,土俗常惧[3]。东冶都尉及属城长吏多有死者。祭以牛羊,故不得祸,或与人梦,或下谕巫祝[4],欲得啖童女年十二三者[5]。都尉令长并共患之,然气厉不息[6]。共请求人家生婢子,兼有罪家女养之。至八月朝祭,送蛇穴口,蛇出吞啮之。累年如此,已用九女。

尔时预复募索,未得其女。将乐县李诞家,有六女[7],无男,其小女名寄,应募欲行,父母不听。寄曰:"父母无相[8],惟生六女,无有一男。虽有如无。女无缇萦济父母之功[9],既不能供养,徒费衣食,生无所益,不如早死。卖寄之身,可得少钱,以供父母,岂不善耶?"父母慈怜,终不听去。寄自潜行,不可禁止。

寄乃告请好剑及咋蛇犬。至八月朝,便诣庙中坐,怀剑将犬。先将数石米餈[10],用蜜麨灌之[11],以置穴口。蛇便出,头大如囷[12],目如二尺镜。闻餈香气,先啖食之。寄便放犬,犬就啮咋,寄从后斫得数创。疮痛急,蛇因踊出,至庭而死。寄入视穴,得其九女髑髅[13],悉举出,咤言曰[14]:"汝曹怯弱[15],为蛇所食,甚可哀愍[16]。"于是寄女缓步而归。

越王闻之,聘寄女为后,拜其父为将乐令,母及姊皆有赏赐。自是东冶无复妖邪之物,其歌谣至今存焉。

——选自《搜神记》,干宝撰,华文出版社,2018年

注释

[1] 东越:古族名。古代越人的一支。相传为越王勾践的后裔。秦汉时分布在今浙江省东南部、福建省北部一带。庸岭:山名。在今福建邵武市。

[2] 隰(xí):低湿的地方。

[3] 土俗:当地风俗。此指当地百姓。

[4] 巫祝:古代以歌舞娱神、与神交通的人。

[5] 啖(dàn):吃。

[6] 气厉不息:指大蛇气焰凶猛,为害不止。

[7] 将乐:县名,三国吴置,即今福建将乐县。

[8] 无相:没有福相。

[9] 缇萦(tí yíng):姓淳于,汉代临淄人。其父母有五女而无男,其自愿入官为婢以赎父罪,有孝名。

[10] 餈:一种用江米(糯米)做成的食品。

[11] 麨(chǎo)用炒过的麦子磨成的面粉,俗称"炒面"。

[12] 囷(jūn):圆形的谷仓。

[13] 髑髅(dú lóu):死人头颅。

[14] 咤(zhà):感叹。

[15] 汝曹:你们。

[16] 哀愍(mǐn):哀叹、怜悯。

译文

东越国闽中郡有一座庸岭,高几十里。在它西北部的山缝中有一条大蛇,长七八丈,粗十多围,当地人都很害怕它。东冶都尉和东冶所管辖下的县城里的长官,也有许多是被蛇咬死的。人们一直用牛羊去祭它,所以才没有大的灾祸。后来,大蛇或者托梦给人,或者吩咐巫祝,说它要吃十二三岁的女孩。都尉和县令都为此事发愁。但是大蛇的妖气所造成的灾害却没个完。他们只得一起征求大户人家奴婢生的女儿和犯罪人家的女儿,把她们收养起来。到八月初一祭祀的时候,把女孩子送到大蛇的洞口。大蛇出来,便把女孩吞食了。连年这样,已经用了九个女孩。

这时,他们又预先招募寻求,还没有找到这样的女孩。将乐县李诞的家中,有六个女儿,没有男孩,最小的女儿叫李寄,想应募而去,父母不同意。李寄说:"父母没有福相,只生了六个女儿,没有一个儿子,即使有了子女也好像没有一样。女儿我没有缇萦救父母那样的功德,既然不能供养父母,白白耗费衣服食物,活着也没有什么益处,还不如早点去死。卖掉我的身体,可以得些钱,用来供养父母,难道不好吗?"父母疼爱她,始终不同意她去。李寄就自己悄悄地走了,父母终究没法阻止她。

李寄于是禀告官府请求得到好剑和会咬蛇的狗。到八月初一,她就到庙中坐好,揣着剑,带着狗。她先把几石米饼用蜜拌的米麦糊灌在里面,然后放在蛇的洞口。蛇便出来了,头大得像圆形的谷仓,眼睛像直径两尺大的镜子。它闻到米饼的香味,先去吞食米饼。李寄便放出狗,狗就上去撕咬,李寄从后面砍了蛇好几下。蛇的创口痛得厉害,便翻滚着窜出来,爬到庙中的院子里便死了。李寄进入蛇洞察看,发现了那九个女孩的头骨,便都拿了出来,悲痛地说:"你们这些人胆小软弱,被蛇吃了,太可怜了。"于是李寄便慢慢地走回家去。

越王听说了这件事,把李寄姑娘聘为王后,任命她的父亲为将乐县县令,母亲和姐姐们都得到了赏赐。从此东冶县不再有怪异邪恶的东西了,赞颂李寄的歌谣到现在还在流传。

六十七　孙子兵法·谋攻

【导读】

孙武,字长卿,春秋末期齐国乐安(今山东省惠民县)人,生卒年月已不可详考,主要活动在前500年前后。中国春秋时期著名的军事家、政治家,尊称兵圣或孙子(孙武子),被誉为"东方兵学的鼻祖"和"百世兵家之师"。

《孙子兵法》是中国古代最著名的军事著作,也是世界上最古老的兵书。该书共分为13篇,在篇幅上虽然只有短短的5000余言,但内容包罗万象、博大精深,涉及战争规律、哲理、谋略、政治、经济、外交、天文、地理以及气象等多方面内容,堪称古代兵学理论的宝库和集大成者。它不但奠定了中国古代军事理论的基础,被誉为"兵经""百代谈兵之祖",而且也蜚声海外,在世界军事学术史上占有极突出的地位。

孙子曰:凡用兵之法,全国为上,破国次之[1];全军为上,破军次之;全旅为上,破旅次之;全卒为上,破卒次之;全伍为上,破伍次之[2]。是故百战百胜,非善之善者也;不战而屈人之兵,善之善者也。

故上兵伐谋[3],其次伐交[4],其次伐兵[5],其下攻城。攻城之法为不得已。修橹轒辒、具器械[6],三月而后成;距闉[7],又三月而后已[8]。将不胜其忿,而蚁附之[9],杀士三分之一,而城不拔者[10],此攻之灾也。故善用兵者,屈人之兵而非战也,拔人之城而非攻也,破人之国而非久也,必以全争于天下,故兵不顿,而利可全[11],此谋攻之法也[12]。

故用兵之法,十则围之,五则攻之,倍则分之,敌则能战之[13],少则能逃之,不若则能避之。故小敌之坚,大敌之擒也[14]。

夫将者,国之辅也[15],辅周则国必强[16],辅隙则国必弱[17]。

故君之所以患于军者三:不知军之不可以进而谓之进,不知军之不可以退而谓之退,是谓縻军[18];不知三军之事[19],而同三军之政者,则军士惑矣;不知三军之权,而同三军之任[20],则军士疑矣。三军既惑且疑,则诸侯之难至矣,是谓乱军引胜[21]。

故知胜有五:知可以战与不可以战者胜,识众寡之用者胜,上下同欲者胜[22],以虞待不虞者胜[23],将能而君不御者胜[24]。此五者,知胜之道也[25]。

故曰:知彼知己,百战不殆[26];不知彼而知己,一胜一负;不知彼,不知己,每战必殆。

——选自《孙子兵法》,孙武撰,曹操注,郭化若今译,上海古籍出版社,2006年

注释

[1] 全:完整。国:春秋时,主要指都城,或者还包括外城及周围的地区。破:攻破,击破。

[2] 军、旅、卒、伍:春秋时军队编制单位。12500人为军,500人为旅,100人为卒,5人为伍。

[3] 伐:进攻、攻打。

[4] 交:交合,此处指外交。

[5] 伐兵:通过军队之间的交锋一决胜负。兵:军队。

[6] 修橹轒辒:修,制作、建造。橹,藤革等材料制成的大盾牌。轒辒(fén wēn),攻城用的四轮大车,用桃木制成,外蒙生牛皮,可以容纳兵士十余人。具:准备。

[7] 距闉(yīn):距,通"具",准备。闉,通"堙"土山。

[8] 已:完成、竣工之意。

[9] 胜:克制、制服。忿:愤懑、恼怒。蚁附之:指驱使士兵像蚂蚁一般爬梯攻城。

[10] 拔:攻占城邑或军事据点。

[11] 顿:同"钝",指疲惫、挫折。利:利益。全:保全、万全。

[12] 法:标准、准则。

[13] 能:乃、则。此处与则合用,以加重语气。

[14] 小敌:弱小的军队。坚:坚定、强硬,此处指固守硬拼。大敌:强大的敌军。擒:捉拿,此处指俘虏。

[15] 辅:原意为辅木,这里引申为辅助、助手。

[16] 周:周密。

[17] 隙:缝隙。此处指有缺陷、不周全。

[18] 縻(mí),束缚、羁縻。

[19] 三军:军队的通称。

[20] 权:权变,机动。任:指挥、统率。

[21] 乱军:扰乱军队。引:失去。
[22] 同:共同,这里是参与、干涉的意思。
[23] 虞:有准备。
[24] 能:有才能。御:原意为驾御,这里指牵制、制约。
[25] 道:规律,方法。
[26] 殆:危险,失败。

译文

孙子说:大凡用兵的原则,使敌人举国不战而降是上策,击败敌国使之降服是次等的用兵策略;使敌人全军不战而降是上策,击败敌军而取胜是次等的用兵策略;使敌人全旅不战而降是上策,击破敌旅而取胜是次等的用兵策略;使敌人全卒不战而降是上策,击破敌卒使之降服是次等的策略;使敌人全伍不战而降是上策,击破敌伍而取胜是次等的策略。因此,百战百胜并非最高明的;不交战而使敌人屈服,才是最高明的。

所以用兵的上策是以谋略胜敌,其次是通过外交手段取胜,再次是使用武力战胜敌人,最下策是攻城。攻城是不得已而采取的办法。修造大盾和四轮车,准备器械,三个月才能完成;构筑攻城用的土山,又要花费三个月才能完工。将帅非常焦躁愤怒,驱使士卒像蚂蚁一般爬梯攻城。士卒伤亡了三分之一,而城还是攻不下来,这就是攻城带来的灾难。

所以,善于用兵打仗的人,使敌军屈服而不靠交战,夺取敌人的城池而不靠硬攻,灭亡敌人的国家而不靠久战,务求以全胜的谋略争胜于天下。这样,军队就不至于疲惫受挫,而胜利可以完满地获得,这就是以谋略胜敌的法则。

所以,用兵的原则是:有十倍于敌的兵力就包围敌人,有五倍于敌的兵力就要进攻敌人,有两倍于敌人的兵力就设法分散敌人,同敌人兵力相等,就要善于设法战胜敌人,比敌人兵力少,就要退却,兵力弱于敌人,就要设法避免与敌交战。所以,弱小的军队如果只知坚守硬拼,就会成为强大敌人的俘虏。

将帅是国君的助手,辅助得周密,国家就会强盛;辅助得有缺陷,国家就要衰弱。

国君危害军事行动的情况有三种:不了解军队不能前进而命令军队前进,不了解军队不能后退而命令军队后退,这叫作束缚军队;不知道军队内部的事务,而干涉军队的行政,军士就会迷惑不解;不懂得军事上的权宜机变,而去干涉军队的指挥,将士就会产生疑虑。军队既迷惑又心存疑虑,那么各诸侯国乘机进犯的灾难就随之降临了,这就是所谓扰乱自己的军队而导致敌人的胜利。

预知胜利的情况有五种:知道什么情况下可以打,什么情况下不可以打的,会胜利;懂得根据兵力多少而采取不同战法的,会胜利;全军上下齐心协力的,会胜利;以预有准备对待没有准备的,会胜利;将帅指挥能力强而国君不加牵制的,会胜利。这五条,是预知胜利的方法。

所以说,既了解敌人又了解自己,百战都不会失败;虽然不了解敌人但了解自己,胜败的可能各半;既不了解敌人,又不了解自己,那就每战必败。

六十八　太平广记·墨子

【导读】

《太平广记》是北宋时期编纂而成的一部文言小说总集。北宋统一全国后,广泛收罗各国的图书典籍,延揽海内学者名流给予优厚的待遇,俾修书、史。宋太宗太平兴国年间,李昉、张洎、吕文仲、吴淑等十三人,奉旨将历朝各代的野史稗官编辑成书,书成之后,由宋太宗赐名为《太平广记》。

《太平广记》旁征博引,辑录了上起战国时期,下迄五代末年的各种小说著作达四百七十五种,共有近七千则故事,大体上可分为志怪、杂录、传奇三大类,内容涉及自然科学(如"飞医""算术""水族""昆虫"等)、文坛掌故(如"文章""儒行""怜才""高逸"等)、艺海趣闻(如"乐""书""画"等)、佛道故事(如"神仙""道术""异人""释证""报应""异僧"等)、名人轶事(如"名贤""讽谏""俊辩""幼敏""知人""廉俭"等)、世故人情(如"交友""酷暴"等)以及豪侠传奇。因此,《四库全书总目》论及此书时曾说:"古来轶闻琐事、僻籍遗文咸在焉,盖小说家之渊海也。"鲁迅在《中国小说史略》一书中也说它是"小说渊薮""稗说之渊海"。

墨子者,名翟,宋人也,仕宋为大夫,外治经典,内修道术,著书十篇,号为墨子。世多学者,与儒家分途,务尚俭约,颇毁孔子。有公输般者,为楚造云梯之械以攻宋。墨子闻之,往诣[1]楚。脚坏,裂裳裹足。七日七夜到,见公输般而说之曰:"子为云梯以攻宋,宋何罪之有?余于地而不足于民,杀所不足而争所有余,不可谓智。宋无罪而攻之,不可谓仁。知而不争,不可谓忠。争而不得,不可谓强。"公输般曰:"吾不可以已,言于王矣。"墨子见王曰:"于今有人,舍其文轩,邻有一弊舆而欲窃之;舍其锦绣,邻有短褐而欲窃之;舍其粱肉,邻有糟糠而欲窃之,此为何若人也?"王曰:"若然者,必有狂疾[2]。"翟曰:"楚有云梦之麋鹿,江汉之鱼龟,为天下富。宋无雉兔[3]鲋鱼,犹粱肉与糟糠[4]也。楚有杞梓豫章,宋无数丈之木,此犹锦绣之与短褐也。臣闻大

王更议攻宋,有与此同。"

王曰:"善哉"。然公输般已为云梯,谓必取宋,于是见公输般。墨子解带为城,以牒为械。公输般乃设攻城之机,九变而墨子九拒之。公输之攻城械尽,而墨子之守有余也。公输般曰:"吾知所以攻子矣,吾不言。"墨子曰:"吾知子所以攻我,我亦不言。"王问其故,墨子曰:"公输之意,不过杀臣,谓宋莫能守耳。然臣之弟子禽滑厘等三百人,早已操臣守御之器,在宋城上而待楚寇矣,虽杀臣,不能绝也。"楚乃止,不复攻宋。墨子年八十有二,乃叹曰:"世事已可知,荣位非常保。将委流俗,以从赤松子游耳。"乃入周狄山,精思道法,想像神仙。于是数闻左右山间,有诵书声者。墨子卧后,又有人来,以衣覆足。墨子乃伺之,忽见一人,乃起问之曰:"君岂非山岳之灵气乎?将度世之神仙乎?愿且少留,诲以道要。"神人曰:"知子有志好道,故来相候。子欲何求?"墨子曰:"愿得长生,与天地相毕耳。"于是神人授以素书,朱英丸方,道灵教戒,五行变化,凡二十五篇。告墨子曰:"子有仙骨,又聪明,得此便成,不复须师。"墨子拜受合作,遂得其验,乃撰集其要,以为《五行记》。乃得地仙,隐居以避战国。至汉武帝时,遣使者杨违,束帛加璧,以聘墨子。墨子不出。视其颜色,常如五十许人。周游五岳,不止一处。

——选自《太平广记》,李昉等编,华飞等校点,团结出版社,1994年

注释

[1] 诣:到,旧时特指到尊长那里去。
[2] 狂疾:癫痫病。
[3] 雉兔:野鸡和兔子。亦指猎取野鸡和兔子。
[4] 糟糠:穷人用来充饥的酒渣、米糠等粗劣食物。

译文

墨子名叫翟,是战国时代宋国人,任宋国的大夫。他平时编撰著述经学典籍,更勤于道家方术的修炼,曾著了十篇文章,号称墨子。世上很多人学习他的理论,他的

论点和孔、孟的儒家分歧很大，提倡勤俭节约，对孔子的学说提出不少批评。有位能工巧匠公输般为楚国造了攻城用的云梯，帮助楚国攻宋国。墨子听说后就急忙往楚国赶，路上脚磨破了，就把衣裳撕下来包上脚，七天七夜终于到了楚国。墨子见了公输般后劝说道："你为楚国造了云梯攻打宋国，宋国有什么罪过呢？楚国土地广阔肥沃，宋国的老百姓却没有足够的地种，索取宋国的不足去增加富裕的楚国，这是不聪明的做法。宋国没有罪你却要去攻打它，这是不仁义的做法。你明明知道这种做法不对而不去向楚王劝告和他争辩，这是你对楚王不忠诚。争辩了却没有收效，说明你的态度还不坚定，没有很强的说服力。"公输般说，"攻宋的事已经定了，由不得我，我已经对楚王说过同意他攻宋的话，我没法改口了。"墨子就直接去见楚王，对楚王说："现在有这么一个人，扔掉自己华丽的马车却要去偷邻居的一辆破车；放着自己的锦缎袍服不穿，却要去盗取邻居一件短衫；放着自己家的鱼肉不吃，却要去偷邻居的粗糠野菜，大王您说这是个什么人呢？"楚王说，"要真有这么个人，我看他一定是个疯子。"墨子说："楚国有湖北湖南云梦泽盛产的麋鹿，有长江汉水盛产的鱼、龟，是天下最富足的国家。而宋国连山鸡、野兔和鲋鱼都没有，这就像把鱼肉和糠菜相比一样。楚国盛产杞树、桑树、梓树和豫章树，而宋国连几丈高的树都没有，这就像锦缎袍服和短衫相比一样。我听说大王打算攻打宋国，这不和您说的那个疯子一样了吗？"

楚王说："你说得很好。"但是公输般已经造好了云梯，他说一定能攻下宋国。于是墨子又要求公输般来见。墨子解下自己的衣带放在桌上假设是宋国的都城，又摘下头巾假设是宋国守城的士兵和武器，公输般就摆布他攻城的武器和战术。公输般攻城的战术变化了九次，都被墨子挡住了。公输般攻城的武器战法都用尽了，而墨子防守的策略还绰绰有余。公输般说："现在我已经知道怎么攻破你了，但是我不说。"墨子说："我也知道你将用什么方法攻我，我也不说。"楚王问是怎么回事，墨子说，"公输般的意思是只要杀了我，宋国就守不住了。然而他不知道，我的弟子禽滑厘等三百人，早就带着我布置的守城武器和战术在宋国都城上等待楚国的进攻呢。

就是把我杀了,宋国的防御武器和战术仍然存在,楚国也不可能取胜!"楚王只好改弦易辙,不再攻打宋国。墨子活到八十二岁那一年,自己感叹地说:"世间的事我已经全经历过,也全知道了,一个人的福禄、荣誉和官位不是永远不变的,我已看透了世间的一切,将离开纷杂的尘世,去追随能吞云吐雾呼石成羊的神仙赤松子漫游去了!"后来墨子就进了周狄山,专心致志于道术的修炼,一心想得道成仙。他经常听到有读书的声音,有一次他睡下以后,有一个人到他跟前来,脱下衣服替他盖上脚。墨子就偷偷看,发现身边有一个人,就立刻起来问那人:"您是不是这山岳中的神灵,特意来超度我成仙的呢?如果是,那就请您等一会儿,对我教诲传授一些修道的诀窍吧!"那神仙说:"我知道你诚心修道,所以特地来见你。你有什么要求呢?"墨子说:"我想长生不老,寿命和天地相同。"于是那神仙就授给他写着修道要诀的绢书和用朱草的花配制药丸的秘方,以及道教的法则戒律和阴阳五行变化的经书,一共二十五篇,并对墨子说:"你本来就有仙风道骨,又聪慧通灵,得到我给你的这些东西后就能成仙,不需要再拜师学道了。"墨子拜谢接受了神仙的授予并按经卷上的要求去做,得到了具体的验证,就根据体会把那二十五篇经卷的要点编撰成书,书名叫"五行记"。墨子修成了地上的神仙,隐居起来避开了战国时代的纷争混乱。汉武帝时,皇帝刘彻派了杨违作使者,带着白玉和锦缎去聘请墨子,墨子坚拒不出山。使者看墨子的容颜,仍然像五十来岁的人。

六十九　唐才子传·王维传

【导读】

辛文房（生卒年不详），字良史，是元代前期的西域人。他以唐代诗人中号称"五言长城"的刘长卿的字为名，以被赞为"珪璋特达"的于良史的名为字，可见是极为热爱唐诗又非常倾慕唐代诗人气质的才子。但由于史料缺乏，他的详细经历已很难弄清楚了。

《唐才子传》是一部关于唐五代诗人的简要评传汇集，是现今流传于世的唯一一部为唐代诗人作传的书籍。鲁迅对此书评价颇高，曾在一次向青年学者介绍文学读物时，大力推介此书。该书以年代先后为序，同代则以诗人登科顺序为据，记载了五代到晚唐时期大量诗人的生平，其中对中晚唐时期的记述尤为详尽。此外，在每篇传记后，作者还对传主的艺术造诣和得失逐一品评。

维，字摩诘，太原人。九岁知属辞[1]，工草隶，闲音律。岐王重之。维将应举，岐王谓曰："子诗清越者，可录数篇，琵琶新声，能度一曲，同诣九公主第。"维如其言。是日，诸伶拥维独奏，主问何名，曰："《郁轮袍》[2]。"因出诗卷。主曰："皆我习讽[3]。谓是古作，乃子之佳制乎？"延于上座曰："京兆得此生为解头[4]，荣哉！"力荐之。开元十九年状元及第，擢右拾遗，迁给事中。贼陷两京，驾出幸，维扈从[5]不及，为所禽，服药称瘖病[6]。禄山爱其才，逼至洛阳供旧职，拘于普施寺。贼宴凝碧池，悉召梨园诸工合乐[7]。维痛悼，赋诗曰："万户伤心生野烟，百官何日再朝天？秋槐花落空宫里，凝碧池头奏管弦。"时闻行在[8]所。贼平后，授伪官者皆定罪，独维得免。仕至尚书右丞。维诗入妙品上上，画思亦然。至山水平远，云势石色，皆天机所到，非学而能。自为诗云："当代谬词客，前身应画师。"后人评维"诗中有画，画中有诗"，信哉！客有以《按乐图》示维者，曰："此《霓裳》第三叠最初拍也。"对曲果然。笃志[9]奉佛，蔬食素衣，丧妻不再娶，孤居三十年。别墅在蓝田县南辋川，亭馆相望。尝自写其景物奇胜,日与文士丘为、裴迪、崔兴宗游览赋诗,琴樽自乐。后表[10]请舍宅以为寺。临终,作书辞亲友,停笔而化。代宗访维文章,弟缙[11]集赋诗等十卷上之,今传于世。

——选自《唐才子传》,辛文房撰,徐明霞校点,辽宁教育出版社,1998年

注释

[1] 属(zhǔ)辞:撰写诗文。
[2]《郁轮袍》:琵琶曲名,相传是王维所作。
[3] 习讽:熟悉的、经常诵读的诗作。
[4] 解头:即解元,科举乡试第一名。
[5] 扈(hù)从:随从护驾。
[6] 喑病:哑,口不能言。
[7] 合乐:诸乐合奏。
[8] 行在:皇帝驻留的地方。
[9] 笃志:诚心。
[10] 表:上表。
[11] 弟缙:王维的弟弟王缙。

译文

王维,字摩诘,太原人。九岁就能撰写诗文。尤其擅长草书隶书,娴熟音律。岐王非常看重他。王维将要参加科举考试,岐王对他说:"你的诗清秀拔俗,可抄录几篇,配上琵琶新乐,能谱写一支曲子,我们一起到九公主府第。"王维按照岐王的话去做。这一天,几个伶人簇拥王维独奏新谱的曲子,九公主问是什么曲名,王维回答说:"这是《郁轮袍》。"王维于是拿出诗卷。九公主说:"这些都是我经常诵读的诗作。我以为是古人之作,竟然是你的佳作啊!"于是请王维到上座说:"京城能得到这个读书人作解元,实在荣幸啊!"九公主因此全力推荐王维。开元十九年王维考取状元,提拔做右拾遗,不久升迁给事中。叛军攻陷长安洛阳,皇帝出逃,王维随从护驾,行

程中掉队,被叛军擒获。他服药假装不能说话,但安禄山爱惜他的才华,他仍被逼至两京之一的东都洛阳任原来的职务,并被拘禁在普施寺。叛军在凝碧池设宴,全部召见梨园乐工合奏各种器乐。王维痛悼赋诗:"万户伤心生野烟,百官何日再朝天?秋槐花落空宫里,凝碧池头奏管弦。"诗在皇帝驻留的地方传诵。叛乱平定以后,凡是在叛军中任伪职的,朝廷都定了罪,只因皇上知道了王维在凝碧池吟诗所表露出的心迹,他才得以幸免。王维后来又官至尚书右丞。王维的诗被列入妙品上上等,他的画的构思也是这样。至于王维山水画中的平旷深远的意境、云彩的情势、山石的颜色,都是他卓越的天赋才能达到的,并不是别人能学来的。他自己曾作诗道:"当代谬词客,前身应画师。"后世人评价王维"诗中有画,画中有诗",确实如此啊。有一个客人把《按乐图》给王维看,王维说:"这是《霓裳》第三叠最初的节拍。"客人一对照原来的曲子,果真是这样。晚年,王维诚心信奉佛教,长期吃蔬菜,穿朴素衣服,死了妻子也不再娶,孤独地过了三十年。王维的别墅在蓝田县南面的辋川,亭馆相对。王维曾经描写那里的景物和奇特的风光,每天与丘为、裴迪、崔兴宗等文人学士游历览胜,写诗,弹琴饮酒,自得其乐。后来上表,请求把自己的住宅变为佛寺。临终前,写信辞别亲友,停下笔就坐化了。代宗寻求王维的文章,他的弟弟王缙将他的诗文编纂成集共十卷,献给皇上,他的诗文至今流传于世。

七十　唐人小说·三梦记

【导读】

白行简(约776—826),唐代文学家,字知退。华州下邽(guī,今陕西省渭南市)人,白居易之弟。元和二年(807)进士,授秘书省校书郎,累迁司门员外郎、主客郎中,又曾任度支郎中、膳部郎中等职。著有文集10卷,文辞简易,有其兄风格。辞赋尤称精密,文士皆师法之。白行简以传奇著称,代表作有《李娃传》等。另外,《三梦记》所记三事皆篇幅短小,文辞简质,而情节颇为离奇。

《三梦记》篇幅短小,想象奇特,通过梦境描写,打破时空限制,显示出唐人传奇"作意好奇"的魅力。在结构上,三个梦境连成一体,构成连环式结构,由"梦"这一主线贯穿全文,线索分明,脉络清晰,结构谨严。

人之梦,异于常者有之:或彼梦有所往而此遇之者;或此有所为而彼梦之者;或两相通梦者。天后时[1],刘幽求为朝邑丞[2]。尝奉使,夜归。未及家十余里,适有佛堂院,路出其侧。闻寺中歌笑欢洽。寺垣短缺,尽得睹其中。刘俯身窥之,见十数人,儿女杂坐,罗列盘馔,环绕之而共食。见其妻在坐中语笑。刘初愕然,不测其故久之。且思其不当至此,复不能舍之。又熟视容止言笑,无异。将就察之,寺门闭不得入。刘掷瓦击之,中其罍洗[3],破迸走散,因忽不见。刘逾垣直入,与从者同视,殿序皆无人,寺扃如故[4],刘讶益甚,遂驰归。比至其家,妻方寝。闻刘至,乃叙寒暄讫,妻笑曰:"向梦中与数十人游一寺,皆不相识,会食于殿庭。有人自外以瓦砾投之,杯盘狼藉,因而遂觉。"刘亦具陈其见。盖所谓彼梦有所往而此遇之也。

元和四年[5],河南元微之为监察御史[6],奉使剑外[7]。去逾旬[8],予与仲兄乐天[9],陇西李杓直同游曲江[10]。诣慈恩佛舍,遍历僧院,淹留移时。日已晚,同诣杓直修行里第[11],命酒对酬,甚欢畅。兄停杯久之,曰:"微之当达梁矣[12]。"命题一篇于屋壁。其词曰:"春来无计破春愁,醉折花枝作酒筹。忽忆故人天际去,计程今日

265

到梁州。"实二十一日也。十许日，会梁州使适至，获微之书一函，后寄纪梦诗一篇，其词曰："梦君兄弟曲江头，也入慈恩院里游。属吏唤人排马去，觉来身在古梁州。"日月与游寺题诗日月率同。盖所谓此有所为而彼梦之者矣。

贞元中扶风窦质与京兆韦旬同自亳入秦[13]，宿潼关逆旅[14]。窦梦至华岳祠，见一女巫，黑而长。青裙素襦，迎路拜揖，请为之祝神。窦不获已，遂听之。问其姓，自称赵氏。及觉，具告于韦。明日，至祠下，有巫迎客，容质妆服，皆所梦也。顾谓韦曰："梦有征也。"乃命从者视囊中，得钱二镮[15]，与之。巫抚拿大笑，谓同辈曰："如所梦矣！"韦惊问之，对曰："昨梦二人从东来，一髯而短者祝醑[16]，获钱二镮焉。及旦，乃遍述于同辈。今则验矣。"窦因问巫之姓氏。同辈曰："赵氏。"自始及末，若合符契[17]。盖所谓两相通梦者矣。

行简曰：春秋及子史，言梦者多，然未有载此三梦者也。世人之梦亦众矣，亦未有此三梦。岂偶然也，抑亦必前定也？予不能知。今备记其事，以存录焉。

——选自《唐人小说》，汪辟疆校录，上海古籍出版社，1978年

注释

[1] 天后：指唐代武则天。

[2] 刘幽求：曾在武后至玄宗时任职，参与平定张易之兄弟、韦后和太平公主之乱，封徐国公，官至尚书左丞相。新、旧《唐书》有传。朝邑：西魏置县，唐属同州，今陕西大荔县东南朝邑镇。丞：县令的属吏。

[3] 罍（léi）：古代形状像壶样盛酒和水的器皿。洗：洗涤用的浅盆。

[4] 扃（jiōng）：门环或门闩，此指庙门关闭着。

[5] 元和：唐宪宗年号（806—820）。

[6] 元微之：即元稹，唐著名诗人，白居易好友，时称元白。

[7] 剑外：指今四川剑门关以南地。

[8] 逾（yú）：超过、多过、更加。

[9] 仲兄乐天：仲，兄弟排行第二者称，即作者白行简的二哥。乐天，即唐著名诗人白居易。

[10] 陇西：战国后称陇山以西地。秦汉时置郡，唐时改渭州为陇西郡，治今甘肃渭源县东北渭河北岸。曲江：即曲江池，在今陕西西安市东南。汉武帝时造宜春院于此，水路曲折，风景幽美，

故名。

[11] 修行里:唐时长安城里的街坊名。

[12] 梁:指梁州,古九州之一,唐时辖今陕西汉中、南郑等市、县。治南郑,今陕西汉中市东。

[13] 贞元:唐德宗第三个年号(785—805)。扶风:三国魏置郡,唐时曾改称岐州、凤翔郡等,辖今秦岭以北、陇县以南、扶风以西地区。治雍县,今陕西凤翔县。京兆:汉三辅之一,今陕西西安西北。亳:即亳州,今安徽亳州市。秦:战国时秦地,泛指今陕西省。

[14] 潼关:东汉置,在今陕西潼关县东北杨家庄附近。地当陕西、河南、山西三省交通要冲。逆旅:指住旅店。

[15] 镮(huán):外圆郭内方孔的铜钱。

[16] 祝醑(xǔ):醑,美酒。此指用美酒祭告鬼神。

[17] 符:凭证。契:证券。此指事证相符一致。

译文

　　人的梦,不同寻常的梦有三种:一种是一人的梦在另一人的身上发生了,一种是一人身上发生的事在另一人的梦中得到了应验,第三种是两个人的梦境互通。武则天执政时,刘幽求是朝邑丞。曾奉命出使,夜里回来,离家还有十几里的地方,在路旁刚巧有座寺院。听到寺中有欢声笑语声。寺院的围墙残破,从缺口处可以看到里面的情景。刘幽求俯身窥视,见十几个男女混杂而坐,桌上杯盘罗列,围成一圈在吃饭饮酒。还见他的妻子也坐在其中谈笑风生。他开始非常吃惊,料想不到她会在这里,并且这么做。他不能原谅,又注目细看那人的仪容举止谈笑,的确是她。刘幽求想接近细观,寺院的大门却锁住了,进不去。他扔瓦片打他们,正好砸在洗手盆里,盆里水花四溅,那些人散开就忽然不见了。刘幽求翻墙进去后,与随从一起查看,却发现大殿和东西厢房都没人,寺庙的大门在外面还锁得好好的,刘幽求更惊异了,急忙赶回家中。到家后,见妻子刚睡下。得知他回来了,就和他聊天问寒问暖。妻子笑着说:"刚才梦见我和几十人在一寺院里游玩,那些人我一个都不认识,却坐在大殿里吃饭。这时有人从外面往里扔石头,杯盘狼藉,就醒了。"刘幽求也把他在路上遇到的情形说了出来。这也许就是一个人的梦在另一个人身上发生了。

元和四年,河南人元微之任监察御史,奉命到四川剑阁以南地区任职。去了十多天后,我和二哥乐天、陇西的李杓直一起在曲江游历。来到慈恩寺,在寺庙里参观,停留了很长的时间。到了晚上,又一同到了修行里李杓直的府上,他设酒款待我们,大家喝得十分尽兴。二哥停杯很久,说:"微之应该到梁州了。"他就在墙壁上题了一首诗,诗词是:"春来无计破春愁,醉折花枝作酒筹。忽忆故人天际去,计程今日到梁州。"那一天是二十一号。过了十几天,有人从梁州来,得到了一封元微之的信,信的最后附了一首《纪梦诗》,诗写道:"梦君兄弟曲江头,也入慈恩院里游。属吏唤人排马去,觉来身在古梁州。"日期和我们游寺题诗是同一个日子。这大概就是一个人身上发生的事在另一个人的梦中得到了应验吧。

　　贞元年间,扶风的窦质和京城长官韦旬一起从亳州进入秦地,夜里寄宿在潼关的旅店。窦质晚上梦见自己在华岩祠遇到一个身材高挑、皮肤黝黑的女巫。她身穿白衣黑裙,在路上迎候叩拜作揖,并请求为他祝祷于神灵。窦质不得已,就听之任之,问她的姓名。自称姓赵。等到醒后,窦质把情形告诉了韦旬。第二天,他们来到华岩祠,果然有个女巫迎了出来。容貌姿质打扮衣着都和梦里一样。窦质看着韦旬说:"梦应验了啊!"就叫下人看看袋中拿了两文钱赏给女巫。女巫拍着手大笑,对同事们说:"你看,和我的梦一样吧!"韦旬吃惊问她怎么回事。女巫回答:"昨天我梦见你们二人从东面来,一个满脸胡须身材不高的人祝酒后,给了我两文钱。天亮后,我把梦到的情形告诉了同事,现在都应验了。"窦质就问女巫的姓氏,同事们说:"姓赵。"整件事从头到尾,两个梦都一样!这就是两个人的梦境互通吧。

　　我说:"从《春秋》到诸子著作及历代史书,记述梦的事情很多,但都没有记载过这三种梦。民间传说中讲梦的也很多,也没有这三种梦。难道是偶然的,或者是前世有定数?我不清楚。现在我把这些事记录下来,以保存吧!"

七十一　陶庵梦忆·湖心亭看雪

【导读】

张岱(1597—1679),又名维城,字宗子,又字石公,号陶庵、天孙,别号蝶庵居士,晚号六休居士,明末清初山阴(今浙江省绍兴市)人,寓居杭州。出生仕宦世家,少为富贵公子,爱繁华,好山水,晓音乐、戏曲。精于茶艺鉴赏,明亡后不仕,曾参加过抗清斗争,后"披发入山"著书以终。他是明末清初文学家、史学家,其最擅长散文,多描写江南山水风光,风俗民习和自己过去的生活,常追忆往昔之繁华,从中流露出对亡明的缅怀。代表作有《琅嬛文集》《陶庵梦忆》《西湖梦寻》《三不朽图赞》《夜航船》等以及史学名著《石匮书》。

《陶庵梦忆》共八卷,成书于甲申(1644)明亡之后,直至乾隆四十年(1775)才初版行世。其中所记大多是作者亲身经历过的杂事,它详细描述了明代江浙地区的社会生活,如茶楼酒肆、说书演戏、斗鸡养鸟、放灯迎神以及山水风景、工艺书画等等。其中不乏对贵族子弟的闲情逸致、浪漫生活的描写,但更多的是对社会生活和风俗人情的反映。书中包含有大量关于明代日常生活、娱乐、戏曲、古董等方面的纪录,因此它也是研究明代物质文化的重要参考文献。《湖心亭看雪》是其中的一篇叙事小品,写于明王朝灭亡以后,是作者把自己对故国往事的怀念都以浅淡的笔触融入山水之中而创作的小品文。

崇祯五年[1]十二月,余住西湖。大雪三日,湖中人鸟声俱绝。是日更定矣,余拏[2]一小舟,拥毳[3]衣炉火,独往湖心亭看雪。雾凇沆砀[4],天与云、与山、与水,上下一白[5]。湖上影子,惟长堤一痕[6],湖心亭一点,与余舟一芥[7],舟中人两三粒而已。

到亭上,有两人铺毡对坐,一童子烧酒,炉正沸。见余大惊喜,曰:"湖中焉得更有此人!"拉余同饮。余强饮[8]三大白[9]而别。问其姓氏,是金陵人,客此[10]。及下船,舟子[11]喃喃曰:"莫说相公痴,更有痴似[12]相公者。"

——选自《陶庵梦忆》,张岱撰,中华书局,2008年

注释

[1] 崇祯：明思宗朱由检的年号（1628—1644）。

[2] 拏：通"桡"，撑（船）。

[3] 拥毳(cuì)衣炉火：穿着细毛皮衣，带着火炉。毳衣，细毛皮衣。毳，鸟兽的细毛。

[4] 雾凇(sōng)沆(hàng)砀(dàng)：冰花一片弥漫。雾，从天上下罩湖面的云气。凇，从湖面蒸发的水汽。沆砀，白气弥漫的样子。曾巩《冬夜即事诗》自注："齐寒甚，夜气如雾，凝于水上，旦视如雪，日出飘满阶庭，齐人谓之雾凇。"

[5] 上下一白：上上下下全白。一白，全白。一，全或都，一概。

[6] 长堤一痕：形容西湖长堤在雪中只隐隐露出一道痕迹。堤，沿河或沿海的防水建筑物。这里指苏堤。一，数词。痕，痕迹。

[7] 一芥：一棵小草。芥，小草，比喻轻微纤细的事物，像小草一样微小。

[8] 强(qiǎng)饮：尽情喝。强，尽力，勉力，竭力。一说，高兴地，兴奋地。

[9] 大白：大酒杯。白，古人罚酒时用的酒杯，也泛指一般的酒杯，这里的意思是三杯酒。

[10] 客此：客，做客，名词作动词。在此地客居。

[11] 舟子：船夫。

[12] 痴似：痴于，痴过。痴，特有的感受，来展示他钟情山水，淡泊孤寂的独特个性，本文为痴迷的意思。

译文

崇祯五年十二月，我住在西湖边。大雪接连下了多天，湖中的行人、飞鸟的声音都消失了。这一天晚上八点左右，我撑着一叶小舟，穿着毛皮衣，带着火炉，独自前往湖心亭看雪。湖面上冰花一片弥漫，天和云和山和水，天光湖色全是白皑皑的。湖上的影子，只有一道长堤的痕迹，一点湖心亭的轮廓，和我的一叶小舟，舟中的两三粒人影罢了。

到了湖心亭上，看见有两个人铺好毡子，相对而坐，一个小孩正把酒炉里的酒烧得滚沸。他们看见我，非常高兴地说："想不到在湖中还会有您这样的人！"他们拉着我一同饮酒。我尽力喝了三大杯酒，然后和他们道别。我问他们的姓氏，得知他们是南京人，在此地客居。等到了下船的时候，船夫喃喃地说："不要说相公您痴，还有像相公您一样痴的人啊！"

七十二 陶渊明集·桃花源记

【导读】

陶渊明(约365—427),字元亮,号五柳先生,谥号靖节先生,入刘宋后改名潜。东晋末期南朝宋初期诗人、辞赋家、散文家。东晋浔阳柴桑(今江西省九江市)人。曾任江州祭酒,建威参军,镇军参军,彭泽县令等,后弃官归隐。田园生活是陶渊明诗的主要题材,相关作品有《饮酒》《归园田居》《桃花源记》《五柳先生传》《归去来兮辞》《桃花源诗》等。诗约存120首,文10余篇,内容多描写农村生活,表现优美的自然风光和田园生活,构思奇特,语言清新,质朴自然,个性鲜明,具有独特风格。其隐逸文化总的风格有三:一是柔,二是淡,三是远。

《陶渊明集》由梁昭明太子萧统搜集整理陶渊明作品而成,编为《陶渊明集》七卷,录一卷,并为之作:《陶渊明传》《陶渊明集序》。《陶渊明集》是中国文学史上第一部文人专集,意义十分重大。萧统在《陶渊明集》序中,称赞"其文章不群,辞采精拔,跌宕昭彰,独超众类,抑扬爽朗,莫如之京"。

《桃花源记》是《陶渊明集》中的一篇,是《桃花源诗》的序言。此文艺术构思精巧,借武陵渔人行踪这一线索,把现实和理想境界联系起来。其语言生动简练、隽永,看似轻描淡写,但其中的描写使得景物历历在目,令人神往。

晋太元[1]中,武陵[2]人捕鱼为业[3],缘[4]溪行[5],忘路之远近[6],忽逢[7]桃花林。夹岸[8]数百步,中无杂[9]树,芳草鲜美[10],落英[11]缤纷[12]。渔人甚异之[13],复[14]前[15]行,欲[16]穷[17]其林。

林尽水源[18],便得一山。山有小口,仿佛[19]若[20]有光。便舍[21]船,从口入。初极狭,才通人[22]。复行数十步,豁然开朗[23]。土地平旷[24],屋舍俨然[25],有良田、美池、桑竹之属[26],阡陌交通[27],鸡犬相闻[28]。其中往来种作[29],男女衣著,悉如外人[30]。黄发垂髫[31],并怡然[32]自乐。

见渔人,乃大惊[33],问所从来[34],具[35]答之。便要[36]还家,设酒杀鸡作食。村中闻有此人,咸[37]来问讯[38]。自云[39]先世[40]避秦时乱,率[41]妻子[42]邑人[43]来此绝境[44],不复出焉[45],遂[46]与外人间隔[47]。问今是何世[48],乃[49]不知有汉,无论[50]、魏晋。此人一一为具言[51]所闻[52],皆叹惋[53]。余[54]人各复延至[55]其家,皆出酒食。停数日,辞去[56]。此中人语[57]云:"不足[58]为外人道也。"

　　既[59]出,得其船,便扶向路[60],处处志之[61]。及郡下[62],诣[63]太守,说如此[64]。太守即遣人随其往,寻向所志[65],遂[66]迷,不复得路。南阳刘子骥,高尚士也,闻之,欣然[67]规[68]往,未果[69],寻[70]病终[71]。后遂无问津[72]者。

——选自《陶渊明集》,陶渊明著,山西古籍出版社,2004年

注释

[1] 太元:东晋孝武帝的年号(376—397年)。

[2] 武陵:郡名,今武陵山区或湖南常德一带。

[3] 为业:把……作为职业,以……为生。为,作为。

[4] 缘:顺着、沿着。

[5] 行:行走,这里指划船。

[6] 远近:偏义复词,仅指远。

[7] 忽逢:忽然遇到。逢,遇见。

[8] 夹岸:两岸。

[9] 杂:别的,其他的。

[10] 鲜美:鲜艳美丽。

[11] 落英:落花。一说,初开的花。

[12] 缤纷:繁多而纷乱的样子。

[13] 异之:以之为异,即对此感到诧异。异,意动用法,形作动,以……为异,对……感到诧异,认为……是奇异的。之,代词,指见到的景象。

[14] 复:又、再。

[15] 前:名词活用为状语,向前。

[16] 欲:想要。

[17] 穷:尽,形容词用作动词,这里是"走到……的尽头"的意思。

[18] 林尽水源：林尽于水源，桃花林在溪水发源的地方就没有了。尽，完，没有了。

[19] 仿佛：隐隐约约，形容看得不真切的样子。

[20] 若：好像。

[21] 舍：舍弃，丢弃。

[22] 才通人：仅容一人通过。才，副词，只。

[23] 豁然开朗：形容由狭窄幽暗突然变得宽阔明亮的样子。然，……的样子。豁然，形容开阔敞亮的样子；开朗，开阔明亮。

[24] 旷：空阔；宽阔。

[25] 俨（yǎn）然：整齐的样子。

[26] 属：类。

[27] 阡陌交通：田间小路交错相通。阡陌，田间小路，南北走向的叫阡，东西走向的叫陌。交通，交错相通。

[28] 鸡犬相闻：（村落间）能相互听见鸡鸣狗叫的声音。相闻，可以互相听到。

[29] 种作：耕种劳作。

[30] 外人：桃花源以外的世人。

[31] 黄发垂髫（tiáo）：老人和小孩。黄发，旧说是长寿的象征，用以指老人。垂髫，垂下来的头发，用来指小孩子。髫，小孩垂下的短发。

[32] 怡然：愉快、高兴的样子。

[33] 乃大惊：竟然很惊讶。乃，竟然。大，很，非常。

[34] 从来：从……地方来。

[35] 具：通"俱"，全，详细。

[36] 要：通"邀"，邀请。

[37] 咸：副词，都，全。

[38] 问讯：询问消息，打听消息。

[39] 云：说。

[40] 先世：祖先。

[41] 率：率领。

[42] 妻子：指妻室子女，"妻""子"是两个词。妻，指男子配偶。子，指子女。

[43] 邑人：同乡（县）的人。邑，古代区域单位。《周礼·地官·小司徒》："九夫为井，四井为邑。"

[44] 绝境：与人世隔绝的地方。绝，绝处。

[45] 焉：兼词，相当于"于之"，"于此"，从这里。

[46] 遂:就。

[47] 间隔:隔断,隔绝。

[48] 世:朝代。

[49] 乃:竟,竟然。

[50] 无论:不要说,(更)不必说。"无""论"是两个词,不同于现代汉语里的"无论"。

[51] 具言:详细地说出。

[52] 所闻:指渔人所知道的世事。闻,知道,听说。

[53] 叹惋:感叹、惋惜。惋,惊讶,惊奇。

[54] 余:其余,剩余。

[55] 延至:邀请到。延,邀请。至,到。

[56] 去:离开。

[57] 语:告诉。

[58] 不足:不必,不值得。

[59] 既:已经。

[60] 便扶向路:就顺着旧的路(回去)。扶,沿着、顺着。向,从前的、旧的。

[61] 处处志之:处处都做了标记。志,动词,做标记。

[62] 及郡下:到了郡城。及,到达。郡,太守所在地,指武陵郡。

[63] 诣(yì):到。特指到尊长那里去。

[64] 如此:像这样,指在桃花源的见闻。

[65] 寻向所志:寻找以前所做的标记。寻,寻找。向,先前。志,名词,标记。

[66] 遂:终于。

[67] 欣然:高兴的样子。

[68] 规:计划。

[69] 未果:没有实现。果,实现。

[70] 寻:随即,不久。

[71] 终:死亡。

[72] 问津:问路,这里是访求、探求的意思。津,渡口。

译文

东晋太元年间,武陵郡有个人以打鱼为生。一天,他顺着溪水行船,忘记了路程的远近。忽然遇到一片桃花林,生长在溪水的两岸,长达几百步,中间没有别的树,花草鲜嫩美丽,落花纷纷地散在地上。渔人感到十分诧异,继续往前行船,想走到林子的尽头。

桃林的尽头就是溪水的发源地,于是便出现一座山。山上有个小洞口,洞里仿佛有点光亮。于是他下了船,从洞口进去了。起初洞口很狭窄,仅容一人通过。又走了几十步,突然变得开阔明亮了。呈现在他眼前的是一片平坦宽广的土地,一排排整齐的房舍。还有肥沃的田地、美丽的池沼,桑树竹林等。田间小路交错相通,鸡鸣狗叫到处可以听到。人们在田野里来来往往耕种劳作,男女的穿戴跟桃花源以外的世人完全一样。老人和小孩们个个都安适愉快,自得其乐。

村里的人看到渔人,感到非常惊讶,问他是从哪儿来的。渔人详细地做了回答。村里有人就邀请他到自己家里去做客,摆酒杀鸡做饭来款待他。村里的人听说来了这么一个人,就都来打听消息。他们说自己的祖先为了躲避秦时的战乱,领着妻子儿女和乡邻来到这个与人世隔绝的地方,不再出去,因而跟外面的人断绝了来往。他们问渔人现在是什么朝代,他们竟然不知道有过汉朝,更不必说魏晋两朝了。渔人把自己知道的事一一详尽地告诉了他们,听完以后,他们都感叹惋惜。其余的人各自又把渔人请到自己家中,都拿出酒饭来款待他。渔人停留了几天,向村里人告辞离开。村里的人对他说:"我们这个地方不值得对外面的人说啊!"

渔人出来以后,找到了他的船,就顺着旧路回去,处处都做了标记。到了郡城,到太守那里去,报告了这番经历。太守立即派人跟着他去,寻找以前所做的标记,终于迷失了方向,再也找不到通往桃花源的路了。南阳人刘子骥是个志向高洁的隐士,听到这件事后,高兴地计划前往。但没有如愿,不久因病去世了,此后就再也没人问起此事了。

七十三　滕王阁·序

【导读】

王勃(650—676),字子安,绛州龙门(今山西省河津市)人。出身儒学世家,与杨炯、卢照邻、骆宾王并称为"初唐四杰",王勃为四杰之首。王勃自幼聪敏好学,据《旧唐书》记载,他6岁即能写文章,文笔流畅,被赞为"神童"。14岁应举及第,授朝散郎;又为沛王府修撰,以事忤高宗,被逐出王府。后任虢州参军,因罪革职,其父也被连累远谪边地。27岁时渡海探亲,溺水惊悸而死。王勃在诗歌体裁上擅长五律和五绝。他自视甚高,由于遭遇总不如意,笔下常有一种不平之感。他的作品比较讲究辞藻、对偶,有时流于华艳,但风格清新,内容朴实。主要文学成就是骈文,无论是数量还是质量,堪称一时之最。代表作品有《滕王阁序》等。

《滕王阁序》全称《秋日登洪府滕王阁饯别序》,亦名《滕王阁诗序》。《滕王阁序》以语言流光溢彩、美不胜收而成为千古传诵的佳作。

豫章故郡[1],洪都新府[2]。星分翼、轸[3],地接衡、庐[4]。襟三江而带五湖[5],控蛮荆而引瓯越[6]。物华天宝[7],龙光射牛斗之墟[8];人杰地灵,徐孺下陈蕃之榻[9]。雄州雾列,俊采星驰[10]。台隍枕夷、夏之交[11],宾主尽东南之美[12]。都督阎公之雅望[13],棨戟遥临[14]。宇文新州之懿范[15],襜帷暂驻[16]。十旬休假[17],胜友如云[18];千里逢迎,高朋满座。腾蛟起凤[19],孟学士之词宗[20];紫电青霜[21],王将军之武库。家君作宰[22],路出名区;童子何知,躬逢胜饯。

时维九月,序属三秋[23]。潦水尽而寒潭清[24],烟光凝而暮山紫。俨骖騑于上路[25],访风景于崇阿[26]。临帝子之长洲,得天人之旧馆[27]。层峦耸翠,上出重霄[28];飞阁流丹[29],下临无地。鹤汀凫渚[30],穷岛屿之萦回;桂殿兰宫[31],列冈峦之体势。

披绣闼,俯雕甍[32],山原旷其盈视[33],川泽纡其骇瞩[34]。闾阎扑地[35],钟鸣鼎食

之家[36];舸舰迷津[37],青雀黄龙之舳[38]。虹销雨霁[39],彩彻云衢[40]。落霞与孤鹜齐飞,秋水共长天一色[41]。渔舟唱晚,响穷彭蠡之滨[42]。雁阵惊寒,声断衡阳之浦[43]。

——选自《中华活页文选　合订本(五)》(有删节),上海古籍出版社,1962年

注释

[1] 豫章:滕王阁在今江西省南昌市。南昌,为汉豫章郡治。

[2] 洪都:汉豫章郡,唐改为洪州,设都督府。

[3] 星分翼轸:古人习惯以天上星宿与地上区域对应,称为"某地在某星之分野"。据《晋书·天文志》,豫章属吴地,吴越扬州当牛斗二星的分野,与翼轸二星相邻。翼、轸,星宿名,属二十八宿。

[4] 衡:衡山,此代指衡州(治所在今湖南省衡阳市)。庐:庐山,此代指江州(治所在今江西省九江市)。

[5] 襟:以……为襟。因豫章在三江上游,如衣之襟,故称。三江:太湖的支流松江、娄江、东江,泛指长江中下游的江河。带:以……为带。五湖在豫章周围,如衣束身,故称。五湖:此借为南方大湖的总称。

[6] 蛮荆:古楚地,今湖北、湖南一带。引:连接。瓯越:古越地,即今浙江地区。古东越王建都于东瓯(今浙江省永嘉县),境内有瓯江。

[7] 物华天宝:地上的宝物焕发为天上的宝气。

[8] 龙光射牛斗之墟:龙光,指宝剑的光辉。牛、斗,星宿名。墟,域,所在之处。据《晋书·张华传》,晋初,牛、斗二星之间常有紫气照射。张华请教精通天象的雷焕,雷焕称这是宝剑之精,上彻于天。张华命雷焕为丰城令寻剑,果然在丰城(今江西省丰城市,古属豫章郡)牢狱的地下,掘地四丈,得一石匣,内有龙泉、太阿二剑。后这对宝剑入水化为双龙。

[9] 徐孺:徐孺子的省称。徐孺子名稚,东汉豫章南昌人,当时隐士。据《后汉书·徐稚传》,东汉名士陈蕃为豫章太守,不接宾客,惟徐稚来访时,才设一睡榻,徐稚去后又悬置起来。

[10] 雾列:雾,像雾一样,喻浓密、繁盛,雾列形容繁华。"星"的用法同"雾"。采:"采"同"寀",官员,这里指人才。

[11] 枕:占据,地处。

[12] 东南之美:泛指各地的英雄才俊。

[13] 都督:掌管督察诸州军事的官员,唐代分上、中、下三等。阎公:阎伯屿,时任洪州都督。

[14] 棨(qǐ)戟:外有赤黑色缯作套的木戟,古代大官出行时用。这里代指仪仗。

[15] 宇文新州:复姓宇文的新州(在今广东境内)刺史,名未详。懿范:好榜样。

[16] 襜帷:车上的帷幕,这里代指车马。

[17] 十旬休假:唐制,十日为一旬,遇旬日则官员休沐,称为"旬休"。

[18] 胜友:才华出众的友人。

[19] 腾蛟起凤:宛如蛟龙腾跃、凤凰起舞,形容人很有文采。

[20] 孟学士:名未详。学士是朝廷掌管文学撰著的官员。词宗:文坛宗主。也可能是指南朝文学家、史学家沈约。

[21] 紫电青霜:《古今注》:"吴大皇帝(孙权)有宝剑六,二曰紫电。"《西京杂记》:"高祖(刘邦)斩白蛇剑,刃上常带霜雪。"《春秋繁露》亦记其事。

[22] 家君作宰:王勃之父担任交趾县的县令。

[23] 序:时序(春夏秋冬)。三秋:古人称七、八、九月为孟秋、仲秋、季秋,三秋即季秋,九月。

[24] 潦(lǎo)水:雨后的积水。

[25] 俨:整齐的样子。骖騑(cān fēi):驾车的马匹。

[26] 崇阿:高大的山陵。

[27] 帝子、天人:都指滕王李元婴。

[28] 层:重叠。上:上达。

[29] 飞阁:架空建筑的阁道。流:形容彩画鲜艳欲滴。丹:丹漆,泛指彩绘。

[30] 汀(tīng):水边平地。凫(fú):野鸭。渚:水中小洲。

[31] 桂,兰:两种名贵的树,形容宫殿的华丽、讲究。

[32] 绣闼(tà):绘饰华美的门。雕甍(méng):雕饰华美的屋脊。

[33] 盈视:极目远望,满眼都是。

[34] 骇瞩:对所见的景物感到惊骇。

[35] 闾阎(lǘ yán):里门,这里代指房屋。扑:满。

[36] 钟鸣鼎食:古代贵族鸣钟列鼎而食,所以用钟鸣鼎食指代名门望族。

[37] 舸(gě):船。《方言》:"南楚江、湘,凡船大者谓之舸。"弥:满。

[38] 青雀黄龙:船的装饰形状,船头作鸟头型,龙头型。舳(zhú):船尾把舵处,这里代指船只。

[39] 销:"销"通"消",消散。霁:雨过天晴。

[40] 彩:日光。区:天空。

[41] 化用庾信《马射赋》:"落花与芝盖同飞,杨柳共春旗一色。"一说,"霞"为一种小飞蛾,"落"的意思为孤单,孤单的飞蛾与孤独的野鸭一起飞翔,自有一种孤寂之情。

[42] 彭蠡:古代大泽,即今鄱阳湖。

[43] 衡阳:今属湖南省,境内有回雁峰,相传秋雁到此就不再南飞,待春而返。断:止。浦:水边、岸边。

译文

这里是汉代的豫章郡城,如今是洪州的都督府,天上的方位属于翼、轸两星宿的分野,地上的位置连结着衡山和庐山。以三江为衣襟,以五湖为衣带、控制着楚地,连接着闽越。物类的精华,是上天的珍宝,宝剑的光芒直冲上牛、斗二星的区间。人中有英杰,因大地有灵气,陈蕃专为徐孺设下几榻。雄伟的洪州城,房屋像雾一般罗列,英俊的人才,像繁星一样地活跃。城池坐落在夷夏交界的要害之地,主人与宾客,集中了东南地区的英俊之才。都督阎公,享有崇高的名望,远道来到洪州坐镇,宇文州牧,是美德的楷模,赴任途中在此暂留。正逢十日休假的日子,杰出的友人云集,高贵的宾客,也都不远千里来到这里聚会。文坛领袖孟学士,文章的气势像腾起的蛟龙,飞舞的彩凤,王将军的武库里,藏有像紫电、青霜这样锋利的宝剑。由于父亲在交趾做县令,我在探亲途中经过这个著名的地方。我年幼无知,竟有幸亲身参加了这次盛大的宴会。

时当九月,秋高气爽。积水消尽,潭水清澈,天空凝结着淡淡的云烟,暮霭中山峦呈现一片紫色。在高高的山路上驾着马车,在崇山峻岭中访求风景。来到昔日帝子的长洲,找到仙人居住过的宫殿。这里山峦重叠,青翠的山峰耸入云霄。凌空的楼阁,红色的阁道犹如飞翔在天空,从阁上看不到地面。白鹤、野鸭停息的小洲,极尽岛屿的迂曲回环之势;雅浩的宫殿,跟起伏的山峦配合有致。

打开雕花精美的阁门,俯视彩饰的屋脊,山峰平原尽收眼底,湖川曲折令人惊讶。遍地是里巷宅舍,许多钟鸣鼎食的富贵人家。舸舰塞满了渡口,尽是雕上了青雀黄龙花纹的大船。正值雨过天晴,虹消云散,阳光朗煦,落霞与孤雁一起飞翔,秋水和长天连成一片。傍晚渔舟中传出的歌声,响彻彭蠡湖滨,雁群感到寒意而发出的惊叫,鸣声到衡阳之浦为止。

七十四　天工开物·序

【导读】

　　宋应星(1587—约1666)，字长庚，江西奉新(今江西省奉新县)人，中国明末清初著名的科学家。他出身于一个没落的官宦之家，曾与兄长先后5次进京赴试，结果都是名落孙山。在45岁时，宋应星再一次落榜，终于放弃了入仕的打算。在几次应试的远游中，宋应星眼界大开，从沿途的农村和乡县的小作坊里学到了不少农业和手工业的技术知识及操作过程，并一一加以记录。1634年，宋应星被任命为家乡江西分宜县的一名教谕(即督学)。他利用任职期间的大量闲散时间，专心致志地整理与国计民生直接关联的一些科学技术资料，最终汇集成《天工开物》这样一部巨著。据说，最早《天工开物》共有20卷，但由于宋应星在晚年经历社会的动荡，经济能力又有限，只能草草出版18卷，也未能仔细加以考证和修饰。

　　《天工开物》被誉为"中国17世纪的工艺百科全书"，全书分上、中、下三卷，又细分做18卷。这部著作以大量扎实的实地观察与研究为基础，忠实地记载和总结了中国古代的农业和手工业生产技术等各方面的卓越成就，具有重要的科学价值。明末清初，《天工开物》传入日本，被大量刊印，成为日本人普遍阅读的书籍之一。日本学者更是纷纷引用《天工开物》中的技术资料，从而有力地推动了日本近代农业的发展。进入19世纪之后，《天工开物》又流入欧洲，英国学者李约瑟将宋应星与18世纪法国启蒙运动的领袖之一、主编《百科全书》的狄德罗相比，称其为"中国的狄德罗"。

　　天覆地载，物数号万，而事亦因之，曲成而不遗，岂人力也哉。事物而既万矣，必待口授目成而后识之，其与几何？万事万物之中，其无异生人与有益者，各载其半。世有聪明博物者，稠人推焉。乃枣梨之花未赏，而臆度"楚萍"[1]；釜鬵之范鲜经[2]，而侈谈"莒鼎"[3]；画工好图鬼魅而恶犬马[4]，即郑侨、晋华岂足为烈哉[5]？

　　幸生圣明极盛之世，滇南车马纵贯辽阳，岭徼宦商横游蓟北[6]。为方万里中，何事何物不可见见闻闻！若为士而生东晋之初、南宋之季，其视燕、秦、晋、豫方物已成夷产，从互市而得裘帽[7]，何殊肃慎之矢也[8]。且夫王孙帝子生长深宫，御厨玉粒正香而欲观耒耜[9]，尚宫锦衣方剪而想象机丝[10]。当斯时也，披图一观，如获重宝矣。

年来著书一种，名曰《天工开物》卷。伤哉贫也，欲购奇考证[11]，而乏洛下之资[12]；欲招致同人商略赝真[13]，而缺陈思之馆[14]。随其孤陋见闻，藏诸方寸而写之，岂有当哉？吾友涂伯聚先生[15]，诚意动天，心灵格物。凡古今一言之嘉，寸长可取，必勤勤恳恳而契合焉。昨岁《画音归正》[16]，由先生而授梓[17]。兹有后命，复取此卷而继起为之，其亦夙缘之所召哉。

卷分前后，乃"贵五谷而贱金玉"之义。《观象》《乐律》二卷，其道太精，自揣非吾事，故临梓删去。丐大业文人弃掷案头[18]，此书与功名进取毫不相关也[19]。

时　崇祯丁丑孟夏月，奉新宋应星书于家食之问堂[20]。

——选自《天工开物译注》，宋应星著，潘吉星译注，上海古籍出版社，2008 年

注释

[1] 楚萍：典出于《孔子家语·致思篇》，言楚昭王见江中红色圆状物，不知为何物。遣人问孔子，孔子说此乃萍实，可食，唯霸者可得。

[2] 釜（fǔ）：锅，鬵（xín）：大锅。范：铸造金属器物的模型。鲜（xiǎn）：少。经：经历，接触。

[3] 莒（jǔ）鼎：《左传·昭公七年》载晋侯赐郑国公孙侨（子产）二方鼎，是由莒国（今山东莒县）所铸的煮食器，原物早已不存。

[4] "画工"句：《韩非子·外储说左上》云，齐王问画师画何物最难，答曰画犬马难。又问画何物最易，答曰画鬼怪易。因犬马天天见到，画不好易为人知；鬼怪是不存在的，怎样画均可。

[5] 郑侨：春秋时期郑国大夫，姓公孙，名侨，字子产。由于知道古今上下、山川四时的许多掌故，当时被称为"博物君子"。晋华：指西晋时的文学家张华，著有《博物志》。

[6] 岭徼（jiào）：又写作"岭峤"，是五岭的别称，泛指岭南（今广东地区）一带。衡：即"横"。蓟（jì）北，泛指今河北地区。

[7] 互市：中国古代各民族之间在边区市镇进行贸易，叫作互市。

[8] 肃慎之矢：肃慎，是中国殷、周时代在黑龙江流域的一个部落，曾以木造的箭、石头制的箭镞进贡给周成王，表示臣服于周朝。

[9] 玉粒：最精的米饭。耒耜(lěi sì)：古代农具通称。

[10] 尚宫：古代女官名，管理皇宫内务。机丝：指纺织机和丝缕。

[11] 奇：古代把工艺技术叫作"奇技"，把较先进的工具或较新奇的器物叫作"奇器"。

[12] 洛下之资：意思是洛阳城里的东西很贵，少一个钱就买不到。这里借喻没有钱。

[13] 赝(yàn)：假，假的东西叫赝品。

[14] 陈思之馆：陈思王曹植的宾馆。在汉献帝建安年间，曹操的儿子曹植曾几次邀集文士在宾馆里聚会，从事文学活动。

[15] 涂伯聚：名涂绍煃(kuǐ，约1582—1645)，江西新建人，万历四十七年(1619)进士，历任都察院观政、四川督学、河南信阳兵备道，进广西左布政使，宋应星的友人和同学。

[16] 《画音归正》：宋应星论音律的著作，已散佚。

[17] 梓(zǐ)：梓木是古代最常用的木材，制作木器和把木板刻成印书的板都叫作"梓弦"，因此发稿印书就叫"付梓"或"授梓"。

[18] 丐：恳求。

[19] 进取：指升官。

[20] 家食之问堂：作者的书斋名，取自《易经·大畜》卦："不家食，吉，养贤也。"意为给贤人以官禄，不让其在家白食。宋应星引此典，反其意而用之，主张在家自食。"家食之问"指研究在家自食其力的学问，转义为研究工农业生产技术的学问。

译文

天地之间物以万计，而人们要做的事因而也很多，适应事物变化而从事生产，以造成种类齐全的各种物品，这不都是人力能办到的，还有自然力参与其中。事物既以万计，要是都等口授、目见之后去认识，又能获得多少知识？幸而万事万物之中，无益于人和有益于人的各占一半。只要掌握那些有益于人的，也就够了。世上有些聪明博学者，颇受众人推崇。不过，要是连枣、梨之花都分辨不清，却主观推测"楚萍"；连铸锅的型范都很少接触，却侈谈"莒鼎"；画图的人喜欢画未曾见过的鬼魅，而讨厌画实有其物的犬马，这等人纵使有郑国的子产、西晋的张华那样的名声，又有什么值得效法呢？

我们有幸生在这荣盛繁华的时代，西南地区云南的车马，可以直通东北的辽阳；

岭南边地的游宦和商人，可以横游河北一带。在这万里的区域内，有什么事物不能耳闻目见呢？若读书人生活在偏安的东晋初或南宋末，他们会把河北、陕西、山西、河南的土产，看成外国的产品；与外国通商所换得的皮袭、帽子，和古代得到肃慎国进贡的弓矢，又有什么不同呢？而帝王的子孙，在深宫中长大，御厨里正飘着米饭的香味，却想观看种田的农具；宫女正在剪裁华美的衣服，却想象着机杼织布的情形。在这个时候，打开图案一看，不就像获得至宝一样吗？

近年来写了一部书，名叫《天工开物》。可惜家中太穷困了，想购买一些奇巧的东西用于考证，却缺乏钱财；想要招集嗜好相同的朋友，讨论物品的真伪，又没有馆舍招待客人。只能照着藏在心中的孤陋见闻写出来，难道会很妥当吗？我的好友涂伯聚先生，诚意可以感动上天，善于研究实用的学问，凡是古往今来的简短嘉言，有一点可取的，一定诚心诚意地照着去做。去年，我所写的《画音归正》，就由先生印刷；现在又有吩咐，要接着印刷这一部书，这种情谊或许是前世因缘所带来的吧！

本书分成前后两卷，是以五谷为贵而以金玉为贱的意思，《观象》《乐律》两卷，其中的道理过于精深，自量不是我能胜任的事，所以在将要印刷时，把它删去。在这里我要请那些热衷于科举"大事业"的文人们：从书桌上把它扔到一边去吧！这部书对于考取功名、追求高官厚禄是毫不相关的。

明思宗崇祯十年四月，奉新宋应星写于"家食之问堂"。

七十五　文心雕龙·神思

【导读】

刘勰(约465—约532),字彦和。南朝梁文学理论批评家。原籍东莞莒县(今山东省),世居京口(时称南东莞,今江苏镇江)。早年笃志好学,家贫不婚娶,依沙门僧祐。精通佛教经论。梁武帝时,历任奉朝请、东宫通事舍人等职,深为萧统(昭明太子)所重。晚年出家为僧,改名慧地。南齐末年,写成《文心雕龙》。

《文心雕龙》成书于501—502年间,全书共10卷,50篇(原分上、下部,各25篇),是一部理论系统、结构严密、论述细致的文学理论专著,是中国文学理论批评史上第一部有严密体系的、"体大而虑周"的文学理论专著,全面总结了齐梁以前的美学成果,细致地探索和论述了语言文学的审美本质及其创造、鉴赏的美学规律,还系统论述了各种文体的特点、源流和写作遵循的基本准则,探讨了艺术构思、创作的方式方法。

古人云:"形在江海之上,心存魏阙之下。"神思之谓也。文之思也,其神远矣。故寂然凝虑,思接千载;悄[1]焉动[2]容,视通万里。吟咏之间,吐纳珠玉之声;眉睫[3]之前,卷舒风云之色:其思理之致乎!故思理为妙,神[4]与物[5]游。神居胸臆,而志气统其关键;物沿耳目,而辞令管其枢机[6]。枢机方通,则物无隐貌;关键将塞,则神有遁[7]心。是以陶钧文思,贵在虚静。疏瀹五藏[8],澡雪[9]精神。积学以储宝[10],酌理以富才,研阅以穷照[11],驯致以怿辞[12]。然后使元[13]解之宰,寻声律而定墨;独照之匠,窥意象而运斤。此盖驭文之首术,谋篇之大端。夫神思方运,万涂竞萌。规矩[14]虚位[15],刻镂无形。登山则情满于山,观海则意溢[16]于海,我才之多少,将与风云而并驱矣。方其搦翰,气倍辞前[17],暨乎篇成,半折[18]心始[19]。何则?意翻空[20]而易奇,言征实[21]而难巧[22]也。是以意授于思,言授于意。密则无际,疏则千里。或理在方寸,而求之域表;或义在咫尺[23]而思隔山河。是以秉心养术,无务苦虑;含章司契,不必劳情也。

人之禀才,迟速异分[24];文之制体,大小殊功。相如含笔而腐毫[25],扬雄辍翰而惊梦,桓谭疾感于苦思,王充气竭于沉虑,张衡研《京》以十年,左思练《都》以一纪:虽有巨文,亦思之缓也。淮南崇朝而赋《骚》,枚皋应诏而成赋,子建援牍如口诵,仲宣举笔似宿构,阮瑀据案[26]而制书[27],祢衡当食而草奏,虽有短篇,亦思之速也。若夫骏发之士,心总要术,敏在虑前,应机立断;覃思[28]之人,情饶歧路,鉴在疑后,研虑方定。机敏故造次而成功,虑疑故愈久而致绩。难易虽殊,并资[29]博练[30]。若学浅而空迟,才疏而徒速,以斯成器,未之前闻。是以临篇缀虑,必有二患:理郁[31]者苦贫,辞溺[32]者伤乱,然则博见[33]为馈[34]贫之粮,贯一[35]为拯乱之药,博而能一,亦有助乎心力矣。

若情数诡杂,体变[36]迁贸[37],拙辞或孕于巧义,庸事[38]或萌于新意。视布于麻,虽云未费,杼轴[39]献功[40],焕然乃珍。至于思表纤旨,文外曲[41]致,言所不追,笔固知止。至精而后阐其妙,至变而后通其数[42]。伊挚不能言鼎,轮扁[43]不能语斤[44],其微矣乎!

赞曰:神用象通,情变所孕。物以貌求,心以理应。刻镂声律,萌芽比兴。结虑司契,垂帷[45]制胜。

——选自《文心雕龙》,刘勰著,王运熙、周锋译注,上海古籍出版社,2010年

注释

[1] 悄:静寂无声。
[2] 动:变化。
[3] 睫:眼毛。眉睫之前:即眼前。
[4] 神:神思,指想象活动。
[5] 物:物象,指作家头脑中主观化了的形象。
[6] 枢机:关键,即主要部分。
[7] 遁(dùn):隐避,逃遁。
[8] 疏瀹(lùn)五藏:疏通心、肝、脾、肺、肾,使其没有阻碍。

[9] 澡雪:洗涤。

[10] 宝:指知识。

[11] 研阅:研究观察。照:察看,理解。

[12] 怿(yì):一作"绎",整理、运用。

[13] 元:杨校作"玄"。元解:懂得深奥的道理。

[14] 规矩:作动词用,按一定规矩加工,指对事物的揣摩。

[15] 虚位:指存在于作家头脑中虚而不实之物。

[16] 溢:满出。

[17] 辞前:作品未写成之前。辞,指作品。

[18] 半折:打了一半折扣。

[19] 心始:心中开始想象的。

[20] 翻空:即不受限制之意,展开想象的翅膀在空中驰骋。

[21] 征实:求实,即把作者的想象具体的写出。

[22] 难巧:难于工巧。

[23] 咫:古代长度名,周制八寸,今制六寸。咫尺:比喻距离很近。

[24] 异分:不同。

[25] 腐毫:即毛笔都腐烂了。

[26] 案:应作"鞍"。据案:伏在马鞍上。

[27] 制书:写文章。

[28] 覃(tán)思:深思。

[29] 资:依靠。

[30] 博练:广泛学习训练。

[31] 郁:郁积,思路郁积不开展。

[32] 溺:陷。辞溺:指陷在辞藻中。

[33] 博见:广博的吸取知识。

[34] 馈:进食,引申为补救。

[35] 贯一:贯通统一,指围绕着一个中心或重点。

[36] 体变:指体裁。

[37] 迁贸:迁移,变化。贸,移。

[38] 庸事:平凡的事。

[39] 杼轴:旧式织机上的两个管经纬线的装置。

[40] 献功:指麻经过杼轴的加工。

[41] 曲：隐曲、曲折。

[42] 数：方法、规律。

[43] 轮扁（lún biǎn）：古代传说中制车轮的能工巧匠。

[44] 斤：斧。

[45] 垂帷：垂下帷幕。

译文

古人说："身体在江海的边上，心思却想到朝廷中去了。"这就是说的想象的方法。文章的构思，它神奇的想象可以不受任何约束，飞翔得十分遥远。只要默默地聚精会神的思考，那念头便可以接通千年之间；悄悄地改变容颜，视线便好像能够看到万里之外。在吟哦咏唱中间，可以发出如珠似玉般的悦耳声音；在你凝神思想之间，眼前就展现出风云变幻的景色。这些都是作文构思时发挥想象力所构成的啊。所以写作构思很奇妙，可以使内心的想象与外物相交接。神奇的想象由作者内心来主宰，而意志和体气是支配它们活动的关键；外物由作者的耳目来接触，而语言是掌管它们的表达机构。当这个机构灵活通畅的时候，那事物的形貌便可以描绘出来，没有隐蔽得了的；如果支配想象的机构受到阻塞，那神奇的想象就会逃遁隐蔽，也就精神涣散了。所以酝酿文思，着重在虚静心志，清除心里的成见，宁静专一。这就要努力学习，积累学识来储存珍宝，要斟酌辨析各种事理来丰富增长自己的才学；要研究阅历各种情况来进行彻底的观察；要顺着作文构思去寻求恰当美好的文辞。然后才能使深通妙道的心灵，按照声律来安排文辞；就像有着独到看法的工匠能自如挥斧一样，凭着想象来进行创作；这就是驾驭文思的首要方法，也是谋篇作文的重要开端。想象刚刚开始运转活动的时候，各种各样的思路、物象都纷纷呈现在眼前，要在没有形成的文思中孕育内容，要在没有定型的文思中雕刻形象。登上高山，情思中就充溢着山间的景色；看到大海，情意就出现了海涛汹涌澎湃的风光。想象的才能，好像飞鸟同风云一起并驾齐驱而无法计量。刚刚拿起笔的时候，比起在行文之前要气势充足倍增；可是等到写成篇章后，开始想的东西已经打了一半折扣。为什么会这样呢？想象凭空而起，容易想得奇特，而语言文字却比较实在，所以很难巧妙地表现作者的想象。所以文章的内容受作者的思想感情支配，而言辞又受文章内容的支配。如果文章的内容、作者的思想感情和文章的言辞三者结合得很紧密，那文章就贴切而天衣无缝，反之，疏漏就会相差千里。有的道理就在心里却要到很远很远的地方去搜求；有的意思就在眼前，却像远隔着高山大河。所以要秉持虚空宁静心思、加强修养的方法，不在于冥思苦想，要体悟外物的美好，不必去劳心累情。

每个人的才能禀赋不同，则文思就存在迟缓与迅速的差异；文章的体制多种多样，则规模有大有小，功力各异。司马相如笔浸在墨汁里把毫毛都泡烂了文章才写出来，扬雄写文章用力过度，刚停下笔就睡着做了噩梦；桓谭常常因为苦苦思索，以致感疾生病；王充写作由于思虑过度，耗尽了自己的气力精神；张衡用了十年时间精研写作《二京赋》；左思花了十二年光阴创作锤炼《三都赋》。上述名家，虽写的是长篇巨作，但是也说明了其文思的迟缓。淮南王刘安接受汉文帝的诏令一个早晨就写完了《离骚赋》，枚皋总能很快地完成汉武帝的诏令写成赋作；曹植铺开纸做文章就像背诵文章；王粲举笔便成好似写预先写好的文章；阮瑀凭据着马鞍也能很快写好书信；祢衡在宴席上便起草奏书。上述的作家虽说写的都是短篇，但是也说明了他们文思的敏捷。至于文思敏捷的人，心里总览着创作的方法要点，感觉敏速是在事前有过深思熟虑，所以能够当机立断。文思迟缓的人，思绪纷乱时徘徊不定，想要鉴明事理，所以要经过研究考虑才能做出决定：文思敏捷，所以文章能在仓促中写成功；疑虑多，所以文章要很久才能写成。快和慢、难和易似乎各有不同，但都靠学习广博和技巧熟练。如果学识浅薄而只是慢慢写，才学粗疏却只要写得快，像这样写出好的文章，从来没有听说过。所以创作时酝酿文思，必然有两个困难：文思抑郁阻塞的人苦于想象的贫乏，文辞泛滥的人苦于文理紊乱，那么，可见广博见闻就成为补救想象贫乏的粮食，贯通统一就成为拯救文理紊乱的药方，能够做到既广闻博见又中心一贯，对创作构思的能力也大有帮助啊！

如果作品的情思是非诡奇混杂，体制不当而变化多端，拙劣的文辞或许包含精

巧的义理,平庸的事物中或许透露出新颖的意思。我们看看布之出于麻吧,原料的麻虽然质地并不比布贵重,但经过织布机的加工,布便会焕发出光彩而成为珍贵之物。至于文思以外的细微奥妙的旨意,文辞之外的隐幽委曲的情趣,这些都是语言所不能言明,笔墨不能表达的。达到最精通的境界才能阐明它的奥妙,掌握它的微妙变化之后才能精通它的规律,这好比厨师伊挚不能说出鼎中调味的微妙,巧匠轮扁不能说出运用斧头的规律一样,真是微妙啊!

总结一句,神奇的想象靠物象来贯通,思想感情变化所孕育的。外物以它的形貌来打动作家,作家的心用情理作为反应。雕刻描绘各种事物形象,萌芽于那《诗经》的比和兴。运用思虑来构成文章,垂下帷幕发愤构思才能取胜。

七十六　吴越春秋·吴太伯传

【导读】

赵晔(生卒年不可考),字长君,会稽山阴(今浙江省绍兴市)人,东汉史学家、文学家,关于其生平事迹,记载很少。赵晔的作品有《吴越春秋》《韩诗谱》《诗细历神渊》《诗道微》等,但大多都已失传,今仅存《吴越春秋》。

《吴越春秋》历叙吴、越两国史事,重在叙述春秋末期吴、越两国争霸的历史故事。它是一部介于史家与小说家之间的作品,可谓是后代历史演义小说的滥觞。虽然大量取材于《左传》《国语》《史记》等史籍,也一向被列入史部,但读起来却比一般史书更为生动、更富于情趣,因而更受到读者的喜爱。全书现存十卷,可分为前后两部分,前半叙述吴国史事,后半叙述越国史事。可以说,它既是一部世所公认的历史典籍,又是一部脍炙人口的文学名著,是学习与研究中国古代文化的人不可不读的一部书籍。

吴之前君太伯者,后稷之苗裔[1]也。后稷其母台氏之女姜嫄,为帝喾元妃。年少未孕,出游于野,见大人迹而观之,中心欢然[2],喜其形像,因履而践之,身动,意若为人所感。后妊娠,恐被淫泆之祸,遂祭祀以求,谓无子,履上帝之迹。天犹令有之。姜嫄怪而弃于阨狭之巷,牛马过者折,易而避之;复弃于林中,适会伐木之人多;复置于泽中冰上,众鸟以羽覆[3]之。后稷遂得不死。姜嫄以为神,收而养之,长因名弃。为儿时好种树,禾、黍、桑、麻、五谷,相五土之宜,青、赤、黄、黑,陵水高下,粱、稷、黍、禾、藳、麦、豆、稻,各得其理。尧遭洪水,人民泛滥,遂高而居。尧聘弃,使教民山居,随地造区,研营种之术。三年余,行人无饥乏之色。乃拜弃为农师,封之台,号为后稷,姓姬氏。

后稷就国,为诸侯。卒,子不窋立。遭夏氏世衰,失官,奔戎狄之间。其孙公刘。公刘慈仁,行不履[4]生草,运车以避葭苇。公刘避夏桀于戎、狄,变易风俗,民化其政。公刘卒,子庆节立。其后八世,而得古公亶甫。修公刘、后稷之业,积德行义,为狄人所慕。薰鬻、戎姤而伐之。古公事之以犬马牛羊,其伐不止;事以皮币金玉重宝,而亦伐之不止。古公问:"何所欲?"曰:"欲其土地。"古公曰:"君子不以养害。害所养,国所以亡也,而为身害,吾所不居也。"古公乃杖策去邠,踰梁山而处岐周,曰:"彼君与我何异?"邠人父子兄弟,相帅负老携幼[5],揭釜甑而归古公。居三月,成城郭;一年,成邑;二年,成都,而民五倍其初。

——选自《吴越春秋辑校汇考》(有删节),周生春撰,上海古籍出版社,1997年

注释

[1] 苗裔:后代。

[2] 欢然:兴奋。

[3] 覆:覆盖。

[4] 履:踩,践踏。

[5] 负老携幼:背着老人,携带着小孩。

[6] 恐:担心。

译文

吴国的先君太伯,是后稷的后代。后稷,他的母亲邰氏部落长的女儿姜嫄,是帝喾的正妻。她年轻还没有怀孕时,一次出去游览来到野外,看见一只巨人的脚印而观赏它,心中不由得兴奋起来,情不自禁地爱上了这脚印的形状,于是就走上去踩它,顿时身体被撼动了,心神也好像被人触动了一样,后来就怀孕了,她怕遭受纵欲放荡的祸殃,就向上帝祭祀来祈求,祷告说"不要有儿子",但因为她是踩了上帝的脚印,上天还是让她生了儿子。姜嫄把儿子看作怪物而把他抛弃在狭窄的小巷中,但路过的牛、马都绕道改路而躲避他;姜嫄又把他抛弃在树林中,恰巧又碰上伐木的人很多;姜嫄又把他放在湖中冰上,但群鸟用羽翼来衬垫覆盖他。后稷因而能不死。姜嫄认为他是个神人,就收留了他,并把他抚养成人,因为当初想抛弃他,所以给他

取名叫"弃"。弃还是小孩的时候就喜欢种植谷子、黍子、桑树、大麻、各种庄稼,他仔细考察了五种土地的适宜性、土色的青赤黄黑以及陆地水泽的高低,因而粱稷、黍子、谷子、芋头、麦子、豆子、糯稻等,都分别获得了它们适宜的生长条件。尧统治天下的时候碰上洪水,民众被淹,就到高地上去居住。尧就聘请弃,让他训导民众到山上居住,按照地形来建造住处,研究种植的技术。三年多,走在路上的人就没有饥饿困乏的面色了。于是尧就任命弃当农业大臣,把他分封在台,称号是后稷,姓姬氏。

  后稷前往封国当了诸侯。后稷去世了,儿子不窋立为诸侯,因为碰上夏朝世道衰微,他失去了农业大臣的官职,于是就逃亡到戎、狄之间。他的孙子就是公刘。公刘慈善仁爱,走路时不踩活着的青草,运行车辆避开芦苇。公刘因为躲避夏桀而住在戎、狄。他移风易俗,民众都被他的政治措施感化了。公刘去世,儿子庆节继位。庆节之后八代便是古公亶甫,他继续从事公刘、后稷的事业,积聚德行,实行道义,被狄族的民众所仰慕。北狄、西戎认为古公有善行、得民心而去攻打他,古公用狗马牛羊等贿赂他们,他们仍然攻打不止;古公用毛皮、丝织品、黄金、玉器、贵重的珍宝等贿赂他们,他们还是不停地攻打。古公问:"你们要的是什么?"他们说:"想要你的土地。"古公说:"有道德的人不因为养人的土地而戕害了被养的人民。因为养人的土地而戕害了被养的人民,这是国家灭亡的根源啊。而为了我自己去伤害人民,这是我所不能安居的。"古公于是就执鞭驱马离开了邻地,越过梁山而定居在岐山南面的周原,并安慰邻地的民众说:"他们的君主和我有什么不同呢?"但邻地的民众还是父子兄弟互相结伙、背着老人携带着小孩、扛着锅子而归附古公。古公在周原住了三个月,就形成了一个城镇;住了一年,成了一个小城市;住了两年,成了一个大都市,而人口发展到原来的五倍。

七十七　西京杂记·画工弃市

【导读】

葛洪(283—363),字稚川,自号抱朴子,丹阳句容(今江苏省句容县)人,东晋著名的道士、道教学者、炼丹家、医学家。出身江南豪族,13岁丧父,家道中落,16岁起,广览经、史、百家,以儒学知名。他的思想兼综儒、道两家,精通医术,其著作还有《抱朴子内外篇》《神仙传》《肘后方》等。

《西京杂记》是中国古代一部历史小说集。关于作者,说法众多,一说为东晋葛洪,托名汉刘歆。题中的"西京"指的是西汉的首都长安。小说主要记载西汉的佚事传闻,杂有一些怪诞的传说。原为两卷,后世分成六卷,共100余则,20000余言。小说中举凡宫廷生活的奢靡好尚、皇宫苑林、奇珍异物,以及文人轶事、世俗风情等都多有记述。对后世诗词、戏曲、小说的创作都有着极为深远的影响。

元帝后宫既多[1],不得常见,乃使画工图形[2],案图召幸之[3]。诸宫人皆赂画工,多者十万,少者亦不减五万[4]。独王嫱不肯[5],遂不得见。匈奴入朝[6],求美人为阏氏[7]。于是上案图,以昭君行。及去,召见,貌为后宫第一,善应付,举止闲雅。帝悔之,而名籍已定[8]。帝重信于外国,故不复更人。乃穷案其事[9],画工皆弃市[10],籍其家[11],资皆巨万。画工有杜陵毛延寿[12],为人形,丑好老少,必得其真。安陵陈敞[13]、新丰刘白[14]、龚宽,并工为牛马飞鸟众势[15],人形好丑,不逮延寿[16]。下杜阳望,亦善画,尤善布色[17]。樊育亦善布色。同日弃市。京师画工,于是差稀[18]。

——选自《西京杂记》,葛洪撰,周天游校注,三秦出版社,2006年

注释

[1] 元帝:即汉元帝(前76—前33),名刘奭,前49—前33年在位。爱好儒术,为人优柔寡断。宠任宦官弘恭、石显等,赋役繁重,西汉由此渐衰。后宫:原指皇帝妃嫔所居的后庭内宫,这里指皇帝的妃嫔、姬妾、宫女等。

[3] 画工：从事绘画的人，画师。

[3] 案：同"按"。幸：女子被帝王所宠爱称为幸。

[4] 减：少于。

[5] 王嫱(qiáng)：王昭君之名。汉元帝时被选入宫。西晋避司马昭讳，改称明君，故后人又称明妃。

[6] 匈奴：中国古代北方少数民族之一，散居大漠南北，过着游牧生活，善骑射，汉时常骚扰北方边境。竟宁元年(前33)，匈奴呼韩邪单于入朝，求美人为阏氏(yān zhī)，元帝遣昭君出塞和亲，号宁胡阏氏。今内蒙古呼和浩特市南有昭君墓，世称青冢。

[7] 阏氏：汉时匈奴王后的称号。

[8] 名籍：名册。

[9] 穷案：穷根究底，追究到底。案，审查、追究。

[10] 弃市：古代在闹市区处决犯人，陈尸示众，称为弃市。

[11] 籍：没收入宫。

[12] 杜陵：县名。在今陕西西安市东南。毛延寿：汉宫廷画师。

[13] 安陵：汉代县名，在今陕西咸阳市东。

[14] 新丰：汉代县名，在今陕西西安临潼区东北。

[15] 众势：各种姿势、神态。

[16] 不逮：不如，赶不上。

[17] 布色：着色，画师对画面色彩色调的设计安排。

[18] 差稀：比较少。差：比较、略微。

译文

汉元帝的宫女已经很多，不能经常召见她们，就命令画师把宫女们的长相画下来，再依据画像来召幸宫女。宫女们全都贿赂画师，多的十万铜钱，少的也不下五万铜钱，只有王嫱不肯行贿，因而不被元帝召幸。匈奴王到中原来朝觐皇上，想找一个美人做匈奴王后。于是皇上根据宫女们的画像，决定让王昭君出塞和亲。临行时，召见了昭君，昭君的相貌在后宫数第一，对答得体，风度娴静优雅，元帝后悔了。可是名单元帝已经定下来了，元帝觉得与外国来往要注重信用，所以不再换人。过后就穷根究底地追查这件事，宫中的画师全部被杀，弃尸于市。抄没了画师的家，家财都不计其数。画师中有一个杜陵县人毛延寿,他善于画人像,无论长相美丑岁数大小,都画得十分逼真。安陵县的陈敞、新丰县的刘白、龚宽都精于画牛马飞鸟的各种姿态,但画人像美丑不如毛延寿逼真。下杜县的阳望也善于绘,尤其善于画面着色。樊育也善于画面的着色。这些人同一天被杀,陈尸示众。京城里的画师于是就少了。

七十八　惜抱轩全集·登泰山记

【导读】

姚鼐(nài)(1731—1815),字姬传,一字梦谷,室名惜抱轩,安徽桐城人。清朝著名的古文家,桐城派重要首领之一,与方苞、刘大櫆并称为"桐城三祖"。乾隆二十八年(1763)进士,官至刑部郎中。主讲江宁、扬州等地书院历40年,治学以经为主,兼及子史。工诗文。为文主张义理、考据、辞章合而为一;作诗兼采唐宋,以清雅为宗。著作有《惜抱轩集》,曾选编《古文辞类纂》。姚鼐的文章,语言简洁,结构严谨,某些描写自然景物的文章,有独特的风格。

《惜抱轩全集》49卷,包括文集16卷、文后集10卷、诗集10卷以及诗后集、诗外集等。《登泰山记》是姚鼐最有名的一篇作品。全文以登山观峰观日出为中心,将一刹那间的景物变化,结合周围环境,通过优美生动的语言,勾画出一幅主次分明、色彩鲜艳的图画,给人以美的享受。语言简洁精美,叙事、考证、描写紧密结合,文气迂回荡漾。

泰山之阳,汶水西流[1];其阴,济水东流[2];阳谷皆入汶[3],阴谷皆入济;当其南北分者,古长城也[4]。最高日观峰,在长城南十五里。

余以乾隆三十九年十二月,自京师乘风雪,历齐河、长清[5],穿泰山西北谷,越长城之限[6],至于泰安。是月丁未[7],与知府朱孝纯子颖由南麓登四十五里,道皆砌石为磴[8],其级七千有余。泰山正南面有三谷:中谷绕泰安城下,郦道元所谓环水也。余始循以入,道少半,越中岭,复循西谷,遂至其巅。古时登山循东谷入,道有天门。东谷者,古谓之天门溪水,余所不至也。今所经中岭及山巅崖限当道者,世皆谓之天门云。道中迷雾冰滑,磴几不可登。及既上,苍山负雪,明烛天南。望晚日照城郭,汶水、徂徕如画[9],而半山居雾若带然[10]。

戊申晦[11],五鼓[12],与子颖坐日观亭待日出。大风扬积雪击面。亭东自足下皆云漫,稍见云中白若摴蒱数十立者[13],山也。极天云一线异色,须臾成五彩。日上,正赤如丹[14],下有红光动摇承之。或曰:"此东海也"。回视日观以西峰,或得日,或否,绛皓驳色[15],而皆若偻[16]。亭西有岱祠[17],又有碧霞元君祠。皇帝行宫在碧霞元君祠东[18]。

是日观道中石刻,自唐显庆以来[19]。其远古刻尽漫失[20],僻不当道者皆不及往。山多石少土,石苍黑色,多平方,少圜[21]。少杂树,多松,生石罅[22],皆平顶冰雪。无瀑水[23],无鸟兽音迹。至日观数里内无树,而雪与人膝齐。桐城姚鼐记。

——选自《惜抱轩诗文集》,姚鼐著,刘季高注解,上海古籍出版社,1992年

注释

[1] 汶(wèn)水:也叫汶河。发源于山东莱芜东北原山,向西南流经泰安东。

[2] 济水:发源于河南济源市西王屋山,东流到山入海东。后来下游被黄河冲没。

[3] 阳谷:指山南面谷中的水。谷,两山之间的流水道,现在通称山涧。

[4] 古长城:指春秋时期齐国所筑长城的遗址,古时齐鲁两国以此为界。

[5] 齐河、长清:地名,都在山东省。

[6] 限:门槛,这里指像一道门槛的城墙。

[7] 丁未:丁未日(十二月二十八日)。

[8] 磴(dèng):石级。

[9] 徂徕(cú lái):山名,在泰安东南。

[10] 居:停留。

[11] 戊申晦:戊申这一天是月底。晦,农历每月最后一天。

[12] 五鼓:五更。

[13] 摴蒱(chū pú):古代的一种赌博游戏,这里指博戏用的"五木"。五木两头尖,中间广平,立起来很像山峰。

[14] 丹:朱砂。

[15] 绛皓驳色:或红或白,颜色错杂。绛,大红。皓,白色。驳,杂。

[16] 若偻:像脊背弯曲的样子。引申为鞠躬、致敬的样子。

[17] 岱祠:东岳大帝庙。

[18] 行宫:皇帝出外巡行时居住的住所。这里指乾隆登泰山时住过的宫室。碧霞元君:传说

是东岳大帝的女儿。

[19] 显庆:唐高宗的年号。

[20] 漫失:模糊或缺失。漫,磨灭。

[21] 圜:通"圆"。

[22] 罅(xià):裂缝。

[23] 瀑水:瀑布。

译文

  泰山的南面,汶河向西流去;泰山的北面,济水向东流去。南面山谷的水都流入汶水,北面山谷的水都流入济水。处在那阳谷和阴谷南北分界处的,是古代春秋时期齐国所筑长城的遗址。最高的日观峰,在古长城以南十五里。

  我在乾隆三十九年十二月从京城里出发,冒着风雪启程,经过齐河县、长清县,穿过泰山西北面的山谷,跨过长城的城墙,到达泰安。这月二十八日,我和泰安知府朱孝纯从南边的山脚登山。攀行四十五里远,道路都是石板砌成的石级,那些台阶共有七千多级。泰山正南面有三条水道,其中中谷的水环绕泰安城,这就是郦道元书中所说的环水。我起初顺着中谷进去。沿着小路走了不到一半,翻过中岭,再沿着西边的水道走,就到了泰山的巅顶。古时候登泰山,沿着东边的水道进入,道路中有座天门。这东边的山谷,古时候称它为"天门溪水",是我没有到过的。现在我经过的中岭和山顶,挡在路上的像门槛一样的山崖,世上人都称它为"天门"。一路上大雾弥漫、冰冻溜滑,石阶几乎无法攀登。等到已经登上山顶,只见青山上覆盖着白雪,雪光照亮了南面的天空。远望夕阳映照着泰安城,汶水、徂徕山就像是一幅美丽的山水画,停留在半山腰处的云雾,又像是一条舞动的飘带似的。

  戊申这一天是月底,五更的时候,我和子颖坐在日观亭里,等待日出。这时大风扬起的积雪扑面打来。日观亭东面从脚底往下一片云雾弥漫,依稀可见云中几十个白色的像骰子似的东西,那是山峰。天边的云彩形成一条线呈现出奇异的颜色,一会儿又变成五颜六色的。太阳升上来了,红的像朱砂一样,下面有红光晃动摇荡着托着它。有人说,这是东海。回头看日观峰以西的山峰,有的被日光照到,有的没照到,或红或白,颜色错杂,都像弯腰曲背鞠躬致敬的样子。日观亭西面有一座东岳大帝庙,又有一座碧霞元君庙。皇帝的行宫就在碧霞元君庙的东面。

这一天,还观看了路上的石刻,都是从唐朝显庆年间以来的,那些更古老的石碑都已经模糊或缺失了。那些偏僻不对着道路的石刻,都赶不上去看了。山上石头多,泥土少。山石都呈青黑色,大多是平的、方形的,很少有圆形的。杂树很少,多是松树,松树都生长在石头的缝隙里,树顶是平的。冰天雪地,没有瀑布,没有飞鸟走兽的声音和踪迹。日观峰附近几里以内没有树木,积雪厚得同人的膝盖一样平齐。桐城姚鼐记述。

七十九　闲情偶寄·芙蕖

【导读】

李渔(1610—1680),号笠翁,浙江兰溪(今浙江省兰溪市)人,别号湖上笠翁。幼时的李渔家境优裕,亭榭楼台,笙歌不断,后来遭逢明清易代,家道中落,科举又落第。备尝忧患后,李渔走上了一条与传统文人不同的道路。他自开"芥子园"书铺卖书,卖诗文;组织家庭戏班,自编自导,巡回演出,没钱了就去富贵人家打打秋风。64岁时,李渔全家定居西湖之畔,5年后贫困而终。高雅的艺术情趣和丰富的生活体验,使李渔能将日常生活的每一个细节都玩味得情趣盎然。李渔一生著述丰富,著有《笠翁十种曲》(含《风筝误》《无声戏》《十二楼》《闲情偶寄》《笠翁一家言》等五百多万字。还批阅《三国志》,改定《金瓶梅》,倡编《芥子园画谱》等,是中国文化史上不可多得的一位艺术天才。

《闲情偶寄》为李渔重要著作之一,内容包含戏曲理论、饮食、营造、园艺、养生等。在中国传统雅文化中享有很高声誉,被誉为古代生活艺术大全,名列"中国名士八大奇著"之首。其书又名《笠翁偶集》,从内容的具体分类来看包括:词曲、演习、声容、居室、器玩、饮馔、种植、颐养八部,共234个小题,论及戏剧创作和表演、妆饰打扮、园林建筑、家具古玩、饮食烹调、养花种树、医疗养生等许多方面,内容相当丰富。其中关于戏曲创作和演出的《词曲》《演习》二部,尤其引人注目。人们普遍认为李渔这些经验之谈,具有重要的理论价值和实践意义,是中国戏剧美学史上不可多得的著作。此外,对于园林建筑,李渔也颇有卓见。其他部分,虽然所谈不过日常生活中的闲情逸趣,但也间或触物兴感,如以草木喻人,借家事比国事等,流露了一些感慨。

芙蕖与草本诸花[1],似觉稍异;然有根无树,一岁一生,其性同也。《谱》云:"产于水者曰草芙蓉,产于陆者曰旱莲。"则谓非草本不得矣。予夏季倚此为命者,非故效颦于茂叔[2],而袭成说于前人也。以芙蕖之可人,其事不一而足,请备述之。群葩当令时,只在花开之数日,前此后此,皆属过而不问之秋矣。芙蕖则不然,自荷钱出水之日[3],便为点缀绿波。及其劲叶既生[4],则又日高一日,日上日妍[5]。有风既作飘飖之态,无风亦呈袅娜之姿[6],是我于花之未开,先享无穷逸致矣[7]。迨至菡萏成花[8],娇姿欲滴,后先相继。自夏徂秋[9],此时在花为分内之事,在人为应得之资者也。及花之既谢,亦可告无罪于主人矣,乃复蒂下生蓬,蓬中结实,亭亭独立,犹似未开之花,与翠叶并擎,不至白露为霜,而能事不已。此皆言其可目者也。

可鼻则有荷叶之清香。荷花之异馥[10],避暑而暑为之退,纳凉而凉逐之生。至其可人之口者,则莲实与藕,皆并列盘餐,而互芬齿颊者也。只有霜中败叶,零落难堪[11],似成弃物矣,乃摘而藏之,又备经年裹物之用。是芙蕖也者,无一时一刻,不适耳目之观;无一物一丝,不备家常之用者也。有五谷之实,而不有其名;兼百花之长,而各去其短。种植之利,有大于此者乎?予四命之中,此命为最。无如酷好一生[12],竟不得半亩方塘,为安身立命之地;仅凿斗大一池,植数茎以塞责,又时病其漏,望天乞水以救之。殆所谓不善养生,而草菅其命者哉[13]。

——选自《闲情偶寄》,李渔著,江巨荣、卢寿荣校注,上海古籍出版社,2000年

注释

[1] 芙蕖:荷花、莲花的别名。多年生草本植物,生浅水中。
[2] 茂叔:北宋周敦颐,字茂叔,有《爱莲说》一文。
[3] 荷钱:指莲荷新叶才出,小如铜钱。
[4] 劲:这里指盛,大。
[5] 日上日:一天又一天。
[6] 袅娜:轻盈柔美。
[7] 逸致:情趣。
[8] 迨(dài):等到,到,及。菡萏(hàn dàn):未开的荷花,未开称菡萏,已开称芙蕖。
[9] 徂(cú):往,到。
[10] 异馥(fù):异香。
[11] 零落难堪:七零八落很不好看。

[12]无如:无奈。

[13]草菅(jiān)其命:将它的命看得如同野草一般。语出《汉书·贾谊传》。

译文

芙蕖同其他草木花卉好像有一些差异,但是它只有根没有枝干,是一年生的植物,这些性质和草本是相同的。《花谱》上说:"长在水中的叫'草芙蓉',长在陆地上的叫'旱莲'。"那么这就不能说芙蕖不是草本了。我爱芙蕖,在夏季靠这花才能活下去,不是故意效仿周敦颐,重复前人早已说过的话,而是因为芙蕖适合人的心意,它的长处不是一两点就可以讲尽的,请容我一一说说它的好处。在花的最佳观赏时节,只在花开的那几天。开花前和开花以后,都不会引人注意。芙蕖就不是这样。从荷叶出水的那天起,就能点缀绿波,等到它的茎和叶长出来,则又一天一天地高起来,一天比一天美丽。有风时就作出飘动摇摆的神态,没风时也呈现出轻盈柔美的风姿。这样,我们在花未开的时候,便先享受它那无穷的逸致情趣了。等到花苞开花,姿态娇嫩得简直要滴水,花儿相继开放,从夏天直开到秋天,这对于花来说是它的本性,对于人来说就是应该得到的享受了。等到花朵凋谢,也可以告诉主人说,没有对不住您的地方;于是又在花蒂下生出莲蓬,蓬中结了果实,一枝枝独立,还像未开的花一样,和翠绿的叶子一起挺然屹立在水面上,不到白露节下霜的时候,它所擅长的本领不会停止。上面说的都是眼睛能看得见的。鼻子能闻到的,有荷叶的清香、荷花的异香,靠它们解暑,暑热会即刻消退;靠它们纳凉,凉气会马上产生。至于能让人可口的,则是莲子与藕,摆在餐桌上,可以口齿盈香。只有霜打的枯萎的叶子,七零八落很不好看,好像成了被遗弃的废物;但是把它摘下贮藏起来,又可以在明年用来裹东西。这样,芙蕖没有一时一刻,不让人赏心悦目;没有一物一丝,不能供给家庭日常使用。它有像五谷一样的实际作用,却没有五谷的名望;兼有百花的长处,却没有百花的短处。种植植物得到的利益,有比这更大的吗?我视为生命的四种花草中,以芙蕖最为宝贵。只是我一生酷爱荷花,却得不到半亩方塘来养植它,

仅仅凿了一个斗大的水池,种了几株来安慰自己,又时常为小池漏水而忧虑,祈求上天降雨来拯救它,这大概是所说的不善于培养生灵而把它的生命当作野草一样作贱吧。

八十　小窗幽记

【导读】

陈继儒(1558—1639),字仲醇,号眉公,华亭(今上海市松江区)人,明代著名的文学家和书画家。他经历丰富,思想博杂,经史子集、诗词歌赋、雅玩清赏,无所不晓。陈继儒的思想融儒释道于一体,博杂而兼通,在其复杂的文化性格中,透现出丰厚的文化底蕴,反映出晚明文人生活风尚的新特质和新追求。

《小窗幽记》,一名《醉古堂剑扫》,是一部格言类小品集,于清乾隆年间首次刊印。全书共分醒、情、峭、灵、素、景、韵、奇、绮、豪、法、倩 12 卷。从做人、处世、感情、个性、境界、品位、气度、法度等各方面入手,立体地论及人如何塑造自身、增加涵养、立身处世、怡情养性,而且关涉世情、历史、山水自然、艺术及文学鉴赏等多方面的内容。在纷繁复杂的生活中,这部书以其卓越的智慧、脱俗的品位及隽永深长的意韵,令人感到心地宁静澄明,同时用深刻隽永的言语向人们提供立身处世的方法,深为世人所喜爱。《小窗幽记》与清人王永彬撰写的《围炉夜话》、明人洪应明撰写的《菜根谭》一起并称"处世三大奇书"。

使人有面前之誉[1],不若使人无背后之毁;使人有乍交之欢[2],不若使人无久处之厌。

好丑心太明[3],则物不契[4];贤愚心太明,则人不亲。须是内精明,而外浑厚,使好丑两得其平,贤愚共受其益,才是生成的德量。

情最难久,故多情人必至寡情[5];性自有常,故任性人终不失性。

天欲祸人,必先以微福骄[6]之,要看他会受;天欲福人,必先以微祸儆之[7],要看他会救。

大事难事,看担当[8];逆境顺境,看襟度[9];临喜临怒,看涵养;群行群止,看识见[10]。

先淡后浓,先疏后亲,先远后近[11],交友道也。

童子智少,愈少而愈完[12];成人智多,愈多而愈散。

无事便思有闲杂念头否,有事便思有粗浮意气否[13];得意便思有骄矜辞色否,失意便思有怨望情怀否。时时检点得到,从多入少,从有入无,才是学问的真消息[14]。

多躁者,必无沉潜之识;多畏者,必无卓越之见;多欲者,必无慷慨之节[15];多言者,必无笃实之心;多勇者,必无文学之雅。

花繁柳密处,拨得开[16],才是手段;风狂雨急时,立得定[17],方见脚跟。

贫不足羞,可羞是贫而无志;贱不足恶,可恶是贱而无能;老不足叹,可叹是老而虚生[18];死不足悲,可悲是死而无补。

语云,当为情死,不当为情怨。明乎情者,原可死而不可怨者也。虽然,既云情矣,此身已为情有,又何忍死耶?然不死终不透彻耳。韩翃之柳[19],崔护之花[20],汉宫之流叶[21],蜀女之飘梧[22],令后世有情之人咨嗟想慕,托之语言,寄之歌咏;而奴无昆仑[23],客无黄衫[24],知己无押衙[25],同志无虞侯,则虽盟在海棠,终是陌路萧郎耳[26]。

——选自《小窗幽记》,陈继儒撰,陈桥生评注,中华书局,2008 年

注释

[1] 誉:奉承、夸赞。

[2] 乍:初次。欢:好的感觉。

[3] 好丑心:辨别美丑的心。

[4] 契:契合。

[5] 寡情:犹言无情。

[6] 骄:起骄慢之心。

[7] 儆:警惕。

[8] 担当:独负责任。

[9] 襟度:胸襟和气度。

[10] 识见:对事物的见解和认识。

[11]先达后近：由接触而后相知。

[12]完：完整。

[13]粗浮意气：心气粗乱而浮躁。

[14]真消息：真谛。

[15]慷慨：意气激昂。

[16]花繁柳密：喻荣华富贵的境地。

[17]风狂雨急：喻挫折潦倒。

[18]虚生：动词，虚度。

[19]君平柳：指唐代诗人韩君平的爱妾柳氏，柳氏在战乱中被番将夺走，同府虞侯许俊为他将柳氏抢回。

[20]崔护之花：唐代诗人崔护曾在清明节那天到城外游玩，口渴而到一户人家要水喝，见那家的女子情意深厚。来年清明崔护再到此家时，见门户紧锁，于是在门上题诗："去年今日此门中，人面桃花相映红。人面不知何处去，桃花依旧笑春风。"

[21]汉宫之流叶：唐僖宗时宫女韩翠屏曾在红叶上题诗，红叶被流水冲到宫外，学士于祐捡到后，又在红叶上题诗流回宫中，韩翠屏复捡得此叶。后来宫中放出三千宫女，于祐娶了韩翠屏，说起红叶之事，不胜感慨。

[22]蜀女之飘梧：《梧桐叶》中记述西蜀人任继图与妻李云英分离，后来李云英题诗在梧桐叶上，被任继图捡得而团圆。

[23]奴无昆仑：传奇《昆仑奴》中记载了有一昆仑奴为主人抢得所爱的女子一事。

[24]客无黄衫：传奇《霍小玉传》中有一穿黄衫的壮将负心郎劫去见霍小玉一事。

[25]知己无押衙：《无双传》传奇记有古押衙帮助无双与王仙客成亲事。

[26]萧郎：指女子所爱的男子。

译文

与其让别人当面奉承夸赞自己，倒不如能做到不让别人在背后指指点点的批评和诋毁自己；与其让别人在第一次交往中就产生好感，倒不如能够保持让别人与自己长久相处却不会有讨厌与反感的情绪产生。

若把美与丑分得太清，则就不能与事物相契合；将贤与愚划分得太明确，就很难

与人相亲近。精明必须深藏于内心,而外在的处世做到仁厚,使得美和丑两方都能平和,贤和愚都能得到益处,这样才算是上天培育人们的品德与气度。

情爱最难保持长久,所以多情的人反而会显得浅薄无情;天性本来就有一定的常理,即使是放纵而为的人也还是没有失去他的本性。

上天要降祸给一个人,必定先降下一些福分使他起骄慢之心,是要看他是否懂得承受。上天要降福给一个人,一定会先给他些许祸事来稍作惩戒使他引起警觉,是要看他会不会自救。

逢到大事和困难的时候,可以看出一个人担当责任的能力;遇到逆境或顺境的时候,可以看出一个人的胸襟和气度;每逢喜怒之事的时候,可以看出一个人的涵养;在与大家相处的行为举止中,可以看出一个人对事物的见解和认识。

交友先淡薄而后浓厚,先疏远而后亲近,先接触而后相知,这是交朋友的正确方法。

孩子们接受的知识并不多,但他们知识越少,天性却越完整;成人接受的知识丰富,但是他们知识越多,思维却越分散。

没有事情的时候要反省自己是否有一些杂乱的念头出现,忙碌的时候要思考自己是否有浮躁粗俗的意气,得意的时候考虑自己的言行举止是否骄慢,失意的时候要反省自己是否有怨恨不满的想法。时时这样自我检查到位,使不良的习气由多而少,最后渐渐地完全革除,这才算是真正了解了学问的真谛。

浮躁的人，必定对事物不会有很深刻的认识；怯弱的人，必定对事物没有高超的见解；欲望过多的人，必定不可能会有正直激昂的气节；话多的人，一定没有扎实勤奋的作风；多勇的人，也必定缺少文学的风雅和修养。

在繁花似锦，柳密如织的美好境遇中若能不受束缚，来去自如，才看出德行高尚；在狂风急雨、贫困潦倒的环境中能站稳脚跟，不被击倒，才是立场坚定的君子。

贫穷并不是使人羞愧的事情，使人羞愧的是贫穷得没有志气；地位低贱并不是令人厌恶的事情，可厌恶的是低贱却又无能；年老并没有什么可叹息的，要叹息的是到了年老时才发现虚度一生；死并没有什么可悲伤的，然而可悲的是死时对世人却没有留下任何益处。

情语说：应该为情而去死，也不应该为情而生怨。关于感情的事，本来就应该是只能为对方死，而不应当持有怨心的。既然对情这么看重，已置身于情中，又怎么会不愿死呢？假如不到死这一步，就不会知道情爱的深刻。韩君平的章台柳，崔护的人面桃花，宫廷御沟的红叶题诗，蜀女题诗梧叶飘飞，都引起了多少后世有情人叹息羡慕，把它记载下来，或者写成诗歌吟咏。如果没有能劫得佳人的昆仑奴，又不出现身着黄衫的豪客，不会有古押衙这样的知己，又没有如同虞侯一样志向相同的人，就算是有海棠花下的海誓山盟，最终也只是陌路萧郎而已。

八十一　笑林广记

【导读】

《笑林广记》是一部流传久远，影响深广的通俗笑话总集，内含1000多个笑话，是中国笑话宝库中的一个旷世奇宝。在宋代就已问世，明、清两代广为流传，深受劳动人民喜爱。《笑林广记》由游戏主人整编。其内容不是一人一世的创作，而是广大劳动者共同创作的产物，是劳动者智慧的结晶。它是人民群众用以抨击坏人，揭露黑暗，规劝和教育人们的一种艺术表现形式。它反映的生活内容都是人们所熟悉的，通过一个个笑话故事，生动再现了当时社会的民间风俗、人生情趣、世态炎凉、官场腐败等方面的现象。在历代刻本中，以清代乾隆四十六年（1781）署名游戏主人纂辑的刻本为最佳。

请　下　操

一武弁惧内而带伤痕[1]，同僚谓曰："以登坛发令之人，受制于一女子，何以为颜？"弁曰："积弱所致，一时整顿不起。"同僚曰："刀剑士卒皆可以助兄威，候其咆哮时，先令军士披挂，枪戟林立站于两傍，然后与之相拒，彼慑于军威[2]，敢不降服！"弁从之，及队伍既设，弓矢既张，其妻见之，大喝一声曰："汝装此模样，将欲何为？"弁闻之，不觉胆落，急下跪曰："并无他意，请奶奶赴教场下操。"

误　听

一人过桥，贴边而走。傍人谓曰："看仔细，不要踏了空。"其人误听说他偷了葱，因而大怒，急辩不已，复转诉一人。其人曰："你们又来好笑，我素不相识，怎么冤我盗了？"互相厮打。三个扭结到官，官问三人情事，拍案恚曰："朝廷设立衙门，叫我南面坐，尔等反说我朝了东。"掣签就打[3]。官民争闹，惊动后堂。适奶奶在屏后窃听。闻之柳眉倒竖，抢出堂来，拍案吵闹曰："我不曾干下夕事，为何通同众百姓要我嫁老公？"

烧 令 尊

一人远出,嘱其子曰:"有人问你令尊[4],可对以家父有事出外,请进拜茶。"又以甚呆恐忘也,书纸付之。子置袖中,时时取看,至第三日,无人来问,以纸无用,付之灯火。第四日忽有客至,问:"令尊呢?"觅袖中纸不得,因对曰:"没了!"客惊曰:"几时没的?"答曰:"昨夜已烧过了。"

恋 席

客人恋席,不肯起身。主人偶见树上一大鸟;对客曰:"此席坐久,盘中肴尽,待我砍倒此树,捉下鸟来,烹与执事侑酒[5],何如?"客曰:"只恐树倒鸟飞矣。"主云:"此是呆鸟,他死也不肯动身的。"

许 日 子

一人性极吝啬,从无请客之事。家僮偶持碗一篮,往河边洗涤,或问曰:"你家今日莫非宴客耶?"僮曰:"要我家主人请客,除非那世里去。"主人知而骂曰:"谁要你轻易许下他日子。"

——选自《笑林广记》,游戏主人纂辑,粲然居士参订,取财校点,光明日报出版社,1993

注释

[1] 弁(biàn):古时候的低级武官。
[2] 慑:畏惧,害怕。
[3] 掣:抽取、抽拿。
[4] 令尊:称对方父亲的敬辞。
[5] 执事:对对方的敬称。侑酒:为饮酒者助兴。

译文

请下操

有个武官非常害怕老婆,常常被老婆抓得满脸伤痕。同僚对他说:"作为一个登台发号施令的武官,却要受制于一个女人,还有什么脸面?"武官说:"这是因为在她面前一向软弱,所以一时振作不起来。"同僚告诉他说:"让拿着刀剑的士兵去给老兄你助威。等你老婆发威的时候,先下令叫士兵全副武装,刀剑枪戟立两旁,然后就和她对抗。她惧怕于你雄壮的军威,怎么敢不降服呢?"武官就照同僚的话去做,将队伍装备好,弓箭搭上弦。武官的老婆一见,马上大叫一声,说:"你装出此种模样,想要干什么?"武官一听,不觉胆战心惊,急忙跪下说:"并没有别的意思,只是想请奶奶您到教场上去点兵。"

误听

有个人过桥的时候,紧靠着桥边走。旁边有个人好心对他说:"看仔细些,不要踏了空。"过桥人误听成说他偷了葱,于是非常生气,就和那个人争吵起来,并且又对另外一个人说了这件事,让他来评理。那个人说:"你们两个真好笑,我们素不相识,你们怎么冤枉我盗了钟?"说着他们三个人就相互厮打起来,并扭打着来到了官府。县官问清楚他们事情的经过,就拍案大怒道:"朝廷设立衙门,叫我朝着南面而坐,你们怎么说我朝了东?"县官说完就取签下令打人。由于官民争吵,惊动了后堂。正好官太太在屏风后面偷听,听了他们的说话,立即柳眉倒竖,冲出堂来,拍案大闹,并且指着县官骂道:"我又没做过什么坏事,你为什么串通好这些百姓要我嫁老公?"

烧令尊

有一个人将要远行,临走时嘱咐他的儿子说:"如果有人问你令尊,你可以对人家说家父有事外出了,请进来喝杯茶。"但是又考虑到儿子非常呆怕他忘了,于是又写了一张纸条给他。儿子把纸条放在衣袖里面,不时拿出来看一看。到了第三天,还是没有人来问,儿子认为纸条已经没有作用,便把它就着灯火烧了。第四天,忽然有客人来访,问儿子:"令尊哪里去了!"儿子在衣袖中寻找纸条没找到,因此对客人

说：“家父没了！”客人大吃一惊，急忙问：“什么时候没的？”儿子回答说：“昨天晚上已经烧过了。”

恋　席

客人留恋酒席，不肯起身。主人偶然看见树上一只大鸟，于是便对客人说：“这座酒席已经坐了很长时间了，盘子里的菜肴都已经吃完，待我把这只大树吹倒，捉住那只鸟，煮熟来给你下酒怎么样？”客人说：“只怕树倒下来的时候鸟已经飞走了。”主人说：“不会的，这是一只呆鸟，他死都不肯动身的。”

许　日　子

一个人性情极其吝啬，从来没有请过客。一次，家童提着一篮子碗去河边洗涤，有人问他：“你家难道今天要招待客人吗？”家童说：“要想让我家主人请客，除非下辈子！”回去后，主人知道了就骂他说：“谁叫你给他轻易许下日子的！”

八十二　续齐谐记·阳羡书生

【导读】

　　吴均(469—520)，字叔庠，吴兴故鄣(今浙江省安吉县)人。出身寒微，自幼聪慧好学，长于诗文，风格明丽清俊，多为反映社会现实之作，深受沈约的称赞。其文工于写景，诗文自成一家，常描写山水景物，当时好事者竞相效仿，称为"吴均体"，开创一代诗风。

　　《续齐谐记》是志怪小说集，从题目上就可以知道是《齐谐记》的续书，故以《续齐谐记》为名。全书所记大都为神怪之事，但有的条目记载了民间时俗的来历传说，多显示民间的审美趣味，是六朝志怪小说中的佼佼者。《续齐谐记》无论是在中国志怪小说发展史上还是在对我国民俗、宗教的反映上，都具有非常重要的研究价值。

　　东晋阳羡许彦[1]，于绥安山行[2]，遇一书生，年十七八，卧路侧，云："脚痛，求寄鹅笼中。"彦以为戏言[3]。书生便入笼，笼亦不更广，书生亦不更小，宛然与双鹅并坐，鹅亦不惊。彦负笼而去，都不觉重。前息树下，书生乃出笼，谓彦曰："欲为君薄设[4]。"彦曰："甚善！"乃口中吐出一铜盘奁子[5]，奁子中具诸馔肴，海陆珍馐方丈[6]。其器皿皆铜物。气味芳美，世所罕见。酒数行，乃谓彦曰："向将一妇人自随。今欲暂邀之。"彦曰："甚善。"又于口中吐一女子，年可十五六，衣服绮丽，容貌绝伦[7]。共坐宴。俄而书生醉卧，此女谓彦曰："虽与书生结妻，而实怀外心。向亦窃得一男子同来，书生既眠，暂唤之，愿君勿言。"彦曰："甚善。"女子于口中吐出一男子，年可二十三四，亦颖悟可爱[8]。仍与彦叙寒温[9]。书生卧欲觉，女子口吐锦行障[10]，书生仍留女子共卧。男子谓彦曰："此女子虽有情，心亦不尽向，复窃将女人同行，今欲暂见之，愿君勿泄言。"彦曰："善。"男子又于口中吐一妇，年二十许，共燕酌。戏调甚久，闻书生动声，男曰："二人眠已觉。"因取所吐女人，还纳口中。须臾，书生处女乃出，谓彦曰："书生欲起。"更吞向男子，独对彦坐。书生然后谓彦曰："暂眠遂久，君独坐，当悒悒耶[11]？日又晚，便与君别。"还复吞此女子。诸铜器悉纳口中，留大铜盘，可广余二尺，与彦别曰："无以藉君[12]，与君相忆也。"

后太元中，彦为兰台令史[13]，以盘饷侍中张散[14]。散看其铭，题[15]云，是汉永平三年作[16]也。

——选自《中国历代小说赏读》，陈长喜主编，天津古籍出版社，2007年

注释

[1] 阳羡：县名，在今江苏宜兴县南。

[2] 绥安：县名，在今江苏宜兴西南。

[3] 戏言：开玩笑的话。

[4] 薄设：简略设置饭食。

[5] 奁(lián)子：女子梳妆用的镜匣，泛指精巧的小匣子。

[6] 方丈：一丈见方的地方。

[7] 殊绝：极其漂亮。

[8] 颖悟：聪明俊俏。

[9] 叙寒温：问寒问暖，借指打招呼。

[10] 行障：围屏之类。

[11] 悒悒：愁闷不乐。

[12] 藉：进贡、献。

[13] 大元：太元，东晋孝武帝年号(376—396)。兰台令史：史官。兰台为汉代官内藏书处，东汉班固为兰台令史时受诏撰史，后因称兰台令史为史官。

[14] 饷：赠送。侍中：皇帝左右的侍从官。

[15] 铭题：刻在器物上的文字。

[16] 永平：汉明帝刘庄年号(58—75)。

译文

阳羡的许彦在绥安山里走时，遇到一个书生，年纪大约有十七八岁，躺在路旁，说自己脚痛，请求进入许彦的鹅笼中。许彦认为是玩笑便打开鹅笼，书生就进入了笼子，奇怪的是，那笼子没有变大，书生也没变小，真切地和两只鹅坐在一起，鹅也没

有受惊。许彦背着笼子走了,竟然不觉得重。许彦来到一棵树下休息,书生才从笼子里出来对许彦说:"我想为你设便宴以示感谢。"许彦说:"好。"书生就从口中吐出一个大铜盒子,里面装满了各种美味佳肴,摆了足有一丈见方。食具都是铜的,食物香美,世间罕见。酒过数巡,书生对许彦说:"从前让一个女人跟随在我身边。现在我想想邀她出来。"许彦说:"好。"书生又从嘴里吐出一个女子,年纪大约有十五六岁,衣服华丽,容貌绝美,三人一起吃酒。一会儿,书生醉倒了,那女子对许彦说:"我虽然嫁给书生做妻子,但实际上对他怀有怨恨,从前也偷来一个男子和我在一起,书生既然睡着了,暂时把他叫来,希望你不要泄露此事。"许彦说:"好。"女子从口中吐出一个男人,年纪大约有二十三四岁,也聪颖可爱,并同许彦寒暄畅叙。突然书生似要醒来,女子忙吐出一锦缎屏风把自己和书生挡住,二人就一起睡下了。那男人对许彦说:"我虽然对这个女子有心,但也不是一心一意。从前我还偷得一个女子和我在一起,现在想暂时与她相见。希望你不要泄露此事。"许彦说:"好。"男人又从口中吐出一个女子,年纪大约二十几岁,一起喝酒谈笑了很久,听见书生有动静,男人说:"两个人已经睡醒了。"因此将所吐的女子吞回口中。不一会儿,书生处的那个女子就出来了,对许彦说:"书生快要起来了!"然后将那男人吞进口中,单独与许彦对坐。这样以后书生起来后对许彦说:"这一小觉睡得太久了,让你单独坐着,很闷郁吧?天已经很晚了,应当与你告别。"便将那女子,器皿又全吞进口中,只留下一个二尺多的大铜盘,与许彦告别道:"没什么好东西报答你,给你留着回忆吧!"

太元年间许彦做兰台令史,将那大铜盘送给侍中张散;张散看上面的铭文,说是东汉永平三年制作的。

八十三　荀子·劝学

【导读】

荀子(约前313—约前238),名况,字卿,又称"荀卿"。战国末期赵国人,是思想家、教育家、政治家,也是先秦唯物主义哲学的集大成者。荀子学识渊博,善为《诗》《礼》《易》《春秋》,继承并发展了儒家学说,还吸收了一些别家之长,故在儒家中自成一派。对人性,荀子主张性恶,和孟子的性善针锋相对。提出人应该顺应自然但也可改变自然,即所谓"制天命而用之"的人定胜天的思想。

《荀子》一书汇集了荀子一生的思想精华,全书共有32篇。内容可谓博大精深,涉及哲学思想、政治理论、治学方法、立身处世、学术论辩、经济军事等诸多方面,反映了荀子的思想体系和特点。《劝学》是《荀子》的第一篇,也是代表篇目之一,旨在谈论为学的重要性,劝勉人们勤奋读书,持恒专一,学以致用。

君子曰:学不可以已[1]。青、取之于蓝,而青于蓝;冰、水为之,而寒于水。木直中绳[2],𫐓以为轮[3],其曲中规。虽有[4]槁暴[5],不复挺者,𫐓使之然也。故木受绳则直,金就砺则利[6],君子博学而日参省乎己[7],则知明而行无过矣。

故不登高山,不知天之高也;不临深溪,不知地之厚也;不闻先王之遗言,不知学问之大也。干越夷貉之子[8],生而同声,长而异俗,教使之然也。《诗》曰:"嗟尔君子,无恒安息。靖共尔位[9],好是正直。神之听之,介尔景福[10]。"神莫大于化道;福莫长于无祸。

吾尝终日而思矣,不如须臾之所学也。吾尝跂而望矣[11],不如登高之博见也。登高而招,臂非加长也,而见者远;顺风而呼,声非加疾也,而闻者彰。假舆马者[12],非利足也,而致千里;假舟楫者,非能水也,而绝江河[13]。君子生非异也[14],善假于物也。

……

积土成山,风雨兴焉;积水成渊,蛟龙生焉;积善成德,而神明自得,圣心备焉。故不积跬步[15],无以至千里;不积小流,无以成江海。骐骥一跃[16],不能十步;驽马十驾[17],功在不舍。锲而舍之,朽木不折;锲而不舍[18],金石可镂[19]。蚓无爪牙之利,筋骨之强,上食埃土,下饮黄泉,用心一也。蟹六跪而二螯[20],非蛇鳝之穴无可寄托者,用心躁也。

——选自《荀子简释》(有删节),梁启雄著,中华书局,1983年

注释

[1] 已:停止。

[2] 中(zhòng):符合,恰好对上。

[3] 鞣(róu):通"煣",用微火熏烤木材使它变弯曲。

[4] 有:通"又"。

[5] 槁(gǎo):枯干。暴(pù):通"曝",晒。

[6] 砺:磨刀石。

[7] 参:检查。省(xǐng):反省。

[8] 干、越:皆国名,在今江苏浙江一带。夷、貉(mò):当时居住在东方和北方的少数民族。

[9] 靖:安定,安宁,共:通"供",供奉。

[10] 介:给。景福:大福。

[11] 跂(qǐ):通"企",踮起脚跟。

[12] 假:凭借。

[13] 绝:横渡。

[14] 生:通"性",指先天条件。

[15] 跬(kuǐ):古时称人行走,举足一次为跬,举足两次为步,故半步叫"跬"。

[16] 骐骥:良马。

[17] 十驾:十天的行程。

[18] 锲(qiè):刻。舍:放弃。

[19] 镂:雕刻。

[20] 跪:脚。螯(áo):螃蟹等节肢动物身前的大爪。

译文

　　君子说：学习不能够停止。靛青是从蓼蓝中提炼出来的，但比蓼蓝更青；冰是由水凝固而成的，但比水寒冷。木材挺直，符合木工的墨线。经火烘烤弯曲做成车轮，它的曲度与圆规画的相合，即使再烘烤暴晒，它也不能再伸直了，这是因为熏烤弯曲使它这样的啊。所以木材经过墨斗画线加工后变直了，金属制成的刀剑在磨刀石上磨过之后变得更锋利了。君子广博地学习知识并且每天对自己进行反省和检查，那么就会见识高远而在行动上不会出现错误。

　　所以，不登上高山，就不知道天的高远；不亲自到深谷中，就不知道大地的厚度；不听先王的遗言，就不知道学问的渊博。干国、越国、夷族、貉族的孩子，生下来时哭声是相同的，长大后他们的习俗却各不相同，这是由于后天的教育教化的不同而造成的。《诗经》中说："你们这些君子啊，不要总是只贪图安逸享受，要安心地做好自己的本职工作，爱好正直的德行。天神知道了，就会赐给你们幸福。"精神修养莫大于与圣贤之道相融合，真正的幸福莫过于没有灾祸。

　　我曾经整天在思考，但不如片刻学习所得到的；我也曾经踮起脚跟而远望，可是不如登上高山所见到的开阔。登上高山挥手，手臂并没有加长，但别人在很远的地方就能看得到；顺风大声呼唤，声音并没有加强，但远处的人听得很清楚。骑马、坐车外出的人，并不是他的双脚善于走路，但他能到达很远的地方；凭借船和桨走水路的人，并不是会游泳，却能横渡大江、大河。君子的先天禀赋和别人没有什么不同，只不过是善于借用外物罢了。

　　……

　　堆积泥土会成为高山，风雨就会从那里兴起；汇积流水可形成深渊，蛟龙就会在深渊中生长；积累善行成为有德行的人，自己会心净智明，这样，圣人的修养也就具备了。所以，不半步半步地积累，就无法到达千里之外；不汇集涓涓小溪，就不可能形成大江大河。千里马一跃，不能超过十步，劣马走十天能到达千里之外，原因在于它不停地努力。雕刻东西中途放弃，即便是腐烂的木头也不能刻断；如

果不停地刻下去,即使是石头、金属也能雕空。蚯蚓没有锐利的爪牙和强壮的筋骨,但它可以吃到上面的泥土,可以喝到地下泉水,这是因为它用心专一的结果;螃蟹有八只脚两只螯,但它只能寄居于蛇、黄鳝的洞穴中,这是因为它用心浮躁的缘故。

八十四　颜氏家训·慕贤

【导读】

颜之推(531—约590)，字介，琅琊临沂(今山东省临沂市)人。北齐文学家、教育家、思想家和史学家。颜之推出身于书香门第。著述甚丰，有文集30卷，其中以《颜氏家训》最为著名。该书共20篇，集中反映了作者的教育思想，对后世影响极大。

《颜氏家训》是中国历史上第一部内容丰富、体系宏大的家训，也是一部学术史名著。纵观《颜氏家训》全书，其内容涉及许多领域，主要表现在以下几个方面：一是颜之推强调教育思想应以儒学为核心。他认为"古之学者为人，行道以利世也；今之学者为己，修身以求进也"。他推崇"古者圣王有胎教之法"。尤其重视对孩子的早期教育，还强调环境对人的成长的重要性。二是《颜氏家训》对儒学、佛学、文学等都提出自己独特的见解。作者强调儒学的社会功能，认为儒学经术只是手段，经世致用才是最终目的。历代统治者对《颜氏家训》非常推崇，甚至认为"古今家训，以此为祖"，被后世广为征引，反复刊刻，虽历经千余年而不佚，可见影响之大。

古人云。千载一圣。犹旦暮也[1]。五百年一贤。犹比髆也[2]。言圣贤之难得。疏阔如此[3]。傥遭不世明达君子[4]。安可不攀附景仰之。乎。吾生于乱世。长于戎马。流离播越[5]。闻见已多。所值名贤。未尝不心醉魂迷向慕之也[6]。人在少年。神情未定。所与款狎[7]。熏渍陶染[8]。言笑举动。无心於学。潜移暗化[9]。自然似之。何况操履艺能[10]。较明易习者也[11]。是以与善人居。如入芝兰之室[12]。久而自芳也。与恶人居。如入鲍鱼之肆[13]。久而自臭也。墨悲于染丝[14]。是之谓矣。君子必慎交游焉。孔子曰无友不如己者[15]。"颜闵之徒[16]。何可世得[17]。但优于我。便足贵之。世人多蔽[18]。贵耳贱目。重遥轻近。少长周旋[19]。如有贤哲。每相狎侮[20]。不加礼敬。他乡异县。微藉风声[21]。延颈企踵[22]。甚於饥渴。校其长短。核其精粗[23]。或彼不能如此矣。所以鲁人谓孔子为东家丘[24]。昔虞国宫之奇。少长于君。君狎之[25]。不纳其谏。以至亡国[26]。不可不留心也。

——选自《颜氏家训》(有删节),颜之推撰,司马光撰,上海古籍出版社,1992年

注释

[1] 旦暮:从早到晚。

[2] 比髆(bó):比,紧靠;髆,肩胛,肩膀;比髆:肩膀挨着肩膀,比喻一个接着一个连续不断,极言其多。

[3] 疏阔:不密,稀疏。

[4] 不世:世上罕有。

[5] 播越:流亡,离散。

[6] 心醉魂迷:形容景慕崇仰之深切。

[7] 神情:精神、性情。款狎:款洽狎习,指互相间关系亲密,经常在一起。

[8] 熏渍陶染:熏炙、浸渍、陶冶、濡染,指逐渐同化。

[9] 潜移暗化:今多说"潜移默化",指思想行为性格受外界感染不知不觉起变化。

[10] 操履:指操守德行。艺能:技艺才能。

[11] 较:通"皎",明显的意思。

[12] 芝兰:即芷草与兰花,是两种有香味的草本植物。

[13] 鲍鱼:一种用盐渍过的鱼,有一种很浓的腥臭味。肆:店铺、作坊。

[14] 悲于染丝:指墨子感于染丝之事而发的叹论,说洁白的丝染在什么颜色里就会变成什么颜色,所以染丝不能不谨慎。语见《墨子·所染》:"子墨子见染丝者而叹曰:'染于苍则苍,染于黄则黄,所入者变,其色亦变,五入而已则五色矣。故染不可不慎也。'"

[15] 无友不如己者:语见《论语·学而》,不要跟不如自己的人做朋友。

[16] 颜闵:即颜回和闵损。他们都是孔子学生中的佼佼者。

[17] 世得:常得,常有。

[18] 蔽:本义蒙蔽,这里引申义为壅蔽不能通晓明达。

[19] 少长:从小长到大。周旋:此指交往。

[20] 狎:亲近、轻慢。侮:侮弄。

[21] 借:凭借,依靠。风声:名声。

[22] 延:引,伸。企踵:踮起脚后跟。

[23] 校:比较。核:审核。

[24] 东家丘:丘是孔子的名,他是鲁国人,又住在东边,所以当地人就随便地称其为"东家丘",

表明孔子的乡人们并不尊重他。

[25] 君狎子：国君与官之奇过分亲近。

[26] 亡国：指春秋时，晋国想借路虞国去伐虢国，大臣官之奇进谏，劝说虞国国君拒绝晋国的要求。虞国国君不听，结果晋军攻灭虢国班师途中趁机也灭了虞国。事见《左传·僖公五年》。

译文

古人说："一千年出一位圣人，还近得像从早到晚之间；五百年出一位贤人，还密得像肩碰肩。"这些说的都是圣贤难得，旷世不遇。若谁有幸一生中遇到一位圣人或贤士，怎能不攀附景仰啊！我出生在乱离之时，长成在兵马之间，迁移流亡，见闻已多，遇上名流贤士，没有不心醉神迷地向往仰慕。人年轻的时候，精神性情都未定型，与那些情投意合的朋友朝夕相处，尽管没有刻意去学习朋友的言谈笑貌、举手投足，但在潜移默化、耳濡目染中，自然与朋友相似起来。更何况操守德行、技艺才能等，是很明显地容易学习的东西呢！因此说，和善人住在一起，就如同进入满是芷草、兰花的屋子，时间久了，自己也变得芬芳满溢；若是和恶人在一起，如同进入卖鲍鱼的店铺，时间一久自然就腥臭。难怪墨子看到染丝的情况，会感叹丝染在什么颜色里就会变成什么颜色。因此，君子一定要谨慎的交结朋友。孔子说："不要和不如自己的人做朋友。"像颜回、闵损那样的人，哪能常有，只要有胜过我的地方，就很可贵。世上的人多有所壅蔽不能通明，重视耳闻的而轻视目睹的，重视远处的而轻视身边的。从小到大在一起相处的人，如果有了贤士哲人，也往往轻慢，缺少礼貌尊敬。而处在远方异地的人，而对身居别县他乡的，稍稍传闻名声，就会伸长脖子、踮起脚跟，如饥似渴地想见一见。其实，客观地比较一下两者的长短、优劣，也许远方的人还不如身边的人呢。正因如此，鲁国人称孔子为"东家丘"。从前虞国的宫之奇从小生长在虞君身边，虞君对他很随便，听不进他的劝谏，终于落了个亡国的结局，真不能不留心啊！

八十五　酉阳杂俎·叶限

【导读】

段成式(803—863),字柯古,齐州临淄(今山东省淄博市)人,唐代著名志怪小说家。段文昌之子,段安节之父。唐懿宗咸通四年(863),以门荫授校书郎。家多奇书秘籍,无所不览,博学强记。段成式工诗,有文名。在诗坛上,与温庭筠、李商隐齐名,号"三十六体"。信佛读经,饮酒赋诗唱和,以解其忧,诗中多流露出超脱世俗的情绪。著有《庐陵官下记》2卷,今佚。其《酉(yǒu)阳杂俎(zǔ)》20卷,《续集》10卷传世。

《酉阳杂俎》20卷,分30篇,续集10卷,分6篇,《新唐书·艺文志》列入子部小说家类,其自序亦称之为"志怪小说之书"。书中记述了古代中外传说、神话、故事,有唐代统治阶级的秘闻轶事,南北朝聘使者的应对和礼仪,以及民间婚丧嫁娶、风土民俗,等等。多数是杂记琐事,篇幅极短,但涉猎广博,内容颇杂,人事、神怪、动物、植物无所不记。鲁迅《中国小说史略》即认为"而在唐时,则犹之独创之作矣",后人称之为"杂俎体"小说。题目为编者所加。

南人相传[1]。秦汉前有洞主吴氏[2]。土人呼为吴洞。娶两妻。一妻卒。有女名叶限。少慧。善淘金。父爱之。末岁父卒。为后母所苦。常令樵险汲深。时尝得一鳞二寸余,赪鳍金目[3]。遂潜养于盆水。日日长。易数器。大不能受。乃投于后池中。女所得余食。辄沉以食之。女至,池鱼必露首枕岸。他人至,不复出。其母知之。每伺之。鱼未尝见也。因诈女曰。尔无劳乎。吾为尔新其襦[4]。乃易其弊衣。后令汲于他泉。计里数百也。母徐衣其女衣。袖利刃。行向池呼鱼。鱼即出首。因斫杀之[5]。鱼已长丈余。膳其肉。味倍常鱼。藏其骨于郁栖之下[6]。逾日。女至向池。不复见鱼矣。乃哭于野。忽有人披发粗衣。自天而降。慰女曰。尔无哭。尔母杀尔鱼矣。骨在粪下。尔归。可取鱼内藏于室。所须。第祈之。当随尔也。女用其言。金玑衣食随欲而具[7]。及洞节[8]。母往。令女守庭果。女伺母行远。亦往。衣翠纺上衣[9]。蹑金履。母所生女认之。谓母曰。此甚似姊也。母亦疑之。女觉。遽反。遂遗一只履。为洞人所得。母归。但见女抱庭树眠。亦不之虑。其洞邻海岛。岛中有国名陀汗。兵强。王数十岛[10]。水界数千里。洞人遂货其履于陀汗国。国主得之。命其左右履之。足小者履减一寸。乃令一国妇人履之。竟无一称者。其轻如毛。履石无声。陀汗王意其洞人以非道得之[11]。遂禁锢而栲掠之。竟不知所从来。乃以是履弃之于道旁。即遍历人家捕之。若有女履者。捕之以告。陀汗王怪之，乃搜其室。得叶限。令履之而信。叶限因衣翠纺衣。蹑履而进。色若天人也。始具事于王[12]。载鱼骨与叶限俱还国。其母及女。即为飞石击死。洞人哀之。埋于石坑。命曰懊女冢。洞人以为禖祀[13]。求女必应。陀汗王至国。以叶限为上妇[14]。一年。王贪求。祈于鱼骨。宝玉无限。逾年。不复应。王乃葬鱼骨于海岸。用珠百斛藏之。以金为际。至征卒叛时。将发以赡军[15]。一夕为海潮所沦。成式旧家人李士元所说[16]。士元本邕州洞中人[17]。多记得南中怪事[18]。

——选自《酉阳杂俎附续集》(有删节)，段成式撰，商务印书馆，1937年

注释

[1] 南人：此处指岭南各少数民族。
[2] 洞：即峒(dòng)，我国西南少数民族聚居地方的泛称。洞主即部族首领。
[3] 赪(chēng)：红色。
[4] 襦(rú)：穿在单衫外面的短袄。
[5] 斫：斧头。
[6] 郁栖：粪土。即农家堆肥，粪埋在泥土内，使它发酵腐熟。
[7] 玑：不圆的珠或小珠。这里泛指珠玉。
[8] 洞节：少数民族的节日。
[9] 翠纺：用翠鸟羽毛编织的衣服。
[10] 王：此指统治。

[11] 非道:不正当的途径。

[12] 具事:说明事实。

[13] 媒祀:为求婚而进行的祭祀,祈祷。

[14] 上妇:贵妇,指国王嫔妃。

[15] 赡:供养、供给。

[16] 旧家人:从前的奴仆。

[17] 邕(yōng)州:古地名。治所在今广西南宁市。

[18] 南中:指岭南地区。

译文

南方人相传,秦汉以前有位洞主姓吴,当地人称他吴洞。他娶了两个妻子,一个妻子去世,留下个女孩名叫叶限。叶限从小聪明,擅长沙里淘金,父亲很疼爱她。后来父亲去世,后母虐待她,常常让她去高山砍柴,下深潭汲水。有一次,叶限得到了一条两寸多长的小鱼,红色的尾鳍,金色的眼睛。就把鱼儿偷偷养在水盆中,鱼儿天天长大,水盆换了几个,鱼儿大得装不下了,就把鱼放养在屋后池塘里。她经常将自己省下的食物撒入池水喂养鱼儿,只要女孩来到池边,鱼儿一定露出头,靠在岸边,而其他的人来,鱼儿就不再出来。叶限的后母知道了,每次悄悄地守候池边,可是鱼儿不曾出现过。于是后母骗叶限说:"你最近太辛苦了,我为你做了件新衣服。"于是把她的旧衣服藏了起来,然后又让她到别的泉水那里去汲水,来回的路程有几百里。后母穿上叶限的旧衣服,袖子里藏着锋利的刀子走到池塘边呼唤鱼,那鱼把头露了出来,后母趁机把它砍死了。这条鱼已有一丈多长,鱼肉烧成菜,味道比普通鱼更鲜美,后母把鱼骨埋藏在粪堆下面。过了一天,叶限回家,来到池边,可怎么也见不到鱼了,于是跑到野外哭泣。忽然有人披散头发,穿着粗布衣服,从天上降下,劝慰她说:"你不要哭了,你的鱼被你后母砍死吃掉了,骨头就埋在粪堆下,你回去可以取出鱼骨来藏在自己房里,你想要什么,只要向鱼骨祈求,就会如愿以偿。"叶限照这个人的话做了,果然金玉珠宝,吃的穿的想要什么都可以得到。到了洞节那天,后母要出去参加集会,让叶限在家看守院子里的果树。叶限等后母走远了,穿上翠鸟羽毛编纺的衣服、金银丝线做成的鞋子也跟着去了。在集会上,后母所生的女儿认出了叶限,对母亲说:"这个人很像是姐姐。"后母也起了疑心,叶限觉察到了,急忙赶回家中,慌乱中掉了一只鞋被洞人捡了去。后母回到家,见叶限正抱着果树睡觉,也就不再怀疑她了。叶限居住的洞邻近海岛,岛上有个叫陀汗的国家,兵力强盛,统治着几十个岛国,所控制的水域有几千里。那个洞人把捡到的金鞋拿到陀汗国出售,被陀汗国王得到了,他让自己身边的人试穿,最小的穿上去鞋子也差一寸。他又让全国的妇人都来试穿,竟然没有一个合适的。那鞋子轻得像羽毛,踩在石头上也没有声音,陀汗王猜测那个洞人是通过不正当的途径得到鞋的,于是拘禁并拷打他,最终也不知鞋是从哪里来的。国王就把这只鞋子扔在路旁,并派人挨家挨户搜查,若发现有女人穿同样的鞋子,就抓来报告。最后找到叶限,让她穿上试试,然后就相信了。于是叶限又穿上翠羽衣和金丝鞋进见,容貌如天上的仙女。这才向国王陈述事实,陀汗王带着叶限和鱼骨回国。后母和她的女儿们都被飞石打死了,洞人可怜她们,就挖了个石坑埋起来,叫作"懊女冢"。当地人当作媒神祭祀,求之必应。陀汗王回到国内,把叶限当作贵妇。有一年,国王起了贪念,向鱼骨祈求,得到了无数奇珍异宝。过了一年,又向鱼骨求宝,就什么也得不到了。国王就把鱼骨埋葬在海岸边,还埋藏下百斛珍珠,甩金子作边框。后来当被征集入伍的士兵发生叛乱时,国王想挖出珠宝供养部队。谁知一夜之间全被海潮卷没了。这个故事是成式过去的仆人李士元所说的,李士元原来就是邕州的洞人,南国的稀奇古怪的事情他记得很多。

八十六　虞初新志·核舟记

【导读】

魏学洢（1596—1625），字子敬，号茅檐，明末嘉善县（今浙江省嘉兴市）人，是当地有名的秀才，也是一代明臣魏大中的长子。一生没有做过官，敏而好学，善为文。魏大中因弹劾权宦魏忠贤而遭诬害，他自己也因受到阉党威逼而悲愤至死。著作有《茅檐集》，《核舟记》是其代表作，被清初张潮编志的《虞初新志》收录，生动地描述了一件精巧绝伦的微雕工艺品和雕刻人的高超境界。

明有奇巧人曰王叔远[1]，能以径寸之木[2]，为宫室器皿人物[3]，以至鸟兽木石[4]，罔不因势象形[5]，各具情态。

尝贻余核舟一[6]，盖大苏泛赤壁云[7]。舟首尾长约八分有奇[8]，高可二黍许[9]。中轩敞者为舱[10]，箬篷覆之[11]。旁开小窗，左右各四，共八扇。启窗而观，雕栏相望焉。闭之，则右刻"山高月小，水落石出[12]"，左刻"清风徐来，水波不兴[13]"；石青糁之[14]。

船头坐三人，中峨冠而多髯者为东坡[15]，佛印居右[16]，鲁直居左[17]。苏、黄共阅一手卷，东坡右手执卷端[18]，左手抚鲁直背；鲁直左手执卷末，右手指卷，如有所语。东坡现右足，鲁直现左足，各微侧。其两膝相比者[19]，各隐卷底衣褶中。佛印绝类弥勒[20]，袒胸露乳，矫首昂视，神情与苏、黄不属[21]。卧右膝，诎右臂支船[22]，而竖其左膝；左臂挂念珠倚之[23]，珠可历历数也[24]。舟尾横卧一楫[25]，楫左右舟子各一人[26]。居右者椎髻仰面[27]，左手倚一衡木[28]，右手攀右趾，若啸呼状[29]。居左者右手执蒲葵扇，左手抚炉，炉上有壶，其人视端容寂，若听茶声然。

其船背稍夷[30]，则题名其上，文曰："天启壬戌秋日[31]，虞山王毅叔远甫刻[32]。"细若蚊足，钩画了了；其色墨。又用篆章一，文曰："初平山人"；其色丹。

通计一舟，为人五，为窗八，为箬篷，为楫、为炉、为壶、为手卷、为念珠各一；对联题名并篆文,为字共三十有四;而计其长,曾不盈寸[33]。盖简桃核修狭者为之[34]。……

嘻,技亦灵怪矣哉[35]!

——选自《虞初新志》(有删节),张潮辑,河北人民出版社,1985年

注释

[1] 奇巧人:技艺奇妙精巧的人。王叔远:明代民间微雕艺人。

[2] 径:直径。

[3] 器皿:指器具。盘、碗一类的东西。

[4] 以至:以及。

[5] 罔不:无不,全都。因:顺着,就着。象:模仿,这里指雕刻。情态:神态。

[6] 贻:赠。

[7] 盖:表示推测的句首语气词。泛:泛舟,坐船游览。云:句尾语助词。

[8] 有奇(yòu jī):多一点。有:通"又",用来连接整数和零数。奇:零数。

[9] 可:大约。黍:又叫黍子,去皮后叫黄米。一说,古代一百粒排列起来的长度是一尺,因此一个黍粒的长度是一分。许:上下。

[10] 轩:高起。敞:敞开。

[11] 箬(ruò)篷:用箬竹叶做成的船篷,箬的异形字是"篛"。

[12] 山高月小,水落石出:苏轼《后赤壁赋》里的句子。

[13] 清风徐来,水波不兴:苏轼《赤壁赋》里的句子。清:清凉。徐:缓缓地,慢慢地。兴:起。

[14] 石青:一种青绿色的矿物颜料。糁(sǎn):涂。

[15] 峨冠:高高的帽子。髯(rán):两腮的胡须。这里泛指胡须。

[16] 佛印:和尚,苏轼的朋友。

[17] 鲁直:宋代诗人、书法家黄庭坚,字鲁直,他也是苏轼的朋友。

[18] 执:拿着。

[19] 比:靠近。

[20] 绝类:极像。

[21] 不属(zhǔ):不相类似。

[22] 诎:同"屈",弯曲。

[23] 念珠:信佛教的人念佛时用以计数的成串珠子。

[24] 历历:分明可数的样子。

［25］楫：船桨。

［26］舟子：撑船的人，船夫。

［27］椎髻：梳成椎形发髻。

［28］衡：通"横"，横着。

［29］啸呼：大声呼叫。

［30］夷：平。

［31］天启壬戌：天启壬戌年，就是1622年。天启，明熹宗朱由校年号。

［32］甫：通"父"，古代对男子的美称，多附于字之后。

［33］盈：满。

［34］修狭：长而窄。

［35］技亦灵怪矣哉：矣和哉连用有加重惊叹语气的作用。

译文

明朝有个手艺奇妙精巧的人叫王叔远，他能用直径一寸左右的木头，雕刻成宫室、器皿、人物，以及飞鸟走兽、树木石头，而且都能按着木头的原来的样子来摹拟那些东西的形状，各有各的神情姿态。

他曾经赠送我一只用桃核雕刻成的小船，刻的是苏东坡泛舟游览赤壁的情景。核舟从头到尾大约有八分多长，大约有两个黄米粒那么高。中部高起而宽敞的地方是船舱，用箬竹叶做成的船篷覆盖着它。船舱的两旁开有小窗，左边和右边各四扇，一共八扇。打开窗子看，雕刻着花纹的栏杆左右相对。关上窗子，可欣赏到右边窗上刻着"山高月小，水落石出"八字，左边窗上刻着"清风徐来，水波不兴"八字，用石青涂在刻着字的凹处。

船头坐着三个人，中间那个戴着高高的帽子并且长着浓密胡须的是苏东坡，佛印和尚坐在他的右边，黄鲁直坐在他的左边。东坡和鲁直正在共看一幅手卷。东坡右手拿着手卷的右端，左手搭在鲁直的背上。鲁直左手拿着手卷的末端，右手指着手卷，好像在讲什么话似的。东坡露出右脚，鲁直露出左脚，各自微侧着身体，他们的互相靠近的两膝，都隐蔽在手卷底下的衣服皱褶中。佛印极像弥勒佛，袒露胸脯，

329

露出乳头,抬头仰望着天空,神态表情与苏、黄二人不同。他卧倒右膝,弯曲着右臂支撑在船板上,竖起他的左腿,左臂挂着念珠靠在左膝上,念珠可以一粒一粒清清楚楚地数出来。船尾横放着一支桨,桨两旁各有一个船夫。在右边的那个梳着椎形发髻,仰面朝天,左手靠着一根横木,右手扳住右脚趾头,好像在大声呼叫的样子。在左边的那个右手拿着一柄蒲葵扇,左手摸着炉子,炉子上放一把水壶,那个人目光正视茶炉,神色平静,好像在凝神倾听茶水烧煮的声音。

　　船的底部稍平,就在上面题上作者的名字,题的字是"天启壬戌秋日,虞山王毅叔远甫刻",笔画细得像蚊子脚,一钩一画都清清楚楚,字的颜色是黑的。又用上一颗篆字印章,文字是"初平山人",颜色则是红的。

　　总计整条船,刻有五个人,八扇窗,箬竹船篷、船桨、茶炉、水壶、手卷、念珠各一件;对联、题名以及篆字印章,刻的字共有三十四个。可是计量核舟的长度,甚至还不满一寸。原来这是挑选了长而窄的桃核雕刻成的。……

　　啊,这技艺也真是奇妙啊!

八十七　郁离子·智力

【导读】

刘基(1311—1375),字伯温,青田县南田乡(今浙江省温州市)人,也称刘青田,元末明初的军事家、政治家、文学家,明朝开国元勋。刘基通经史、晓天文、精兵法。在文学史上,他与宋濂、高启并称"明初诗文三大家",是元明鼎革之际一位举足轻重的诗文大家。其诗文理论力主讽喻之说,提倡理、气并重,重视时代风格。其经世致用的文学思想对于扫荡元季文坛纤弱之风,为明初新一代文风之振起,在理论上起了开道作用。其诗多议政,有强烈的参政意识和批判精神。其所议论的范围包括元季至正年间吏治、军政等种种社会弊端。从诗歌的渊源角度考察,以诗议政,客观上承续宋人"以议论为诗"之传统,主观上则因其固有的经世致用的文学观念使然。诗作情、理兼具,既有社会认识价值,又有艺术审美价值。其词题材广泛,内容丰厚,艺术上长于兴寄、铺叙且善于用典。描景状物秀丽入神,造语精工典雅,词风以婉丽为主。其寓言文学不仅内容博大精深,还阐明了他的政治、经济、军事、哲学、伦理、道德等观点,还表现了他的审美观和价值观。

《郁离子》:郁,指有文采的样子;离,是八卦之一,代表火,郁离,就是文明的意思,其谓天下后世若用斯言,必可抵文明之治。此书是刘基在元代末年隐居青田山时所写,包括千里马、鲁班等18篇,195条,后收入《诚意伯文集》。《郁离子》一书不仅集中反映了作为政治家的刘伯温治国安民的主张,也反映了他的人才观、哲学思想、经济思想、文学成就、道德为人以及渊博学识。

　　郁离子[1]曰:"虎之力,于人不啻[2]倍也。虎利[3]其爪牙而人无之,又倍[4]其力[5]焉,则人之食于虎也无怪矣。然虎之食人不恒见,而虎之皮人常寝处之[6],何哉?虎用力,人用智;虎自用其爪牙,而人用物。故力之用一,而智之用百。爪牙之用各一,而物之用百。以一敌[7]百,虽猛必不胜。故人之为虎食者,有智与物而不能用者也。

是故天下之用力而不用智,与自用而不用人者,皆虎之类也。其为人获[8]而寝处其皮也,何足[9]怪哉?"

——选自《郁离子评注》,刘基原著,傅正谷评注,天津古籍出版社,1987年

注释

[1] 郁离子:虚拟人名。是一个贯穿全书的人物,他有时是故事的主人公,有时是故事的评论者,在很大程度上是作者的化身。

[2] 啻(chì):只,仅。不啻倍:不止大一倍。

[3] 利:以……为利。

[4] 倍:比……大几倍。

[5] 又倍其力:它的力量又加倍了。

[6] 寝处之:指睡在它(虎皮)上面。

[7] 敌:对抗。

[8] 获:捕获。

[9] 足:值得。

译文

郁离子说:"老虎的力量同人相比,所差不止一倍。虎爪牙锋利而人没有那样的尖爪利牙,老虎的力量又比人大几倍,所以人被虎吃掉,就没有什么奇怪的了。然而虎吃人不常见,而虎皮人常常铺它用它,为什么呢?虎用力气,人用智慧;虎用自己的爪牙,而人借助外物。所以力量的功用只有一点,而智慧的功用非常之多;爪牙的功用是一,而物的功用是百;用一来对抗百,即使勇猛必也不一定能取胜。人被虎吃掉,是因为有智慧和工具而不能利用。所以天下那些只用力气却不用智慧,和只发挥自己的作用而不借助别人的人,都跟老虎一样。他们像老虎那样被别人捕捉,被人所杀而坐卧在他们的皮上,有什么值得奇怪的呢?"

八十八　元史·欧阳玄传

【导读】

宋濂(1310—1381),字景濂,号潜溪,别号玄真子,明初政治家、文学家。他自幼家境贫寒,但聪敏好学,一生刻苦学习。元朝末年,元顺帝曾召他为翰林院编修,他以奉养父母为由,辞不应召,修道著书。他为文主张"宗经""师古",取法唐宋,著作甚丰。他的著作以传记小品和记叙性散文为代表,散文或质朴简洁,或雍容典雅,各有特色。与高启、刘基并称为"明初诗文三大家",又与章溢、刘基、叶琛并称为"浙东四先生"。被明太祖朱元璋誉为"开国文臣之首"。

《元史》是一部纪传体元朝史书,24史之一,是在明朝初期,明太祖朱元璋命宋濂、王祎等编著的。该书的编撰时间起于洪武元年(1368),最终成书于洪武三年(1370)。《元史》全书共210卷,其中本纪47卷,共记载了元朝14位皇帝;志58卷,分天文、历、五行、河渠、地理、祭祀、礼乐、舆服、选举、百官、兵、刑及食货,共13类;表8卷,分后妃、宗室世系、诸王、诸公主、三公、宰相,共6类;列传97卷。共收录人物1200多人。《元史》成书时间距离元朝灭亡的时间很短,因此书中所引用的史料很多都直接借鉴元朝流传下来的文献资料,因此保留了很多珍贵史料。同时,由于参加编写的史官都经历过元朝的统治,还有很多人曾在元朝为官,因此可以作为元朝历史的见证人。但是,由于朱元璋急于成书,再加上宋濂等人并非历史学家,所以《元史》错讹漏误颇多,或人物排列失时,或为一人立两传,不一而足。所以,此书虽有很高史料价值,但因其太过草率,故后人对此书多有修补。

欧阳玄字原功,其先家庐陵,与文忠公修同所自出。至曾大父新,始迁居浏阳,故玄为浏阳人。幼岐嶷,母李氏,亲授孝经、论语、小学诸书,八岁能成诵,始从乡先生张贯之学,日记数千言,即知属文。十岁,有黄冠师注目[1]视玄,谓贯之曰:"是儿神气凝远,目光射人,异日[2]当以文章冠世,廊庙之器也。"言讫而去,亟追与语,已失所之。部使者行县,玄以诸生见,命赋梅花诗,立成十首,晚归,增至百首,见者骇异之。年十四,益从宋故老习为词章,下笔辄成章,每试庠序[3],辄占高等。弱冠,下帷数年,人莫见其面,经史百家,靡不研究,伊、洛诸儒源委,尤为淹贯。

延祐元年,诏设科取士,玄以尚书与贡。明年,赐进士出身,授岳州路平江州同知。调太平路芜湖县尹。县多疑狱,久不决,玄察其情,皆为平翻[4]。豪右不法,虐其驱奴,玄断之从良。贡赋征发及时,民乐趋事,教化大行,飞蝗独不入境。改武冈县尹。县控制溪洞,蛮獠杂居,抚字稍乖,辄弄兵犯顺。玄至逾月,赤水、太清两洞聚众相攻杀,官曹相顾失色,计无从出。玄即日单骑从二人,径抵地谕之。至则死伤满道,战斗未已。獠人熟玄名,弃兵仗,罗拜马首曰:"我曹非不畏法,缘诉某事于县,县官不为直,反以徭役横敛掊克之,情有弗堪,乃发愤就死耳。不意烦我清廉官自来。"玄喻以祸福,归为理其讼,獠人遂安[5]。

召[6]为国子博士,升国子监丞。致和元年,迁翰林待制,兼国史院编修官。时当兵兴,玄领印摄院事,日直内廷,参决机务,凡远近调发,制诏书檄。……更张朝政,事有不便者,集议廷中,玄极言无隐。科目之复,沮者尤众,玄尤力争之。诏修辽、金、宋三史,召为总裁官,发凡举例,俾论撰者有所据依;史官中有悻悻露才、论议不公者,玄不以口舌争,俟其呈稿,援笔窜定之,统系自正。至于论、赞、表、奏,皆玄属笔。五年,帝以玄历仕累朝,且有修三史功,谕旨丞相,超授爵秩,遂拟拜翰林学士承旨。

……

十七年春,乞致仕,以中原道梗,欲由蜀还乡,帝复不允。时将大赦天下,宣赴内府。玄久病,不能步履,丞相传旨,肩舆至延春阁下,实异数也[7]。是岁十二月戊戌,卒于崇教里之寓舍,年八十五。帝赐赙甚厚,追封楚国公,谥曰文。

——选自《元史》(有删节),宋濂等撰,中华书局,1976年

注释

［1］注目：凝视。
［2］异日：以后。
［3］庠序：乡学考试。
［4］平翻：公正地进行判决。
［5］安：安定。
［6］召：征召。
［7］实异数也：实在是不同于常例。

译文

欧阳玄，字原功。祖籍庐陵，与欧阳修出自同一宗族，到他的曾祖父欧阳新时才迁居到浏阳，所以他是浏阳人。欧阳玄幼年聪慧，他的母亲李氏亲自教他《孝经》《论语》《小学》等书，八岁能背诵，开始跟随同乡的老师张贯之学习，一天能记几千字，已懂得写文章。十岁时，有一道士凝视欧阳玄，对张贯之说："这个孩子神气凝远，目光逼人，以后会凭借文章成为天下第一，是国家的栋梁之材。"说完就离开了，贯之急忙追赶想与他讲话，已不知他的去向。部使者巡查各县，欧阳玄以学生的身份拜见使者，部使者让他作梅花诗，他立刻作成十首，晚上回去时，增加到上百首，看见的人对此都很惊讶。十四岁时，进一步跟随宋朝遗老学习作词章，下笔就能写成文章，每次参加乡学考试总是位居前列。二十岁时，闭门读书几年，没有人见到过他，经史百家，没有不研究的。

延祐元年，仁宗下诏设科目选取人才，欧阳玄凭借《尚书》参加贡试。第二年，赐予他进士出身，授予岳州路平江州同知之职。调任太平路芜湖县尹。县中多疑难官司，长期不能判决，欧阳玄察明了案情，都公正地进行了判决。豪门大族不遵守法律，虐待他们的家奴，欧阳玄判决这些家奴恢复自由。征调赋税及时，百姓乐意去做自己的工作，政教风化非常盛行，蝗虫唯独不入此县境界。他改任武冈县尹。武冈县控制着溪洞，此处少数民族杂居，抚育爱护稍有违背他们的心意，他们就拿起武器造反。欧阳玄到任一个月后,赤水、太清两洞聚集众人相互攻杀,官吏们互相对视,脸色大变,想不出解决的办法。欧阳玄当天骑马带领两人直接到达獠人争斗的地方劝导他们。到达的时候死伤者满道,战斗还没有停止。獠人熟知欧阳玄的名望,扔掉兵器,排着队拜倒在马前,说:"我们不是不惧怕法律,因为向县衙投诉事情,县官判决不公正,反而用徭役横征暴敛搜刮我们,感情上无法忍受,就决心拼死一搏。没想到麻烦我们的清廉长官亲自前来。"欧阳玄用祸福的道理开导他们,回去为他们审理官司,獠人于是安定下来。

朝廷征召欧阳玄作国子博士,升任国子监丞。致和元年,改任翰林待制,兼任国史院编修官。当时正值战乱,欧阳玄领印代理国史院事务,每天在内廷值班,参与决策机要事务,凡是远近的调拨发运,都由他起草诏令、檄文。……改革朝政,遇有不顺利的事情,在朝廷集中商议,欧阳玄畅所欲言,没有隐讳。事务繁琐,阻挠者非常多,他仍然竭力争取。朝廷下诏修编辽、金、宋三史,召欧阳玄为总裁官,揭示要旨,列举事例,使撰述者有所依据。史官中有因不忿表露才华、议论不公正的人,欧阳玄不用口舌与他们争论,待他们交上稿件,用笔修改审定,都算是他们自己改正的。至于论、赞、表、奏,都由欧阳玄执笔。五年,皇帝因欧阳玄在几朝做官,并且有编修三史的功劳,命令丞相破格授予他爵位和俸禄,于是准备授予他为翰林学士承旨。

……

十七年春,请求辞官,由于中原道路阻塞,打算经四川回乡,顺帝又不答应。当时将要大赦天下,宣他到内府。欧阳玄长期卧病,不能行走,丞相传旨,让他乘轿子到延春阁下,这实在是不同于常例。这年十二月戊戌日,在崇教里的寓所去世,时年八十五岁。顺帝赏赐办理丧事的财物很丰厚,追封他为楚国公,赠谥号为文。

八十九　元杂剧公案卷·灰阑记

【导读】

　　李潜夫(生卒年不详),字行道,又字行甫,绛州(今山西省新绛县)人。元代杂曲作家,元曲平阳七大家之一。《录鬼簿》称其为"绛州高隐"。他终生未仕,隐居乡间,余者不详。仅留杂剧《灰阑记》一种,1933年被选入《世界戏剧》一书,由英国伦敦阿普尔顿出版公司出版,目前有多种语言的译本。另外,德国现代戏剧家布莱希特的《高加索灰阑记》也由它改编而成。

　　《灰阑记》,又名《包待制智勘灰栏记》《包待制智赚灰阑记》《灰栏记》《灰兰记》。所谓"灰阑"中的"灰"者为石灰、草灰之灰,"阑"通"栏",此为圈、界是也。"灰阑"就是采用灰阑等方法判定真假的案例,在古代中外民间流传很广。此剧构思新颖,情节曲折,突出表现了包公明断是非的智慧,也揭露了狼狈为奸、诬陷善良的社会风气以及吏治的黑暗,是一本出色的公案戏。

楔子[1]

　　(老旦[2]卜儿[3]上,云)老身郑州人氏。自身姓刘,嫁的夫主姓张,早年亡逝已过。止生下一儿一女,孩儿唤作张林,也曾教他读书写字;女儿唤作海棠,不要说他姿色尽有,聪明智慧,学得琴棋书画,吹弹歌舞,无不通晓。俺家祖传七辈是科第[4]人家,不幸到老身,家业凋零,无人养济。老身出于无奈,只得着女儿卖俏求食。此处有一财主,乃是马员外。他在俺家行走,也好几时了。他有心看上俺女孩儿,常常要娶他做妾,俺女孩儿倒也肯嫁他。只是俺这衣食饭碗,如何便割舍得。且待女孩儿到来,慢慢的与他从长计议,有何不可。(冲末[5]扮张林上,云)自家张林的便是。母亲,俺祖父以来,都是科第出身,已经七辈,可着小贱人做这等辱门败户的勾当,教我在人前怎生出入也!(卜儿云)你说这般闲话做什么?既然怕妹子辱没了你呵,你自寻趁钱来养活老身,可不好那!(正旦[6]扮海棠上,见科,云)哥哥,你要做好男子,你则养

活母亲者。(张林云)泼贱人,你做这等事,你不怕人笑,须怕别人笑我,我打不得你个泼贱人那!(做打正旦科)(卜儿云)你不要打他,你打我波!(张林云)母亲,不要家烦宅乱,枉惹的人耻笑。我则今日辞了母亲,我往汴京寻我舅舅,自做个营运去。常言道:"男儿当自强。"我男子汉七尺长的身子,出门去便饿死了不成!兀那小贱人,我去之后,你好生看觑[7]母亲,若有些好歹,我不道的轻轻饶了你哩。(诗云)匆匆发忿[8]出家门,别寻生理度寒温。男儿有躯长七尺,不信天教一世贫。(下。正旦云)母亲,似这等唱叫,几时是了?不如将女孩儿嫁与马员外去罢。(卜儿云)儿也说的是。只等马员外来时,我就许下这亲事,则便了也。(副末扮马员外上,云)小生姓马,名均卿,祖居郑州人氏。幼习儒业,颇通经史。因家中有几贯资财,人皆以员外呼之。则是我平昔间酷爱风流,耽情花柳。此处有个上厅行首张海棠,与小生作伴年久,两意相投,我要娶他,这不消说了,他也常常许道要嫁我。被他母亲百般板障,只是不肯通口。我想他也无过要多索些财礼意思。闻得海棠近日,与他哥哥张林唱叫了一场。那张林离了家门,到汴京寻他舅子去了,料得一时间也未必就回。今日恰好是一个吉日良辰,我不免备些财礼求亲去。若是有缘分[9],得成全这一桩好事,岂不美哉。呀!姐姐正在门首。这也是个彩头[10],待我见去。(做见正旦、行礼科。正旦云)员外,你来了也。我再四与母亲说,不如趁我哥哥不在家,许了这门亲事。磨了半截舌头[11],母亲象有许的意思了。我和你见母亲去。(马员外云)奶奶既有此意,也是我修的缘到了。(做入见科。卜儿云)员外,我今日为孩儿张林不孝顺,与老身合气,你讨些砂仁来送我,做碗汤吃。(马员外云)奶奶,自家孩儿,有什么气。我如今特备白金百两,专求令爱[12]的亲事。过门之后,但是你家缺柴少米,都是我来支持,定不教你愁没钱使。今日是个大好日辰,奶奶,你接了财礼,许了这亲事罢。(卜儿云)左右我的女儿在家,也受不得这许多气,便等他嫁了人去,倒也静办。员外,只是你家里有个大浑家哩,我女孩儿过门来,倘或受他欺负,又不如在家的好,也要与员外说个明白。一发讲倒了,才好许你这亲事。(马员外云)奶奶放心,莫说我马均卿不是那等人,便是我大浑家,也不是那等人。令爱到家时,与我大浑家只是姊妹称

呼,并不分甚大小;若是令爱养得一男半子,我的家缘家计,都是他掌把哩。奶奶,再不要你忧虑别的。(卜儿云)员外,只要说定了,我受了你的财礼,我家女儿,便是你马家媳妇,只今日便过门去。孩儿也,不是我做娘的的割舍得你,你可也做人家媳妇去,再不要当行首了也。(正旦云)员外,你那大浑家处,凡百事你须与我做主咱。(唱)

【仙吕】【赏花时】凭着我皓首[13]苍颜老母亲,待着我尽世今生不嫁人。(云)员外,我可也不爱你别的。(马员外云)姐姐!你爱我些甚的来?(正旦唱)我只爱你性儿软,意儿真,我今日寻的个前程定准。(带云)我着那一班姊妹道,张海棠嫁了马员外,可也不枉了。(唱)从此后,不教人笑我做辱家门。(同马员外下)

(卜儿云)今日将俺女孩儿,嫁马员外去了也。受着他这一百两财礼,也勾老身下半世快活受用哩。如今别无甚事,寻俺旧时姑姊妹们,到茶房中吃茶去来。(下)

第一折

(搽旦上,诗云)我这嘴脸实是欠,人人赞我能娇艳。只用一盆净水洗下来,倒也开的胭脂花粉店。妾身是马员外的大浑家。俺员外取得一个妇人,叫做什么张海棠,他跟前添了个小厮儿,长成五岁了也。我瞒着员外,这里有个赵令史,他是风流人物,又生得驴子般一头大行货,我与他有些不伶俐的勾当。我一心只要所算了我这员外,好与赵令史久远做夫妻。今日员外不在家,我早使人唤他去了,这早晚敢待来也。(净扮赵令史上,诗云)我做令史只图醉,又要他人老婆睡。毕竟心中爱者谁,则除脸上花花做一对。自家姓赵,在这郑州衙门做个令史。州里人见我有些才干,送我两个表德,一个叫做"赵皮鞋",一个叫做"赵哈达"。这里有个妇人,他是马均卿员外的大娘子。那一日马员外请我吃酒。偶然看见他大娘子,这嘴脸可可是天生一对,地产一双,都这等花花儿的,甚是有趣。害得我眼里梦里,只是想慕着他,岂知他也看上了我。背后瞒着员外,与我做些不伶俐勾当[14]。今日他使人呼我,不知有甚事?须索去走一遭。来到此间,径自过去。大嫂,你唤我有何计议?(搽旦云)我唤你来,不为别事。想俺两个偷偷摸摸的,到底不是个了期。我一心要合服毒药,谋杀了马员外,俺两个做永远夫妻,可不好么?(赵令史云)你那里是我搭识的表子,只当是我的娘。难道你有此心,我倒没此意?这毒药我已备下多时也。(做取药付搽旦科,云)兀的不是毒药!我交付与你,我自到衙门中办事去也。(下。搽旦云)赵令史去了也,我且把这毒药藏在一处,只等觑个空便,才好下手。呀!我争些儿忘了,今日却是孩儿的生日,教人请员外来,和他到各寺院烧香,佛面上贴金,走一遭去来。(下。正旦上,云)妾身张海棠,自从嫁了马员外,可早五年光景。俺母亲也亡化了,连哥哥也不知那里,至今没个消耗。我跟前所生孩儿,叫做寿郎。自生下这孩儿来,就在那褥草之上,则在姐姐跟前抬举,如今长成五岁了也。今日是我孩儿的生日,员外和姐姐领着孩儿,到那各寺院烧香,佛面上贴金去了。下次小的每,安排下茶饭,等员外姐姐来家食用。张海棠也!自从嫁了员外,好耳根清净也呵!(唱)

【仙吕】【点绛唇】月户云窗,绣帏罗帐。谁承望,我如今弃贱从良,拜辞了这鸣珂巷。

【混江龙】毕罢了浅斟低唱,撇下了数行莺燕占排场。不是我攀高接贵,由他每说短论长。再不去卖笑追欢风月馆,再不去迎新送旧翠红乡。我可也再不怕官司勾唤,再不要门户承当,再不放宾朋出入,再不见邻里推抢,再不愁家私营运,再不管世事商量。每日价喜孜孜一双情意两相投,直睡到暖溶溶三竿日影在纱窗上。伴着个有疼热的夫主,更送着个会板障的亲娘。

——选自《元杂剧公案卷》,关汉卿等著,徐燕平注释,华夏出版社,2000年

注释

[1] 楔子:戏曲、小说的引子。一般放在篇首,用以点明、补充正文,或者说引出正文或是为正

文做铺垫。

［2］老旦：戏曲行当之一，扮演老年妇女的角色。

［3］卜儿：元代戏曲里老娘或老妇人的俗称。宋元时"娘"字俗写成左"女"右"卜"，进而省作"卜"，此处意为老鸨。

［4］科第：即科举考试。

［5］冲末：又称二末，扮演男性角色。

［6］正旦：又称青衣，扮演女性角色，多为端庄、严肃、正派的女性。

［7］看觑(qù)：此处为照看之意。

［8］发忿(fèn)：此处为发愤之意。

［9］缘分：属于有宗教概念党词，指人与人之间无形的连结，某种必然存在的相遇的机会和可能。

［10］彩头：吉利、好运气的预兆。

［11］磨了半截舌头：指大费口舌。

［12］令爱：也作令嫒，敬辞，敬称他人的女儿，多用于称呼对方的女儿。

［13］皓首：指老年，又称"白首"。

［14］勾当：事情，多指不好的事情。

九十　乐府诗集·木兰诗

【导读】

《乐府诗集》是一部上古至唐五代的乐章和歌谣总集，也是现存成书最早、搜罗最为完备的乐府诗总集。它由宋代郭茂倩所编，现存100卷，共5000多首。内容包括贵族乐歌、文人歌诗，并广泛收录民间歌谣，南北朝乐府民歌借此得以保存和流传。《四库全书总目提要》称其"征引浩博，援据精神"，对于研究和了解中国古代诗歌、音乐及文学艺术历史有着重要作用。

《木兰诗》选自《乐府诗集》，是一首北朝乐府民歌。它又名《木兰辞》，在中国文学史上与《孔雀东南飞》合称为"乐府双璧"。其产生的时代众说纷纭，从宋代起，就有不同记载和争议。始见于《文苑英华》，题为《木兰歌》，以为唐代韦元甫所作。此后，历代都有人持"隋、唐人作"之说，但宋代黄庭坚指出此诗并非韦元甫所作，而是得于民间。又据《旧唐书·音乐志》所载，可知梁代和北朝乐府歌曲中都存有"燕、魏之际鲜卑歌"，且多"可汗之辞"。因此，《木兰诗》原先也可能是一首鲜卑歌，之后流传江南，译为汉语，曾入梁代乐府，后又散落民间。现代学者从历史地理的条件多判定事和诗可能产生于后魏。它基本上保存了民歌易记易诵的特色，代表了北朝乐府民歌杰出的成就。开篇采用的一问一答，是民歌中常见的模式。语言方面，多用质朴的口语，极少雕饰斧凿，不仅增强了叙事的气氛，更显民歌的本色。另外，句数比较参差，这和它曾为乐人所演唱有关。

唧唧[1]复唧唧，木兰当户[2]织。不闻机杼声[3]，惟[4]闻女叹息。问女何[5]所思，问女何所忆[6]。女亦无所思，女亦无所忆。昨夜见军帖[7]，可汗[8]大点兵。军书十二卷[9]，卷卷有爷[10]名。阿爷无大儿，木兰无长兄。愿为市鞍马，从此替爷征。

东市买骏马，西市买鞍鞯[11]，南市买辔头[12]，北市买长鞭。旦[13]辞[14]爷娘去，暮宿黄河边。不闻爹娘唤女声，但闻[15]黄河流水鸣溅溅[16]。且辞黄河去，暮至黑山

头,不闻爷娘唤女声,但闻燕山胡骑[17]鸣啾啾[18]。

万里赴戎机[19],关山度若飞[20]。朔气[21]传金柝,寒光[22]照铁衣。将军百战死,壮士十年归。

归来见天子[23],天子坐明堂[24]。策勋十二转[25],赏赐百千强[26]。可汗问所欲[27],"木兰不用尚书郎[28],愿驰千里足[29],送儿还故乡。"

爷娘闻女来,出郭[30]相扶将[31]。阿姊[32]闻妹来,当户理红妆[33]。小弟闻姊来,磨刀霍霍[34]向猪羊。开我东阁门,坐我西阁床。脱我战时袍,著[35]我旧时裳。当窗理[36]云鬓[37],对镜帖[38]花黄。出门看火伴[39],火伴皆惊惶。同行十二年,不知木兰是女郎。

雄兔脚扑朔,雌兔眼迷离[40],双兔傍地走[41],安能辨我是雄雌!

——选自《乐府诗集》,郭茂倩编,中华书局,1979年

注释

[1] 唧唧(jī jī):织布机的声音。一说为叹息声,意思是木兰无心织布,停机叹息。

[2] 当户(dāng hù):对着门。

[3] 机杼(zhù)声:织布机发出的声音。机,指织布机。杼,织布梭(suō)子。

[4] 惟:只。

[5] 何:什么。

[6] 忆:思念,惦记

[7] 军帖(tiě):征兵的文书。

[8] 可汗(kè hán):古代西北地区民族对君主的称呼。

[9] 军书十二卷:征兵的名册很多卷。十二,表示很多,不是确指。下文的"十二转""十二年",用法与此相同。

[10] 爷:和下文的"阿爷"一样,都指父亲。

[11] 鞯(jiān):马鞍下的垫子。

[12] 辔(pèi)头:驾驭牲口用的嚼子、笼头和缰绳。

[13] 旦:早晨。

[14] 辞:离开,辞行。

[15] 但闻：只听见。

[16] 溅溅(jiān jiān)：水流激射的声音。

[17] 胡骑(jì)：胡人的战马。胡，古代对北方少数民族的称呼。

[18] 啾啾(jiū jiū)：马叫的声音。

[19] 万里赴戎机：不远万里，奔赴战场。戎机，指战争。

[20] 关山度若飞：像飞一样地跨过一道道的关，越过一座座的山。度，越过。

[21] 朔(shuò)气传金柝：北方的寒气传送着打更的声音。朔，北方。金柝(tuò)，即刁斗。古代军中用的一种铁锅，白天用来做饭，晚上用来报更。

[22] 寒光照铁衣：冰冷的月光照在将士们的铠甲上。

[23] 天子：即前面所说的"可汗"。

[24] 明堂：明亮的厅堂，此处指官殿。

[25] 策勋十二转(zhuǎn)：记很大的功。策勋，记功。转，勋级每升一级叫一转，十二转为最高的勋级，形容功劳极高。

[26] 赏赐百千强(qiáng)：赏赐很多的财物。百千，形容数量多。强，有余。

[27] 问所欲：问(木兰)想要什么。

[28] 尚书郎：尚书省的官。尚书省是古代朝廷中管理国家政事的机关。

[29] 愿驰千里足：希望骑上千里马。

[30] 郭：外城。

[31] 扶：扶持。将：助词，不译。

[32] 姊(zǐ)：姐姐。

[33] 红妆(zhuāng)：指女子的艳丽装束。

[34] 霍霍(huò huò)：模拟磨刀的声音。

[35] 著(zhuó)：通假字通"着"，穿。

[36] 理：梳理。

[37] 云鬓(bìn)：像云那样的鬓发，形容好看的头发。

[38] 帖(tiē)花黄："帖"，通"贴"。花黄，古代妇女的一种面部装饰物。

[39] 火：通"伙"。古时一起打仗的人用同一个锅吃饭，后意译为同行的人。

[40] 雄兔脚扑朔，雌兔眼迷离：据说，提着兔子的耳朵悬在半空时，雄兔两只前脚时时动弹，雌兔两只眼睛时常眯着，所以容易辨认。扑朔，爬搔，扑腾。迷离，眯着眼。

[41] 傍(bàng)地走：贴着地面并排跑。

译文

　　织布机的声音一声连着一声,木兰姑娘对着门在织布。织布机突然不再发出声音,只听见木兰姑娘在不断地叹息。问木兰姑娘在想什么,在思念什么?木兰回答道,我并没有想什么,也没有思念什么。只是昨夜我看见军中的文告,知道可汗在大规模的征兵,征兵的名册有很多卷,每一卷上都有父亲的名字。父亲没有长大成人的儿子,木兰又没有兄长,我愿意为此去买鞍马,从现在起替代父亲去应征。

　　到东市上买来骏马,西市上买来马鞍和鞍下的垫子,南市上买来马嚼子和缰绳,北市上买来长马鞭。早晨辞别父母上路,晚上就在黄河边宿营,听不见父母呼唤女儿的声音,只能听到黄河汹涌奔流的哗哗声。早晨辞别黄河上路,晚上到达了黑山头,听不见父母呼唤女儿的声音,只能听到燕山胡人的战马啾啾的鸣叫声。

　　不远千里,奔赴战场。军队像飞一样地跨过一道道关,越过一座座的山。北方的寒气传送着打更的声音。清冷的月光映照着战士们的铠甲。将士们经过无数次出生入死的战斗,多年之后才得胜而归。

　　胜利归来朝见天子,天子坐上殿堂论功行赏。给木兰是记功授爵最高的一级,得到的赏赐财物很多。天子问木兰有什么要求,木兰不愿做尚书郎这样的官,希望骑上千里马,送她回故乡。

　　父母听说女儿回来了,互相搀扶着到城外迎接她;姐姐听说妹妹回来了,对着门户梳妆打扮起来;弟弟听说姐姐回来了,忙着霍霍地磨刀杀猪宰羊。打开我闺房东面的门,坐在我闺房西面的床上,脱去战袍,穿上以前衣裳,当着窗子整理像云那样的鬓发,对着镜子在额上贴好花黄。出门去见同去出征的伙伴,伙伴们都很吃惊,都说他们同行十二年之久,竟然不知道木兰是女孩子。

　　雄兔的脚喜欢乱骚乱扑腾,雌兔的两眼老是眯缝着,当它们挨着一起在地上跑的时候,又怎能分辨得出谁雄谁雌呢?

九十一　战国策·苏秦始将连横

【导读】

刘向(前77—前6),本名更生,字子政,西汉沛(今江苏省沛县)人。他是汉高祖刘邦之弟楚元王刘交的四世孙,汉宣帝时任散骑谏大夫。汉元帝时,由于屡用阴阳五行推论时政得失和弹劾宦官,曾两度被捕下狱。汉成帝时,刘向重新得到任用,先为护左都水使,后为领校中五经秘书(领头校理皇家收藏的典籍),后来又曾担任中垒校尉,晚年主要从事典籍的校勘整理工作。其著作有《新序》《说苑》《列女传》《战国策》《列仙传》等。可以说,刘向是西汉末叶继董仲舒和司马迁之后的一位大学者,一位经学家、文学家和目录学家。

《战国策》又称《国策》,是一部国别体史书,主要记载了当时的谋臣、策士游说辩论时的政治策略,也对当时的社会风貌有所描绘,是研究战国时期历史的重要作品。全书共12策,33卷,497篇,所记时间从战国初年开始,到秦灭六国结束。

苏秦始将连横[1]说秦惠王曰:"大王之国,西有巴、蜀、汉中之利[2],北有胡貉[3]、代马之用,南有巫山、黔中之限[4],东有崤、函之固。田肥美,民殷富,战车万乘,奋击百万,沃野千里,蓄积饶多,地势形便,此所谓天府,天下之雄国也。以大王之贤,士民之众,车骑之用,兵法之教,可以并诸侯,吞天下,称帝而治。愿大王少留意,臣请奏其效[5]。"

秦王曰:"寡人闻之,毛羽不丰满者不可以高飞,文章不成者不可以诛罚[6],道德不厚者不可以使民,政教不顺者不可以烦大臣[7]。今先生俨然不远千里而庭教之[8],愿以异日[9]。"

苏秦曰:"臣固疑大王之不能用也。昔者神农伐补遂[10],黄帝伐涿鹿而禽蚩尤[11],尧伐驩兜[12],舜伐三苗[13],禹伐共工[14],汤伐有夏[15],文王伐崇[16],武王伐纣[17],齐桓任战而伯天下[18]。由此观之,恶有不战者乎?古者使车毂击驰[19],言语相结[20],

天下为一;约中连横[21],兵革不藏;文士并饬[22],诸侯乱惑;万端俱起,不可胜理;科条既备,民多伪态[23];书策稠注,百姓不足[24];上下相愁,民无所聊[25];明言章理,兵甲愈起;辩言伟服[26],战攻不息;繁称文辞[27],天下不治;舌弊耳聋[28],不见成功;行义约信,天下不亲[29]。于是,乃废文任武,厚养死士,缀甲厉兵,效胜于战场。夫徒处而致利[30],安坐而广地,虽古五帝、三王、五伯[31],明主贤君,常欲佐而致之,其势不能,故以战续之。宽则两军相攻,迫则杖戟相撞,然后可建大功。是故兵胜于外,义强于内;威立于上,民服于下。今欲并天下,凌万乘[32],诎敌国,制海内,子元元,臣诸侯,非兵不可!今之嗣主,忽于至道,皆惛于教,乱于治,迷于言,惑于语,沉于辩,溺于辞。以此论之,王固不能行也。"

——选自《战国策》(有删节),刘向撰,上海古籍出版社,1985年

注释

[1] 苏秦:字季子,东周洛阳人,少年时和张仪同学于齐。他策划联合六国抗秦,后被破坏,齐、魏共同伐赵,赵王责备苏秦,苏秦要求赵王派他去联合燕国,后又为燕国作间谍到齐国,骗取齐王的信任,最后在齐国被杀。秦惠王:秦国的国君,名驷。"连横"指秦处于西,六国在东,且六国土地南北相连。若六国联合结盟抗秦,则称"合纵";若秦国从西向东收服诸国,则称为连横。张仪曾经游说六国,让六国共同事奉秦国,即称"连横"。苏秦初始游说"连横",想得到秦的重用,不料遭遇秦王冷遇,因而怀恨在心,以致有了后来的"约从散横,以抑强秦"。此处的"连横",是有具体所指,而下面的"约纵连横",属泛指。

[2] 巴、蜀:今四川省地区。巴,以重庆为中心的川东地带;蜀,以成都为中心的川西地带。汉中:今陕西省南部地区。

[3] 貉:兽名,皮可制裘。代马:今山西省北部代县等地所产的马。

[4] 限:古籍中通"险",险隘。

[5] 请奏其效:请,请允许(我)……。奏,恭述、奏明。效,效验、验证。但文中此句又可作另一番理解,即"其"为语气助词,"效",代指为秦王效力的见解或策略。

[6] "文章不成者,不可以诛罚。"以往通常注称:文章,法令也,指国家法令;诛罚,杀罚也,指刑罚实施。笔者以为,如此注释该句甚为不妥。"毛羽不丰满者,不可以高飞;文章不成者,不可以诛罚;道德不厚者,不可以使民;政教不顺者,不可以烦大臣。"依整句观,此语乃针对个人之行为训诫,

而非吏政之议,何以突兀诠译出"国家法令""刑罚"之说？故应为：文章者,即文章；诛罚者,即诛伐。此句"诛",讨也；此句"罚",音fà,伐同也。

[7] "政教不顺者,不可以烦大臣"："政教",这里指国政方面的教化或主张,"不顺",不合时宜,行不通,有阻力。

[8] 俨然：矜庄貌,郑重其事地。庭教之：庭上指教。

[9] 愿以异日：希望改日再领教。

[10] 神农：传说中的炎帝名号。补遂：部落名。

[11] 黄帝：传说中的古帝名,号轩辕氏,建国于有熊。涿(zhuō)鹿：山名,在今河北省涿鹿县西南。蚩尤：九黎部落之酋长,与黄帝作战,为黄帝所诛。

[12] 尧：传说中的古帝名,姓姬,名放勋,国号唐,传位于舜。驩(huān)兜：尧臣,因作乱被放逐。

[13] 舜：传说中的古帝名,姓姚,名重华,国号虞,传位于禹。三苗：即古代的苗族,在今湖南省溪洞一带。

[14] 禹：古帝名。本舜臣,治水有功,受舜禅,即帝位,国号夏。共工：古之水官名,极横暴,为禹所放逐。

[15] 汤：商朝开国的王,本为夏朝诸侯。夏王桀无道,汤起兵攻桀,建立商朝。有夏：指夏王桀。古时于朝代上加"有",有夏即夏朝。

[16] 文王：即周文王,姓姬名昌,殷纣时为西方诸侯首领,又称西伯。崇：国名,崇侯虎,助纣为恶,为文王所诛。

[17] 武王,即周武王：文王之子,名发,灭纣后,即天子位,国号周。纣：即殷纣王,暴虐之君。

[18] 齐桓：齐桓公,齐国国君,名小白。他联合诸侯,抵抗外族侵扰,为诸侯盟主。任战：即肯战。伯：同"霸"。霸天下,即为诸侯盟主。

[19] 古者使：古人使者；使,于此非作使动词。车辆来往奔驰,车毂互相撞击,形容车辆之多,奔驰之急。毂(gǔ),车轮中心突出部分。

[20] 言语相结：商谈结盟。

[21] 天下为一,约从连横：倒置句。约：约定。从：此为古"纵"的通假字。连：结交。南北曰纵,东西曰横；此处"约纵连横"属于泛指,古意为邦交、结盟于四方诸国之事。"约纵连横"另一层意思为：既邀约自己势力范围内的力量(或称为同盟),亦联合争取自己势力范围之外的力量。

[22] 饬(chì)：巧辨也。指各国使臣或文人说客均用巧饰的语言游说于诸侯之前。

[23] 科条：规章制度；伪态：虚伪态度,即非真心来履行。

[24] 书策：法令；稠浊：繁乱。百姓不足：百姓(却)很贫困。

[25] 上下相愁,民无所聊：君臣上下相互仇怨,百姓无以聊生。

[26]辨言:言辞巧辩。伟服:服装壮观。

[27]繁称:称谓繁琐。文辞:美饰言辞。

[28]弊,指疲困、劳累。喻指说得舌头疲累,听得耳朵发聋。

[29]行义约信,天下不亲:即便(你)行事仁义、诚信守约,天下也无人(与你)亲近。

[30]徒处:指置身空守,与下句"坐",均谓不劳坐守。

[31]五帝:一般指太昊、神农、黄帝、少昊、颛顼。三王:三代的王,指夏禹、商汤和周代的文王、武王。五伯:指齐桓公、晋文公、宋襄公、秦穆公、楚庄王。

[32]"凌万乘……"一句。凌:凌驾、统帅;诎(qū),屈服、使屈服;制:整治;臣:使臣服;元元:指百姓;子元元:即纳天下百姓为子孙。《后汉·班固传》:元元本本。又百姓曰元元。《史记·文帝本纪》:以全天下元元之民。

译文

苏秦起先主张连横,劝秦惠王说:"大王您的国家,西面有巴、蜀、汉中的富饶,北面有胡貉和代马的物产,南面有巫山、黔中的屏障,东面有肴山、函谷关的坚固。耕田肥美,百姓富足,战车有万辆,武士有百万,在千里沃野上有多种出产,地势形胜而便利,这就是所谓的天府,天下显赫的大国啊。凭着大王的贤明,士民的众多,车骑的充足,兵法的教习,可以兼并诸侯,独吞天下,称帝而加以治理。希望大王能对此稍许留意一下,我请求来实现这件事。"

秦王回答说:"我听说,羽毛不丰满的不能高飞上天,法令不完备的不能惩治犯人,道德不深厚的不能驱使百姓,政教不顺民心的不能烦劳大臣。现在您一本正经老远跑来在朝廷上开导我,我愿改日再听您的教诲。"

苏秦说:"我本来就怀疑大王不会接受我的意见。过去神农讨伐补遂,黄帝讨伐涿鹿、擒获蚩尤,尧讨伐骥兜,舜讨伐三苗,禹讨伐共工,商汤讨伐夏桀,周文王讨伐崇国,周武王讨伐纣王,齐桓公用武力称霸天下。由此看来,哪有不用战争手段的呢?古代让车辆来回奔驰,用言语互相交结,天下成为一体;有的约从有的连横,不再储备武器甲胄;文士个个巧舌如簧,诸侯听得稀里糊涂,群议纷起,难以清理;规章制度虽已完备,人们却到处虚情假意;条文记录又多又乱,百姓还是衣食不足;君臣愁容相对,人民无所依靠;道理愈是清楚明白,战乱反而愈益四起;服饰讲穿的文士虽然善辩,攻战却难以止息;愈是广泛地玩弄文辞,天下就愈难以治理;说的人说得舌头破,听的人听得耳朵聋,却不见成功;嘴上大讲仁义礼信,却不能使天下人相亲。于是就废却文治、信用武力,以优厚待遇蓄养勇士,备好盔甲,磨好兵器,在战场上决一胜负。想白白等待以招致利益,安然兀坐而想扩展疆土,即使是上古五帝、三王、五霸,贤明的君主,常想坐而实现,势必不可能。所以用战争来解决问题,相距远的就两支队伍相互进攻,相距近的持着刀戟相互冲刺,然后方能建立大功。因此对外军队取得了胜利,对内因行仁义而强大;上面的国君有了权威,下面的人民才能驯服。现在,要想并吞天下,超越大国,使敌国屈服,制服海内,君临天下百姓,以诸侯为臣,非发动战争不可!现在在位的国君,忽略了这个根本道理,都是教化不明,治理混乱,又被一些人的奇谈怪论所迷惑,沉溺在巧言诡辩之中。像这样看来,大王您是不会采纳我的建议的。"

九十二　湛然居士文集·贫乐庵记

【导读】

耶律楚材(1190—1244),字晋卿,号湛然居士。契丹人,出身于汉化了的契丹贵族家庭,从小博学多能,尤通经史。其父为金尚书右丞。楚材博览群书,旁通天文、地理、律历、术数及释、老、医、卜之说,在金官燕京行尚书省左右司员外郎。金室南迁,燕京被蒙古军攻破,他降蒙古,曾随铁木真西征。窝阔台即位,拜中书令。提出了一系列改革建议。后乃马真皇后称制,遂渐见疏远。著有《湛然居士集》《西游录》等多种。

《湛然居士集》诗文集,共14卷,包括诗12卷,文2卷。其诗多写西北边塞的山川景物和风土人情,格调雄奇苍凉,语言明白畅晓。最早编成于金哀宗天兴二年(1233),共9卷;由中书省都事宗仲亨辑录,这9卷就是《湛然居士文集》的前9卷,后人又补辑了1233—1236年的作品,是为该书的后5卷。《贫乐庵记》是其中的一篇散文,此篇假托湛然居士(实即作者自己)与三休道人的问答,阐述了作者的忧乐观,表现其积极有为的人生态度和政治理想。

　　三休道人税居于燕京之市[1]。榜其庵曰贫乐[2]。有湛然居士访而问之曰。先生之乐可得闻舆。曰布衣粝食[3]。任天之真。或鼓琴以自娱[4]。或观书以自适。咏圣人之道。归夫子之门。于是息交游。绝宾客。万虑泯绝[5],无毫发点翳于胸中[6]。其得失之倚伏[7]。兴亡之反覆。初不知也。吾之乐良以此耳。曰先生亦有忧乎。曰:乐天。知命,吾复何忧。居士进曰。予闻之。君子之处贫贱富贵也。忧乐相半。未尝独忧乐也。夫君子之学道也。非为己也。吾君尧舜之君。吾民尧舜之民。此其志也。使一夫一妇不被尧舜之泽者[8]。君子耻之。是故君子之得志也。位足以行道。财足以博施[9]。不亦乐乎。持盈守谦[10]。慎终如始。若朽索之驭六马[11]。不亦忧乎。其贫贱也。卷而怀之。独洁一己。无多财之祸。绝高位之危。此其乐也。嗟流俗之未化。悲圣道之将颓。举世寥寥无知我者。此其忧也。先生之乐。知所谓矣。先生之忧。不其然乎。道人瞪目而不答。居士笑曰。我知之矣。夫子以为处富贵也。当隐诸乐而形诸忧[12]。处贫贱也。必隐于忧而形诸乐。何哉。第恐不知我者。以为洋洋于富贵。而戚戚于贫贱也。道人曰。他人有心。予忖度之。吾子之谓矣。请以吾子之言。以为记。"丙子日南至[13]，湛然居士漆水移剌楚材晋卿题。

——选自《湛然居士文集》，耶律楚材撰，中华书局，1985年

注释

[1] 税居：租屋而居。燕城：指元大都。

[2] 榜：匾额，这里指题匾。

[3] 布衣粝（lì）食：形容生活艰朴。粝，粗糙的米。

[4] 鼓琴：弹琴。鼓，弹奏。

[5] 万虑泯绝：犹言心底平静，无忧无虑。

[6] 点翳：意同沾染、笼罩。

[7] 得失之倚伏：谓得失之消长变化。

[8] 被：蒙受。泽：恩泽。

[9] 博施：广泛地施舍。

[10] 持盈守谦：犹谓谦虚谨慎，不自满。

[11] 朽索之驭六马："予临兆民，懔乎若朽索之驭六马。"（《尚书·五子歌》）谓以朽烂的绳索驾马，言其很危险。这里形容谨慎危惧的样子。

[12] 形：显。

[13] 丙子：当指元太祖十一年(1216)。日南至：指冬至日。

译文

三休道人在燕京集市旁租赁房屋居住，他在书斋上题名为"贫乐"。有个湛然居士登门拜访并且问他说："能听闻一下先生论述快乐吗？"三休道人说："穿粗布衣服，吃粗粝食物，任由天性真诚地生活。有时候奏琴自相娱乐，有时候看书自在舒适，吟

咏圣人的道德话语,皈依孔夫子门下。就这样停息了与人交游,谢绝来访的宾客,所有的忧虑都泯灭消失了,心中没有丝毫挂碍。那些内心深处的患得患失,那些反反复复的兴起与消亡,我全不在意啦。我内心的欢乐大多是出自这种状态吧!"湛然居士又问:"先生还有忧虑吗?"三休道人说:"我以顺应天命为乐,安于自己的命数,我还会有什么忧虑呢?"湛然居士进一步说:"君子无论富贵还是贫贱,都应忧乐各占一半,不会只有忧或者只有乐。君子学道,并不是为了自己。我希望我的君主是尧舜一样的贤明君主,我希望我的百姓是尧舜时期的幸福百姓,这是我的志愿。假使有一个人不能蒙受仁爱之君的恩泽,君子是以此为耻辱的。因此君子在得志的时候,地位足以用来推行大道,财富足以用来广泛施恩,不也很快乐吗!身处富贵仍能坚守谦逊的态度,自始至终都谨慎小心,就像用一根旧绳子控制六匹马拉的车子,不也很忧虑吗!当君子贫贱之时,隐居避世,独善其身,没有余财引来灾祸,没有高位带来危机,这就是他的快乐。但感叹民风尚未淳化,悲叹圣人之道濒于衰颓,世上没有人了解自己,这就是他的忧愁!先生您的快乐,我们知道是怎么一回事了;您的忧愁难道不是这样吗?"道人瞪着眼睛,没作回答。湛然居士说:"我知道了。您是认为身处富贵的时候,应该把快乐隐藏起来,表现出忧愁的样子;身处贫贱的时候,应该把忧愁隐藏起来,表现出快乐的样子。为什么呢?只怕不了解我的人,看到我富贵之时高兴,就认为我因为富贵而洋洋得意;看见我贫贱之时忧愁,就以为我因为贫贱而忧心忡忡。"三休道人说:"别人有想法,我就要加以揣测。这句话说的就是您这样的人啊。请根据您的话语把它写一篇记。"元太祖十一年冬至日,湛然居士耶律楚材记。

九十三　贞观政要·任贤

【导读】

吴兢(670—749),汴州浚仪(今河南省开封市)人。武周时入史馆,修国史,迁右拾遗内供奉。唐中宗时,改右补阙,累迁起居郎,水部郎中。唐玄宗时,为谏议大夫,修文馆学士,卫尉少卿兼修国史,太子左庶子,也曾任台、洪、饶、蕲等州刺史,加银青光禄大夫,迁相州,封长垣县子,后改邺郡太守,回京又任恒王傅。与同时代其他官员相比,吴兢的仕途还是较为顺畅的,没有大起大落。居史馆任职30余年,以叙事简练、奋笔直书见称。曾认为梁、陈、齐、周、隋五代史繁杂,乃别撰《梁史》《齐史》《陈史》各10卷,《隋史》20卷。

《贞观政要》是一本政论类史书。主要记载了唐太宗在位的23年中一些政治、经济上的重大措施,旨在歌颂"贞观之治",总结唐太宗时代的政治得失,希望后来君主以为借鉴。

李靖,京兆三原人也。大业末,为马邑郡丞。会高祖为太原留守,靖观察高祖,知有四方之志,因自锁上变,诣江都。至长安,道塞不通而止。高祖克京城,执靖,将斩之,靖大呼曰:"公起义兵除暴乱,不欲就大事,而以私怨斩壮士乎?"太宗亦加救靖,高祖遂舍之。武德中,以平萧铣、辅公祏功,历迁扬州大都督府长史。太宗嗣位,召拜刑部尚书。贞观二年,以本官检校中书令。三年,转兵部尚书,为代州行军总管,进击突厥定襄城,破之。突厥诸部落俱走碛北[1],北擒隋齐王暕之子杨道政,及炀帝萧后,送于长安。突利可汗来降,颉利可汗仅以身遁。太宗谓曰:"昔李陵提步卒五千,不免身降匈奴,尚得名书竹帛。卿以三千轻骑,深入虏庭,克复定襄,威振北狄,实古今未有,足报往年渭水之役矣。"以功进封[2]代国公。此后,颉利可汗大惧。四年,退保铁山,遣使入朝谢罪,请举国内附。又以靖为定襄道行军总管,往迎颉利。颉利虽外请降,而心怀疑贰[3]。诏遣鸿胪卿唐俭、摄户部尚书将军安修仁慰谕之,靖

谓副将张公谨曰:"诏使到彼,虏必自宽,乃选精骑赍二十日粮,引兵自白道袭之。"公谨曰:"既许其降,诏使在彼,未宜讨击。"靖曰:"此兵机也,时不可失。"遂督军疾进。行至阴山,遇其斥候千余帐,皆俘以随军。颉利见使者甚悦,不虞官兵至也。靖前锋乘雾而行,去其牙帐七里,颉利始觉,列兵未及成阵,单马轻走,虏众因而溃散。斩万余级,杀其妻隋义成公主,俘男女十余万,斥土界自阴山至于大漠,遂灭其国。寻获颉利可汗于别部落,余众悉降。太宗大悦,顾谓侍臣曰:"朕闻主忧臣辱,主辱臣死。往者国家草创,突厥强梁,太上皇以百姓之故,称臣于颉利,朕未尝不痛心疾首,志灭匈奴,坐不安席,食不甘味。今者暂动偏师,无往不捷[4],单于稽颡[5],耻其雪乎!"群臣皆称万岁。寻拜靖光禄大夫、尚书右仆射,赐实封五百户。又为西海道行军大总管,征吐谷浑,大破其国。改封卫国公。及靖身亡,有诏许坟茔制度依汉卫、霍故事,筑阙象突厥内燕然山、吐谷浑内碛石二山,以旌殊绩。

——选自《贞观政要》(有删节),吴兢著,岳麓书社,2014年

注释

[1] 碛北(qì běi):旧称蒙古高原大沙漠以北地区。
[2] 进封:加封。
[3] 疑贰:因猜忌而生异心。
[4] 无往不捷:攻无不克,战无不胜。
[5] 稽颡(qǐ sǎng):古代的一种礼节,屈膝下跪,双手朝前。

译文

李靖,陕西三原人。隋炀帝末年,为马邑的郡丞。这时,高祖李渊任太原留守。李靖观察高祖,知道他有夺取天下的志向,便装成罪犯,把自己锁进囚车,打算趁押赴江都的机会向隋炀帝告发李渊。走到长安,因为道路阻塞不能前行,李靖只好滞留长安。高祖攻克长安后,抓住了李靖,想要杀掉他。在千钧一发之际,李靖大声叫道:"李公率领仁义的军队,扫除暴乱,不想成就大事,只想凭个人的恩怨杀害有才能

的人而逞一时之快吗?"太宗也极力劝阻高祖,加以营救,高祖于是赦免了他。武德年间,因平定萧铣、辅公祏的功劳,李靖被升迁为扬州大都督府长史。太宗继位后,他又被召回京城,任命为刑部尚书。贞观二年,被提升为中书令。贞观三年,转任兵部尚书,兼任代州行军总管,率领军队进攻突厥,平定襄城,大破突厥,使突厥各部落逃亡碛北。在这次战争中,李靖擒获了隋朝齐王杨暕的儿子杨道政以及隋炀帝的皇后萧氏,并将他们押送到长安。后来,突利可汗前来投降,只剩下颉利可汗一个人逃跑了。太宗说:"汉代李陵率领五千步兵作战,还免不了投降匈奴,即使这样,也可以名垂青史。你能够凭三千骑兵,深入敌人内部并战胜敌人,平定襄城,威震北方夷狄,这样的事的确亘古未有,如此功劳足可以弥补过去渭水之战的过失了。"由于李靖功勋显赫,唐太宗加封他为代国公。从此,颉利可汗对唐军十分害怕,不敢轻举妄动。贞观四年,他们退到西北一带,并派遣使者到唐朝谢罪,请求全国归降,作为唐的臣民。接到投降的消息,太宗又任命李靖为行军总管,前往迎接颉利可汗。颉利可汗虽然表面称降,其实心怀不轨。太宗派遣鸿胪卿唐俭、摄户部尚书将军安修仁奉命安抚慰问。李靖看出投降者的险恶用心,决定将计就计。他对副将张公谨说:"传诏书的使者到了那儿的时候,敌人必然放松警惕,你挑选精锐的骑兵带好二十天的粮食,领兵从白道偷袭攻击他们。"张公谨不解其意,说:"既然我们答应他们投降,我们的使者又在他们那里,征讨恐怕不合适吧。"李靖说道:"这是用兵消灭他们的大好机会,千万不可以失去。"于是他率领军队迅速前进,行到阴山的时候,凡是遇到颉利可汗的人,都抓住他们随军前行。颉利可汗看到唐的使者,十分高兴,根本没有料到唐的军队到了。李靖军队的前锋凭借大雾前进,十分隐秘,到了距离颉利可汗的军帐七里左右才被他们发觉。颉利可汗的军队措手不及,还没来得及摆好阵势,颉利可汗一个人就骑马逃跑了,敌兵乱作一团,四处溃逃。这次战争,唐兵斩杀敌人万余人,杀死颉利可汗的夫人——隋朝的义成公主,俘虏男女十多万人,灭掉了颉利可汗的国家。颉利可汗余下的其他部落,全部投降。此役使唐的边境从阴山扩展到大漠以北。战后,太宗十分高兴,对大臣们说:"我听说国君忧虑,大臣就要受到屈辱;

国君受到侮辱,那么臣子的性命也难保全。过去在国家刚刚建立的时候,突厥国势强大,太上皇因为不想牵连百姓,故而向颉利可汗称臣。我当时感到十分痛心,睡不安寝,食不知味。为此我励精图治,立志要消灭匈奴。今天,我们只要一出动军队,可谓攻无不克,战无不胜,匈奴单于俯首称臣,我们的羞耻洗雪了。"殿上的群臣都大声欢呼万岁。不久,太宗封李靖为光禄大夫,尚书右仆射,赏赐食禄五百户。后来李靖又担任西海道行军大总管征伐吐谷浑,灭了这个国家。李靖因功改封为卫国公。李靖死后,太宗下诏,允许他的坟墓可以按照汉代卫青、霍去病坟墓的模样去修建,坟墓周围筑起土丘,使它们像突厥国内的燕山、吐谷浑国的碛石二山,用以象征他卓越的功绩。

九十四　正蒙·西铭

【导读】

张载(1020—1077),字子厚,凤翔郿县(今陕西省眉县)横渠镇人,世称横渠先生。北宋大儒、理学创始人之一,与周敦颐、邵雍、程颢、程颐并称"北宋五子",因其讲学关中,故其创立的学派称为"关学",批判佛、道唯心主义理论,反对道家无能生有之说,建立了元气本体论唯物主义哲学体系。有《正蒙》《横渠易说》等著述留世。

《正蒙》一名《张子正蒙》,是张载长期思考而撰成的著作。张载著《正蒙》的主要目的,是用儒家学说批判佛、道思想,建立气一元论的哲学体系。现存《正蒙》的17篇均有篇名,大致说来,每篇各有研讨的侧重点。《两铭》(《东铭》和《西铭》)原名《订顽》,为《正蒙·乾称篇》中的一部分,是张载晚年而作。张载曾将其刻录于学堂窗户之侧,以教育警示弟子。后来,程颐将《订顽》改称为《西铭》,确有昭示天下学子深刻铭记的用意。《西铭》宣扬儒家的"仁孝"思想,受到程颢、程颐和朱熹的推崇,成为宋明理学的重要思想来源之一。

乾称父,坤称母[1];予兹藐焉,乃混然中处[2]。故天地之塞,吾其体;天地之帅,吾其性[3]。民,吾同胞;物,吾与也[4]。大君者,吾父母宗子;其大臣,宗子之家相也[5]。尊高年,所以长其长;慈孤弱,所以幼其幼[6]。圣,其合德;贤,其秀也。凡天下疲癃残疾惸独鳏寡,皆吾兄弟之颠连而无告者也[7]。"于时保之",子之翼也[8];"乐且不忧",纯乎孝者也。违曰悖德,害仁曰贼,济恶者不才;其践形,惟肖者也[9]。知化则善述其事,穷神则善继其志[10]。不愧屋漏为无忝,存心养性为匪懈[11]。恶旨酒,崇伯子之顾养[12];育英才,颍封人之锡类[13]。不弛劳而底豫,舜其功也[14];无所逃而待烹,申生其恭也[15]。体其受而归全者,参乎![16]勇于从而顺令者,伯奇也。[17]富贵福泽,将厚吾之生也[18];贫贱忧戚,庸玉汝于成也[19]。存,吾顺事;没,吾宁也。[20]

——选自《张子正蒙》,张载撰,王夫之注,汤勤福导读,上海古籍出版社,2000年

注释

[1] 乾称父,坤称母:语本《周易·说卦》:"乾,天也,故称乎父;坤,地也,故称乎母。"

[2] 予:我。兹:语气词。藐:弱小,多指幼儿。《尚书·顾命》有"眇眇予末小子"。"眇"通"藐"。混然:张伯行《近思录集解》卷二解释为:"形气与天地混合无间。"中处:处于天地之中。

[3] 塞:指充塞。帅:指统帅。吾其体:吾,指我。其,指天地或宇宙。关于吾其体,有两种说法:一说谓天地之气构成我的身体;另一说谓我的身体即为天地之体。

[4] 民:人民。同胞:同一父母所生的兄弟。物:万物,此处指人类以外的生物。与:同类。

[5] 大君:天子。吾父母:乾坤或者天地。宗子:嫡长子。家相:指家臣,即一家的总管。

[6] 长其长:前一"长"字为动词,后一"长"字为名词,意为尊重年长之人。"幼其幼"同于前,意为爱抚、关心年幼之人。在《孟子·梁惠王上》中有"老吾老以及人之老,幼吾幼以及人之幼"的说法。

[7] 疲癃(lóng):指衰老多病。惸(qióng):即"茕",指没有弟兄,很孤独。独:指老而无子之人。颠连:指狼狈困苦,很受苦的样子。无告:无所告诉。

[8] 时:是。翼:扶助,恭敬。

[9] 违:指不服从、不顺从父母之命。悖德:指违背道德、不遵从道德的行为。济:指帮助,接济。践形:指将仁义实践于形色之中。唯肖者:指像父母的儿子。

[10] 知化、穷神:语见《周易·系辞》:"穷神知化,德之盛也"。这里指精研穷尽事物的道理。

[11] 屋漏:指屋内隐僻处。忝(tiān):指羞辱、侮辱。匪懈:指不懈、不息。

[12] 旨酒:指美酒。崇伯子:即夏禹。顾养:指善于保养本性。

[13] 颖:指颖考叔,是个孝子。锡类:锡,同"赐",指把恩德赐给朋友之类。

[14] 弛:指松懈。不弛劳:指竭尽全力。底:指至、到的意思。豫:指安乐、快乐。

[15] 无所逃而待烹:《礼记·檀弓》有"晋献公将杀其子申生,申生辞于狐突……再拜稽首乃卒,是以为恭世子也"之句。申生顺从父意,自缢而死。申生是晋献公的长子。待烹:等待(父亲)杀戮。恭:是申生死后的谥号,因为申生顺从父亲的旨意,所以他死后谥号为恭。

[16] 体其受:指身体受之于父母。参:指孔子的学生曾参。

[17] 伯奇:是周大夫尹吉甫的儿子,后来被其父所逐。

[18] 福泽:福利恩泽。厚生:生计温厚,丰衣足食。

[19] 忧戚:忧虑烦恼。戚:忧患、悲哀。庸:使用。玉女于成:玉,指宝贵的东西。女,即汝。玉汝则指器重、看重你。

[20] 存:活着。顺事:指尽力或者努力去做事。没:指死。宁:指休息。

译文

  天是我们的父亲,地是我们的母亲。我如此藐小,却与天地混然相处于宇宙之中。这样看来,充塞于天地之间的是我的形体;而引领统帅天地万物以成其变化的,是我的本性。人类都是我的同胞,我们都是天地之子,万物都是我的朋友。君王是我们天地父母的嫡长子,百官僚臣相当于家里的管家。国即是家,家即是国。既然天下人都是同胞,为国尽忠即是于家尽孝。既然天下一家,那么尊老、抚孤、扶弱,把别人的长者当成自己的长者恭敬,把别人的幼小当成自己的幼小爱护,这是人人必须具备的美德。如果天生就具备这种美德,可以说是与天合德的圣人;如果通过学习、修养而具备这种美德,即是贤者。人人都应该具备博大的爱心和同情心,凡天下老弱病残、鳏寡孤独者,都应该视为自己的族胞兄弟中的困苦而无依无靠者,顺乎天命而施爱于他,对他们恭敬、同情。这一切都是自觉自愿、出自内心的至诚而乐于为之,这才是真正的纯粹的孝顺天命。那些违背父母之命的不孝之子是背离天德的,那些违反仁义的人可称之为贼人。助长凶恶的人是不才的人,只有以天理正道履居,形貌庄重尊严,将仁义实践于形色之中的人,才像一个天地父母的儿子。只有穷究宇宙的奥秘,了解万物变化的法则,成为懂得天道的人,才能顺天事而尽人力。将仁、孝等维系社会伦理关系的道德准则视为体现天的意志和命令的自然规律,生敬畏之心并以此自律。即使处在无人知晓的偏僻"屋漏"之地,也不会做愧对天地良心的事。这样不懈地修养心性,他就能保持至善至静的本然状态,达到天人合德的境界。有了这种"存心养性"的修养工夫,就可以成为履行仁、孝的圣贤。前者如被称为"崇伯子"的大禹,他拒绝美酒的诱惑,不滥饮以保养自己的天性;颍考叔像育英才一样把恩德赐给朋友;有大功德的舜竭尽全力侍奉父母,结果目盲而心狠的父亲也高兴了,瞽叟高兴了,天下父子间的伦常关系确定了,天下人都快乐,舜成就了大孝。这些都是履行仁的圣人。后者如晋献公儿子申生,从父命而自甘受戮;曾参全力保全父母所受的肤体;周大夫吉甫的儿子伯奇,顺从父母的驱逐而投水自尽。这些都是实践孝的贤者。仁孝精神的发挥,就能使人既安于富贵,也安于贫贱。富贵是上天所赐,那就好好地度过优厚的一生;贫贱那也是天意,要让自己经受忧戚的考验而后有所成就。这就是天命。活着,我就顺天命、循天理、尽人事;死了,我才将此了结。

九十五　指南录·后序

【导读】

文天祥(1236—1283)，字履善，又字宋瑞，自号文山、浮休道人，吉州庐陵(今江西省吉安市)人，南宋末大臣，文学家，民族英雄。宝祐四年(1256)进士，官至右丞相兼枢密史。坚持抗元，祥兴元年(1278)兵败被张弘范俘虏，在狱中坚持斗争三年多，后在柴市从容就义。著有《过零丁洋》《文山诗集》《指南录》《指南后录》《正气歌》等作品。

宋恭帝德祐二年(1276)，元军进逼南宋首都临安，文天祥赴元营谈判，被扣押，后乘隙逃脱。他把出使被扣和逃归途中所写的诗结集，取集中《渡扬子江》"臣心一片磁针石，不指南方不肯休"的句意，命名为"指南录"。作者写这篇序之前，已经为诗集写了《自序》，故这篇为"后序"。《后序》追叙了作者抗辞犯敌，辗转逃亡，九死一生的历险经历，凸显了作者历经磨难而始终不渝的爱国精神。

德祐二年[1]二月十九日，予除右丞相兼枢密使[2]，都督诸路兵马。时北兵[3]已迫修门外，战、守、迁皆不及施。缙绅、大夫、士萃于左丞相府，莫知计所出。会使辙[4]交驰，北邀当国者[5]相见，众谓予一行为可以纾[6]祸。国事至此，予不得爱身；意北亦尚可以口舌动也。初，奉使往来，无留北者，予更欲一觇[7]北，归而求救国之策。于是辞相印不拜，翌日，以资政殿学士行[8]。

初至北营，抗辞慷慨，上下颇惊动，北亦未敢遽轻吾国。不幸吕师孟[9]构恶[10]于前，贾余庆[11]献谄[12]于后，予羁縻不得还，国事遂不可收拾。予自度不得脱，则直前诟[13]虏帅失信[14]，数[15]吕师孟叔侄为逆，但欲求死，不复顾利害。北虽貌敬，实则愤怒，二贵酋名曰馆伴[16]，夜则以兵围所寓舍，而予不得归矣。未几，贾余庆等以祈请使[17]诣北；北驱予并往，而不在使者之目。予分[18]当引决[19]，然而隐忍[20]以行。昔人云："将以有为也。"[21]

至京口[22]，得间奔真州[23]，即具以北虚实告东西二阃[24]，约以连兵大举。中兴机会，庶几在此，留二日，维扬帅[25]下逐客之令。不得已，变姓名，诡踪迹，草行露宿，日与北骑相出没于长淮间。穷饿无聊，追购[26]又急，天高地迥，号呼靡及。已而得舟，避渚洲[27]，出北海[28]，然后渡扬子江，入苏州洋[29]，展转四明[30]、天台[31]，以至于永嘉[32]。

呜呼！予之及于死者不知其几矣！诋[33]大酋[34]当死；骂逆贼当死；与贵酋处二十日，争曲直屡当死；去京口，挟匕首以备不测，几自到死，经北舰[35]十余里，为巡船所物色[36]，几从鱼腹死；真州逐之城门外，几傍徨死；如扬州，过瓜洲[37]，扬子桥[38]，竟使[39]遇哨，无不死；扬州城下，进退不由，殆[40]例[41]送死；坐桂公塘[42]土围中，骑数千过其门，几落贼手死；贾家庄[43]几为巡徼[44]所陵迫死；夜趋高邮[45]，迷失道，几陷死；质明[46]，避哨林中，逻者数十骑，几无所救死；至高邮，制府[47]檄[48]下，几以捕系[49]死；行城子河[50]，出入乱尸中，舟与哨相后先，几邂逅死；至海陵[51]，入高沙[52]，常恐无辜死；道海安、如皋[53]，凡三百里，北与寇往来其间，无日而非可死；至通州[54]，几以不纳死；以小舟涉鲸波[55]，出无可奈何，而死固付之度外矣！呜呼！死生，昼夜事也，死而死矣，而境界危恶，层见错出，非人世所堪。痛定思痛，痛何如哉！

予在患难中，间以诗记所遭，今存其本，不忍废，道中手自抄录：使北营，留北关外[56]，为一卷；发北关外，历吴门[57]、毗陵[58]，渡瓜洲，复还京口，为一卷；脱京口，趋真州、扬州、高邮、泰州、通州，为一卷；自海道至永嘉、来三山[59]，为一卷。将藏之于家，使来者读之，悲予志焉。

呜呼！予之生也幸，而幸生也何所为？所求乎为臣，主辱臣死，有馀僇[60]；所求乎为子，以父母之遗体[61]行殆[62]，而死有馀责。将请罪于君，君不许；请罪于母，母不许；请罪于先人之墓。先无以救国，死犹为厉鬼以击贼，义也。赖天之灵、宗庙之福，修我戈矛，从王于师，以为前驱，雪九庙[63]之耻，复高祖[64]之业，所谓誓不与贼俱生，所谓鞠躬尽力，死而后已亦义也。嗟夫！若予者，将无往而不得死所矣。向也使予委骨于草莽，予虽浩然无所愧怍，然微以[65]自文[66]于君亲，君亲其谓予何？诚不自意返吾衣冠[67],重见日月[68],使旦夕得正丘首,复何憾哉!复何憾哉!

是年夏五[69],改元景炎[70],庐陵文天祥自序其诗,名曰《指南录》。

——选自《指南录》,文天祥著,吴海发校注,黑龙江人民出版社,1993年

注释

[1] 德佑二年:即公元1276年。德佑,宋恭帝的年号。

[2] 枢密使:宋朝所置掌管军事的最高长官,位与宰相等。

[3] 北兵:即元兵。修门:这里代指南宋都城临安的城门。

[4] 使辙:指使臣车辆。

[5] 当国者:指宰相。

[6] 纾(shū):解除。

[7] 觇(chān):侦察,窥视。

[8] 以资政殿学士行:以资政殿学士的身份前往。资政殿学士,宋朝给予离任宰相的荣誉官衔。

[9] 构恶:结怨。

[10] 吕师孟:时为兵部尚书,叛将吕文焕之侄。

[11] 贾余庆:官同签书枢密院事。知临安府,后代文天祥为右丞相,时与文天祥同出使元营。

[12] 献谄:《指南录·纪事》:"予既絷维,贾余庆以逢迎继之","献谄"之事当即指此。

[13] 诟:责骂。

[14] 失信:指元军扣押使臣。

[15] 数(shǔ):列举罪责,加以谴责。

[16] 馆伴:接待外国使臣的人员。

[17] 祈请使:奉表请降的使节。

[18] 分:本分。

[19] 引决:自杀。

[20] 隐忍:屈志忍耐,忍辱而活。

[21] "昔人"二句:作者在这里引用韩愈《张中丞传后叙》之语,意谓自己暂时隐忍,保全性命,以图有所作为。

[22] 京口:今江苏省镇江市,当时为元军占领。

[23] 真州:今江苏省仪征市,当时仍为宋军把守。

[24] 东西二阃：指宋淮东制置使李庭芝和淮西制置使夏贵。阃(kǔn)：城郭门限，这里代指在外统兵将帅。

[25] 维扬帅：指淮东制置使李庭芝。维扬：扬州，当时为淮东制置使所驻之地。下逐客之令：文天祥到真州后，与真州安抚使苗再成计议，约李庭芝共破元军。李庭芝因听信谗言，怀疑文天祥通敌，令苗再成将其杀死，苗再成不忍，放文天祥脱逃。

[26] 追购：悬赏追缉。

[27] 渚州：指长江中的沙州，此时已被金兵占领。

[28] 北海：指淮海。

[29] 苏州洋：今上海市附近的海域。

[30] 四明：今浙江省宁波市。

[31] 天台：今浙江省天台县。

[32] 永嘉：今浙江省温州市。

[33] 诋：辱骂。

[34] 大酋：指元军统帅伯颜。

[35] 北舰：指元军舰队。

[36] 物色：按形貌搜寻。

[37] 瓜洲：在扬州南长江中。

[38] 扬子桥：在扬州南。

[39] 竟使：倘使。

[40] 殆：几乎，差不多。

[41] 例：等于。

[42] 桂公塘：地名，在扬州城外。

[43] 贾家庄：地名，在扬州城北。

[44] 巡徼：这里指在地方上巡逻之人。

[45] 高邮：今江苏省高邮市。

[46] 质明：黎明。

[47] 制府：指淮东制置使官府。

[48] 檄：原指晓喻或声讨的文书，这里是指李庭芝追捕文天祥的文书。

[49] 捕系：捉拿囚禁。

[50] 城子河：在高邮市境内。

[51] 海陵：今江苏省泰州市。

[52] 高沙：即高邮。

[53] 通州：今江苏省南通市。

[54] 海安、如皋：县名，今均属江苏省。

[55] 鲸波：指海中汹涌的大浪。涉鲸波：指出海。

[56] 北关外：指临安城北高亭山，文天祥出使元营于此。

[57] 吴门：今江苏省苏州市。

[58] 毗陵：今江苏省常州市。

[59] 三山：即今福建省福州市，因城中有闽山、越王山、九仙山，故名"三山"。

[60] 僇（lù）：侮辱。

[61] 父母遗体：父母授予自己的身体。

[62] 殆：危险。

[63] 九庙：皇帝祭祀祖先共有九庙，这里以九庙指代国家。

[64] 高祖：指宋太祖赵匡胤。

[65] 微以：无以。

[66] 自文：自我表白。

[67] 返吾衣冠：回到我的衣冠之乡，即回到南宋。

[68] 日月：这里指皇帝和皇后。

[69] 夏五：即夏五月。

[70] 景炎：由于宋恭帝为元兵掳去，德祐二年五月，文天祥等人在福州立赵昰为帝，是为端宗，改元景炎。

译文

德祐二年二月十九日，我受任右丞相兼枢密使，统率全国各路兵马。当时元兵已经逼近都城北门外，交战、防守、转移都来不及了。满朝大小官员会集在左丞相吴坚家里，都不知道该怎么办。此时双方使者的车辆往来频繁，元军邀约宋朝主持国事的人前去相见，大家认为我去一趟就可以解除祸患。国事到了这种地步，我不能顾惜自己了；料想元方也还可以用言词打动的。当初，使者奉命往来，并没有被扣留在北方的，我就更想察看一下元方的虚实，回来谋求救国的计策。于是，辞去右丞相职位，第二天，以资政殿学士的身份前往。

刚到元营时，据理抗争，言词激昂慷慨，元军上下都很惊慌震动，他们也未敢立即轻视我国。可不幸的是，吕师孟早就同我结怨，贾余庆又紧跟着媚敌献计，于是我被拘留不能回国，国事就不可收拾了。我自料不能脱身，就径直上前痛骂元军统帅不守信用，揭露吕师孟叔侄的叛国行径，只要求死，不再考虑个人的利害。元军虽然表面尊敬，其实却很愤怒，两个重要头目名义上是到宾馆来陪伴，夜晚就派兵包围我的住所，我就不能回国了。不久，贾余庆等以祈请使的身份到元京大都去，元军驱使我一同前往，但不列入使者的名单。我按理应当自杀，然而仍然含恨忍辱地前去。正如古人所说："将要有所作为啊！"

到了京口，得到机会逃奔到真州，我立即把元方的虚实情况告诉淮东、淮西两位制置使，相约他们联兵讨元。复兴宋朝的机会，大概就在此一举了。留住了两天，驻守维扬的统帅竟下了逐客令。不得已，只能改变姓名，隐蔽踪迹，奔走草野，宿于露天，日日为躲避元军的骑兵出没在淮河一带。困窘饥饿，无依无靠，元军悬赏追捕得又很紧急，天高地远，号呼不应。后来得到一条船，避开元军占据的沙洲，逃出江口以北的海面，然后渡过扬子江口，进入苏州洋，辗转在四明、天台等地，最后到达永嘉。

唉！我到达死亡的境地不知有多少次了！痛骂元军统帅该当死；辱骂叛国贼该当死；与元军头目相处二十天，争论是非曲直，多次该当死；离开京口，带着匕首以防意外，几次想要自杀死；经过元军兵舰停泊的地方十多里，被巡逻船只搜寻，几乎投江喂鱼而死；真州守将把我逐出城门外，几乎彷徨而死；到扬州，路过瓜洲扬子桥，假使遇上元军哨兵，也不会不死；扬州城下，进退两难，几乎等于送死；坐在桂公塘的土围中，元军数千骑兵从门前经过，几乎落到敌人手中而死；在贾家庄几乎被巡察兵凌辱逼迫死；夜晚奔向高邮，迷失道路，几乎陷入沼泽而死；天亮时，到竹林中躲避哨兵，巡逻的骑兵有好几十，几乎无处逃避而死；到了高邮，制置使官署的通缉令下达，几乎被捕而死；经过城子河，在乱尸中出入，我乘的船和敌方哨船一前一后行进，几乎不期而遇被杀死；到海陵，往高沙，常担心无罪而死；经过海安、如皋，总计三百里，元兵与盗贼往来其间，没有一天不可能死；到通州，几乎由于不被收留而死；靠了一条小船渡过惊涛骇浪，实在无可奈何，对于死本已置之度外了！唉！死和生，不过是昼夜之间的事罢了,死就死了,可是像我这样境界险恶,坏事层叠交错涌现,实在不是人世间所能忍受的。痛苦过去以后,再去追思当时的痛苦,那是何等的悲痛啊!

我在患难中,有时用诗记述个人的遭遇,现在还保存着那些底稿,不忍心废弃,在逃亡路上亲手抄录。现在将出使元营,被扣留在北门外的,作为一卷;从北门外出发,经过吴门、毗陵,渡过瓜洲,又回到京口的,作为一卷;逃出京口,奔往真州、扬州、高邮、泰州、通州的,作为一卷;从海路到永嘉、来三山的,作为一卷。我将把这诗稿收藏在家中,使后来的人读了它,为我的志向而悲叹。

唉!我能死里逃生算是幸运了,可幸运地活下来要干什么呢?要求做一个忠臣,国君受到侮辱,做臣子的即使死了也还是有罪的;要求做一个孝子,用父母留给自己的身体去冒险,即使死了也有罪责。将向国君请罪,国君不答应;向母亲请罪,母亲不答应;我只好向祖先的坟墓请罪。人活着不能拯救国难,死后还要变成恶鬼去杀贼,这就是义;依靠上天的神灵、祖宗的福泽,修整武备,跟随国君出征,作为先锋,洗雪朝廷的耻辱,恢复开国皇帝的事业,也就是古人所说的:"誓不与贼共存","恭敬谨慎地竭尽全力,直到死了方休",这也是义。唉!像我这样的人,将是死亦不得其所了。以前,假使我丧身在荒野里,我虽然正大光明问心无愧,但也不能掩饰自己对国君、对父母的过错,国君和父母会怎么讲我呢?实在料不到我终于返回宋朝,重整衣冠,又见到皇帝,即使立刻死在故国的土地上,我还有什么遗憾呢!还有什么遗憾呢!

这一年夏天五月,改年号为景炎,庐陵文天祥为自己的诗集作序,诗集名《指南录》。

九十六　中庸

【导读】

孔伋(约前483—前402),字子思,是孔子之子孔鲤的儿子,即孔子的嫡孙,一般认为他是《中庸》的作者。据《史记·孔子世家》记载,孔子去世后,儒家分为八派,子思是其中一派。荀子把子思和孟子看成是一派。从师承关系来看,子思学于孔子的得意弟子之一曾子,孟子又学于子思。从《中庸》和《孟子》的基本观点来看,也大体上是相同的,所以有"思孟学派"的说法,后代尊称他为"述圣"。子思在儒家学派的发展史上占有重要的地位,他上承孔子中庸之学,下开孟子心性之论,并由此对宋代理学产生了重要而积极的影响。

《中庸》原是《礼记》中的一篇,是论述儒家人性修养的散文,也是儒家论述人生哲理的论文。现存的《中庸》已经经过秦代儒者的修改,大致写定于秦统一全国后不久,有些学者认为约成熟于战国末期至两汉之间。在梁武帝时,《中庸》已另出单行本,宋儒时特加提倡。经北宋程颢、程颐极力尊崇,南宋朱熹作《中庸集注》,最终和《大学》《论语》《孟子》并称为"四书"。宋、元以后,《中庸》成为学校官定和科举考试的教科书,对中国古代文化教育产生了很大的影响。《中庸》内容丰富,论述严密,提出了"中庸之道"作为儒家的最高道德标准。其主要思想,在于论述为人处世的普遍原则,不要太过,也不要不及,恰到好处,这就是中庸之道。

本选文为《中庸》第二十章。

哀公[1]问政。子曰:"文武之政,布在方策[2]。其人存[3],则其政举;其人亡,则其政息[4]。人道敏[5]政,地道敏树。夫政也者,蒲卢也[6]。故为政在人,取人以身,修身以道,修道以仁。仁者,人也,亲亲为大。义者,宜也,尊贤为大。亲亲之杀[7],尊贤之等,礼所生也。在下位不获乎上,民不可得而治矣!故君子不可以不修身;思修身,不可以不事亲;思事亲,不可以不知人;思知人,不可以不知天。天下之达道五,所以行之者三。曰君臣也，父子也，夫妇也，昆弟也[8]，朋友之交也；五者天下之达道也。知、仁、勇三者，天下之达德也。所以行之者一也：或生而知之，或学而知之，或困而知之，及其知之，一也。或安而行之，或利而行之，或勉强而行之，及其成功，一也。"

子曰："好学近乎知，力行近乎仁，知耻近乎勇。"知斯三者，则知所以修身；知所以修身，则知所以治人；知所以治人，则知所以治天下国家矣。凡为天下国家有九经[9]，曰修身也，尊贤也，亲亲也，敬大臣也，体[10]群臣也，子庶民也[11]，来百工也[12]，柔远人也[13]，怀诸侯也[14]。修身则道立，尊贤则不惑，亲亲则诸父昆弟不怨，敬大臣则不眩，体群臣则士之报礼重，子庶民则百姓劝[15]，来百工则财用足，柔远人则四方归之，怀诸侯则天下畏之。齐明盛服，非礼不动，所以修身也；去谗[16]远色，贱货而贵德，所以劝贤也；尊其位，重其禄，同其好恶，所以劝亲亲也；官盛任使[17]，所以劝大臣也；忠信重禄，所以劝士也；时使薄敛[18]，所以劝百姓也；日省月试[19]，既廪称事[20]，所以劝百工也；送往迎来，嘉善而矜[21]不能，所以柔远人也；继绝世[22]，举废国[23]，治乱持[24]危，朝聘[25]以时，厚往而薄来，所以怀诸侯也。凡为天下国家有九经，所以行之者一也。凡事豫[26]则立，不豫则废。言前定则不跲[27]，事前定则不困，行前定则不疚，道前定则不穷。在下位不获乎上，民不可得而治矣；获乎上有道，不信乎朋友，不获乎上矣；信乎朋友有道，不顺乎亲，不信乎朋友矣；顺乎亲有道，反诸身不诚，不顺乎亲矣；诚身有道：不明乎善，不诚乎身矣[28]。诚者，天之道也；诚之者，人之道也。诚者，不勉而中，不思而得，从容中道，圣人也；诚之者，择善而固执之者也。博学之，审问之，慎思之，明辨之，笃行之。有弗学，学之弗能弗措也[29]；有弗问，问之弗知弗措也；有弗思，思之弗得弗措也；有弗辨，辨之弗明弗措也；有弗行，行之弗笃弗措也。人一能之，己百之；人十能之，己千之。果能此道矣，虽愚必明，虽柔必强。

——选自《大学评注　中庸译注　论语译注》（有删节），金良年撰，上海古籍出版社，2010年

注释

[1] 哀公:春秋时鲁国国君。姓姬,名蒋,"哀"是谥号。

[2] 布:陈列。方:书写用的木板。策:书写用的竹简。

[3] 其人:指文王、武王。

[4] 息:灭,消失。

[5] 敏:勉力,用力,致力。

[6] 蒲卢:即芦苇。芦苇性柔而具有可塑性。

[7] 杀:减少,降等。

[8] 昆弟:兄和弟,也包括堂兄堂弟。

[9] 九经:九条准则。经,准则。

[10] 体:体察,体恤。

[11] 子庶民:以庶民为子。子,动词。庶民,平民。

[12] 来:招来。百工:各种工匠。

[13] 柔远人:安抚边远地方来的人。

[14] 怀:安抚。

[15] 劝:勉力,努力。

[16] 谗:说别人的坏话,这里指说坏话的人。

[17] 盛,多。任使:足够使用。

[18] 时使:指使用百姓劳役有一定时间,不误农时。薄敛:赋税轻。

[19] 省:视票。试:考核。

[20] 既(xì):即"饩",指赠送别人粮食或饲料。禀:给予粮食。称:符合。

[21] 矜:怜悯,同情。

[22] 继绝世:延续已经中断的家庭世系。

[23] 举废国:复兴已经没落的邦国。

[24] 持:扶持。

[25] 朝聘:诸侯定期朝见天子。每年一见叫小聘,三年一见叫大聘,五年一见叫朝聘。

[26] 豫:同"预"。

[27] 跲(jié):说话不通畅。

[28] 这一段与《孟子·离娄上》中一段基本相同。到底是《中庸》引《孟子》还是《孟子》引《中庸》,不好断定。张岱年《中国哲学史料学》认为是《孟子》引《中庸》。

[29] 弗措:不罢休。弗,不。措,停止,罢休。

译文

鲁哀公询问政事。孔子说:"周文王、周武王的政事都记载在典籍上。他们在世,这些政事就实施;他们去世,这些政事也就废弛了。治理人的途径是勤于政事;治理荒地的途径是多种树木。说起来,政事就像芦苇一样,完全取决于用什么人。要得到适用的人在于修养自己,修养自己在于遵循大道,遵循大道要从仁义做起。仁就是爱人,亲爱亲族是最大的仁。义就是事事做得适宜,尊重贤人是最大的义。至于说亲爱亲族要分亲疏,尊重贤人要有等级,这都是礼的要求。处在下位的人,得不到上级的信任,百姓就不可能治理好了。所以,君子不能不修养自己。要修养自己,不能不侍奉亲族;要侍奉亲族,不能不了解他人;要了解他人,不能不知道天理。天下人共有的伦常关系有五项,用来处理这五项伦常关系的德行有三种。君臣、父子、夫妇、兄弟、朋友之间的交往,这五项是天下人共有的伦常关系;智、仁、勇,这三种是用来处理这五项伦常关系的德行。至于这三种德行的实施,道理都是一样的。比如说,有的人生来就知道它们,有的人通过学习才知道它们,有的人要遇到困难后才知道它们,但只要他们最终都知道了,也就是一样的了。又比如说,有的人自觉自愿地去实行它们,有的人为了某种好处才去实行它们,有的人勉勉强强地去实行,但只要他们最终都实行起来了,也就是一样的了。"

孔子说:"喜欢学习就接近了智,努力实行就接近了仁,知道羞耻就接近了勇。"知道这三点,就知道怎样修养自己,知道怎样修养自己,就知道怎样管理他人,知道怎样管理他人,就知道怎样治理天下和国家了。治理天下和国家有九条原则。那就是:修养自身,尊崇贤人,亲爱亲族,敬重大臣,体恤群臣,爱民如子,招纳工匠,优待远客,安抚诸侯。修养自身就能确立正道;尊崇贤人就不会思想困惑;亲爱亲族就不会惹得叔伯兄弟怨恨;敬重大臣就不会遇事无措;体恤群臣,士人们就会竭力报效;爱民如子,老百姓就会忠心耿耿;招纳工匠,财物就会充足;优待远客,四方百姓就会归顺;安抚诸侯,天下的人都会敬畏了。像斋戒那样净心虔诚,穿着庄重整齐的服装,不符合礼仪的事坚决不做,这是为了修养自身;驱除小人,疏远女色,看轻财物而重视德行,这是为了尊崇贤人;提高亲族的地位,给他们以丰厚的俸禄,与他们爱憎相一致,这是为了亲爱亲族;让众多的官员供他们调遣,这是为了敬重大臣;真心诚意地任用他们,并给他们以较多的俸禄,这是为了体恤群臣;使用民役不误农时,少收赋税,这是为了爱民如子;经常视察考核,按劳付酬,这是为了招纳工匠;来时欢迎,去时欢送,嘉奖有才能的人,救济有困难的人,这是为了优待远客;延续绝后的家族,复兴灭亡的国家,治理祸乱,扶持危难,按时接受朝见,赠送丰厚,纳贡菲薄,这是为了安抚诸侯。总而言之,治理天下和国家有九条原则,但实行这些原则的道理都是一样的。任何事情,事先有准备就会成功,没有准备就会失败。说话先有准备,就不会中断;做事先有准备,就不会受挫;行为先有准备,就不会后悔;道路预先选定,就不会走投无路。在下位的人,如果得不到在上位的人信任,就不可能治理好平民百姓。得到在上位的人信任有办法:得不到朋友的信任就得不到在上位的人信任;得到朋友的信任有办法:不孝顺父母就得不到朋友的信任;孝顺父母有办法:自己不真诚就不能孝顺父母;使自己真诚有办法:不明白什么是善就不能够使自己真诚。真诚是上天的原则,追求真诚是做人的原则。天生真诚的人,不用勉强就能做到,不用思考就能拥有,自然而然地符合上天的原则,这样的人是圣人。努力做到真诚,就要选择美好的目标执着追求。广泛学习,详细询问,周密思考,明确辨别,切实实行。要么不学,学了没有学会绝不罢休;要么不问,问了没有懂得绝不罢休;要么不想,想了没有想通绝不罢休;要么不分辨,分辨了没有明确绝不罢休;要么不实行,实行了没有成效绝不罢休。别人用一分努力就能做到的,我用一百分的努力去做;别人用十分的努力做到的,我用一千分的努力去做。如果真能够做到这样,虽然愚笨也一定可以聪明起来,虽然柔弱也一定可以刚强起来。

九十七　诸葛亮集·前出师表

【导读】

诸葛亮(181—234)，字孔明，号卧龙，山东琅琊郡阳都(今山东省临沂市)人，三国时期蜀汉丞相，杰出的政治家、战略家、发明家、军事家。在世时被封为武乡侯，谥曰忠武侯。代表作有《前出师表》《后出师表》《诫子书》等。曾结庐襄阳城西20里隆中隐居10年，广交名士，其智谋为大家所公认，人称"卧龙"。27岁时，蒙刘备三顾茅庐，作《隆中对》，被古今学者称颂为"未出茅庐，已知三分天下"。之后诸葛亮辅佐刘备，联孙抗曹，赤壁之战大败曹军。之后刘备在成都建立蜀汉政权，诸葛亮被任命为丞相，主持朝政。刘备之子刘禅继位后，诸葛亮被封为武乡侯，领益州牧，建立丞相府以处理日常事务。建兴五年(227)上疏(即《出师表》)于刘禅，率军出驻汉中，前后6次北伐中原。后终因积劳成疾，病逝于五丈原军中，将后事托付姜维。诸葛亮以"鞠躬尽瘁，死而后已"的精神成为后世的楷模。

《诸葛亮集》又称《诸葛氏集》，为陈寿于晋武帝太始十年(274)整理编辑，内容包括诸葛亮的文章、兵书、奏折。在《三国志》本传中载有《诸葛氏集目录》，共24篇，104112字。《诸葛亮集》中的主要体裁有诏、表、疏、议、书、教、戒、令、论、记、碑、笺等，从内容上大致分为三类：一是法规条文类；二是文书策令类；三是表奏、书、教、论等散文。这些文章从行政管理、用人制度和用人方法、定法执法、治军作战等不同侧面反映诸葛亮的政治才能和人格精神。

先帝[1]创业[2]未半而中道[3]崩殂[4]，今天下三分，益州疲弊[5]，此诚[6]危急存亡之秋[7]也。然侍卫之臣不懈于内，忠志之士忘身于外者，盖[8]追先帝之殊遇[9]，欲报之于陛下也。诚宜开张圣听[10]，以光[11]先帝遗德[12]，恢弘[13]志士之气，不宜妄自菲薄[14]，引喻失义[15]，以[16]塞[17]忠谏之路也。宫中府中，俱为一体，陟罚臧否[18]，不宜异同。若有作奸犯科[19]及为忠善者，宜付有司[20]论其刑赏，以昭[21]陛下平明[22]之

理,不宜偏私[23],使内外异法[24]也。侍中、侍郎郭攸之、费祎、董允等,此皆良实,志虑忠纯,是以先帝简拔[25]以遗[26]陛下。愚以为宫中之事,事无大小,悉以咨之,然后施行,必能裨补阙漏[27],有所广益[28]。将军向宠,性行[29]淑均[30],晓畅[31]军事,试用于昔日,先帝称之曰能,是以众议举宠为督。愚以为营[32]中之事,悉以咨之,必能使行阵[33]和睦,优劣得所[34]。亲贤臣,远小人,此先汉所以兴隆也;亲小人,远贤臣,此后汉所以倾颓也。先帝在时,每与臣论此事,未尝不叹息痛恨[35]于桓、灵也。侍中、尚书、长史、参军,此悉贞良死节[36]之臣,愿陛下亲之信之,则汉室之隆,可计日[37]而待也。臣本布衣[38],躬耕[39]于南阳,苟全性命于乱世,不求闻达于诸侯。先帝不以臣卑鄙[40],猥[41]自枉屈[42],三顾[43]臣于草庐之中,咨臣以当世之事,由是感激,遂许先帝以驱驰[44]。后值倾覆[45],受任于败军之际,奉命于危难之间,尔来二十有一年矣。先帝知臣谨慎,故临崩寄臣以大事也[46]。受命以来,夙夜忧叹[47],恐托付不效,以伤先帝之明,故五月渡泸[48],深入不毛[49]。今南方已定,兵甲已足,当奖率三军,北定中原,庶竭驽钝[50],攘除奸凶,兴复汉室,还于旧都,此臣所以报先帝,而忠陛下之职分也。至于斟酌损益[51],进尽忠言,则攸之、祎、允之任也。愿陛下托臣以讨贼兴复之效;不效[52],则治臣之罪,以告先帝之灵。若无兴,德之言[53],则责攸之、祎、允等之慢,以彰[54]其咎[55]。陛下亦宜自谋,以咨诹[56]善道[57],察纳[58]雅言[59]。深追[60]先帝遗诏,臣不胜受恩感激。今当远离,临[61]表涕[62]零[63],不知所言[64]。

——选自《诸葛亮集》,诸葛亮撰,段熙仲、闻旭初编校,中华书局,2012年

注释

[1] 先帝:指蜀昭烈帝刘备。先,尊称死去的人。
[2] 创:开创,创立。业:统一天下的大业。
[3] 中道:中途。
[4] 崩殂(cú):死。崩,古时指皇帝死亡。殂,死亡。
[5] 益州:汉代行政区域十三刺史部之一,包括今四川省和陕西省一带。这里指蜀汉。疲弊:

人力缺乏,物力缺无,民生凋敝。

[6] 诚:的确,实在。

[7] 秋:时,时候。

[8] 盖:原来。

[9] 殊遇:优待,厚遇。

[10] 开张圣听:扩大圣明的听闻,意思是要后主广泛地听取别人的意见。开张,扩大。

[11] 光:发扬光大,用作动词。

[12] 遗德:留下的美德。

[13] 恢弘:发扬扩大。

[14] 妄自菲薄:过于看轻自己。妄,过分;菲薄,小看,轻视。

[15] 引喻失义:讲话不恰当。引喻,称引、譬喻;喻,比如;义,适宜、恰当。

[16] 以:以致。

[17] 塞:阻塞。

[18] 陟(zhì):提升,奖励;罚:惩罚;臧否(pǐ):善恶,这里用作动词,意思是评论人物好坏。

[19] 作奸犯科:做奸邪事情,触犯科条法令。作奸,做了奸邪的事情;科,科条,法令。

[20] 有司:职有专司,就是专门管理某种事情的官吏。

[21] 昭:显示,表明。

[22] 平:公平。明:严明。

[23] 偏私:偏袒,有私心。

[24] 内外异法:内宫和外府刑赏之法不同。内外,指内宫和外府。异法,刑赏之法不同。

[25] 简拔:选拔。

[26] 遗(wèi):给予。

[27] 裨补阙漏:弥补缺点和疏漏之处。裨(bì),补。阙,通"缺",缺点,疏漏。

[28] 有所广益:有所启发和帮助。广益,增益。益,好处。

[29] 性行(xíng):性情。

[30] 淑均:善良品德端正。淑,善;均,平。

[31] 晓畅:精通。

[32] 营:军营,军队。

[33] 行(háng)阵:指部队。

[34] 优劣得所:好的差的各得其所。

[35] 痛恨:痛惜,遗憾。

[36] 死节:为国而死的气节,能够以死报国。

[37] 计日:计算着天数,指时日不远。

[38] 布衣:平民;百姓。

[39] 躬:亲自;耕:耕种。

[40] 卑鄙:地位、身份低微,见识短浅。

[41] 猥(wěi):辱,这里有降低身份的意思。

[42] 枉屈:枉驾屈就。

[43] 顾:探望。

[44] 驱驰:奔走效劳。

[45] 倾覆(fù):覆灭、失利。

[46] 临崩寄臣以大事:指刘备在临死的时候,把国家大事托付给诸葛亮,并且对刘禅说:"汝与丞相从事,事之如父。"

[47] 夙夜忧叹:早晚忧虑叹息。

[48] 泸:水名,即如今的金沙江。

[49] 不毛:不长草木,这里指人烟稀少的地方。毛,庄稼,苗。

[50] 庶:希望;竭:竭尽;驽(nú)钝:比喻才能平庸,这是诸葛亮自谦的话;驽:劣马,走不快的马,指才能低劣。钝:刀刃不锋利。

[51] 斟酌损益:斟情酌理、有所兴办。比喻做事要掌握分寸。损,除去。益,兴办,增加。

[52] 不效:没有成效。

[53] 兴德之言:发扬陛下恩德的忠言。

[54] 彰:表明,显扬。

[55] 咎:过失,罪。

[56] 咨诹(zōu):询问,咨询。

[57] 善道:(治国的)良策。

[58] 察纳:识别采纳。察,明察。

[59] 雅言:正确的言论,合理的意见。

[60] 深追:深刻追念。

[61] 临:面对。

[62] 涕:眼泪。

[63] 零:落下。

[64] 不知所言:不知道再该说些什么。

译文

先帝创业还没有完成一半,就中途去世了。如今天下分为三国,我们蜀汉国立困弊,这真是危急存亡的时刻啊。然而侍卫臣僚在内勤劳不懈,忠心的将士在外舍生忘死,这是因为他们追念先帝的特殊恩遇,想在您的身上进行报答。您应该广泛听取臣下的意见,以发扬光大先帝遗留下的美德。激发志士的勇气,不应当妄自菲薄。援引不恰当的譬喻,以堵塞忠言进谏的道路。宫禁中的侍卫、各府署的臣僚都是一个整体,赏罚褒贬,不应有所不同。如有作恶违法的人,或行为忠善的人,都应该交给主管官吏评定对他们的惩奖,以显示陛下处理国事的公正严明。不应该有所偏爱,使宫内宫外执法不同。侍中郭攸之、费祎、董允等人,都是善良诚实、心志忠贞纯洁的人,因此先帝选拔他们留给陛下。我认为宫中之事,无论大小,都去咨询他们,然后施行,必能弥补缺失,集思广益。将军向宠,心性品德善良平和,又通晓军事。过去经过试用,先帝称赞他很有才能,因此众人商议推举他做中部督。我认为禁军营中的事都去咨问于他,必能使军队和睦,不同才能的人各得其所。亲近贤臣,疏远小人,这是前汉所以兴盛的原因;亲近小人,疏远贤臣,这是后汉之所以衰败的原因。先帝在世时,每次与臣谈论这事,未尝不叹息而痛恨桓帝、灵帝时期的腐败。侍中、尚书、长史、参军,这些人都是忠贞善良、守节不逾的大臣。希望陛下亲近他们,信任他们,那么汉朝的复兴,就会指日可待了。我原本一个平民,在南阳亲自耕田。只想在乱世里苟全性命,不求在诸侯间扬名显身。先帝不因为我卑微鄙陋,而委屈自己,三次到草庐中来拜访我。向我询问天下大事,由此使我感动奋发,而同意为先帝奔走效力。后来遭遇失败,我在军事失利之际接受任命。形势危急之时奉命出使,迄今已二十一年了。先帝知道我做事谨慎,所以临终把国家大事托付给我。接受遗命以来,我日夜忧虑叹息,唯恐托付的事不能完成,有损于先帝的英明,因此五月渡泸南征,深入不毛之地。现在南方已经平定,兵甲已经充足,我应当勉励统率三军,北定中原;我愿竭尽所能,扫除奸邪;兴复汉室、返还旧都。这是我用以报答先帝尽忠陛下的职责,至于处置日常之事,决定取舍损益,毫无保留地贡献忠言,那是郭攸之、费祎、董允的责任。希望陛下把讨伐汉贼、兴复汉室的任务交给我去完成,若不能完成,就治我的罪,以告于先帝的英灵。如果不能进献增进圣德的忠言,那就责备郭攸之、费祎、董允的怠慢,表明他们的过失。陛下也应当谋求自强,征询臣下的意见,考察并采纳正确的言论,深思先帝的遗诏。臣蒙受大恩,不胜感激。现在即将远离,一边写表,一边流泪,真不知该说些什么。

九十八　庄子·逍遥游

【导读】

庄子(约前369—前286),名周,字子休(一说子沐),后人称之为"南华真人",战国时期宋国蒙(今河南省商丘市)人。著名的思想家、哲学家、文学家,是道家学派的代表人物,老子哲学思想的继承者和发展者。后世将他与老子并称为"老庄",他们的哲学为"老庄哲学"。

《庄子》又名《南华经》,此书反映了庄子的哲学、艺术、美学、思想与人生观、政治观等。今本《庄子》有内篇7、外篇15、杂篇11,共33篇,从思想内容和文章风格等方面来看,"内篇"主要是庄子本人之作,而"外篇"和"杂篇"则多出自庄周弟子或其后学之手。"内篇"7篇,其中《逍遥游》和《齐物论》是最重要、最精萃的两篇,也是庄子最可信、最能体现庄子本人思想的代表之作。《逍遥游》着重展现了庄子所追求的精神境界,一种不受任何约束、不受任何限制、彻底的、绝对的自由境界。

北冥有鱼[1],其名为鲲[2]。鲲之大,不知其几千里也。化而为鸟,其名为鹏[3]。鹏之背,不知其几千里也。怒而飞[4],其翼若垂天之云[5]。是鸟也,海运则将徙于南冥[6]。南冥者,天池也[7]。

《齐谐》者,志怪者也[8]。《谐》之言曰:"鹏之徙于南冥也,水击三千里[9],抟扶摇而上者九万里[10],去以六月息者也[11]。"野马也[12],尘埃也,生物之以息相吹也[13]。天之苍苍[14],其正色邪[15],其远而无所至极邪[16]？其视下也[17],亦若是则已矣。且夫水之积也不厚[18],则其负大舟也无力[19];覆杯水于坳堂之上[20],则芥为之舟[21];置杯焉则胶[22],水浅而舟大也。风之积也不厚,则其负大翼也无力。故九万里则风斯在下矣,而后乃今培风[23];背负青天而莫之夭阏者[24],而后乃今将图南[25]。"蜩与学鸠笑之曰[26]:'我决起而飞[27],抢榆枋[28],时则不至[29],而控于地而已矣[30],奚以之九万里而南为[31]？'"适莽苍者,三餐而反,腹犹果然[32];适百里者,宿春粮[33];适千里者,三月聚粮。之二虫,又何知![34]小知不及大知,小年不及大年[35]。奚以知其然也?朝菌不知晦朔[36],蟪蛄不知春秋[37],此小年也。楚之南有冥灵者[38],以五百岁为春,五百岁为秋;上古有大椿者[39],以八千岁为春,八千岁为秋,此大年也。而彭祖乃今以久特闻[40],众人匹之[41],不亦悲乎?

汤之问棘也是已[42]:"穷发之北[43],有冥海者,天池也。有鱼焉,其广数千里[44],未有知其修者[45],其名为鲲。有鸟焉,其名为鹏,背若太山,翼若垂天之云,抟扶摇羊角而上者九万里[46],绝云气,负青天[47],然后图南,且适南冥也[48]。斥鷃笑之曰[49]:'彼且奚适也?我腾跃而上,不过数仞而下,翱翔蓬蒿之间,此亦飞之至也[50],而彼且奚适也?'"此小大之辩也[51]。

故夫知效一官[52],行比一乡[53],德合一君而征一国者[54],其自视也,亦若此矣。而宋荣子犹然笑之[55]。且举世誉之而不加劝[56],举世非之而不加沮[57],定乎内外之分,辩乎荣辱之境,斯已矣。彼其于世,未数数然也[58]。虽然,犹有未树也。夫列子御风而行[59],泠然善也[60],旬有五日而后反[61];彼于致福者[62],未数数然也。此虽免乎行,犹有所待者也[63]。若夫乘天地之正[64],而御六气之辩[65],以游无穷者[66],彼且恶乎待哉[67]!故曰:至人无己[68],神人无功[69],圣人无名[70]。

——选自《庄子》,方勇译注,中华书局,2010年

注释

[1] 北冥:北海。冥,通"溟",指海。
[2] 鲲:小鱼。这里借作大鱼名。
[3] 鹏:即古"凤"字,大鸟名。
[4] 怒:奋力。
[5] 垂:通"陲",边际。
[6] 海运:海动,即海水翻腾。
[7] 天池:天然形成的大池。
[8] 志怪:志,记载。怪,怪异的事物。
[9] 水击:击水,拍水。这是写鹏翼拍水而飞。

[10] 抟(tuán):兼有拍、旋二义。扶摇:盘旋而上的暴风。

[11] 去:离开。息:气息,谓风。

[12] 野马:指浮游的水气。

[13] 生物:指一切有生命的东西。息:指呼吸吐出来的气息。吹:吹拂,吹荡。

[14] 苍苍:深蓝色。

[15] 其:表揣测语气的副词。正色:本色。

[16] 其:抑或,还是。

[17] 其:指大鹏。

[18] 且夫:相当于"再说"。厚:深广。

[19] 负:载。

[20] 坳(ào)堂:室内低洼处。

[21] 芥:小草。

[22] 胶:粘着,犹言搁浅。

[23] 培风:凭借风力。培,通"凭"。

[24] 莫之夭阏:没有阻碍。夭,折;阏(è),止。

[25] 图南:图谋南飞。

[26] 蜩(tiáo):蝉。学鸠:小斑鸠。

[27] 决(xuè)起:急起的样子。

[28] 抢(qiāng):冲。榆:榆树。枋(fāng):檀树。

[29] 则:或。

[30] 控:投。

[31] 奚以……为:哪里用得着……呢!之:往,到。南:作动词,向南飞。

[32] 适:往。莽苍:指郊野。反:通"返"。果然:饱的样子。

[33] 宿舂(chōng)粮:指要携带过一宿的粮食。

[34] 之二虫:指蜩与学鸠。之,这。

[35] 知:同"智慧"。年:年寿。

[36] 朝菌:一种朝生暮死的虫。晦朔:每月的第一天为朔,最末一天为晦。这里指平明与黑夜。

[37] 蟪蛄(huì gū):寒蝉,春生夏死,夏生秋死。

[38] 冥灵:木名。

[39] 椿:椿树,传说是神树。

[40] 彭祖:神话传说中的人物,活了八百岁,以长寿著名。特闻:独闻于世。

[41] 匹:比。

[42] 汤:商汤。棘:即夏革,商汤时贤大夫。

[43] 穷发:指北极地带草木不生的地方。

[44] 广:指鱼背的宽度。

[45] 修:长。

[46] 羊角:旋风。

[47] 绝:超越。负:倚靠。

[48] 且:将,将要。

[49] 斥鷃(yàn):生活在小泽中的雀鸟。

[50] 至:极,指最理想境界。

[51] 辩:通"辨",分,区别。

[52] 效:胜任。

[53] 比:适合,投合。

[54] 征:信。

[55] 宋荣子:战国中期的思想家。犹然:嗤笑的样子。

[56] 劝:努力,勉励。

[57] 沮:沮丧,消极。

[58] 数数然:营求急促的样子。

[59] 列子:即列御寇。御风:乘风。

[60] 泠然:轻妙的样子。

[61] 有:通"又"。

[62] 致:求。

[63] 有所待:有所依赖。

[64] 乘:顺。正:法则,规律。

[65] 御:顺从。六气:指阴、阳、风、雨、晦、明。

[66] 无穷:无始无终之境,即大道。

[67] 恶(wū)乎待:待于何,依靠什么。

[68] 至人:达到逍遥游最高境界的人。无己:即忘掉自己,与万物化而为一。

[69] 神人:超脱人世,与天地合一的人。无功:谓无意求功于世间。

[70] 圣人:得道之人。无名:指无心汲汲于功名。至人、神人、圣人即是庄子理想中修养最高的人物。

译文

  北海有一条鱼,它的名字叫作鲲。鲲的巨大,不知道有几千里。变化成鸟,它的名字叫作鹏。大鹏的背,不知道有几千里长;奋起而飞时,它的翅膀就像天边的云。这只鸟在海水翻腾激荡的时候,就借势迁徙到南海。南海是一个天然形成的大池。

  《齐谐》是一部记载怪异之事的书。这部书中说:"鹏向南海迁徙时,击水行至三千里远,而后环绕着旋风上升到九万里的高空,乘着六月的大风而飞去。"野马般的游气,飞扬的尘埃,都是被生物鼻孔里呼出的气吹拂而飘动着。天色苍苍茫茫,这是它真正的本色吗?还是由于它无限高远没有边际的缘故呢?高飞九万里的大鹏朝下看,也不过是这样的情形。水如果积聚得不深,那就没有力量负载起大船。倒一杯水在堂前洼地上,放入小草就可当船,放上一只杯子就粘在地上了,这是水浅而"船"大的缘故。风的强度如果不大,那就无力负载起这巨大的翅膀。所以,鹏飞上九万里高空,积聚得很厚的风就在它的下面了,然后才开始凭借大风飞行;背负青天而无阻碍地飞往南海。蜩和学鸠讥笑大鹏说:"我们什么时候愿意飞就一下子飞起来,碰到榆树和枋树就停落在上面,有时飞不到树上,那么落到地面上就是了,何必飞到九万里的高空再向南海去呢?"如果到郊野去,只要带三顿的粮食就可以,回来时肚子还饱饱的;到百里远的地方去,就要准备带一宿的粮食;到千里远的地方去,就要预备三个月的粮食。这两只小鸟又怎么知道呢?小智不能了解大智,寿命短的不能了解寿命长的。怎么知道是这样的呢?朝菌不知昼夜交替,蟪蛄不知春秋季节的变化,这些都是短寿。楚国南方有一棵叫冥灵的树,把五百年当作一个春季,五百年当作一个秋季;上古时代有一棵叫大椿的树,把八千年当作一个春季,八千年当作一个秋季。然而只活了八百岁的彭祖,现在却以特别长寿出名,众人还都希望与他齐寿,不是太可悲了吗?

  汤问棘的话也是这样的。在草木不长的北方有一个大海,是天然形成的大池。那里有一条鱼,它的宽度有几千里,没有人知道它有多长,它的名字叫鲲。那里有只鸟,它的名字叫鹏,鹏的背像泰山,翅膀像天边的云,它环绕着强烈的旋风上升到九万里高空,穿越云层,背负青天,然后计划朝南飞,将要到南海去。斥鷃讥笑大鹏说:"它将飞到哪儿去呢?我腾跃起飞,不过飞到几丈高就落下来了,在蓬蒿之间自由地飞来飞去,这也是飞翔的至高境界啊!而它还想飞到哪儿去呢?"这就是小和大的区别。

有些人才智可以胜任一官半职,品行可以使一乡的人都与他亲近,德行可以投合一个国君的心意而能获得一国人的信任,他们自鸣得意就好像小麻雀一样。而宋荣子不禁嗤笑他们。像宋荣子这样的人,即使全社会都夸赞他,他也不会受到激励;全社会都非议他,他也不会沮丧。他能认定自我和外物的区别,辨别光荣和耻辱的界限,但他也仅能做到这样罢了。他对于世俗的虚名并没有汲汲追求。尽管如此,但他还是有东西没有树立起来。列子乘风而行,飘然自得,遨游了十五天后回来。他对于求福的事,并没有汲汲追求。不过,他这样虽可免去步行的麻烦,但毕竟还是有所凭借的。如果能顺从万物的本性,把握六气的变化,遨游于无穷的境界,他还要凭借什么呢?所以说:"至人无己,神人无功,圣人无名。"

九十九　资治通鉴·柳宗元

【导读】

司马光(1019—1086),字君实,号迂叟,陕州夏县(今山西省夏县)涑水乡人。《宋史》等有明确记载,世称"涑水先生"。北宋史学家、文学家。历仕仁宗、英宗、神宗、哲宗四朝,卒赠太师、温国公,谥文正,主持编纂了中国历史上第一部编年体通史《资治通鉴》。为人温良谦恭、刚正不阿,其人格堪称儒学教化下的典范,历来受人景仰,生平著作甚多,主要有史学巨著《资治通鉴》《温国文正司马公文集》《稽古录》《涑水记闻》《潜虚》等。

《资治通鉴》也叫作《通鉴》,共294卷,历时19年告成。它以时间为纲,事件为目,从周威烈王二十三年(前403)写起,到五代的后周世宗显德六年(959)征淮南停笔,涵盖16朝1362年的历史。规模宏大,以政治、军事和民族关系为主,罗列叙述史实的同时还总结了许多历史经验教训,以供后人借鉴。宋神宗认为这本书"鉴于往事,有资于治道"于是赐名《资治通鉴》。

王叔文之党坐谪官者,凡十年不量移,执政有怜其才欲渐进之者,悉召至京师;谏官争言其不可,上与武元衡亦恶之。三月,乙酉,皆以为远州刺史,官虽进而地益远。永州司马柳宗元为柳州刺史,朗州司马刘禹锡为播州刺史。宗元曰:"播非人所居,而梦得亲在堂,万无母子俱往理。"欲请于朝,愿以柳易播。会中丞裴度亦为禹锡言曰:"禹锡诚有罪,然母老,与其子为死别,良可伤!"上曰:"为人子尤当自谨,勿贻亲忧,此则禹锡重可责也。"度曰:"陛下方侍太后,恐禹锡在所宜矜。"上良久,乃曰:"朕所言,以责为人子者耳,然不欲伤其亲心。"退,谓左右曰:"裴度爱我终切。"明日,改禹锡连州刺史。

宗元善为文,尝作《梓人传》,以为:"梓人[1]不执斧斤刀锯之技,专以寻引[2]、规矩、绳墨度群木之材,视栋宇之制,相高深、圆方、短长之宜,指麾众工,各趋其事,不

胜任者退之。大厦既成,则独名其功,受禄三倍。亦犹相天下者,立纲纪、整法度,择天下之士使称其职,居天下之人使安其业,能者进之,不能者退之,万国既理,而谈者独称伊、傅、周、召[3],其百执事之勤劳不得纪焉。或者不知体要,衒能矜名,亲小劳,侵众官,听听[4]于府庭,而遗其大者远者,是不知相道者也。"

又作《种树郭橐驼传》曰:"橐驼之所种,无不生且茂者。或问之,对曰:'橐驼非能使木寿且孳也。凡木之性,其根欲舒,其土欲故,既植之,勿动勿虑,去不复顾。其莳也若子,其置也若弃,则其天全而性得矣。他植者则不然,根拳而土易,爱之太恩,忧之太勤,旦视而暮抚,已去而复顾,甚者爪其肤以验其生枯,摇其本以观其疏密,而木之性日以离矣。虽曰爱之,其实害之;虽曰忧之,其实仇之。故不我若也!为政亦然。吾居乡见长人者,好烦其令,若甚怜焉而卒以祸之。旦暮吏来,聚民而令之,促其耕获,督其蚕织,吾小人辍飧饔以劳吏之不暇,又何以蕃吾生而安吾性邪!凡病且怠,职此故也。'"此其文之有理者也。

——选自《资治通鉴》,司马光编撰,岳麓书社,2011年

注释

[1] 梓人:木匠。
[2] 寻引:长尺。
[3] 伊、傅、周、召:指当时的宰相伊尹、傅说、周公、召公。
[4] 听听:争辩的样子。

译文

王叔文一党中获罪贬官的人们,已经十年没有酌情迁官。有些怜惜他们的才华而打算逐渐提升他们的主持政务的官员,主张将他们全部传召到京城来,谏官们争着陈说这种做法是不适当的,宪宗与武元衡也讨厌他们。三月,宪宗将他们全部任命为偏远各州的刺史,虽然官职提升了,所在地却更加遥远了。永州司马柳宗元出任柳州刺史,朗州司马刘禹锡出任播州刺史。柳宗元说:"播州不是人居留的地方,

而刘禹锡的母亲尚在高堂,万万没有让母子二人一同前往的道理。"他打算向朝廷请求,愿意让自己由柳州改任播州。适值御史中丞裴度也为刘禹锡进言说:"刘禹锡诚然有罪,但是他的母亲年事已高,与自己的儿子永别,实在使人哀伤!"宪宗说:"作为人子,尤其应该使自己行为谨慎,不要给亲人留下忧患。如此说来,刘禹锡也是甚可责难的啊。"裴度说:"陛下正在侍奉太后,恐怕在刘禹锡那里也应予以怜悯。"宪宗过了许久才说:"朕说的话,是只责备做儿子的罢了,但是并不打算使他的母亲伤心。"退下来后,宪宗对周围的人说:"裴度对朕爱得深切啊。"第二天,刘禹锡便被改任为连州刺史了。

柳宗元善于撰写文章,曾经做过一篇《梓人传》,讲道:"有一个木匠,不肯去做斧砍锯析这一类手艺活计,却专门用长尺、圆规、方尺、墨斗审度各种木料的用场,检视房屋的规制,观察高度、方圆、长短是否合度,指挥着众多的木工,各自去干自己的活计,对不能将任务承担起来的人们,便将他们辞退。一座大型的房屋建成后,唯独以他的名字记载事功,得到的酬金是一般木工的三倍。这也正像担当天下宰相的人们,设立大纲要领,整饬法令制度,选择天下的人士,使他们的才干与自己的职务相称,让天下的人们居住下来,使他们安心从事自己的职业,提升有能力的人们,屏退没有能力的人们,全国各地得到治理后,谈论起此事的人们唯独赞伊尹、傅说、周公、召公等宰相,对那些各部门专职人员的辛勤劳苦却不能够予以记载。有些宰相不识大体,不得要领,夸耀自己的才能与名望,亲自去做细小的劳务,侵犯百官的职责,在官署中吵嚷地争辩不休,而将重大而长远的方略遗落无存,这是不懂得为相之道。"

柳宗元又曾撰写《种树郭橐驼传》,讲道:"郭橐驼种植的树木,没有不成活、不繁茂的。"有人问他其中的道理,郭橐驼回答说:"我本人并不能够使树木延长寿命并且生长繁盛。大凡树木的本性,树根喜欢舒展,喜欢让人培上旧土。将树木种植好后,不需挪动它,不需为它担心,离开它后,便不用再去看管它。栽种树木时,就像爱护自己的子女一样,将树木放入土中后,就像将它抛弃了似的,这就使树木的天性得以保全,使树木的本性得到发展了。别的种植树木的人们就不是这样了,他们使树木

的根部拳曲在一起,而且更换了新土,对树木的爱护过于深切,担忧过于细密,早晨去看它,晚上又去抚摸它,已经离开了,还要再回头看上一眼。更为过分的人们还要用指甲划破树皮,查看它是成活了,还是枯萎了,摇晃着树干,去观察枝叶哪里稀疏,哪里繁密,而树木却与自己的本性日见脱离了。虽然说是爱护树木,实际却是损害树木;虽然说是为树木担忧,实际却是将树木当成仇人了。所以,人们种树都不如我。办理政务,也是这个道理。我住在乡间,看到当官的人们,喜欢频频发号施令,像是对百姓非常怜悯,但终究给百姓带来祸殃。整天都有吏人前来,将百姓聚集起来,向人们发布命令,敦促人们耕地收割,监督人们养蚕织布,我们这些小人把早餐晚饭都停下来,忙着去慰劳吏人还来不及呢,又怎么能够使我们的生计得以繁衍,并且使我们的天性安然无扰呢!一般说来,人民困窘倦怠,主要是由于这个缘故的啊!"这是柳宗元文章中深含哲理的作品。

一〇〇 左传·烛之武退秦师

【导读】

左丘明(约前502—前422),东周春秋末期鲁国都君庄(今山东省肥城市)人,相传为《左传》的作者。其姓名说法不一,目前通行说法之一为:其名丘明,因其先祖曾任楚国的左史官,故在姓前添"左"字,故称左史官丘明先生。其家族世为太史,至左丘明,约与孔子同时代,而年辈稍晚。相传其主要著述为《春秋左氏传》与《国语》二书。

《左传》全称《左氏春秋》或《春秋左氏传》,是中华古籍中的重要文献,与《公羊传》《谷梁传》合称"春秋三传"。《春秋》本来是中国古代纪事史书的通称,各国都有自己的《春秋》,但目前流传下来的只有鲁国的《春秋》,所以《春秋》就成了鲁《春秋》的专用名词,而《左传》就是为《春秋》做注解的一部史书。其时间起于隐公元年,止于哀公二十七年,有无经之传10年。它详细记载了这一时期各国的重大事件与重要人物的生平行事,在今天来看,它不仅是部叙事详细的编年体史书,而且是一部经书,更是一部杰出的文学作品。

《烛之武退秦师》载于《左传·僖公三十年》,题目为后人所加。讲述了前630年,秦、晋借口郑国曾对晋文公无礼且与楚国亲近,而合攻郑国,烛之武在自己的国家郑国处于危难之际,前往敌国交涉,于强秦面前,不卑不亢,能言善辩,终于使秦国从郑国退兵。

九月甲午,晋侯、秦伯[1]围郑,以其无礼于晋[2],且贰于楚[3]也。晋军函陵[4],秦军氾南[5]。佚之狐[6]言于郑伯曰:"国危矣,若[7]使烛之武见秦君,师必退。"公从之。辞[8]曰:"臣之壮也[9],犹[10]不如人,今老矣,无能为也已[11]。"公曰:"吾不能早用[12]子,今急而求子,是寡人之过也[13]。然[14]郑亡,子亦有不利焉。"许之[15]夜,缒[16]而出。见秦伯,曰:"秦、晋围郑,郑既[17]知亡矣。若亡郑而有益于君,敢以烦执事[18]。

越国以鄙远[19],君知其难也,焉用亡郑以陪邻[20]?邻之厚,君之薄也[21]。若舍郑以为东道主[22],行李[23]之往来,共其乏困[24],君亦无所害。且君尝为晋君赐矣[25],许君焦、瑕[26],朝济而夕设版焉[27],君之所知也。夫晋,何厌[28]之有?既东封郑[29],又欲肆其西封[30],若不阙[31]秦,将焉取之?阙秦以利晋,唯君图之。"秦伯说[32],与郑人盟,使杞子、逢孙、杨孙戍之,乃还。

子犯请击之,公曰:"不可。微夫人之力不及此[33]。因人之力而敝之,不仁[34]。失其所与,不知[35]。以乱易整,不武[36]。吾其还也[37]。"亦去之[38]。

——选自《左传译注:精编本》,杨华译注,商务印书馆,2015年

注释

[1] 晋侯、秦伯:指晋文公和秦穆公。

[2] 以其无礼于晋:指晋文公即位前流亡国外经过郑国时,没有受到应有的礼遇。倒装句,于晋无礼。以,因为,连词。其,代词,它,指郑国。于,对于。

[3] 且贰于楚:并且从属于晋的同时又从属于楚。且,并且,表递进。贰,从属二主。于,对,介词。

[4] 晋军函陵:晋军驻扎在函陵。军,名词作动词,驻军。函陵,郑国地名,在今河南新郑北。

[5] 氾(fàn)南:氾水的南面,也属郑地。

[6] 佚(yì)之狐:郑国大夫。

[7] 若:假如。使:派。见:拜见进见。从:听从。

[8] 辞:推辞。

[9] 臣之壮也:我壮年的时候。

[10] 犹:尚且。

[11] 无能为也已:不能干什么了。为,做。已,同"矣",语气词,相当于"了"。

[12] 用:任用。

[13] 是寡人之过也:这是我的过错。是,这。过,过错。

[14] 然:然而。

[15] 许之:答应这件事。许,答应。

[16] 缒(zhuì):用绳子拴着人(或物)从上往下运。

[17] 既:已经。

[18] 敢以烦执事：冒昧地拿(亡郑这件事)麻烦您手下的人。这是客气的说法。敢，冒昧地。执事，执行事务的人，对对方的敬称。

[19] 越国以鄙(bǐ)远：(然而)越过别国而把远地(郑国)当作边邑。越，越过。鄙，边邑。

[20] 焉用亡郑以陪邻：为什么要灭掉郑国而给邻国增加土地呢？焉，何。用，介词，表原因。陪，增加。邻，邻国，指晋国。

[21] 邻之厚，君之薄也：邻国的势力雄厚了，您秦国的势力也就相对削弱了。之，主谓之间取消句子独立性。厚，雄厚。

[22] 若舍郑以为东道主：如果您放弃围攻郑国而把它作为东方道路上(招待过客)的主人。舍，放弃(围郑)。

[23] 行李(lǐ)：古今异义，出使的人。

[24] 共(gōng)其乏困：供给他们缺乏的东西。共，通"供"，供给。其，代指使者。

[25] 尝为晋君赐矣：曾经给予晋君恩惠(指秦穆公曾派兵护送晋惠公回国)。尝，曾经。为，给予。赐，恩惠。为……赐，施恩。

[26] 许君焦、瑕：(晋惠公)许诺给您焦、瑕两城。

[27] 朝济而夕设版焉：指晋惠公早上渡过黄河回国，晚上就修筑防御工事。济，渡河。设版，修筑防御工事。版，筑土墙用的夹板。朝，在早晨。

[28] 厌：通"餍"，满足。

[29] 东封郑：在东边让郑国成为晋国的边境。封，疆界。这里作用动词。

[30] 肆其西封：扩展它西边的疆界。指晋国灭郑以后，必将图谋秦国。肆，延伸，扩张。封：疆界。

[31] 阙(quē)：侵损，削减。盟：结盟。戍：守卫。还：撤军回国。

[32] 说(yuè)："说"同"悦"，喜欢，高兴。

[33] 微夫人之力不及此：假如没有那个人的力量，我是不会到这个地步的。微，没有。夫人，远指代词，那人，指秦穆公。

[34] 因人之力而敝之，不仁：依靠别人的力量，又返回来损害他，这是不仁道的。因，依靠。敝，损害。

[35] 失其所与，不知(zhì)：失掉自己的同盟者，这是不明智的。与，结交，亲附。知，通"智"。

[36] 以乱易整，不武：用混乱相攻取代联合一致，是不符合武德的。易，代替。武，指使用武力是所应遵守的道义准则。不武，不符合武德。整，指一致的步调。

[37] 吾其还也：我们还是回去吧。其，表商量或希望的语气，还是。

[38] 去之：离开郑国。之，指代郑国。

译文

晋文公、秦穆公出兵围攻郑国,因它对晋国无礼,而且在与晋国交好的同时,又私下对晋国的敌人楚国表示友好。晋军驻在函陵,秦军驻在汜南。郑国大夫佚之狐对郑文公说:"国家很危险了!如果派烛之武去见秦国的国君,秦国的军队必定撤退。"郑文公听从了他的话。烛之武辞谢说:"我在壮年的时候,还比不上别人;现在老了,无能为力啊!"郑文公说:"我不能早早用你,今日情急而求你,这是我的罪过啊。然而,郑国灭亡了,于你也有所不利啊!"烛之武答应了他。深夜,烛之武用绳子吊出城墙。他见到秦穆公说:"秦国与晋国围攻郑国,郑国已明白自己将会灭亡。如果灭亡了郑国而有利于您,怎么敢冒昧地拿亡郑这件事情来麻烦您。跨越晋国,把秦国的边界置于远方,您也知道这有多大困难。怎么可以用灭亡郑国来扩大邻国的疆土呢?邻国越雄厚,您就越薄弱。如果饶恕了郑国,并且把它作为东边大道上的主人,那么秦国使节来往时,我们就可以供给他所缺的东西,您并没有损失什么。况且您曾被晋君赐予过了,他答应把焦、瑕两地给您。可是,晋王早晨渡过河去,晚上就筑城来防备您,这是您所知道的吧。晋国,哪里有满足的时候呢?它既然能把郑国当成自己东边的国境,那就会肆意扩大他西边的国境。如果不损害秦国,又将从何去取呢?损害秦国来壮大晋国,就请您认真想想吧。"秦穆公很高兴,便与郑国订立了盟约,派杞子、逢孙、杨孙守卫那里,自己就回去了。晋国大夫子犯请晋文公追击秦军,晋文公说:"不行。没有那人的力量,我今天也到不了这一地位。依靠别人的力量,而后伤害他,这是不仁义;失去了自己所结盟的力量,这是不明智;利用混乱去改变已有的协调,这并不是威风。我还是回去吧。"于是,也离开了郑国。

后记

最经典的作品,都高于日常生活,但一定都基于最日常的生活,且能释日常生活之惑。只是因为并非人人都懂经典作品中的生活,所以才有了解读的必要。但解读者的工作,只不过将经典作品中的日常生活加以还原,并且与当代生活对接而已。

文化研究者,不应只坐在自己的书斋独品经典,而是应积极去做这种解读者。而要解读明白,解读者本身必须扎根大地,投入日常生活,而非象牙塔人。

所以,解读经典、阅读经典,都是在读日常生活,古代的,现代的,眼前的生活。所以不必正襟危坐,但必须有一颗正常的平常心。

最伟大的经典作品,也都是为了把最日常的生活变得更加美好的作品。

我们编选这样一本书,也只是希望实现这样一个简单的心愿。

从经典中学会更好地生活,并让世界了解和理解中国人的美好生活是一种什么样的历史形态,当代应该如何建设一个更美丽的中国,未来的中国会如何更美好。

但愿我们的希望,也变成所有读者的希望。

正是基于这样的认识,我们用时三年,讨论选择了 100 篇中华经典作品(整篇或部分),按书目拼音字母而非生卒时间为序,形成此书。之所以这样编排,是希望让读者,尤其是外国读者,不必按照历史年代认知中国古典文化,而是信手翻开任何一页,都能触摸到中华文化精华的温热,进而能认识到任何时代中华文化都有精华在闪耀,认识到书中的每一个字,都是中国历史长河中一朵朵跳跃活泼的浪花。在此基础上,希望读者们能基于自己的理解,以书中所呈现出的某一个中华文化核心元素,如爱,如善,如谋,如家,如礼,如信,如情,如智等为中心,连缀成自己心中的中华文化史,以己读史,以己度史,以己成史,以史读己……从而使中华文化元素与中外读者真正做到在某一点上息息相通,并借此吸引读者从点到面,进一步去更全面深入了解中华文化。

当然,能不能实现这样的初衷,要留待时间去检验了。

2018年2月3日,在从凤凰城到洛杉矶的飞机上,我与两位中国小姑娘邻座,她们是一个中国冬令营的营员,可能刚上小学吧。她们从上飞机就一直在轻松自然地用汉语交谈着,很成熟,很自信,很合作,没有在异国他乡的陌生感和紧张感。有趣的是,途中可能是说累了吧,一位小姑娘说:"我困了",似乎刚说完两人就一下子都睡着了,好像就在家里。我笑了,她们在异国的自然、自信、自如让我意识到:从娃娃开始培养国际化意识可能更容易,因为相对来说孩子的文化差异感弱,容易接受不同文化环境。初学汉语的国际学生也就是这样的"外国娃娃",中国的文化环境对他们而言可能就如这些身在美国的中国孩子。那么,从他们接触汉语和中华文化的起点就有效融入中华经典文化,不正是一项以中华文化惠泽世界的工作吗?

南有乔木,可休可栖!

我眼前仿佛出现了一群群不同肤色、充溢着中华文化气韵和精血的中外青年,正从中国奔赴世界不同角落,去自信地担当中国、也担当世界发展的重任。

最后要说明的是:本书由我的硕士研究生石云霞、李超然、王明歌负责汇编整理出初稿,然后由我的博士研究生摆贵勤、雷雨露、张雅琦、赵小莹逐一进行校对补充完善,最后由我统改定稿。但即使如此,肯定仍有很多不足之处,敬请方家指正。

孙宜学

2018年2月3日—5日初稿

2020年10月8日定稿